O QUE É O CINEMA?

ubu

TRADUÇÃO

ELOISA ARAÚJO RIBEIRO

APRESENTAÇÃO E APÊNDICE

ISMAIL XAVIER

O QUE É O CINEMA?

ANDRÉ BAZIN

PARA **ROGER LEENHARDT**
E **FRANÇOIS TRUFFAUT**

NOTA A ESTA EDIÇÃO
ISMAIL XAVIER

Os textos de André Bazin (1918-58) reunidos em *O que é o cinema?* volumes I a IV, publicados entre 1959 e 1961 por Éditions du Cerf, constituem um núcleo central de seus artigos e ensaios críticos de intervenção mais incisiva no debate conduzido pelas revistas de cinema e de cultura entre 1945 e 1958. Ao lado de seus livros sobre Orson Welles e Jean Renoir,[1] tais artigos concentram sua contribuição mais decisiva ao pensamento sobre cinema, fotografia e outras artes, contribuição que o tornou um clássico, autor de leitura obrigatória que teve sempre reposta a edição de seus escritos que editoras de todo o mundo reuniram de distintas formas. Em 1975, a Éditions du Cerf publicou *O que é o cinema?* em um único volume, mas que não era a reprodução integral dos quatro volumes existentes na série com esse título. Houve cortes que, por questões de direitos autorais ou outras decisões editoriais, deixaram uma parte dos artigos fora da coletânea assim reunida.

Em 1991, a Editora Brasiliense publicou no Brasil a tradução deste volume-síntese, tal e qual. O livro que reeditamos agora retoma essa edição, porém acrescenta alguns textos da série original, com especial atenção ao volume IV – cujo subtítulo é "Uma estética da realidade: o neorrealismo" – onde se condensou o pensamento de Bazin sobre esse movimento e seus desdobramentos no cinema italiano, acontecimento mais significativo do cinema europeu no pós-guerra. O leitor encontrará

1 Esses dois livros de Bazin foram traduzidos para o português: *Orson Welles* (Rio de Janeiro: Jorge Zahar Editor, 2005) e *Jean Renoir* (Lisboa: Forja Editora, 1975).

aqui os artigos "*Due soldi di speranza*", "De Sica e Rossellini", "*Sedução da carne*" e "A profunda originalidade dos *vitelloni*". Por outro lado, extraídos do volume I – subtítulo "Ontologia e linguagem" –, foram acrescentados dois artigos, "O mito de Stálin no cinema soviético" e "Sobre *Why We Fight*" (série de documentários realizados durante a Segunda Guerra Mundial, a maioria por Frank Capra). São textos voltados para filmes que nos trazem exemplos de estratégias de representação do esforço de guerra empreendido pelas duas potências que saíram vitoriosas e definiram o cenário mundial dos anos 1945-60 pautado pela Guerra Fria. Do volume III ("Cinema e sociologia"), mais dirigido a uma dimensão social e psicológica da retórica da indústria, reinserimos o artigo "Entomologia da pin-up", reflexão sobre a construção da figura que tanto marcou um imaginário masculino potencializado durante o período da guerra e que hoje nos oferece as imagens clássicas de um erotismo consentido que se disseminou na publicidade e foi retrabalhado pelo cinema. Em outra chave, considerada a reflexão sobre a fisionomia, a fala e o gesto do ator capaz de construir uma *persona* que se reitera ao longo de sua carreira e, portanto, se constitui num pilar do *star system* tão essencial à indústria cultural e ao mercado, incluímos os artigos de Bazin sobre dois atores emblemáticos de um período histórico: "Jean Gabin e seu destino" e "Morte de Humphrey Bogart".

Artigos essenciais de Bazin sobre Charlie Chaplin poderiam se somar aos aqui incluídos, nesta reposição parcial do conteúdo dos quatro volumes de *O que é o cinema?*, mas o leitor já pode encontrá-los em português no livro *Charlie Chaplin*, publicado pela Jorge Zahar (Rio de Janeiro, 2006). Da mesma forma, artigos sobre Luis Buñuel, Erich von Stroheim e Carl Dreyer se encontram em *O cinema da crueldade* (São Paulo: Martins Fontes, 1989), livro póstumo que François Truffaut organizou e prefaciou. O artigo clássico sobre a morte e o documentário, "Morte todas as tardes", está publicado na antologia de textos de teoria do cinema *A experiência do cinema* (Ismail Xavier (org.). Rio de Janeiro: Graal/Embrafilme, 1983).

Esta edição de *O que é o cinema?*, ao lado dos acréscimos feitos ao volume-síntese, traz a minha introdução à edição brasileira de 1991, texto no qual dei maior ênfase à composição de um perfil do legado crítico de Bazin, suas questões, seu modo de pensar os estilos e a linguagem do cinema na era fotoquímica, com uma referência muito breve a seus debates com outras tendências da crítica da época e às suas tensões com a "política dos autores" conduzida pelos jovens críticos, seus afilhados na revista que ele fundou, os *Cahiers du Cinéma*, e futuros líderes da *nouvelle vague*.[2]

Bazin tem sido objeto de uma constante revisão crítica e de distintas mobilizações de seu legado para se pensar as questões trazidas pelas novas conjunturas do audiovisual e suas linguagens. No entanto, só recentemente se desenvolveu um trabalho mais sistemático de levantamento acurado de sua obra completa, uma ampla pesquisa que se empreende nos Estados Unidos e na França, tendo como principais centros dois grupos: o da Yale University coordenado por Dudley Andrew, teórico de cinema que se consolidou como um estudioso fundamental das ideias de Bazin, e escreveu a clássica biografia: *André Bazin* (Oxford: Oxford University Press, 1978); e o grupo da Université de Rennes II, coordenado por Hervé Joubert-Laurencin. As novas pesquisas nos demonstram que conhecemos somente uma pequena parte dos textos que Bazin escreveu, havendo inéditos e também muitos textos publicados em revistas pouco conhecidas. O trabalho atual dos grupos de estudos sobre Bazin está sendo o de classificar esse enorme material para disponibilizá-lo.

2 Sobre a relação de Bazin com os chamados "jovens turcos", ver Antoine de Baecque, *Cinefilia*, trad. André Telles. São Paulo: Cosac Naify, 2011.

A partir de seminários sobre André Bazin na Université de Paris VI, na Cinémathèque Française e na Yale University, uma reflexão sobre a obra foi realizada, servindo de base para uma antologia de textos escritos por ensaístas de distintas gerações e países, coletânea que incluiu outras contribuições e foi organizada por Dudley Andrew e Hervé Joubert-Laurencin: *Opening Bazin: Postwar Film Theory and its Afterlife* (Oxford/New York: Oxford University Press, 2011). Desse livro, inclui-se nesta edição, meu texto "Bazin no Brasil", um esboço histórico da presença do crítico francês no debate estético brasileiro, seus principais leitores e a forma como se avaliou e/ou se incorporou seu legado em nosso contexto.

APRESENTAÇÃO

ISMAIL XAVIER

Em *Um filme para Nick* [*Nick's Movie – Lightning over Water*, 1980], Wim Wenders presta homenagem a Nicholas Ray: de comum acordo com o cineasta, registra o cotidiano desse amigo doente, a quem resta pouco tempo de vida. Logo de início, o filme revela sua regra e, a par do inusitado da situação, não nos incomoda a patente encenação presente ao longo das sequências: filma-se e monta-se como numa ficção e o esquema denuncia, sem remorso, o caráter de "repetição para a câmara" de muitas passagens. Mas nem tudo é tão claro; aos poucos se instala uma ambiguidade que nos desafia – encenação? espontaneidade? – e sentimos a força desse laboratório que terá um fim próximo: Nicholas Ray vai morrer. As imagens na tela realçam como poucas o peso, o sentido de presença pretérita ("isso foi") que indicia a morte quando olhamos a reprodução mecânica, esse mesmo peso tematizado por Roland Barthes, em *A câmara clara*, retomando, em outra chave, os temas da Piedade e da Morte na fotografia, muito caros a André Bazin. Sem dúvida, há esse efeito em *Um filme para Nick*, mas estamos no cinema (não na fotografia) e Nicholas Ray se move, existe, persiste diante da câmara, é duração, fluxo do tempo, como nos lembraria o próprio Bazin. Índice de morte, preservação de uma dinâmica viva: os dois efeitos se tensionam dentro de certo equilíbrio, mas há, perto do final de *Um filme para Nick*, um clímax que inviabiliza qualquer resíduo contemplativo em face do passado em que Wenders e Ray viveram a experiência. O dia a dia se faz drama, se condensa e, nessa intensidade, se presentifica de modo mais pleno: estamos no quarto do hospital, Nicholas Ray está sentado junto à sua cama e conversa com Wenders atrás da câmara; ele sente dores, passa mal e a conversa fica muito tensa, pois se tem a impressão de que tudo pode se precipitar a qualquer instante. Nicholas Ray pede para ele dizer "corta" ao fotógrafo, não aguenta mais a situação; Wenders replica "diga você para cortar" e, enquanto dura esse diálogo para decidir quem comanda esse momento que é vida (sua espessura está na ameaça) e representação (a câmara sela o acordo), somos colocados diante de uma passagem extraordinária do cinema. Ray acaba por dizer "corta" (seu último gesto de diretor) e desaparece do filme, que terá outra sequência. Ele morreu alguns dias depois dessa "cena" que tem suscitado muita discussão pelo aspecto moral de uma filmagem no limite da morte (no filme, a morte se afigura possível ali, diante de nós).

Presente nesta discussão, uma problemática tipicamente baziniana: a da presença da morte (o mesmo vale para o sexo) no cinema. A profanação de um instante que deveria ser único, o horizonte de obscenidade da duplicação mecânica da experiência individual irredutível posta em série, exibida em sessões corridas. O jogo foi feito ao longo dos dias, mas Wenders e Ray entenderam haver um limite para a experiência de registro consentido e, mesmo esticando a corda além do que muitos gostariam, o interdito da morte se fez valer e essa "cena" do hospital traz à tona, dramatiza, tudo o que de mais fundo está aí implicado. Quando se assiste ao filme de Wenders e se procura assimilar o impacto da "cena", vem a experiência direta da força desse resíduo, desse rastro do real na imagem cinematográfica. E se constata a vigência de questões que décadas de análise do discurso e dissecações da imagem não eliminaram de nossa pauta teórica, deixando patente o retorno de formulações de um dos maiores críticos do cinema: a feição peculiar do mundo na tela, o poder da imagem cinematográfica de preservar a autenticidade da duração, trazer a espessura de um instante vivido. Percorrer a principal coleção de textos de André Bazin é explorar essas e outras questões; repensar nossa relação com o cinema auxiliados por quem nos ofereceu uma reflexão na aparência simples, mas de amplitude extraordinária.

Em termos de cinema e fotografia, podemos concordar com Bazin, escrever contra ele, emprestar algumas noções e ideias, rechaçar outras. Impossível ignorá-lo. De Christian Metz a Pascal Bonitzer, de Roland Barthes a Gilles Deleuze, a teoria do cinema e o pensamento da imagem têm dialogado com esse crítico notável que nos anos 1940 e 1950, proferindo palestras em cineclubes e escrevendo artigos em revistas, entre elas a católica *Esprit* e os *Cahiers du Cinéma* (que ajudou a criar em 1951), conduziu a análise do filme a um outro patamar. Sem nunca ter escrito um tratado, uma suma de seu pensamento, ele, de fato, nos legou uma teoria, uma concepção da história do cinema, uma estilística capaz de dizer muito bem por que Orson Welles e Jean Renoir são especiais entre os maiores cineastas.[1]

1 Em 1950, Bazin publicou um livro sobre Welles (Paris: Chavanne, 1950 [ed. bras.: Rio de Janeiro: Jorge Zahar Editor, 2005]) e morreu antes de

Ensaísta de mão cheia, Bazin expôs suas ideias partindo quase sempre de questões suscitadas por um filme, um cineasta ou um conjunto de obras. Pensamento em ato, alinhavou noções, juízos, sem nunca perder o toque da intervenção pessoal, sempre em contato direto com a atualidade, atento ao novo que exige um intérprete e ao dado da tradição que solicita novo exame, uma inversão de sentido em face de novas circunstâncias. Diante do impacto de *Cidadão Kane* [*Citizen Kane*, de Orson Welles, 1941] e do cinema norte-americano que o fim da Segunda Guerra tornou disponíveis no mercado europeu, diante da revolução gerada pelo neorrealismo italiano, foi Bazin quem trouxe a mais rica formulação crítica capaz de esclarecer o significado das transformações então em andamento, numa criação que, no desdobramento, mostrou-se uma teoria do cinema moderno (ver "A evolução da linguagem cinematográfica" e a série de artigos sobre o neorrealismo na parte final deste livro). Diante da tradição teórica das vanguardas de 1920 e da formulação clássica de André Malraux em 1940 (a arte do cinema começa com a decupagem da cena), foi Bazin quem subverteu de forma radical a questão da montagem e do "específico fílmico", superando lugares-comuns sobre as relações entre o cinema e o teatro, criando um novo referencial de papel decisivo na formação dos jovens que, em 1959, lideraram a *nouvelle vague* (ver "Montagem proibida", "Por um cinema impuro – defesa da adaptação" e "Teatro e cinema").

O pós-guerra francês foi extremamente profícuo em crítica e teoria cinematográficas. Havia o novo clima criado pela Liberação; havia um pensamento marcado pela noção de compromisso, engajamento, e o existencialismo, em suas variadas acepções (Sartre, Merleau-Ponty, Emmanuel Mounier), definia um horizonte de reflexão que atingia todas as esferas, a do ci-

terminar o livro sobre Jean Renoir, depois editado por François Truffaut (Paris: Champes Livre, 1971 [ed. port.: Lisboa: Forja Editora, 1975]).

nema em especial. A guerra tornara mais patente a importância da nova técnica no mundo contemporâneo; desde os anos 1930, a trajetória política da Europa definira uma "batalha das imagens", mostrara a força dos veículos de comunicação no engendramento de uma retórica exercida sem tréguas na vida cotidiana. Na França e na Itália, aquela conjuntura de vitória sobre o fascismo e de reconstrução do mundo dentro de uma nova ordem encontrou expressão numa análise da cultura conduzida nos termos do humanismo renovado. No cinema, a confiança no homem como sujeito da história gerada pela Liberação produz um interregno de reconciliação intelectual e emocional com a modernização, dando ensejo a um estilo de reflexão como o de Bazin. Nele se articulam fé religiosa e humanismo técnico a conceber a produção industrial da imagem como uma promessa de conhecimento, um "estar em casa" no planeta, uma exploração iluminadora dos segredos do mundo. Tal humanismo técnico tem algo da fé democrática, da concepção idealizada da ciência como gesto de amor à natureza e propicia, digamos, um momento feliz em que a cinefilia se vive, sem contratempos, como amor à vida, atenção ao mundo. Através dele, o espírito de missão de Bazin pode se deslocar da aspirada vida de professor – dado que balizou sua formação – para o terreno da crítica militante, toda ela um formidável elogio ao cinema sonoro, ao avanço das técnicas da reprodução como materialização de sonhos da humanidade (ver "O mito do cinema total" e "O cinema e a exploração").

Não por acaso, a questão central dessa crítica é a da "vocação realista" do cinema, não propriamente como veiculação de uma visão correta e fechada do mundo, mas como *forma* de olhar que desconfia da retórica (montagem) e da argumentação excessiva, buscando a voz dos próprios fenômenos e situações. Realismo, então, como produção de imagem que deve se inclinar diante da experiência, assimilar o imprevisto, suportar a ambiguidade, o aspecto multifocal dos dramas. Tal produção de imagem requer um estilo, implica uma escolha. A forma desse realismo tem seus procedimentos-chave. Esses mesmos que os construtores do cinema moderno (Renoir, Welles, Wyler, Rossellini) estavam, ao ver de Bazin, afirmando, a par da diversidade de circunstâncias e "mensagens": o "plano-sequência" (apresentação da cena sem cortes, numa única tomada), os movimentos de câmara, o uso da profundidade do campo visível (tridimensionalidade), o respeito à duração contínua dos fatos, a minimização dos efeitos de montagem. Tal cinema de "situações em bloco", sem a análise prévia exigida pela montagem do cinema clássico, traduz o ideal da "compreensão" baziniana: antes de ser julgado o mundo existe, está aí em processo; há uma riqueza das coisas em sua interioridade que deve ser observada, insistentemente, até que se expresse. Para tanto, é preciso que o olhar não fragmente o mundo e saiba observá-lo de forma global, na sua duração, podendo então alcançar a intuição mais funda do que de essencial cada fenômeno ou vivência traz dentro de si.

Há, sem dúvida, a matriz bergsoniana nesse ideal, um pouco à revelia de Bergson na adesão ao mundo mecânico da técnica. Tal atenção à *durée* resulta do papel central desse filósofo francês na formação do crítico, presença vital anterior à leitura dos textos de Sartre sobre a imaginação e o imaginário, anterior mesmo ao contato de Bazin com Emmanuel Mounier (um dos fundadores da *Esprit*) no final dos anos 1930, quando o então estudante teve vivo interesse pelo personalismo de que Mounier, um dos teóricos do existencialismo católico francês, era o porta-voz. Com sua profissão de fé no cinema, Bazin traduz um movimento de reconciliação do pensamento religioso com o mundo moderno e pode observar a tela sem a moldura moralista de desconfiança na imagem e no que nela é apego à esfera da carne. Há mesmo um interesse pela natureza que lembra o cientista apaixonado pela empiria, mas lhe acrescenta uma fenomenologia da ambiguidade, uma noção de facetas do mundo a resgatar que faz da ciência um canal de intimidade com os meandros da Criação (a ponto de, em crítica do n. 2 dos *Cahiers*, ele lembrar que é preciso ler em filigrana a evidência da graça, pois "os signos de Deus não são sempre sobrenaturais").

Tal confiança na imagem cinematográfica, Bazin a partilha com os primeiros teóricos do cinema – Louis Delluc, Jean Epstein – com a ressalva de uma opção realista, estranha ao ideário da vanguarda dos anos 1920, que deixa Bazin mais em paz com o cinema industrial. Tal confiança era um traço recorrente na fortíssima tradição teórica francesa, até que os anos 1960 viessem abalá-la ao alterar os termos do pensar o cinema e a política. Na primeira metade do século, era comum nessa tradição identificar o cinema com um sopro de autenticidade na cultura, recusa de artifícios. Tal postura marcou a recepção dos críticos franceses a Hollywood, cujos gêneros mais populares foram saudados como um vento de juventude, simplicidade, intimidade com a natureza (o *western*, tudo o que se afigurava como o Outro da Europa). Por essa via, a produção industrial se legitimou, consolidando sua posição central na cinefilia parisiense, dado que, nas revistas de cinema, afastou as formulações mais apocalípticas em face da cultura de massa e Hollywood (até 1968). Se no pós-guerra a alternativa neorrealista é exaltada, isso não implica, para Bazin, o rechaço a outros modos de produção: seu movimento é de respeito à fatura individual, feições particulares; a pertinência a um sistema de produção não é motivo para recusas em bloco. Flexível, sua marca é o exercício da crítica que evita simplesmente "aplicar" pressupostos ideológicos, apostando mais na acuidade do olhar, na sensibilidade ao estilo, talentos que sua escrita soube expressar de forma admirável, gerando insights críticos de grande consequência, fonte de um carisma intelectual que deu enorme suporte à sua vulnerável postura de missionário, à sua figura cândida cuja constelação de valores humanistas, fosse outra a inteligência, talvez não superasse o risco da ingenuidade.

Na fala de seus contemporâneos, é constante a referência à integridade de Bazin; é unânime nos que o conheceram a menção à sua generosidade, compreensão, características notáveis num homem cuja saúde precária, com frequência, lhe impôs limites.[2] Pelos testemunhos, sua postura diante do cinema não se desliga de um "modo de ser" que se expressa de formas variadas: há o sabor dos episódios geradores de um folclore simpático em torno de seu amor pelas espécies da natureza (Bazin chegou a ter em casa um filhote de crocodilo; do Brasil, levou um papagaio); há a incrível dedicação com que soube se dar a todos, sendo emblemático o episódio de Truffaut – esse *enfant sauvage* que Bazin ajudou a tirar de um reformatório, adotou e conduziu para uma vida criativa de escritor e cineasta.

Nisso tudo há forte coerência, a qual implica uma relação de empatia com o mundo, de tal intensidade que a referência ao olhar não se dá aqui apenas como metáfora espacial a designar atitudes de espírito, mas qualifica o movimento mesmo de uma existência. A tônica desse olhar, um amigo resumiu muito bem ao lembrar que "seus olhos foram sempre muito ágeis, à vontade, no movimento da percepção à reflexão, do objeto à ideia". A observação é de 1959 e seu autor, Roger Leenhardt, como outros amigos, prestava nos *Cahiers du Cinéma* n. 91 sua homenagem a Bazin, logo após sua morte, aos quarenta anos, em novembro de 1958. Leenhardt não faz parte da nova geração de críticos que justamente a partir desse mesmo

2 Tomo como referência a biografia escrita por Dudley Andrew – *André Bazin*, 2ª ed. Nova York: Columbia University Press, 1990 –, os prefácios de Truffaut a dois livros de Bazin que organizou – *Le Cinéma de l'Occupation et de la Résistance* (Paris: Union Générale d'Éditions, 1975) e *O cinema da crueldade* (São Paulo: Martins Fontes, 1989) – e os artigos de Paulo Emílio Sales Gomes publicados no Suplemento Literário de *O Estado de S. Paulo*, incluídos na coletânea *Crítica de cinema no Suplemento Literário*, v. II (Rio de Janeiro: Paz e Terra/Embrafilme, 1982).

ano mergulharia na prática do cinema para transformá-lo. Seu artigo não é, portanto, a homenagem dos afilhados – Truffaut, Godard, Rivette, Chabrol, Rohmer. É o tributo do mestre que, escrevendo sobre cinema na revista *Esprit*, havia marcado a formação de Bazin no final dos anos 1930, início dos 1940. Com sua presença, a homenagem dos *Cahiers*, em 1959, ata os dois extremos de um percurso da cultura cinematográfica francesa marcado pelo pensamento de Bazin. Quando compôs seus primeiros grandes ensaios entre 1945 e 1947, ele foi explícito no diálogo com Leenhardt e André Malraux de "Esboço de uma psicologia do cinema" (1940) e *Le Musée imaginaire*; ao fundar, com Jacques-Doniol Valcroze e Lo Duca, os *Cahiers*, havia a consciência de continuar o trabalho de Jean George Auriol, o diretor da *La Revue du Cinéma* (1946-49), crítico que, desde os anos 1930, representava um momento de reconciliação da teoria francesa com o cinema narrativo sonoro após o trauma que roubara o ímpeto à vanguarda de 1920. Bazin morreu cedo demais, mas em 1958 já deixara sua marca no pensamento daqueles que balizariam os anos 1960, ligando seu nome à constelação de temas que teve na *nouvelle vague* uma resposta prática decisiva. A par de suas análises da linguagem (a teoria do plano-sequência), ele contribuiu para a "política dos autores" liderada pelos *Cahiers*, discutindo seus princípios com os colegas mais jovens que iriam levar à prática o primado da autoria no cinema. Não por acaso, foram autores (Welles e Renoir) o tema dos textos que concebeu em forma de livro (o sobre Renoir, escrevia quando morreu); casos isolados dentro de sua vasta produção que permaneceu em artigos só organizados em obras póstumas, pelo esforço de Truffaut ou dos colaboradores dos *Cahiers*.

Os textos aqui reunidos compõem a coleção que, a partir de 1958, evidenciou a envergadura do teórico André Bazin, mostrando o quanto sua visão do cinema não estava apenas apoiada em sua sensibilidade ao talento, ao estilo, às nuances da linguagem, mas implicava numa ontologia, investigação do específico fílmico. A pergunta "O que é o cinema?" não poderia admitir a asserção definitiva, mas seu pensamento, de ensaio a ensaio, revela um conjunto de traços que definem, sem dúvida, uma coerência. No recuo da interrogação, ele discute a fotografia, a reprodução técnica, e retoma reflexões de André Malraux para inserir o cinema na história da arte, esfera onde Bazin o vê cumprir um papel redentor. Em "Ontologia da imagem fotográfica", ele observa que a perspectiva da Renascença constitui um "pecado original": retirou a inocência da representação e reduziu a arte à imitação da aparência, ao ilusionismo que o barroco veio radicalizar. Quando a aparência assume um valor em si mesma, a arte sacrifica sua dimensão estética (a expressão de realidades espirituais) e se psicologiza, curvando-se ao desejo de duplicação, à imitação que quer salvar o ser pela aparência, exorcizar o tempo, como no antigo Egito o embalsamento era a condição da eternidade. Para Bazin, a fotografia e o cinema invertem os termos dessa equação, pois aí é a própria técnica de base que incorpora tal desejo, tal "complexo da múmia", antes do uso da técnica por um sujeito. Se o cinema é linguagem, fato de discurso, é preciso frisar que, antes de suas articulações e de sua sintaxe, ele tem uma relação imediata com o mundo ancorada na natureza da técnica, no automatismo com que a imagem se imprime na película, produzindo não uma semelhança como as já conhecidas na tradição pictórica, mas um "molde da duração", um decalque do movimento. Tal imagem tem força de realidade não apenas porque é precisa na reprodução da aparência, mas em razão de sua gênese peculiar, baseada no processo fotoquímico. Aqui, a reprodução não é pecado, não resulta de escolha do artista. No cinema, o ilusionismo não o é plenamente; o objeto deixou efetivamente seu rastro na película, e crer em sua existência ou ficar seduzido pela sua palpabilidade não constitui obstáculo. Apoiados na força psicológica desse rastro do mundo em seu corpo, a fotografia e o cinema constroem sua estética a partir daí, explorando seu poder essencial de reprodução do real e liberando, ao mesmo tempo, as artes plásticas de seu afã de imitação precisa. Na pintura, escravizar-se à aparência é macular a arte; no cinema, macular a aparência é perder o solo da expressão, anular o específico e todas as suas promessas de revelação.

Por diferentes caminhos, encontramos a mesma aposta de Bazin. Ela se desdobra em formulações certamente discutíveis como tem mostrado a produção teórica mais recente, empenhada em assinalar os limites do seu idealismo, na teoria da imagem e do cinema moderno, nas expectativas históricas. Vivemos seu futuro e tais limites estão claros, o jogo está feito. O essencial a destacar aqui é sua lucidez e coerência como expressão de um momento onde o melhor da crítica de cinema vivia a constelação humanista e seus correlatos de esperança, pouco atenta, por exemplo, ao mundo infernal de regressões, controles e dominações que a teoria crítica de Adorno e Horkheimer desenhava para os filhos do Iluminismo na era da indústria cultural. Distante deste e de outros diagnósticos "sombrios", a cinefilia podia abrigar a aposta de Bazin, viver o mundo da reprodução mecânica como promessa de redenção, sem a melancolia barroca de uma reflexão mais recente (penso em Barthes a prenunciar a morte no *clic* da máquina), sem viver o vazio do simulacro que a poluição imagética de hoje nos reserva. Podia então esperar, como ocorrera no início do século, a harmonia de ciência e arte, espírito e matéria, técnica e estética, essa utopia da modernidade expressa de forma original na obra de Bazin, canto de cisne dos evangelhos do cinema, sem dúvida o mais brilhante.

PREFÁCIO
ANDRÉ BAZIN

Este livro reúne artigos publicados desde o final da guerra. Não dissimulamos os perigos da empreitada, o principal deles sendo o de incorrer na crítica de presunção, oferecendo à posteridade reflexões circunstanciais mais ou menos inspiradas pela atualidade. Tendo, porém, a sorte de exercer seu culpado ofício num jornal e em diferentes revistas e publicações semanais, o autor desfrutou talvez a possibilidade de escolher artigos menos diretamente determinados pelas contingências da atualidade jornalística. Daí, em compensação, a grande variedade do tom e sobretudo do tamanho dos artigos aqui reunidos; os critérios que nos guiaram são mais de fundo que de forma, um artigo de duas ou três páginas publicado num semanário podia, na perspectiva deste livro, ter tanta importância quanto um longo estudo para revista, ou pelo menos dar ao edifício a pedra angular útil à solidez da fachada.

É bem verdade que poderíamos, e talvez devêssemos, ter refundido os artigos na continuidade de um ensaio. Renunciamos a isso por receio de cair no artifício didático, preferindo confiar no leitor, deixando-lhe a tarefa de descobrir sozinho, se é que ela existe, a justificativa intelectual da aproximação dos textos.

O título da série, *Qu'est-ce que le cinéma?*, não é bem a promessa de uma resposta, mas antes o enunciado de um problema que o autor vai se colocar ao longo destas páginas. Estes livros, portanto, não pretendem apresentar uma geologia e uma geografia exaustivas do cinema, mas apenas conduzir o leitor a uma sucessão de sondagens, explorações, sobrevoos feitos por ocasião dos filmes propostos à reflexão cotidiana do crítico.

Do monte de papéis rabiscados diariamente, muitos só servem para fazer fogo; outros, que tinham em seu tempo um pequeno valor no que se refere ao estado do cinema contemporâneo, hoje não teriam mais que um valor de interesse retrospectivo. Eles foram eliminados, pois, se a história da crítica já não é grande coisa, a de um crítico particular não interessa a ninguém, sequer a ele próprio, a não ser como exercício de humildade. Restavam artigos ou estudos necessariamente datados pelas referências dos filmes que serviram de pretexto a eles, mas que nos pareceram, com razão ou sem ela, conservar, apesar da distância no tempo, um valor intriseco. Naturalmente, jamais hesitamos em corrigi-los, quer na forma, quer no fundo, sempre que isso nos pareceu útil. Aconteceu também de fundirmos vários artigos que tratavam do mesmo tema a partir de filmes diferentes, ou, ao contrário, cortar páginas ou parágrafos que poderiam se repetir dentro da coletânea; mas na maioria das vezes as correções são mínimas e se limitam a atenuar as pontas da atualidade que chamariam a atenção do leitor sem proveito para a economia intelectual do artigo. Pareceu-nos, entretanto, quando não necessário, ao menos inevitável, respeitar esta última. Na medida – por mais modesta que ela seja – em que um artigo crítico procede de um determinado movimento do pensamento, que tem seu impulso, sua dimensão e seu ritmo, ele se aparenta também com a criação literária, e não poderíamos, sem dissociar o conteúdo e a forma, colocá-lo em outro molde. Pelo menos achamos que o balanço da operação seria deficitário para o leitor e preferimos deixar subsistir lacunas em relação ao plano ideal da coletânea a tapar os buracos com uma crítica digamos... conjuntiva. A mesma preocupação nos levou, em vez de introduzir à força nossas reflexões atuais nos artigos, a inseri-las em notas de rodapé.

Contudo e apesar de uma escolha que esperamos não ser excessivamente indulgente, era inevitável que o texto nem sempre fosse independente da data de sua concepção ou que elementos circunstanciais fossem inseparáveis de reflexões mais intemporais. Em suma, e apesar das correções a que foram submetidos, achamos certo sempre indicar a referência original dos artigos que forneceram a substância das páginas que virão a seguir.

A. B., 1958

ONTOLOGIA DA IMAGEM FOTOGRÁFICA

Uma psicanálise das artes plásticas poderia considerar a prática do embalsamamento como um fato fundamental de sua gênese.[1] Na origem da pintura e da escultura, descobriria o "complexo" da múmia. A religião egípcia, toda ela orientada contra a morte, condicionava a sobrevivência à perenidade material do corpo. Com isso, satisfazia uma necessidade fundamental da psicologia humana: a defesa contra o tempo. A morte não é senão a vitória do tempo. Fixar artificialmente as aparências carnais do ser é salvá-lo da correnteza da duração: aprumá-lo para a vida. Era natural que tais aparências fossem salvas na própria materialidade do corpo, em suas carnes e ossos. A primeira estátua egípcia é a múmia de um homem curtido e petrificado em natrão. Mas as pirâmides e o labirinto de corredores não constituíam garantia suficiente contra uma eventual violação do sepulcro; fazia-se necessário tomar outras precauções contra o acaso, multiplicar as medidas de proteção. Por isso, perto do sarcófago, junto com o trigo destinado à alimentação do morto, eram colocadas estatuetas de terracota, espécies de múmias de reposição capazes de substituir o corpo caso este fosse destruído. Assim se revela, a partir de suas origens religiosas, a função primordial da estatuária: salvar o ser pela aparência. E certamente se pode tomar por outro aspecto do mesmo projeto, considerado em sua modali-

1 Estudo retomado a partir de *Les Problèmes de la peinture*. Gaston Diehl (org.). Paris: Confluences, 1945. Texto traduzido por Hugo Mader para a coletânea *A experiência do cinema*, organizada por Ismail Xavier (Rio de Janeiro: Graal/Embrafilme, 1983); revisto pelo tradutor para esta edição.

dade ativa, o urso de argila crivado de flechas da caverna pré--histórica, substituto mágico, identificado à fera viva, como um voto ao êxito da caçada.

É ponto pacífico que a evolução paralela da arte e da civilização destituiu as artes plásticas de suas funções mágicas (Luís XIV não se faz embalsamar: contenta-se com seu retrato, pintado por Lebrun). Mas esta evolução, tudo o que logrou foi sublimar, pela via de um pensamento lógico, a necessidade incoercível de exorcizar o tempo. Não se acredita mais na identidade ontológica de modelo e retrato, porém se admite que este nos ajuda a recordar aquele e, portanto, a salvá-lo de uma segunda morte espiritual. A fabricação da imagem chegou mesmo a se libertar de qualquer utilitarismo antropocêntrico. O que conta não é mais a sobrevivência do homem e sim, em escala mais ampla, a criação de um universo ideal à imagem do real, dotado de destino temporal autônomo. "Que coisa vã, a pintura", se sob a nossa admiração absurda não se manisfestar a necessidade primitiva de vencer o tempo pela perenidade da forma! Se a história das artes plásticas não é somente a de sua estética, mas antes a de sua psicologia, então ela é essencialmente a história da semelhança, ou, se se quer, do realismo.

———

A fotografia e o cinema, situados nessas perspectivas sociológicas, explicariam tranquilamente a grande crise espiritual e técnica da pintura moderna, que se origina em meados do século passado.

Em seu artigo de *Verve*, André Malraux escrevia que "o cinema não é senão a instância mais evoluída do realismo plástico, que principiou com o Renascimento e alcançou sua expressão limite na pintura barroca".

É verdade que a pintura universal alcançara diferentes tipos de equilíbrio entre o simbolismo e o realismo das formas, mas no século XV o pintor ocidental começou a renunciar à primeira e única preocupação de exprimir a realidade espiritual por meios autônomos para combinar sua expressão com a imitação mais ou menos integral do mundo exterior. O acontecimento decisivo foi sem dúvida a invenção do primeiro sistema científico e, de certo modo, já mecânico: a perspectiva (a câmara escura de Da Vinci prefigurava a de Niépce). Ela permitia ao artista dar a ilusão de um espaço de três dimensões onde os objetos podiam se situar como na nossa percepção direta.

Desde então, a pintura viu-se esquartejada entre duas aspirações: uma propriamente estética – a expressão das realidades espirituais, em que o modelo se acha transcendido pelo simbolismo das formas –, e outra, esta não mais que um desejo puramente psicológico de substituir o mundo exterior pelo seu duplo. Essa necessidade de ilusão, que aumentava rapidamente por sua satisfação mesma, devorou pouco a pouco as artes plásticas. Porém, tendo a perspectiva resolvido o problema das formas, mas não o do movimento, era natural que o realismo se prolongasse por uma busca da expressão dramática no instante, espécie de quarta dimensão psíquica capaz de sugerir a vida na imobilidade torturada da arte barroca.[2]

É claro que os grandes artistas sempre lograram a síntese dessas duas tendências: hierarquizaram-nas, dominando a realidade e absorvendo-a na arte. Acontece, porém, que nos achamos em face de dois fenômenos essencialmente diferentes, os quais uma crítica objetiva precisa saber dissociar a fim de compreender a evolução pictórica. A partir do século XVI,

2 Seria interessante, desse ponto de vista, acompanhar nos jornais ilustrados de 1890 a 1910 a concorrência entre a reportagem fotográfica, ainda em seus primórdios, e o desenho. Este último atendia sobretudo à necessidade barroca do dramático (cf. *Le Petit Journal Illustré*). O sentido do documento fotográfico só se impôs aos poucos. Constata-se, de resto, além de certa saturação, um retorno ao desenho dramático do tipo "Radar".

a necessidade de ilusão não cessou de atuar internamente sobre a pintura. Necessidade de natureza mental, em si mesma não estética, cuja origem só se poderia buscar na mentalidade mágica, mas necessidade eficaz, cuja atração abalou profundamente o equilíbrio das artes plásticas.

A polêmica quanto ao realismo na arte provém desse mal-entendido, dessa confusão entre o estético e o psicológico, entre o verdadeiro realismo, que implica exprimir a significação a um só tempo concreta e essencial do mundo, e o pseudorrealismo do *trompe l'oeil* (ou do *trompe l'esprit*), que se contenta com a ilusão das formas.[3] Eis por que a arte medieval, por exemplo, parece não sofrer tal conflito: violentamente realista e altamente espiritual ao mesmo tempo, ela ignorava esse drama que as possibilidades técnicas vieram revelar. A perspectiva foi o pecado original da pintura ocidental.

Niépce e Lumière foram os seus redentores. A fotografia, ao elevar ao auge o barroco, liberou as artes plásticas de sua obsessão pela semelhança. Pois a pintura se esforçava, no fundo, em vão, por nos iludir, e essa ilusão bastava à arte, enquanto a fotografia e o cinema são descobertas que satisfazem definitivamente, por sua própria essência, a obsessão de realismo. Por mais hábil que fosse o pintor, sua obra era sempre hipotecada por uma inevitável subjetividade. Diante da imagem uma dúvida persistia, dada a presença do homem. Assim, o fenômeno essencial na passagem da pintura barroca à fotografia não re-

3 Talvez a crítica comunista, em particular, devesse, antes de dar tanta importância ao expressionismo realista em pintura, parar de falar desta como se teria podido fazê-lo no século XVIII, antes da fotografia e do cinema. Importa muito pouco, talvez, que a Rússia soviética produza má pintura se ela já produz bom cinema: Eisenstein é o seu Tintoretto. Importa, isso sim, Aragon querer nos convencer a tomá-lo por um Repin.

side no mero aperfeiçoamento material (a fotografia ainda continuaria por muito tempo inferior à pintura na imitação das cores), mas num fato psicológico: a satisfação completa do nosso afã de ilusão por uma reprodução mecânica da qual o homem se achava excluído. A solução não estava no resultado, mas na gênese.[4]

Eis por que o conflito entre estilo e semelhança vem a ser um fenômeno relativamente moderno, cujos traços quase não são encontráveis antes da invenção da placa sensível. Bem se vê que a objetividade de Chardin nada tem a ver com aquela do fotógrafo. É no século XIX que se inicia para valer a crise do realismo, da qual Picasso é hoje o mito, abalando tanto as condições de existência formal das artes plásticas quanto os seus fundamentos sociológicos. Liberado do complexo de semelhança, o pintor moderno o relega à massa,[5] que então passa a

4 Seria o caso, porém, de estudar a psicologia dos gêneros plásticos menores, como a modelagem de máscaras mortuárias, que também apresentam certo automatismo na reprodução. Nesse sentido, poder-se-ia considerar a fotografia como uma modelagem, um registro por meio da luz das impressões deixadas pelo objeto.

5 Mas será mesmo "a massa" que se acha na origem do divórcio entre o estilo e a semelhança que efetivamente constatamos hoje em dia? Não seria antes o advento do "espírito burguês", que nasceu com a indústria e que serviu justamente de elemento de realce, por constraste, para os artistas do século XIX, espírito que se poderia definir pela redução da arte a categorias psicológicas? Por sinal, a fotografia não foi historicamente a sucessora direta do realismo barroco, e Malraux observa, muito a propósito, que a princípio ela não tinha outra preocupação que não a de "imitar a arte", copiando ingenuamente o estilo pictórico. Niépce e a maioria dos pioneiros da fotografia buscavam, aliás, copiar por esse meio as gravuras. Sonhavam produzir obras de arte sem serem artistas, por decalcomania. Projeto típico e essencialmente burguês, mas que confirma nossa tese, elevando-a, por assim dizer, ao quadrado. Era natural que a obra de arte fosse a princípio o modelo mais digno de imitação para o fotógrafo, pois aos seus olhos ela, que já imitava a natureza, ainda a "melhorava". Foi pre-

identificá-lo, por um lado, com a fotografia, e, por outro, com aquela pintura que a ela se aplica.

A originalidade da fotografia em relação à pintura reside, pois, na sua objetividade essencial. Tanto é que o conjunto de lentes que constitui o olho fotográfico em substituição ao olho humano denomina-se precisamente "objetiva". Pela primeira vez, entre o objeto inicial e sua representação nada se interpõe, a não ser outro objeto. Pela primeira vez, uma imagem do mundo exterior se forma automaticamente, sem a intervenção criadora do homem, segundo um rigoroso determinismo. A personalidade do fotógrafo não entra em jogo senão pela escolha, pela orientação, pela pedagogia do fenômeno; por mais visível que seja na obra acabada, já não figura nela como a do pintor. Todas as artes se fundam sobre a presença do homem; unicamente na fotografia é que fruímos de sua ausência. Ela age sobre nós como um fenômeno "natural", como uma flor ou um cristal de neve cuja beleza é inseparável de sua origem vegetal ou telúrica.

Essa gênese automática subverteu radicalmente a psicologia da imagem. A objetividade da fotografia lhe confere um poder de credibilidade ausente em qualquer obra pictórica. Sejam quais forem as objeções de nosso espírito crítico, somos obrigados a crer na existência do objeto representado, literalmente re-presentado, quer dizer, tornado presente no tempo e no espaço. A fotografia se beneficia de uma transferência de realidade da coisa para sua reprodução.[6] O desenho,

ciso algum tempo para que, tornando-se ele próprio artista, compreendesse que não podia imitar senão a natureza.

6 Seria preciso introduzir aqui uma psicologia da relíquia e do suvenir, que se beneficiam igualmente de uma transferência de realidade proveniente

o mais fiel, pode nos fornecer mais indícios acerca do modelo; mas jamais ele possuirá, a despeito do nosso espírito crítico, o poder irracional da fotografia, que nos arrebata a credulidade.

Por isso mesmo, a pintura já não passa de uma técnica inferior da semelhança, um sucedâneo dos procedimentos de reprodução. Só a objetiva nos dá, do objeto, uma imagem capaz de "desrecalcar", no fundo do nosso inconsciente, a necessidade de substituir o objeto por algo mais do que um decalque aproximado: o próprio objeto, porém liberado das contingências temporais. A imagem pode ser nebulosa, descolorida, sem valor documental, mas ela provém por sua gênese da ontologia do modelo; ela é o modelo. Daí o fascínio das fotografias de álbuns. Essas sombras cinzentas ou sépias, fantasmagóricas, quase ilegíveis, já deixaram de ser tradicionais retratos de família para se tornarem inquietante presença de vidas paralisadas em suas durações, libertas de seus destinos, não pelo sortilégio da arte, mas em virtude de uma mecânica impassível; pois a fotografia não cria, como a arte, eternidade, ela embalsama o tempo, simplesmente o subtrai à sua própria corrupção.

———

Nessa perspectiva, o cinema vem a ser a consecução no tempo da objetividade fotográfica. O filme não se contenta mais em conservar para nós o objeto lacrado no instante, como no âmbar o corpo intacto dos insetos de uma era extinta – ele livra a arte barroca de sua catalepsia convulsiva. Pela primeira vez, a imagem das coisas é também a de sua duração, qual uma múmia da mutação.

do complexo da múmia. Assinalemos apenas que o Santo Sudário de Turim realiza a síntese entre relíquia e fotografia.

As categorias[7] da semelhança que distinguem a imagem fotográfica determinam, pois, também sua estética em relação à pintura. As virtualidades estéticas da fotografia residem na revelação do real. O reflexo na calçada molhada, o gesto de uma criança, independia de mim distingui-los no tecido do mundo exterior; somente a impassibilidade da objetiva, despojando o objeto de hábitos e preconceitos, de toda a ganga espiritual com que minha percepção o revestia, poderia torná-lo virgem à minha atenção e, afinal, ao meu amor. Na fotografia, imagem natural de um mundo que não sabemos ou não podemos ver, a natureza, enfim, faz mais do que imitar a arte; ela imita o artista.

E pode até mesmo superá-lo em criatividade. O universo estético do pintor é heterogêneo ao universo que o cerca. A moldura encerra um microcosmo essencial e substancialmente diverso. A existência do objeto fotografado participa, pelo contrário, da existência do modelo como uma impressão digital. Com isso, ela se acrescenta realmente à criação natural, em vez de substituí-la por outra.

Foi o que o surrealismo vislumbrou, ao recorrer à gelatina da placa sensível para engendrar sua teratologia plástica. É que, para o surrealismo, o efeito estético é inseparável da impressão mecânica da imagem sobre o nosso espírito. A distinção lógica entre o imaginário e o real tende a ser abolida. Toda imagem deve ser sentida como objeto e todo objeto, como imagem. A fotografia representava, pois, uma técnica privilegiada para a criação surrealista, já que ela materializa uma imagem que participa da natureza: uma alucinação ver-

7 Emprego o termo "categoria" na acepção que lhe dá Henri Gouhier em seu livro sobre o teatro, quando distingue as categorias dramáticas das estéticas. Assim como a tensão dramática não implica nenhuma qualidade artística, a perfeição da imitação não se identifica com a beleza; constitui somente uma matéria-prima sobre a qual o fato artístico vem se inscrever.

dadeira. A utilização do *trompe l'oeil* e a precisão meticulosa dos detalhes na pintura surrealista são a contraprova disso.

A fotografia vem a ser, pois, o acontecimento mais importante da história das artes plásticas. Ao mesmo tempo sua libertação e manifestação plena, a fotografia permitiu à pintura ocidental desembaraçar-se definitivamente da obsessão realista e reencontrar sua autonomia estética. O "realismo" impressionista, sob seus álibis científicos, é o oposto do *trompe l'oeil*. A cor, aliás, só pôde devorar a forma porque esta não mais possuía importância imitativa. E quando, com Cézanne, a forma se reapoderar da tela, já não será, em todo caso, segundo a geometria ilusionista da perspectiva. A imagem mecânica, ao opor à pintura uma concorrência que atingia, mais que a semelhança barroca, a identidade do modelo, por sua vez obrigou-a a se converter em seu próprio objeto.

Nada mais vão, doravante, que a condenação pascaliana, uma vez que a fotografia nos permite, por um lado, admirar em sua reprodução o original que os nossos olhos não teriam sabido amar, e na pintura um puro objeto cuja referência à natureza já não é mais a sua razão de ser.

———

Por outro lado, o cinema é uma linguagem.

O MITO DO CINEMA TOTAL

Paradoxalmente,[1] a impressão que se tem à leitura do admirável livro de Georges Sadoul sobre as origens do cinema,[2] apesar do ponto de vista marxista do autor, é a de uma inversão das relações entre a evolução econômica e técnica e a imaginação dos pesquisadores. Parece que tudo se passa como se devêssemos inverter a causalidade histórica que vai da infraestrutura econômica às superestruturas ideológicas e considerar as descobertas técnicas fundamentais como acidentes providenciais e favoráveis, porém essencialmente secundários, em relação à ideia preliminar dos inventores. O cinema é um fenômeno idealista. A ideia que os homens fizeram dele já estava armada em seu cérebro, como no céu platônico, e o que impressiona, acima de tudo, é a resistência tenaz da matéria à ideia, mais do que as sugestões da técnica à imaginação do pesquisador.

Aliás, o cinema não deve quase nada ao espírito científico. Seus pais não são de modo algum eruditos (com exceção de Marey, mas é significativo que este só se interessasse pela análise do movimento e não pelo processo inverso, que permitia recompô-lo). O próprio Edison não passa de um *bricoleur* genial, um monstro do concurso Lépine. Niépce, Muybridge, Leroy, Joly, Demenÿ, o próprio Louis Lumière são monomaníacos, desvairados, *bricoleurs* ou, no melhor dos casos, industriais engenhosos. Quanto ao maravilhoso, sublime E. Reynaud, quem não vê que seus desenhos animados são o resultado de uma perseguição obstinada de uma ideia fixa? Explicaríamos bem

1 Texto publicado originalmente em *Critique*, n. 6, nov. 1946, pp. 552-57.

2 *L'Invention du cinéma (1832-1897)*, v. I. Paris: Denoël, 1946.

mal a descoberta do cinema partindo das descobertas técnicas que o permitiram. Ao contrário, uma realização aproximativa e complicada da ideia precede quase sempre a descoberta industrial, única que pode tornar viável sua aplicação prática. Assim, se hoje nos parece evidente que o cinema, em sua forma mais elementar, precisava utilizar um suporte *transparente*, *flexível* e *resistente*, e uma emulsão sensível *seca*, capaz de fixar uma imagem instantânea (todo o resto sendo apenas uma questão de ajustes mecânicos bem menos complicados que um relógio do século XVIII), percebemos que todas as etapas decisivas da invenção do cinema foram transpostas antes de essas condições serem preenchidas. Muybridge, graças à dispendiosa fantasia de um amador de cavalos, consegue realizar, em 1877 e 1880, um imenso complexo que lhe permitirá fazer, com imagens de um cavalo galopando, a primeira série cinematográfica. Ora, para obter esse resultado, ele precisou se contentar com o colódio úmido sobre placa de vidro (ou seja, com apenas uma das três condições essenciais: instantaneidade, emulsão seca e suporte flexível). Depois da descoberta, em 1880, da gelatina-brometo de prata, mas antes do aparecimento no comércio das primeiras fitas de celuloide, Marey constrói com seu fuzil fotográfico uma verdadeira câmera para placas de vidro. Enfim, mesmo depois do surgimento comercial do filme em celuloide, o próprio Lumière tentará primeiro usar filme de papel.

E só consideramos aqui a forma definitiva e completa do cinema fotográfico. A síntese de movimentos elementares cientificamente estudada pela primeira vez por Plateau não precisava esperar pelo desenvolvimento industrial e econômico do século XIX. Como Sadoul acertadamente observa, nada se opunha, desde a Antiguidade, à realização do fenacistiscópio ou do zootrópio. É verdade que, aqui, os trabalhos de um autêntico erudito, Plateau, estão na origem das várias invenções mecânicas que permitiram o uso popular de sua descoberta. Mas se, para o cinema fotográfico, temos motivos para ficar admirados com o fato de a descoberta preceder de algum modo as condições técnicas indispensáveis para sua realização, seria preciso explicar aqui, em contrapartida, como, com todas as condições já reunidas havia muito tempo (a persistência retiniana era um fenômeno conhecido de longa data), a invenção tenha levado tanto tempo para surgir. Convém notar que, sem qualquer relação cientificamente necessária, os trabalhos de Plateau são quase contemporâneos aos de Nicéphore Niépce, como se a atenção dos pesquisadores tivesse esperado, durante séculos, para se interessar pela síntese do movimento que a química – independentemente da ótica – se interessasse, por seu lado, pela fixação automática da imagem.[3] Enfatizo que tal coincidência histórica não parece poder, de modo algum, ser explicada pela evolução científica econômica ou industrial. O cinema fotográfico poderia perfeitamente ter se intrometido, por volta de 1890, num fenacistoscópio imaginado desde o século XVI. O atraso na invenção deste é tão perturbador quanto a existência dos precursores daquele.

3 Os afrescos ou os baixos-relevos egípcios revelam mais uma vontade de análise do movimento do que de sua síntese. Quanto aos autômatos do século XVIII, eles estão para o cinema como a pintura para a fotografia. Seja lá como for, e mesmo se os autômatos prefiguram, desde Descartes e Pascal, as máquinas do século XIX, não é diferente da maneira como os *trompe l'oeil* pictóricos atestam um gosto exacerbado pela semelhança. A técnica do *trompe l'oeil*, entretanto, não fez avançar a ótica e a química fotográfica; ela se limitava, se ouso dizer, a imitá-las por antecipação.

Além disso, como a palavra indica, a estética do *trompe l'oeil* no século XVIII reside mais na ilusão do que no realismo, isto é, mais na mentira do que na verdade. Uma estátua pintada sobre uma parede deve parecer estar assentada sobre uma base no espaço. De certo modo, foi a isso também que o cinema principiante visou, mas essa função de embuste logo cede lugar a um realismo ontogenético (cf. "Ontologia da imagem fotográfica", *supra*, pp. 27-34).

Mas, se examinarmos minuciosamente seus trabalhos e o sentido de sua pesquisa, tal como transparece nos próprios aparelhos e, de modo mais indiscutível, nos escritos e comentários que os acompanham, constatamos que esses precursores eram antes de tudo profetas. Queimando etapas, sendo que a primeira delas já lhes era materialmente intransponível, a maioria deles vai visar diretamente ao mais alto. Sua imaginação identifica a ideia cinematográfica com uma representação total e integral da realidade; ela tem em vista, de saída, a restituição de uma ilusão perfeita do mundo exterior, com o som, a cor e o relevo.

Quanto a este último, um historiador do cinema, P. Potoniée, pôde inclusive sustentar que

> não foi a descoberta da fotografia e sim a da estereoscopia (introduzida no comércio pouco antes das primeiras experiências da fotografia animada, em 1851) que abriu os olhos dos pesquisadores. Percebendo os personagens imóveis no espaço, os fotógrafos se deram conta de que lhes faltava movimento para ser a imagem da vida e a cópia fiel da natureza.

De qualquer forma, qualquer inventor procura unir o som e o relevo à animação da imagem. Seja Edison, cujo cinetoscópio individual devia ser acoplado a um fonógrafo com caixas acústicas, ou Demenÿ e seus retratos falantes, ou até mesmo Nadar que, pouco tempo antes de realizar a primeira reportagem fotográfica sobre Chevreul, escreveu: "Meu sonho é ver a fotografia registrar atitudes e mudanças de fisionomia de um orador à medida que o fonógrafo registra suas palavras" (fevereiro de 1887). A cor ainda não é evocada porque as primeiras experiências de tricromia serão mais tardias. Mas E. Reynaud já pintava suas figurinhas havia muito tempo e os primeiros filmes de Méliès são coloridos à mão. São muitos os textos, mais ou menos delirantes; em que os inventores evocam nada menos do que esse cinema integral que dá a completa ilusão da vida e do qual ainda hoje estamos longe; conhecemos o trecho de *A Eva futura* [*L'Ève future*], no qual Villiers de l'Isle-Adam, dois anos antes de Edison começar suas primeiras pesquisas sobre a fotografia animada, lhe atribui esta fantástica realização:

> [...] a visão, carne transparente milagrosamente fotocromada, dançava, em trajes de lantejoulas, uma espécie de dança mexicana popular. Os movimentos mostravam-se com o próprio matiz da vida, graças ao procedimento de fotografia sucessiva que pode captar dez minutos dos movimentos sobre lentes microscópicas, refletidos em seguida por um potente lampascópio... Subitamente uma voz homogênea e como que compassada, uma voz tola e dura se fez ouvir. A dançarina cantou o *alza* e o *olé* de seu fandango.

O mito diretor da invenção do cinema é, portanto, a realização daquele que domina confusamente todas as técnicas de reprodução mecânica da realidade que apareceram no século XIX, da fotografia ao fonógrafo. É o mito do realismo integral, de uma recriação do mundo à sua imagem, uma imagem sobre a qual não pesaria a hipoteca da liberdade de interpretação do artista, nem a irreversibilidade do tempo. Se em sua origem o cinema não teve todos os atributos do cinema total de amanhã, foi, portanto, a contragosto e, unicamente, porque suas fadas madrinhas eram tecnicamente impotentes para dotá-lo de tais atributos, embora fosse o que desejassem.

Se as origens de uma arte deixam transparecer algo de sua essência, é válido considerar os cinemas mudo e falado como as etapas de um desenvolvimento técnico que realiza pouco a pouco o mito original dos pesquisadores. Compreende-se, nessa perspectiva, que seja absurdo considerar o cinema mudo como uma espécie de perfeição primitiva, da qual o realismo do som e da cor se afastaria cada vez mais. A primazia da imagem é histórica e tecnicamente acidental, o saudosismo de alguns pelo mutismo da tela não remonta o bastante à infância da sétima arte; os verdadeiros primitivos do cinema, aqueles que só existiram na imaginação de algumas dezenas de homens do século XIX, pensam na imitação integral da natureza. Logo, todos os aperfeiçoamentos acrescentados pelo cinema só podem, paradoxalmente, aproximá-lo de suas origens. O cinema ainda não foi inventado!

Seria, portanto, uma inversão, ao menos do ponto de vista psicológico, da ordem concreta da causalidade, situar as descobertas científicas ou as técnicas industriais, que irão tomar um lugar tão grande no desenvolvimento do cinema, no princípio de sua *invenção*. Os que menos confiaram no futuro do cinema como arte e mesmo como indústria foram, precisamente, os dois industriais, Edison e Lumière. Edison contentou-se com seu cinetoscópio individual e, se Lumière recusou judiciosamente a Méliès a venda de sua patente, foi porque provavelmente pensava ter mais lucro se ele mesmo a explorasse, mas na verdade como um brinquedo, do qual mais dia menos dia o público se cansaria. Quanto aos verdadeiros eruditos, como Marey, só serviram ao cinema incidentalmente, pois tinham outro objetivo preciso, que, quando atingido, os deixou satisfeitos. Os fanáticos, os maníacos, os pioneiros desinteressados, capazes, como Bernard Palissy, de queimar seus móveis para obter alguns segundos de imagens vacilantes, não são nem industriais nem eruditos, mas possuídos por sua própria imaginação. Se o cinema nasceu, isso se deve à convergência da obsessão deles; isto é, de um mito: o do *cinema total*. Assim ficam explicados tanto o atraso de Plateau em aplicar o princípio ótico da persistência retiniana quanto o constante progresso da síntese do movimento sobre o estado das técnicas fotográficas. O fato é que ambos estavam dominados pela imaginação do século. É claro que encontraríamos outros exemplos, na história das técnicas e das invenções, da convergência das pesquisas, mas é preciso distinguir aquelas que resultam precisamente da evolução científica e das necessidades industriais (ou militares) daquelas que, obviamente, as precedem. Desse modo, o velho mito de Ícaro precisou esperar o motor de explosão para descer do céu platônico. Ele existia, porém, na alma de cada homem desde que ele contemplou o pássaro. De certo modo, pode-se dizer o mesmo do mito do cinema, mas seus avatares até o século XIX têm apenas uma longínqua relação com aquele do qual hoje em dia participamos, e que foi o promotor do aparecimento das artes mecânicas, características do mundo contemporâneo.

SOBRE *WHY WE FIGHT*

HISTÓRIA, DOCUMENTOS E ATUALIDADES

A guerra e seu apocalipse de acontecimentos desmedidos estiveram na origem de uma revalorização decisiva do documentário de reportagem.[1] É que, durante a guerra, os fatos ganham uma dimensão e gravidade excepcionais. Eles constituem uma encenação colossal perto da qual a de *Antony and Cleopatra* [Antônio e Cleópatra, de J. Stuart Blackton e Charles Kent, 1908] ou a de *Intolerância* [*Intolerance: Love's Struggle Throughout the Ages*, de D. W. Griffith, 1916] aparecem como cenário para turnê interiorana. Mas essa é uma encenação real e só serve uma única vez. O drama também tem uma interpretação "de verdade", pois os figurantes aceitaram morrer ao entrar no campo (de batalha) da câmera, como o escravo gladiador na pista do coliseu. Graças ao cinema, o mundo realiza

1 Texto publicado originalmente em *Esprit*, ano 14, jun. 1946, pp. 1022-26.

uma astuciosa economia no orçamento de suas guerras, já que estas têm duas finalidades: a história e o cinema, como esses produtores pouco conscienciosos que filmam um segundo filme nos cenários dispendiosos demais do primeiro. No caso, o mundo tem razão. A guerra, com seus amontoados de cadáveres, suas imensas destruições, suas inumeráveis migrações, seus campos de concentração, suas bombas atômicas, deixa para trás a arte da imaginação que pretendia reconstituí-la.

O gosto pela reportagem de guerra parece vir de uma série de exigências psicológicas e talvez morais. Para nós, nada se compara ao acontecimento único, filmado ao vivo, no próprio instante de sua criação. O teatro das operações militares tem, sobre o outro, a inestimável superioridade dramática de inventar a peça à medida que ela está acontecendo. Commedia dell'arte onde o próprio esqueleto da peça está sempre sendo questionado. Quanto aos meios, é supérfluo insistir sobre sua excepcional eficácia: gostaria de salientar apenas que eles atingem uma ordem de grandeza cósmica e só receiam a concorrência dos terremotos,[2] das erupções vulcânicas, das enchentes e do fim do mundo. Digo isso sem ironia, pois acredito que o jornal filmado número 1 das *Atualidades eternas* não deixará de ser consagrado a uma reportagem monstruosa sobre o Juízo Final, perto da qual a do processo de Nuremberg se parecerá com "a saída dos operários da fábrica Lumière". Se eu fosse pessimista, acrescentaria um fator psicológico um tanto freudiano que chamaria de "complexo de Nero", que seria definido pelo prazer sentido com o espetáculo das destruições urbanas. Se fosse otimista, faria intervir o fator moral do qual falei acima, diria que a crueldade e a violência da guerra nos inculcaram o respeito, e quase o culto, pelo fato real, perto do que qualquer reconstituição, até mesmo de boa-fé, parece indecente, duvidosa e sacrílega.

2 E olhe lá! Uma bomba H vale agora uma centena de bons terremotos.

Mas a reportagem de guerra responde, sobretudo, a outra necessidade que explica sua extrema generalização. O gosto pela atualidade, juntamente com o gosto pelo cinema, é apenas a vontade de presença do homem moderno, sua necessidade de assistir à História, à qual a evolução política, e também os meios técnicos de comunicação e de destruição, se mesclam de maneira irremediável. À época da guerra total responde, fatalmente, a da História total. Os governos entenderam bem isso, e se empenham em nos mostrar a reportagem cinematográfica de todos os seus atos históricos, assinatura de tratados, encontro dos três, quatro, cinco Grandes etc. Como a História não é um balé totalmente programado de antemão, convém dispor, ao longo de sua passagem, do máximo de câmeras possível para se certificar de que ela será filmada no momento em que acontece (no momento histórico, naturalmente). As nações em guerra previram tanto o equipamento cinematográfico de seu Exército quanto o equipamento propriamente militar. O câmera acompanhava o bombardeiro em sua missão, o destacamento em seu desembarque. O armamento do avião de caça continha uma câmera automática entre as duas metralhadoras. O câmera corre o mesmo perigo que os soldados cuja morte está encarregado de fotografar, mesmo arriscando sua vida (mas o que importa, se a película for salva?). A maioria das operações militares teve uma minuciosa preparação cinematográfica. Em que medida a eficácia estritamente militar se distingue do espetáculo que se espera dela? Em uma conferência sobre o documentário, Roger Leenhardt imaginou que na próxima vez o comandante Humphrey Bogart ou o sargento Tracy, interpretando seu próprio personagem, seriam os protagonistas de alguma grande reportagem um tanto romanceada. Uma equipe de câmeras ficaria encarregada de filmar as efetivas operações militares que eles comandariam arriscando real e patrioticamente suas vidas. Dirão que ainda não chegamos a esse ponto? Pensem nos bombardeios do atol de Bikini e nos camarotes de navios onde só entraram convidados (parecido com as emissões "ao vivo" da televisão), enquanto várias câmeras filmavam, para vocês e para mim, o instante sensacional. Peço que reflitam sobre o processo de Nuremberg acontecendo sob os projetores como uma reconstituição de um tribunal em um filme policial.

Cada vez mais o cinema tira a pele do mundo em que vivemos. Um mundo que tende a fazer a muda de sua própria imagem. Assistimos em milhares de telas, na hora do noticiário, à formidável descamação difundida todos os dias por dezenas de milhares de câmeras. Mal acaba de se formar e a pele da História já cai na película. Que jornal filmado era chamado, antes da guerra, de "o olho do mundo"? Título pouco presunçoso hoje, quando inúmeras objetivas de Bell-Howell espiam, em todas as esquinas, acontecimentos, sinais pitorescos, curiosos ou terríveis de nosso destino.

Entre os filmes americanos lançados na França logo após a Liberação, podemos dizer que os únicos que conseguiram unanimidade e provocaram uma admiração sem reticência são os da série *Why We Fight* [Por que combatemos]. Eles não tinham apenas o mérito de introduzir um novo tom na arte da propaganda, tom, a um só tempo, comedido, convincente sem violência, didático e atraente: sabiam também, embora compostos unicamente de imagens de atualidades, ser tão fascinantes como um romance policial. Os filmes da série *Why We Fight* criaram, para o historiador de cinema, um gênero novo: o documentário ideológico de montagem. Não, sem dúvida, que a utilização da montagem seja nova – os grandes montadores alemães ou soviéticos tinham provado há muito tempo o que se podia fazer com ela no documentário –, mas os filmes de Frank Capra são duplamente originais: nenhuma das tomadas que os compõem (com exceção de alguns *raccords*) foi feita em função desses filmes. O objetivo da montagem é mostrar, mais do que demonstrar. São filmes abstratos, puramente lógicos, que utilizam, paradoxalmente, a espécie de documentos mais histórica e mais concreta: a atualidade. Eles estabeleceram em definitivo, com uma perfeição que dificilmente se pode imaginar que seja ultrapassada, que a montagem *a posteriori* de documentos criados para outros fins podia ter a flexibilidade e a precisão da linguagem. Os melhores documentários de montagem não passavam de relatos, estes são um discurso.

Os filmes da série *Why We Fight* (e alguns outros documentários americanos e russos) só foram possíveis em função do enorme acúmulo de reportagem de atualidades, resultados dessa caça ao acontecimento que se tornou uma instituição cada vez mais oficial. Para realizar esses filmes era preciso que houvesse a enorme escolha dos arquivos internacionais de atualidades filmadas, que esses arquivos fossem muito completos para conter um acontecimento tão íntimo em seu caráter histórico quanto a dança do escalpo de Hitler na clareira de Rethondes. Podemos dizer que as teorias de Dziga Vertov sobre a câmera-olho começam a se verificar em um sentido que nem mesmo o teórico soviético havia previsto. A única câmera do caçador de imagens não podia chegar a essa onipresença no espaço e no tempo que, hoje apenas, permite fazer uma ótima pescaria de documentos.

Todos os elogios que esses filmes mereciam foram feitos, tanto do ponto de vista estritamente cinematográfico quanto do político. Mas o mecanismo intelectual e psicológico ao qual eles devem sua eficácia pedagógica não foi suficientemente analisado. Vale a pena examiná-lo, pois seu principal motor me parece singularmente perigoso para o futuro da mente humana e não poderia ser negligenciado em uma história atenta da violação das multidões.

O princípio desse tipo de documentário consiste, essencialmente, em dar às imagens a estrutura lógica do discurso e ao próprio discurso a credibilidade e a evidência da imagem fotográfica. O espectador tem a ilusão de assistir a uma demonstração visual, quando esta não passa, na realidade, de uma sequência de fatos equivocados que só se sustenta pelo cimento das palavras que os acompanha. O essencial do filme não está na projeção, e sim na trilha sonora. Dirão que isso não é novidade e que qualquer ilustração de um texto, qualquer documentário pedagógico faz o mesmo? Não acredito nisso, pois ou se respeita a primazia da imagem, ou a do discurso. Um documentário sobre a pesca com rede ou sobre a fabricação de uma ponte mostra e explica. Não há nenhuma artimanha intelectual. Os valores intrínsecos e distintos do verbo e da imagem são conservados. Aqui, ao contrário, o filme repousa sobre uma subordinação de fato absolutamente inversa. O problema aqui não é de fundo, mas de método. Não contesto a legitimidade dos argumentos, nem o direito de convencimento, mas apenas a lealdade do processo utilizado. Esses filmes, que se beneficiam do preconceito favorável de apelar para a lógica, para a razão, para a evidência dos fatos, repousam, na realidade, sobre uma confusão grave de valores, um abuso da psicologia, da crença e da percepção. Poderíamos analisar detalhadamente algumas sequências como as da batalha diante de Moscou (terceiro filme da série). O comentário expõe claramente fatos: recuo dos russos, avanço alemão, resistência russa, estabilização da frente de batalha sobre as últimas linhas de retirada, contra-ataque russo. É evidente que uma batalha daquela extensão não poderia ser filmada. São imagens extremamente fragmentadas. O trabalho do montador consistiu, portanto, essencialmente em escolher tomadas de atualidades alemãs, e supomos que elas foram feitas diante de Moscou – correspondendo à impressão de um ataque vitorioso, movimento rápido dos soldados de infantaria, tanques, cadáveres russos na neve –, e depois, no contra-ataque russo, em encontrar momentos impressionantes da invasão da infantaria, com o cuidado de orientá-la, na tela, no sentido oposto ao das tomadas precedentes. O espírito utiliza esses elementos, aparentemente concretos, como esquemas abstratos e reconstitui uma batalha ideal, tendo a ilusão de vê-la de modo tão indubitável quanto um duelo. Escolhi de propósito esse trecho onde a esquematização concreta era inevitável e totalmente justificada, pois a batalha foi, efetivamente, perdida pelos alemães. Mas, se esse procedimento for extrapolado, compreenderão que podem assim nos convencer de que estamos assistindo a acontecimentos cujo desenrolar e sentido são totalmente imaginados. Dirão que temos ao menos a garantia da honestidade moral dos autores? Essa honestidade só pode, em todo o caso, se referir aos fins, já que a própria estrutura dos meios torna estes últimos ilusórios.

As imagens utilizadas nesses filmes são, de certo modo, fatos históricos brutos.[3] Acreditamos, espontaneamente, nos fatos, mas ficou suficientemente estabelecido pela crítica moderna que eles só tinham, em definitivo, o sentido que a mente humana lhes dava. Até a chegada da fotografia, o "fato histórico" era reconstituído a partir de documentos, a mente e a linguagem intervinham duas vezes: na própria reconstrução do acontecimento e na tese histórica onde ela o inseria. Com o cinema podemos citar os fatos, ia dizer, em carne e osso. Será que eles podem testemunhar sobre outra coisa além deles mesmos, sobre outra coisa além de sua história? Acredito que, longe de fazer as ciências históricas progredirem rumo à objetividade, o cinema dá a elas, por seu próprio realismo, um poder de ilusão suplementar. Esse comentador invisível, que o espectador esquece ao

3 E olhe lá! Com um humor bem britânico, John Goresson acaba de revelar (nos jornais do dia 13 de outubro de 1958) que era o autor da dança do escalpo de Hitler na clareira de Rethondes. Hitler só levantava a perna. Duplicando a imagem, como no burlesco do antinazismo intitulado *Lambeth Walk*, o famoso documentarista inglês fez com que ele dançasse sua famosa giga satânica, hoje histórica.

olhar as admiráveis montagens de Capra, é o historiador das multidões de amanhã, ventríloquo dessa formidável prosopopeia, que ressuscita à vontade homens e acontecimentos, que se prepara nos arquivos cinematográficos do mundo inteiro.

O CINEMA E A EXPLORAÇÃO

Em seu pequeno livro *Cinéma au long cours*, Jean Thévenot traçou a curva do filme de grande reportagem, desde a origem de seu sucesso, por volta de 1920, e explicou a decadência do gênero entre 1930 e 1940, como também seu renascimento depois da Segunda Guerra Mundial. Vale a pena mostrar o sentido de tal evolução.[1]

Foi depois da Primeira Guerra Mundial, por volta de 1920, uns dez anos depois de terem sido feitas por Herbert G. Ponting, durante a heroica missão de Robert Falcon Scott ao polo Sul, que as imagens de *The Great White Silence* [O grande silêncio branco, 1924] revelaram ao grande público as paisagens polares que iriam fazer sucesso em toda uma série de filmes dos quais *Nanook, o esquimó* [*Nanook of the North*, 1922], de Robert Flaherty, é a obra-prima. Pouco mais tarde, e provavelmente devido ao sucesso dos filmes "brancos", desenvolveu-se uma produção, digamos, "tropical e equatorial", a série africana sendo a mais conhecida delas, com os filmes *La Croisière noire* [O cruzeiro negro, 1926], de Léon Poirier, *Simba: The King of the Beasts* [Simba: o rei dos animais, de Martin Johnson, lan-

1 Este texto é síntese de dois artigos publicados no *France-Observateur*, em abril de 1953 e janeiro de 1954.

çado em 1928, mas realizado entre 1923 e 1927] e *Congorilla* [de Martin Johnson, 1932], entre outros.

Com frequência, já podemos ver nessas primeiras obras-primas do grande filme de viagem as principais qualidades do gênero: uma autenticidade poética que não envelheceu (*Nanook, o esquimó* resiste ainda admiravelmente à prova). Mas essa poesia tomava, sobretudo com os filmes rodados no Pacífico, a forma particular que se chama "exotismo". De *O homem perfeito* [*Moana*, de Robert Flaherty, 1926], reportagem quase que puramente etnográfica, a *Tabu* [*Tabu: A Story of the South Seas*, de F. W. Murnau, 1931], passando por *Deus branco* [*White Shadows in the South Seas*, de Robert Flaherty e W. S. Van Dyke, 1928], vemos claramente a formação de uma mitologia e o espírito ocidental investir e interpretar uma civilização longínqua.

Era também a época, na literatura, de Paul Morand, de Max Orlan, de Blaise Cendrars. Essa mística moderna do exotismo, renovada pelos novos meios de comunicação, e que se poderia chamar de exotismo do instantâneo, encontrava, provavelmente, sua expressão mais típica num filme de montagens do início do cinema falado, em que a Terra inteira era lançada na tela num quebra-cabeça de imagens visuais e sonoras, um dos primeiros êxitos da nova arte: *Melodie der Welt* [Melodia do mundo, 1929], de Walter Ruttmann.

Depois, e apesar das exceções ainda importantes, começa uma decadência do filme exótico, caracterizada por uma busca cada vez mais descarada do espetacular e do sensacional. Já não basta caçar o leão, se ele não come os carregadores. Em *Africa Speaks!* [A África fala, de Paul Louis Hoefler e Walter Futter, 1930], um negro era devorado por um crocodilo; em *Mercador das selvas* [*Trader Horn*, de W. S. Van Dyke, 1931], outro era atacado por um rinoceronte (acho que dessa vez a perseguição foi um truque, mas a intenção era a mesma). Desse modo, criava-se o mito da África povoada de selvagens e animais ferozes.

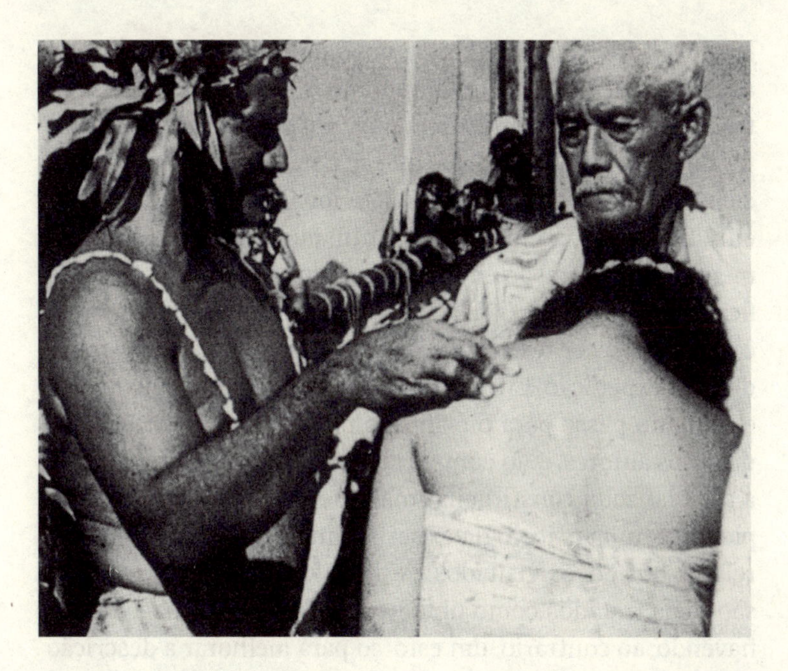

Tabu, de Friedrich W. Murnau.

Isso acabaria em *Tarzan, o homem macaco* [*Tarzan the Ape Man*, de W. S. Van Dyke, 1932] e *As minas do rei Salomão* [*King Solomon's Mines*, de Compton Bannett e Andrew Marton, 1950].

———

Assistimos, desde o fim da guerra, a um retorno evidente à autenticidade documentária. Como o ciclo do exotismo fora encerrado por redução ao absurdo, hoje o público exige acreditar no que vê, e sua confiança é controlada pelos outros meios de informação de que dispõe – o rádio, o livro, a imprensa. Aliás, o renascimento do "cinema de grandes viagens" se deve, essencialmente, à recente renovação da exploração, cuja mística poderia certamente constituir a variante do exotismo durante nosso pós-guerra (cf. *Eterna ilusão* [*Rendez-vous de juillet*, de

Jacques Becker, 1949]). É esse novo ponto de partida que dá aos filmes de viagem contemporâneos seu estilo e sua orientação. Eles se deixam influenciar, antes de tudo, pelo caráter da exploração moderna, que se considera, quase sempre, científico e etnográfico. Se o sensacional não é, por princípio, eliminado, fica, ao menos, subordinado à intenção objetivamente documental do empreendimento. O resultado é que ele fica reduzido a quase nada, pois, como veremos, raramente, a câmera pode ser testemunha dos momentos mais perigosos de uma expedição. Em compensação, o elemento psicológico e humano passa para o primeiro plano, seja em relação aos próprios autores, cujo comportamento e reações ante a tarefa a ser realizada constituem uma espécie de etnografia do explorador, uma psicologia experimental da aventura, seja em relação aos povos visitados e estudados, que finalmente não são mais tratados como uma variedade de animais exóticos, havendo, ao contrário, um esforço para melhorar a descrição para compreendê-los.

Daí o filme não ser mais o único, e sem dúvida nem sequer o principal documento que traz para o público as realidades da expedição. Hoje em dia ele é quase sempre acompanhado de um livro ou de uma série de conferências com projeções, na sala Pleyel e em quase toda parte na França, sem falar das emissões de rádio e de televisão. E isso pela justa razão, fora as econômicas, de que ele não pode, com efeito, dar conta dos objetivos da exploração, nem tampouco de seus principais aspectos materiais. Aliás, o filme é antes concebido como uma conferência ilustrada, na qual a presença e a fala do conferencista-testemunha completa e autentica perpetuamente a imagem.

———

Para começar, daremos um exemplo às avessas dessa evolução, que prova suficientemente a morte do documentário reconstituído. Trata-se de um filme inglês em tecnicolor, intitulado *Scott of the Antarctic* [Expedição Antártida, de Charles Frend, 1948], que relata a expedição do capitão Scott em 1911 e 1912, precisamente a de *The Great White Silence*. Lembremos o caráter heroico e emocionante do empreendimento: Scott partiu para a conquista do polo Sul com um equipamento revolucionário na época, mas ainda experimental; alguns carros movidos por esteiras lagartas, pôneis e cachorros. A aparelhagem mecânica foi a primeira a traí-los; depois foi preciso matar os pôneis; quanto aos cachorros, eles já não eram suficientes para as necessidades da expedição; os cinco homens, que deveriam ir do último acampamento de base ao polo, puxavam eles próprios seus trenós com o material: quase 2 mil quilômetros de ida e volta. Entretanto, eles alcançaram seu objetivo, mas foi para encontrar ali... a bandeira norueguesa, fincada havia poucas horas por Roald Amundsen. A volta foi uma longa agonia, os três últimos sobreviventes morreram de frio em suas tendas por falta de querosene para alimentar os candeeiros. Alguns meses mais tarde foram encontrados por seus companheiros do acampamento de base da costa, que puderam reconstituir toda a odisseia graças ao diário de viagem escrito pelo chefe e às chapas fotográficas expostas.

A expedição do capitão Scott marca talvez a primeira tentativa – infeliz – de aventura científica moderna. Scott fracassou onde Amundsen teve êxito porque quis abandonar as técnicas tradicionais e empíricas da viagem polar. Seus desastrosos carros movidos por esteiras lagartas são, no entanto, os predecessores dos Weasels de Paul-Émile Victor e André-Franck Liotard. Ela ilustra também, pela primeira vez, uma prática corrente hoje em dia: a reportagem cinematográfica organicamente prevista na expedição, já que o câmera H. G. Ponting realizou o primeiro filme de exploração polar (aliás, ele ficou com as mãos congeladas ao recarregar, sem luvas e com o termômetro marcando trinta graus negativos, sua câmera). É claro que Ponting não seguiu Scott em sua longa caminhada para o polo, mas trouxe, com *The Great White Silence*, um testemunho emocionante da viagem de barco, dos preparativos e da vida do acampamento base, e do trágico final da expedição, que continua sendo o arquétipo do gênero.

É compreensível que a Inglaterra tenha orgulho do capitão Scott e queira prestar-lhe homenagem. No entanto, acho que não vi quase nenhum outro empreendimento tão chato e tão absurdo quanto a *Scott of the Antarctic*. O filme deve ter custado quase tão caro quanto a expedição polar, tal o luxo e cuidado com sua realização. Levando em conta a data da filmagem (1947-48), ele é também uma obra-prima em tecnicolor. Todas as maquetes em estúdio constituem uma proeza de trucagens e imitações. E para quê? Para imitar o inimitável, reconstituir aquilo que em essência só ocorre uma vez: o risco, a aventura, a morte. Obviamente o tratamento dado ao "roteiro" não melhora muito as coisas. A vida e a morte de Scott são contadas da maneira mais acadêmica possível. Sem falar da moral da história, que não passa de uma moral de escoteiro elevada à dignidade de instituição nacional. O verdadeiro motivo do fracasso do filme não é esse, mas seu anacronismo técnico. Esse anacronismo tem duas causas.

Em primeiro lugar, a competência científica do homem da rua em matéria de expedição polar. Competência resultante das reportagens na imprensa, no rádio, na televisão, no cinema... Em relação aos conhecimentos do espectador médio, o filme corresponde ao certificado de estudos elementares. Situação constrangedora quando o objetivo é ser educativo. É claro que a expedição de Scott ainda estava bem próxima da exploração, seu aspecto científico não passava de uma tímida tentativa, que se revelou, aliás, desastrosa. E justamente por isso os autores deveriam ter tido a preocupação de explicar mais o contexto psicológico da aventura. Ao espectador que foi assistir, no cinema em frente, *Groenland, vingt mille lieues sur les glaces* [Groenlândia, 20 mil léguas sobre o gelo, 1952], de Marcel Ichac e Jean-Jacques Languepin, Scott parecera um imbecil obstinado. É claro que Charles Frend, o diretor, se esforçou, em algumas cenas, extremamente didáticas, aliás, para dar conta das condições sociais, morais e técnicas da gênese da expedição, mas ele o fez apenas em relação à Inglaterra de 1910, quando era preciso, por um artifício qualquer de roteiro, comparar com nossa época, pois é a ela que, inconscientemente, o espectador vai se referir.

Em segundo lugar, e principalmente, a generalização do cinema de reportagem objetivo desde o final da guerra, que retificou de maneira decisiva o que esperamos da reportagem. O exotismo, com todas as suas seduções espetaculares e românticas, dá lugar ao gosto pela relação despojada do fato pelo fato.

O filme que H. G. Ponting rodou durante a viagem é o predecessor a um só tempo de *Kon-Tiki* [de Thor Heyerdahl, 1950] e de *Groenland*, das insuficiências do primeiro, mas também da vontade de reportagem exaustiva do segundo. A única fotografia de Scott e de seus quatro companheiros no polo Sul, encontrada na bagagem deles, é, por si só, muito mais apaixonante que o filme a cores de Charles Frend.

Avalia-se melhor ainda a vaidade de seu empreendimento quando se sabe que o filme foi rodado nas geleiras da Noruega e da Suíça. Só a ideia de que a paisagem, sem dúvida alguma parecida, não pertence realmente à Antártida já bastaria para eliminar qualquer potencial dramático da imagem. Se eu fosse Charles Frend, teria pelo menos dado um jeito de inventar algum pretexto para mostrar algumas imagens do filme de Ponting. Era um problema de roteiro. Incluindo essa realidade bruta, objetiva, o filme talvez tivesse encontrado o sentido que lhe falta completamente.

Em compensação, o filme que Marcel Ichac e Jean-Jacques Languepin trouxeram da Groenlândia pode ser considerado como uma das duas formas extremas adotadas pela reportagem de viagem moderna, cujo predecessor é *The Great White Silence*. A expedição Paul-Émile Victor, cuidadosamente preparada, sem dúvida corria alguns riscos, mas o mínimo possível de imprevistos. O serviço cinematográfico era integrado a ela como uma especialidade suplementar. A decupagem poderia até ter sido escrita desde o início, como também o horário das atividades cotidianas da equipe. O cineasta, em todo caso, tinha toda a liberdade com seus meios, ele era a testemunha oficial, como o meteorologista ou o geólogo.

Ao contrário dessa integração do filme à expedição, o filme de Thor Heyerdahl nos oferece o exemplo de outro tipo de reportagem: *Kon-Tiki* é o mais belo dos filmes, mas ele não existe! Como as ruínas, cujas poucas pedras gastas bastam para reerguer prédios e esculturas desaparecidas, as imagens que nos são apresentadas são o vestígio de uma obra virtual com a qual mal ousamos sonhar.

Eu me explico. É conhecida a aventura extraordinária de alguns jovens eruditos noruegueses e suecos decididos a provar que, ao contrário das hipóteses científicas geralmente admitidas, o povoamento da Polinésia podia ter sido feito por migrações marítimas do leste ao oeste, isto é, a partir da costa do Peru. O melhor meio de acabar com as objeções era recomeçar a operação nas mesmas condições em que, há milênios, elas tinham podido se produzir. Nossos navegantes improvisados construíram uma espécie de jangada a partir dos documentos mais antigos a que se podia ter acesso sobre as técnicas indígenas. Não podendo ser dirigida por seus próprios meios, a jangada, indo a esmo como um destroço, deveria ser levada pela corrente marítima e pelos ventos alísios até os atóis polinésios, a uns 7 mil quilômetros de lá. O êxito dessa espantosa expedição, depois de mais de três meses de navegação solitária e apesar de uma meia dúzia de tempestades, é seguramente muito reconfortante para o espírito e deve ser inscrito entre os milagres do mundo moderno. Isso nos leva a pensar em Melville e Conrad. Nossos viajantes escreveram um livro comovente e fizeram desenhos muito bem-humorados dessa aventura. Mas é evidente que, em 1952, a única testemunha à altura do empreendimento só podia ser cinematográfica. É aí que entra a reflexão do crítico.

Nossos jovens tinham uma câmera. Mas eram amadores. Sabiam usá-la mais ou menos como eu e você. Além disso, eles não tinham, visivelmente, previsto o uso comercial do filme, como detalhes desastrosos o provam; filmaram tudo com a velocidade do cinema mudo, isto é, 16 quadros por segundo, em vez dos 24 exigidos pela projeção sonora. Resultado: foi preciso duplicar as imagens, e o filme pula mais que uma péssima projeção em cidades do interior por volta de 1910. Acrescentem-se a isso os erros de exposição e sobretudo a ampliação para 35 mm, que não melhora em nada a qualidade da fotografia.

E isso não é o mais grave. Como o objetivo do empreendimento não era de modo algum, sequer secundariamente, fazer um filme da expedição, as condições de filmagem eram as piores possíveis. O que quero dizer é que a câmera praticamente não podia ter outro ponto de vista que o do câmera ocasional confinado num extremo da jangada, ao nível da água. Nada de travellings, naturalmente, nada de *plongés*, apenas a possibilidade de fazer planos de conjunto do "navio" a partir de uma boia sacudida pelas ondas. Finalmente e sobretudo, quando acontecia alguma coisa importante (uma tempestade, por exemplo), a equipe tinha mais o que fazer do que ficar filmando. De modo que nossos amadores desperdiçaram visivelmente um grande número de bobinas filmando o papagaio fetiche e as rações alimentares da Intendência americana, mas quando uma baleia se precipita acidentalmente contra a jangada, a imagem é tão breve que é preciso multiplicá-la por dez na mesa de trucagem para que se possa entender o que está acontecendo.

E no entanto... *Kon-Tiki* é admirável e comovente. Por quê? Porque sua realização se identifica totalmente com a ação que ele relata com tanta imperfeição; porque ele é apenas um aspecto da aventura! As imagens desfocadas e tremidas são como a memória objetiva dos atores do drama. O tubarão-baleia vislumbrado nos reflexos da água nos interessa pela raridade do animal e do espetáculo – mas mal o distinguimos! – ou porque a imagem foi feita no momento em que um capricho do monstro podia aniquilar o navio e atirar a câmera e o cameraman a 7 ou 8 mil metros de profundidade? A resposta é fácil: o que nos interessa não é tanto a fotografia do tubarão, mas antes a fotografia do perigo.

De todo o modo, nossa admiração por essas ruínas antecipadas de um filme que não foi rodado não chega a nos satisfazer. Nós nos lembramos, por exemplo, do esplendor fotográfico dos filmes de Flaherty (pensem no tubarão-martelo de *Os pescadores de Aran* [*Man of Aran*, 1934] cochilando nas águas da Irlanda). Mas um pouco de reflexão nos mete numa enrascada. Com efeito, esse espetáculo só é tão materialmente imperfeito porque o cinema não alterou as condições da experiência que ele relata. Para filmar em 35 mm com as distâncias necessárias para se fazer uma decupagem coerente, teria sido preciso construir outro tipo de jangada e, por que não, fazer um barco como os outros. Ora, a fauna do Pacífico, fervilhante em volta da jangada, só estava ali justamente porque ela tinha as qualidades de um destroço: motor e hélice a teriam espantado. O paraíso marítimo teria sido imediatamente abolido pela ciência.

De fato, esse gênero de filme só pode ser um compromisso mais ou menos eficaz entre as exigências da ação e as da reportagem. O testemunho cinematográfico é o que o homem pôde arrancar do acontecimento que, ao mesmo tempo, requeria sua participação. Mas esses destroços salvos da tempestade são incomparavelmente mais emocionantes que o relato sem falhas e sem lacunas da reportagem organizada. Pois o filme não é constituído apenas por aquilo que vemos. Suas imperfeições atestam sua autenticidade, os documentos que faltam são a marca em negativo da aventura, seu baixo-relevo.

É claro que faltam muitas imagens a *Victoire sur l'Annapurna* [Vitória sobre o Annapurna, 1953], de Marcel Ichac, e particularmente aquelas pelas quais ele deveria culminar: a ascensão terminal de Maurice Herzog, Louis Lachenal e Lionel Terray. Sabemos, porém, por que elas estão ausentes: uma avalanche arrancou a câmera das mãos de Herzog, levando também suas luvas. Não vemos, portanto, os três homens na hora da partida do acampamento II, embrenhando-se no nevoeiro, para só encontrá-los 36 horas mais tarde, saindo da cerração, cegos e com os membros congelados. Dessa subida aos infernos de gelo, o Orfeu moderno não pode salvar sequer o olhar de sua câmera. Começa então o longo calvário da descida, Herzog e Lachenal amarrados como duas múmias nas costas de seus xerpas, e dessa vez o cinema está ali, véu de Verônica sobre o rosto do sofrimento humano.

Sem dúvida, o relato de Herzog é incomparavelmente mais preciso e mais completo. A memória é o mais fiel dos filmes, o único que podemos impressionar em qualquer altitude e até a hora da morte. Mas quem não vê a diferença entre a lembrança e essa imagem objetiva que a eterniza concretamente?

O MUNDO SILENCIOSO

Há seguramente um aspecto derrisório na crítica de *O mundo silencioso* [*Le Monde du silence*, de Jacques-Yves Cousteau e

Louis Malle, 1956].[1] Pois, afinal, as belezas do filme são antes de tudo as da natureza e criticá-lo seria o mesmo, portanto, que criticar Deus. No máximo, desse ponto de vista, nos é permitido assinalar que tais belezas são, efetivamente, inefáveis e constituem a revelação mais importante já feita por nosso pequeno planeta ao homem desde os tempos heroicos da exploração terrestre. Podemos também observar que pelo mesmo motivo os filmes submarinos são a única novidade radical no documentário desde os grandes filmes de viagem dos anos 1920 e 1930. Mais precisamente uma das duas novidades; a segunda se refere à concepção moderna dos filmes sobre a arte; tal novidade, porém, se deve à forma, enquanto a dos filmes submarinos pertence, se ouso dizer, ao fundo. Um fundo que não corremos o risco de perder.

Não penso, contudo, que o interesse fascinante desses documentários proceda apenas do caráter inédito de sua descoberta e da riqueza das formas e cores. A surpresa e o pitoresco são, com certeza, a matéria de nosso prazer, mas a beleza das imagens advém de um magnetismo bem mais poderoso, que polariza toda a nossa consciência: pois são a realização de toda uma mitologia da água, cuja realização material por esses super-homens subaquáticos desperta em nós secretas, profundas e imemoriais conivências.

Não tentarei sequer esboçar sua descrição ou análise. Indicarei apenas que não se trata do simbolismo ligado à água superficial, móvel, fluente, lustral, mas antes do oceano, da água considerada como outra metade do universo, meio de três dimensões, mais estável e homogêneo, aliás, que o aéreo, e cujo envolvimento nos libera da gravidade. Tal liberação dos grilhões terrestres está, simbolizada, no fundo, tanto pelos peixes quanto pelos pássaros, mas, tradicionalmente, e por razões evidentes, o sonho do homem quase só se manifestava no céu.

1 Texto publicado originalmente em *France-Observateur*, março de 1956.

Seco, solar, aéreo. O mar cintilante de luz não era para o poeta mediterrâneo[2] senão um telhado tranquilo por onde andam pombas, aquele dos veleiros e não o das focas.[3]

Seria finalmente a ciência, mais forte que nossa imaginação, que iria, revelando ao homem sua virtualidade de peixe, realizar o velho mito do voo, muito mais satisfeito pelo escafandrista autônomo do que pelo mecanismo barulhento e coletivo do avião, tão sem graça quanto um submarino, tão perigoso quanto um escafandro de cabo e capacete. No admirável quadro de Bruegel, Ícaro caindo na água na indiferença agreste prefigura Cousteau e seus companheiros mergulhando ao longo de alguma falésia mediterrânea, ignorados pelo camponês que ara seu campo tomando-os por banhistas.

Bastava liberar-se dessa gravidade às avessas que é o princípio de Arquimedes, e então acomodar-se, através do modificador de pressão, à profundidade para se encontrar não mais na situação fugaz e arriscada do mergulhador, mas na situação de Netuno, senhor e habitante das águas. O homem voava enfim com seus próprios braços!

Mas enquanto o céu lá de cima é quase vazio e estéril, aberto apenas no infinito para a luz das estrelas ou para a aridez dos astros mortos, o espaço de baixo é o da vida, onde misteriosas e invisíveis nebulosas de plâncton refletem o eco do radar. Dessa vida não somos mais que um grão abandonado entre outros na praia oceânica. Dizem os biólogos que o homem é um animal marinho que carrega seu mar em seu interior. Nada de espantoso, portanto, que o mergulho lhe proporcione também o vago sentimento de volta às origens.

2 Alusão a Paul Valéry: *Le Cimetière marin:* Ce toit tranquille, où marchent des colombes... [N.T.]

3 Trocadilho com *foc* (vela de barco) e *phoque* (foca). Ver também *Le Cimetière marin* de Valéry. [N.T.]

Dirão que estou vaticinando. Gostaria que dessem outras explicações às minhas sugestões, mas não há dúvida de que a beleza do mundo submarino não se reduz à sua variedade decorativa, e tampouco às surpresas que ele nos reserva. Foi a inteligência de Cousteau e de sua equipe que compreendeu, desde o início, que a estética da exploração submarina, ou, se preferirem, sua poesia, era parte integrante do acontecimento e que, gerada pela ciência, ela só se mostrava a ele através da admiração do espírito humano. É bem possível que um dia nos tornemos insensíveis a esse amontoado de imagens desconhecidas. Ainda que o batiscafo nos prometa ainda muitas descobertas. Azar o nosso. Enquanto isso, aproveitemos.

———

Não se deve deduzir dessas afirmações por demais gerais que *O mundo silencioso* é belo *a priori* e que o único mérito dos diretores é o de ter ido debaixo d'água buscar as imagens. A qualidade do filme deve muito à inteligência da direção de Louis Malle. Ela nos dá um bom exemplo dos artifícios autorizados no documentário e a comparação com *Continente dos deuses* [*Continente perduto*, de Enrico Gras, Giorgio Moser e Leonardo Bonzi, 1955] é significativa. Ouvi queixas de que certas sequências implicavam uma *mise-en-scène* invisível. Notadamente, a pretensa exploração do navio naufragado por um nadador solitário, que supunha, de fato, não apenas a presença de várias câmeras, como também uma verdadeira decupagem em estúdio.

Devo dizer que esse gênero de cena não é o que há de melhor no filme, pois é propositalmente poético demais. Mas essa é uma crítica de fundo. Quanto à forma, ela é perfeitamente legítima. Com efeito, a reconstituição é admissível nessas matérias com duas condições: 1) que não se procure enganar o espectador; 2) que a natureza do acontecimento não seja contrária à sua reconstituição. Assim, em *Continente dos deuses*, procuram constantemente fazer com que esqueçamos a presença da equipe de cinegrafistas e nos apresentam como sinceras e naturais situações que não poderiam sê-las, já que foram reconstituídas. Mostrar em primeiro plano um "selvagem" cortador de cabeças vigiando a chegada dos brancos implica forçosamente que o indivíduo não é um selvagem, já que não cortou a cabeça do câmera.

Em contrapartida, é perfeitamente permitido reconstituir a descoberta de um navio naufragado, pois o acontecimento se produziu e se reproduzirá, e só um mínimo de *mise-en-scène* permite fazer compreender e sugerir as emoções do explorador. No máximo pode-se exigir do cineasta que ele não procure ocultar a manobra. Mas não poderíamos criticar Costeau e Malle, que, várias vezes ao longo do filme, nos mostram seu material e se filmam filmando. Basta, portanto, refletir um pouco para não se deixar enganar mais do que o prazer o exige.

Admito, portanto, por razões já ditas, que essas sequências incomodem. O que me parece, com efeito, a melhor parte do filme é a organização *a posteriori* dos acontecimentos imprevistos, a fim de apresentá-los clara e logicamente sem prejudicar sua autenticidade. Desse ponto de vista, o melhor momento é toda a sequência das baleias e, principalmente, a morte do filhote ferido pela hélice e depois devorado pelos tubarões. Os cineastas nunca perdem o controle do acontecimento, mas ao mesmo tempo sua grandeza é maior do que eles, e a poesia das imagens é sempre mais forte e mais rica em interpretação do que a que eles podem lhe atribuir.

Há um momento grandioso quando, depois de ter se avizinhado dos cachalotes e procurado com bastante crueldade o contato que iria provocar dois acidentes no baleal, sentimos que pouco a pouco os homens se solidarizam com o sofrimento dos mamíferos feridos pelo tubarão, que, afinal de contas, é apenas um peixe.

No fundo, esse tipo de documentário tem um duplo problema. Ele se reduz a uma questão de técnica e a um problema de moral. Trata-se, a um só tempo, de trapacear para ver melhor, e, entretanto, não enganar o espectador. *Kon-Tiki* era um filme sublime, mas não existia, por razões óbvias. A *Calypso*, porém, não é uma jangada. Perfurada de vigias abaixo da linha de flutuação, equipada com uma cabine na proa, ela se aparentava mais com o *Nautilus*, aproximando-se do ideal que consiste em dispor de um lugar de observação exaustiva que não modifica o aspecto e a significação do objeto observado.

O MITO DE STÁLIN NO CINEMA SOVIÉTICO

Parte da originalidade do cinema soviético vem de sua audácia em representar personagens históricos contemporâneos, mesmo os que ainda estão vivos. Esse fenômeno era uma extensão lógica da nova arte comunista, arte de artesãos vivos que exaltava uma história bem recente.[1] Talvez fosse lógico para o materialismo histórico tratar os homens como fatos, dar-lhes um lugar na representação do acontecimento, o que geralmente é proibido no Ocidente antes de a "distância histórica" vir quebrar o tabu psicológico. Nem mesmo 2 mil anos foram suficientes para Cecil B. DeMille ousar mostrar mais do que os pés de Cristo em *Ben-Hur*. Esse "pudor" artístico talvez não resista a uma crítica marxista, ao menos no país onde se apaga dos quadros camaradas que "cometeram traição", mas onde Lênin está embalsamado. Entretanto, a meu ver, a *mise-*

1 Texto publicado originalmente em *Esprit*, ano 18, ago. 1950, pp. 210-35.

-*en-scène* de personagens históricos vivos só ganhou importância central com Stálin. Os filmes sobre Lênin só surgiram, salvo engano, depois de sua morte, enquanto, desde a guerra, Stálin aparecia em filmes históricos que não eram montagens de atualidades. O ator Mikhail Gelovani, que o "encarna", se ouso dizer, em *Pitsi* [O juramento, de Mikhail Chiaureli, 1946], é um especialista que, desde 1938, os russos já tinham visto várias vezes nesse papel, em particular nos filmes *Sibiryaki* [Siberianos, de Liev Kulechov, 1940], *Valérii Tchkálov* [de Mikhail Kalatózov, 1941] e *Oborona Tsaritsyna* [Defesa do czar, de Georgi Vassiliev e Serguei Vassiliev, 1942]. No entanto, não é mais Gelovani que interpreta o sósia em *Stalingradskaia bitva* [A Batalha de Stalingrado, de Vladimir Petrov, 1949] nem em *Tretii udar* [O terceiro golpe, de Igor Savtchenko, 1948]. Naturalmente, Stálin não tem o privilégio da representação. A primeira versão de *Pitsi*, drasticamente editada para a distribuição na França, mostrava, parece, Georges Bonnet dançando o *lambeth walk* e as cenas em que Hitler aparecia eram muito mais longas (o papel de Hitler foi interpretado por um ferroviário tcheco cuja semelhança com o Führer era impressionante). Em *Stalingradskaia bitva*, além de Hitler, apareciam também Churchill e Roosevelt. Significativamente, aliás, essas "composições" eram muito menos convincentes do que a de Stálin, sobretudo a de Roosevelt, em que a semelhança, embora favorável, era bem leve, e a de Churchill, nítida e (propositalmente) caricata.

Claro, esse procedimento não é totalmente original; poderíamos remontar a *L'Affaire Dreyfus* [O caso Dreyfus, 1899], de Georges Méliès, ou à antecipação burlesca, também de Méliès, do túnel sob o canal da Mancha (no qual o presidente Fallières e o rei George V inauguram a obra), mas, naquela época, as atualidades ainda não tinham imposto suas exigências, batalhas navais eram reconstituídas em tanques de água, e o resultado era apresentado como tendo sido filmado no próprio local.

A atualidade cinematográfica era, em comparação com a que conhecemos hoje, como as capas policromáticas do *Petit Journal* em relação às nossas modernas reportagens fotográficas. Georges Méliès, vinte anos antes de Eisenstein, reconstituía a revolta do *Potemkin*. Mas, desde então, aprendemos a distinguir o documento da reconstituição, a ponto de preferir uma visão autêntica, incompleta e desastrada às imitações mais perfeitas, ou ao menos a tratar ambas como dois gêneros literários completamente diferentes. O cinema soviético, com a famosa teoria de Dziga Vertov sobre a câmera-olho, foi um dos principais responsáveis por essa distinção. Por isso o espectador moderno sente certo incômodo quando um ator interpreta um personagem histórico famoso, mesmo que ele esteja morto, por exemplo, Napoleão ou São Vicente de Paula, a rainha Vitória ou Clemenceau. Esse incômodo pode ser compensado pelo aspecto quase prodigioso do espetáculo e pela performance excepcional do ator. A compensação é mais difícil quando os personagens são contemporâneos e ainda vivos. Imaginem o RPF,[2] por exemplo, fazendo um filme de propaganda sobre a vida de De Gaulle no qual todos os acontecimentos históricos fossem reconstituídos e o papel do general, interpretado, digamos, por Louis Jouvet com um nariz falso. Já chega.

É verdade que muitos roteiristas se inspiraram na vida de figuras contemporâneas famosas. Mas essas figuras, significativamente, nunca são políticos, e os personagens são, de certo modo, lendas vivas. Como as biografias de músicos ou de cantores célebres, muito procuradas nos últimos anos pelos produtores de Hollywood, ou, para dar um exemplo melhor, dois filmes sobre Cerdan[3] interpretados por ele próprio antes de sua morte. Mas, dirão, era Cerdan em pessoa; é verdade, mas não faz muita diferença. Isso ilustra bem o processo do

2 *Rassemblement du Peuple Français*, partido político criado por De Gaulle. [N.T.]

3 Marcel Cerdan (1916-49), boxeador francês. [N.E.]

fenômeno como uma passagem ao limite: trata-se, visivelmente, da identificação do homem Cerdan com seu próprio mito (desse ponto de vista, o roteiro de *L'Homme aux mains d'argile* [O homem das mãos de barro, de Léon Mathot, 1949] é ingenuamente límpido). Aqui o cinema constrói e consagra a lenda: leva, definitivamente, o herói ao Olimpo. A operação só funciona com personagens já endeusados pelo público, ou seja, sobretudo as "estrelas", sejam elas do esporte, do teatro ou do cinema. Sem dúvida seria preciso incluir cientistas e santos (laicos ou religiosos) – mas, em geral, nesses dois casos, é preciso esperar a morte da pessoa em questão: Pasteur, Edison ou Dunant. Como serei devidamente criticado por colocar no mesmo saco Pasteur e Cerdan, vamos distinguir, desde já, o mito da "estrela" da lenda gloriosa e instrutiva que envolve a memória do cientista. Mas, até agora, a biografia dos grandes homens só era instrutiva se eles estivessem mortos. No Ocidente, a representação cinematográfica dos contemporâneos vivos só interessa a uma área que poderíamos chamar de para e pós-histórica – ou o herói pertence a uma mitologia da arte, do jogo ou da ciência, ou a sequência histórica da qual ele participou é considerada concluída.

A priori, a audácia do cinema soviético poderia ser considerada uma aplicação louvável do materialismo histórico. Esse tabu que constatamos no cinema ocidental não vem, a princípio, de um idealismo, ou, pelo menos, de um "personalismo", que já não se aplica aqui, e também de uma incerteza crônica em relação à história? Em outros termos, valorizamos muito o indivíduo, embora só possamos lhe atribuir um lugar na história quando esta estiver concluída. Hoje é fácil para um francês ter orgulho de Napoleão. Para um comunista, um grande homem é, *hic et nunc*, aquele que ajuda uma história a ser feita, história cujo sentido é definido, sem erro possível, pela dialética e pelo partido. A grandeza do Herói é objetiva, ou seja, relativa ao desenrolar da história, da qual ele é, naquele momento, o motor e a consciência. Em uma perspectiva materialista dialética o herói deve manter a dimensão humana, enfatizar apenas categorias psicológicas e históricas, e excluir essa espécie de transcendência que caracteriza a mistificação capitalista, cujo melhor exemplo é, precisamente, a mitologia da "estrela".

Desse ponto de vista, a obra-prima do filme soviético com herói histórico é, de longe, *Tchapaiev* [de Serguei Vassiliev e Georgi Vassiliev, 1934]. Revejam o filme em um cineclube e poderão notar com que inteligência as fraquezas de Tchapaiev são insinuadas até em seus atos mais obviamente heroicos, sem que ele seja diminuído no plano psicológico. É o comissário político adjunto de Tchapaiev que representa a objetividade histórico-política. O filme homenageia Tchapaiev? Sem dúvida, mas, ao mesmo tempo, é contra ele, evidenciando a primazia de uma visão política a longo termo sobre a ação do líder heroico e provisoriamente útil. Embora remetendo a uma história mais distante, *Piotr perviy I* [Pedro Primeiro, parte I, de Vladimir Petrov, 1937] é também uma obra instrutiva e humana, repleta da mesma dialética entre o homem e a História. A grandeza de Pedro vem, a princípio, da justeza de sua visão histórica. Além disso, ele pode ter defeitos: é devasso e vive embriagado. Seu companheiro mais fiel é, no fundo, um traste infame, mas participa do brilho de Pedro, pois, sendo-lhe fiel, ele está com a verdade da história. Em *Tchapaiev*, ao contrário, os guardas brancos e seu coronel não são menos corajosos do que a pequena tropa do chefe vermelho, mas vivem no erro.

Vamos mais longe. O estado-maior de *Velikiy perelom* [A grande virada, de Fridrikh Ermler, 1946] me faz perceber as responsabilidades do homem diante da história. O diálogo desses generais não procura me convencer de sua genialidade, mas pretende mostrar – através do caráter, das amizades e das fraquezas dos homens que servem a história – a infalível busca de uma consciência histórica.

Comparemos agora esses exemplos com a imagem de Stálin proposta por três filmes soviéticos recentes: *Tretii udar*, *Stalingradskaia bitva* e *Pitsi*. Não levaremos em conta o valor da *mise-en-scène*, bastante desigual, e que favorece os dois primeiros. Nos dois primeiros filmes de guerra há uma evidente unidade de construção: a oposição entre o campo de batalha e o Kremlin, a desordem apocalíptica da batalha militar e o diligente silêncio do escritório de Stálin. Em *Stalingradskaia bitva*, essa serenidade pensativa e quase solitária é, aliás, curiosamente oposta à atmosfera histérica do estado-maior de Hitler. Em *Velikiy perelom* já tínhamos sido tocados por essa radical divisão de trabalho entre chefe e soldado. Estávamos longe da ingênua estratégia das batatas de um Tchapaiev, que pouco progrediu da cavalaria medieval e das pilhagens. Espera-se, com certeza, que esses generais pensem corretamente, não que arrisquem suas vidas. Se quisermos nos livrar de toda demagogia e de todo romantismo, admitiremos, aliás, que é esse o papel dos estados-maiores na guerra moderna, embora tenhamos visto em nosso país muitos generais que nem pensaram corretamente nem arriscaram suas vidas. Se, apesar de tudo, essa divisão radical do trabalho e dos riscos é um fato universal, fica difícil imaginar que ela seja ostentada por nossos chefes civis e militares ocidentais. Clemenceau sentia necessidade de dar, regularmente, uma volta nas trincheiras para manter sua popularidade. Em nosso país, a imunidade – ia dizer a impunidade – dos estados-maiores não é vista como algo que mereça homenagens. Preferimos, normalmente, mostrar o comandante motorizado passando a tropa em revista no campo de batalha, mais do que em sua mesa de trabalho. A glorificação do estado-maior meditativo e invulnerável precisa, em sua base, de uma singular confiança do soldado em seus chefes. Uma confiança, *a priori*, sem ironia e que admite como perfeitamente equivalentes os riscos assumidos pelo general em seu abrigo subterrâneo e os assumidos pelos soldados diante de um lança-chamas. Afinal de contas, essa confiança é lógica em uma guerra realmente socialista. Também em *Velikiy perelom*, onde mal se percebe a Batalha de Stalingrado, objeto do filme, o único interesse que o roteirista deu ao heroísmo individual de um simples soldado se reporta ao conserto, sob fogo alemão, de uma linha telefônica indispensável ao estado-maior (cérebro): uma operação neurológica.

Mas em *Stalingradskaia bitva* e *Tretii udar* o rigor dessa dicotomia da cabeça e dos membros é tal que ela vai além, evidentemente, do realismo material e histórico que lhe concedíamos acima. Pois, mesmo atribuindo ao marechal Stálin uma genialidade militar hipernapoleônica e o principal mérito da concepção da vitória, é prodigiosamente pueril supor que as coisas aconteciam dentro do Kremlin como são mostradas aqui: Stálin medita sozinho diante de um mapa e, depois de uma lenta, porém intensa, reflexão e algumas cachimbadas, toma sozinho a decisão. Quando digo sozinho, entendo que Vassiliévski está sempre ali, mas não diz uma palavra e faz apenas as vezes de confidente, sem dúvida para evitar que Stálin, ridiculamente, fale sozinho. Essa concepção centralizadora e, poderíamos dizer, cerebral da guerra é confirmada pela própria representação da batalha, que, ao contrário do que ocorre em *Velikiy perelom*, toma a maior parte do filme. Embora a reconstituição atinja uma extensão e uma exatidão sem dúvida jamais igualadas desde *O nascimento de uma nação* [*The Birth of a Nation*, 1915], de Griffith, ela equivale à visão que Fabrice teve de Waterloo. Não materialmente, pois não somos poupados do espetáculo físico da guerra, mas essencialmente, porque a câmera nos impossibilita de ordenar seu caos. Essa imagem da guerra, equivalente às reportagens ao vivo, é, de certo modo, amorfa, sem pontos cardeais, sem evolução visível, uma espécie de cataclismo humano e mecânico, mas aparentemente tão desordenado quanto um formigueiro que acaba de ser remexido. A câmera e a montagem evitam escolher nesse caos, que sabemos ser secretamente organizado, este ou aquele detalhe significativo, determinada ação fulgurante com começo, meio e fim, evitam seguir o fio de Ariadne de uma ação significativa ou de um heroísmo individual. As exceções a essa visão das coisas são raras e confirmam a regra. Em *Stalingradskaia bitva* (primeira parte), o quadro militar é enquadrado por duas ações precisas: no início o levante das milícias, no final a defesa do prédio dos correios. Mas entre esses dois acontecimentos significativos, um do entusiasmo coletivo, o outro da coragem individual, se estende o enorme magma da batalha. Imagine que você esteja assistindo às operações do alto de um helicóptero invulnerável, que lhe dá a visão mais geral possível do campo de batalha, mas não lhe revela o destino das armas, tampouco seu desenvolvimento e sua orientação. Assim, todo o sentido da guerra é transferido, exclusivamente, para o comentário intercalado, os mapas animados e, sobretudo, a meditação em voz alta de Stálin.

O resultado dessa apresentação dos fatos é, na base, a incoerência apocalíptica da batalha, e, no topo, o espírito único e onisciente através do qual esse aparente caos se ordena e se resolve em uma decisão infalível. Entre os dois: nada. Nenhuma seção intermediária no cone da história, nenhuma imagem significativa do processo psicológico e intelectual que afeta o destino dos homens e a sina da batalha. Entre o traço do lápis de um comandante e o sacrifício de um soldado, parece que a relação é direta ou, ao menos, que o mecanismo intermediário é insignificante – um mero órgão de transmissão cuja análise, por conseguinte, pode ser elidida.

Essa apresentação dos acontecimentos contém certa verdade se decidirmos reter não os fatos, mas uma espécie de esquema simplificado e essencial. Podemos nos perguntar, contudo, se esse procedimento intelectual é de fato marxista, e logo incompatível com o caráter concreto e rigorosamente documental dos dois termos do processo representado. Ora, como já foi dito, esses filmes pretendem ser mais do que históricos: querem ser científicos, e não se pouparam meios para reconstituir a batalha do modo mais perfeito possível. Como duvidar da rigorosa objetividade do que vemos do outro lado da cadeia dos acontecimentos? Já que se empenharam tanto em nos mostrar a resistência de Stalingrado em sua dimensão material, como poderiam nos enganar sobre a resistência do Kremlin?

Vemos aqui os atributos de Stálin, que já não poderíamos chamar de psicológicos, mas somente de ontológicos: a onisciência e a infalibilidade. Uma espiada em um mapa ou no motor de um trator lhe permite, indiferentemente, ganhar a maior batalha da história ou ver que as velas estão sujas.

Francis Cohen escreveu, na *Nouvelle Critique*, que Stálin era, objetivamente, o maior intelectual de todos os tempos, já que encarnava a ciência do mundo comunista. Não vou negar os méritos pessoais e históricos de Stálin que esses filmes lhe atribuem, mas o que posso constatar, refletindo um pouco, é que eles apresentam como real uma imagem de Stálin rigorosamente adequada ao que poderia ser o mito stalinista, ao que seria útil que ele fosse!

Nenhuma construção intelectual poderia satisfazer melhor as exigências da propaganda. Ou Stálin é um super-homem, ou estamos diante de um mito. Eu me afastaria de meu objetivo se discutisse aqui se a ideia de super-homem é ou não marxista, mas ouso dizer que, "ocidentais" ou "orientais", os mitos funcionam esteticamente da mesma maneira e, desse ponto de vista, a única diferença entre Stálin e Tarzan é que os filmes dedicados a este último não pretendem ter rigor documental.

Todos os grandes filmes soviéticos caracterizavam-se, outrora, por um humanismo realista em oposição às mistificações do cinema ocidental. Mais do que nunca, o cinema soviético recente pretende ser realista, mas esse realismo serve de álibi para a intrusão de um mito pessoal alheio a todos os grandes filmes anteriores à guerra e cujo aparecimento perturba, necessariamente, a economia estética da obra. Se Stálin, embora vivo, pode ser o personagem principal de um filme, é porque não é mais humano e se beneficia da transcendência que caracteriza os deuses vivos e os heróis mortos. Em outros termos, sua psicologia estética não é fundamentalmente diferente da de uma "estrela" ocidental. Ambas escapam a uma definição psicológica. Apresentado assim, Stálin não é, não pode ser um homem particularmente inteligente, um chefe "genial", mas, ao contrário, um deus familiar, uma transcendência encarnada. Por isso sua representação cinematográfica, apesar de sua existência real, é hoje possível. Não graças a um esforço excepcional de objetividade marxista, não como uma aplicação artística do materialismo histórico, mas, ao contrário, porque já não se trata, propriamente falando, de um homem, e sim de uma hipóstase social, de uma passagem à transcendência: de um mito.

Se o leitor rejeitar o vocabulário metafísico, podemos substituí-lo por outro: o fenômeno pode ser explicado como uma chegada ao fim da história. Fazer de Stálin o herói principal e determinante (mesmo que complementarmente ao povo) de um acontecimento histórico real quando Stálin ainda está em atividade significa, implicitamente, dizer que ele é, agora, invulnerável a qualquer falha humana, que o sentido de sua vida está definitivamente completo, que ele não pode mais, posteriormente, enganar-se ou trair. Não seria a mesma coisa se fossem imagens da atualidade. Temos a reportagem da entrevista em Yalta ou de Stálin na praça Vermelha. Esses documentos podem, claro, ser utilizados para homenagear um homem político vivo, mas, devido à sua própria realidade, são fundamentalmente ambíguos. O uso que se faz deles lhes confere um sentido apologético. Só funcionam dentro de uma retórica e em relação a ela. A montagem de Leni Riefenstahl sobre o Congresso de Nuremberg, *Triunfo da vontade* [*Triumph des Willens*, 1935], aparece para o espectador democrata como um argumento contra Hitler. Essas imagens podem, aliás, ser utilizadas em uma montagem antinazista. Mas no caso de Stálin trata-se claramente de outra coisa. Já seria surpreendente que Stálin, interpretado por um ator, aparecesse, episodicamente, em um filme histórico, como acontece com os grandes homens políticos ocidentais ou soviéticos nos filmes de que estamos falando. O fato de ele ser o motor dramático implica mais do que isso: é preciso, literalmente, que sua biografia se identifique com a história, que ela participe do caráter absoluto da história. Até o momento, só a morte podia identificar dessa maneira o herói ou o mártir com sua obra. Mesmo assim era sempre possível sujar uma memória, descobrir uma traição retrospectivamente. Mas a morte era uma condição necessária, quando não suficiente. Para Malraux, é a morte que faz de nossa vida um destino, para o comunista é ela que pode transformar toda subjetividade em acontecimento. Aos oitenta anos, o "vencedor de Verdun" pode se tornar o "traidor de Montoire", aos 85, o "mártir da ilha de Yeu", precisamente porque, quaisquer que sejam sua genialidade ou qualidades, um homem só vale à luz da história, quando "tal como na história, enfim, a eternidade o modifica".

Desse ponto de vista vale a pena explicar o caráter surpreendentemente subjetivista dos processos políticos nas democracias populares. De uma perspectiva rigorosamente marxista, bastaria proclamar que Bukharin, Rajk ou Kostov encarnam tendências que o partido decidiu combater como historicamente erradas. O fim físico deles não seria mais necessário do que o de nossos ministros demitidos. Mas, a partir do momento em que um homem participou da história, que fez parte deste ou daquele acontecimento, uma parte de sua biografia é irremediavelmente "historicizada". Uma contradição intolerável é constituída entre essa parte definitivamente objetiva, petrificada no passado, e a existência física de um Bukharin, de um Zinoviev ou de um Rajk. Não se pode reduzir o homem a ser apenas história sem comprometer, reciprocamente, essa história pela subjetividade presente do indivíduo. O dirigente comunista vivo é um deus oficialmente confirmado na história devido a seus atos passados. A noção de traição objetiva, que, a princípio, parece vir claramente do marxismo, não resistiu, de fato, à prática política. Na perspectiva comunista soviética "stalinista" ninguém pode "se tornar" um traidor, pois seria preciso admitir que ele nem sempre o foi, que houve um começo biográfico para essa traição. Seria preciso, além disso, que um homem que se tornou nefasto ao partido e à história tenha podido, anteriormente, lhe ser útil e, portanto, ter sido bom antes de ser mau. Por isso não bastou ao partido decretar que Rajk voltava para o nível de militante de base, tampouco condená-lo à morte como um soldado inimigo; foi ainda indispensável purgar retroativamente a história demonstrando que o acusado era, desde seu nascimento, um traidor consciente e organizado, sendo todos os seus antigos atos, por conseguinte, apenas um empreendimento de sabotagem diabolicamente camuflada. Claro, essa operação é grave demais e contém muitas inverossimilhanças para ser utilizada em todos os casos. Por isso podemos substituí-la, no que diz respeito aos personagens menores, cuja ação histórica é indireta – tais como os artistas, os filósofos, os cientistas –, pelo *mea culpa* público. Esses *mea culpa* solenes e hiperbólicos só nos parecem psicologicamente inverossímeis e intelectualmente supérfluos na medida em que não discernimos seu valor de exorcismo. Como a confissão é indispensável para a absolvição divina, a retratação solene é indispensável para a reconquista de uma virgindade histórica. Novamente se afirma o escândalo da subjetividade – e seu reconhecimento implícito como motor da história – proclamada, entretanto, em outra parte, como pura objetividade.

De modo que nossa consciência burguesa "hipócrita" e "idealista" suporta mais uma vez essa evidência histórica de que Pétain é, a um só tempo, o "vencedor de Verdun" e o "traidor de Montoire", enquanto os antigos companheiros liquidados devem desaparecer da pintura histórica soviética. A história, ao menos em suas manifestações públicas, postula, portanto, um idealismo exacerbado, afirma uma equivalência radical da subjetividade e do valor social, um maniqueísmo absoluto onde as forças anti-históricas procedem diretamente do Diabo e a traição, da possessão.

Concebemos que, nessas perspectivas, a representação cinematográfica de Stálin não possa ser subestimada. Ela implica que, daqui em diante, a identificação entre Stálin e a história está definitivamente realizada, que não há mais contradições da subjetividade. Esse fenômeno não poderia ser explicado pelo fato de Stálin ter dado provas suficientes de sua devoção ao partido, como também de sua genialidade, e que a hipótese de sua traição é tão inverossímil que não há risco de ele ser tratado em vida como um herói morto. Em "Les Petites Statuettes de Béotie", Prévert nos conta as desventuras de um almirante que fica louco exatamente no dia da inauguração de sua estátua. É que, em matéria de biografia, nunca se tem certeza de nada! O sentimento de absoluta segurança que se vê nos filmes soviéticos implica muito mais do que isso: não a morte virtual de Stálin, estatuado ainda em vida, mas, antes, a verdade recíproca: o fim da história ou, ao menos, de seu movimento dialético dentro do mundo socialista.

A mumificação de Lênin em seu mausoléu e o obituário de Stálin, "Lênin vive", marcavam o início desse término. O embalsamamento de Lênin não é menos simbólico do que a mumificação cinematográfica de Stálin. Esta significa que as relações de Stálin com a política soviética não têm mais nada de contingente, de relativo e, sobretudo, do que comumente chamamos de "humano". Doravante, a assíntota do Homem e da história está ultrapassada. Stálin é a história encarnada.

Como tal ele não poderia ser definido, como o comum dos mortais, por seu caráter, sua psicologia, sua personalidade (o que Tchapaiev, de Vassiliev, e o tsar Pedro, de Petrov, ainda possuem), essas categorias existenciais não são mais relevantes, já que tudo procede de uma teologia. Stálin se apresenta ao longo desses filmes como uma alegoria verdadeira.

Como história, ele é onisciente, infalível, irresistível, seu destino é irreversível. Sua psicologia, humana, se reduz às qualidades mais conformes com a alegoria: a ponderação (oposta à histeria de Hitler), a reflexão ou, antes, a consciência, o espírito de decisão e a bondade (esta última qualidade, muito enfatizada em *Pitsi*, é, evidentemente, indispensável à ligação entre o povo e a história, uma história que, do ponto de vista marxista, é a expressão de sua vontade). Parece que qualquer outro traço humano só poderia perturbar essa imagem quase hierática, precipitá-la em nossa contingência. Há, no início de *Pitsi*, uma cena muito significativa que poderíamos chamar de "Sagração da história". Lênin acaba de morrer e Stálin sai, sozinho na neve, em peregrinação para meditar no lugar de suas últimas conversas. Lá, perto do banco onde a sombra de Lênin parece inscrita na neve, a voz do morto fala à consciência de Stálin. Mas, receando que a metáfora do coroamento místico e das tábuas dos Dez Mandamentos não sejam suficientes, Stálin levanta os olhos para *o céu*. Entre os galhos dos pinheiros um raio de sol toca a testa do novo Moisés. Tudo está ali como vemos, e até os chifres de fogo. A luz vem do alto. É evidentemente significativo que o único beneficiário desse Pentecostes marxista seja Stálin, e somente Stálin, pois os apóstolos eram doze. Nós o vemos voltar, um pouco curvado sob o peso dessa graça, para perto de seus companheiros, dos homens de que agora ele se distingue, não mais apenas por seu conhecimento e sua genialidade, mas pela presença nele do Deus da história. Em um estilo familiar, ainda em *Pitsi*, há outra cena que vale ser contada: a do trator. Chega, naquela manhã, à praça Vermelha quase deserta, o primeiro trator agrícola construído na União Soviética. Como diz, com lágrimas nos olhos, um crítico comunista: "A criança ainda não é muito forte, mas é uma criança do país". Estalando, sacolejando, a máquina enguiça. Desesperado, o mecânico olha por toda parte, toca aqui e ali. Alguns transeuntes o aconselham e ajudam com simpatia (precisamente uma dúzia de pessoas honestas que vemos por toda parte quando se precisa delas e cuja biografia simboliza a do povo soviético – a Rússia é grande, mas o mundo é pequeno!). Eis, porém, que o camarada Stálin passa por ali com seus colegas do Soviete Supremo. Pergunta às pessoas o que as preocupa com uma bonomia carinhosa. Elas dizem que é o trator enguiçado. Bukharin observa, com um risinho diabólico, que seria melhor comprá-los na América, a que a *vox populi*, por intermédio do mecânico, responde que isso é derrotismo e que a Rússia acabará fabricando seus tratores, mesmo se enguiçarem algumas vezes. Vemos então Stálin se aproximar do motor, tocá-lo com a ponta dos dedos e diagnosticar, sob o olhar admirado do mecânico: "São as velas" (estou confiando nas legendas), e então subir no assento do motorista e dar três voltas de trator na praça Vermelha. Close de Stálin ao volante: ele pensa, vê o futuro; sobreposição dos milhares de tratores em um depósito de fábrica, tratores, mais tratores que rasgam os campos, deixando atrás deles longas garras dos multiarados... Fiquemos por aqui.

Infelizmente para o lirismo admirativo de nossa crítica comunista, já temos algumas referências. Na verdade, há os tratores de *O velho e o novo/A linha geral* [*Stároie i nóvoie*, de Serguei Eisenstein e Grigori Aleksandrov, 1929], com a famosa pane e o motorista irritado e desastrado que usava roupa nova de couro e aos poucos se livra de seu capacete, de seus óculos, de suas luvas para voltar a ser camponês, e a camponesa que rasga seu vestido rindo para fazer panos de chão. Naquela época Stálin ainda não interpretava mecânicos paranormais, havia os desfiles do fim do filme, a epopeia colossal de estranhos insetos de aço cavando a terra, deixando nela sua marca como os aviões escrevem com fumaça no céu.

Enquanto a apologética stalinista permanecia no campo da palavra, ou até mesmo da iconografia, podia-se admitir que se tratava de um fenômeno relativo, redutível à retórica ou à propaganda e, por isso mesmo, reversível. Aqui, a supremacia da genialidade stalinista não tem mais nada de oportunista e de metafórica: ela é propriamente ontológica. Não apenas porque o alcance e a força de persuasão do cinema são incomparavelmente maiores do que os de qualquer outro meio de propaganda, mas também, e sobretudo, porque a natureza da imagem cinematográfica é diferente: impondo-se a nosso espírito como rigorosa superposição à realidade, o cinema é, por essência, tão incontestável quanto a Natureza e a história. Um retrato de Pétain, de De Gaulle ou de Stálin, até de cem metros quadrados, pode ser tirado da parede ou pendurado nela – no fundo isso não compromete nada. Uma reconstituição cinematográfica de Stálin e, sobretudo, centrada em Stálin basta para definir, sem volta, o lugar e o sentido de Stálin no mundo e para fixar, irrevogavelmente, sua essência.

APÊNDICE

Com exceção de algumas correções de estilo e de algumas reduções, não quis mudar nada neste artigo publicado no número de agosto da revista *Esprit*. Ninguém se surpreenderá com o fato de ele ter provocado, na época, as mais vivas reações no jornal *L'Humanité* e na revista *Les Lettres Françaises*. Desde então, aconteceram algumas coisas que, no mínimo, confirmaram as teses adiantadas aqui. Que se julgue se elas caducaram.

Sem chegar a insinuar que Kruschev havia cuidadosamente conservado esse número da revista *Esprit*, eu não poderia resistir à satisfação de lembrar, como referência retroativa, alguns trechos de seu famoso relatório. Relativamente à onisciência stalinista, que permitiria ao líder tanto decidir o destino de uma batalha como localizar, em um trator enguiçado, a vela suja, Kruschev constata: "Quando Stálin dizia qualquer coisa, ele acreditava naquilo. Afinal, ele era um gênio e basta um gênio dar uma espiadela para poder dizer imediatamente o que aconteceu". O próprio Stálin escreveu em sua "Biografia resumida": "O controle militar de Stálin se manifestou tanto na defesa quanto no ataque. A genialidade do camarada Stálin lhe permitia adivinhar os planos dos inimigos e derrotá-los".

O mais impressionante, porém, é que Stálin chegou a encontrar documentação sobre a realidade soviética através do cinema da mitologia stalinista. Mais uma vez Kruschev nos confirma isso. Sem ter posto os pés em um vilarejo desde 1928, "era através dos filmes que ele conhecia o campo e a agricultura e esses filmes tinham embelezado muito a realidade. Muitos filmes pintavam a vida caucasiana mostrando mesas cambaleando sob o peso de perus e gansos. É evidente que Stálin realmente acreditava naquilo".

O círculo estava fechado. A mistificação cinematográfica se fecha sobre seu próprio princípio. Não seria exagero dizer que Stálin chegava a se convencer de sua própria genialidade assistindo a filmes sobre Stálin. Nem mesmo Alfred Jarry soube inventar essa pompa para levantar o moral de seu Pai Ubu.

MONSIEUR HULOT E O TEMPO

É um lugar-comum constatar a pouca genialidade do cinema cômico francês.[1] Isso há pelo menos trinta anos. Pois convém

1 Texto publicado originalmente em *Esprit*, ano 21, jul. 1953, pp. 90-95.

lembrar que foi na França que surgiu, desde os primórdios do século, a escola burlesca que faria de Max Linder seu herói por excelência, e cuja fórmula foi retomada em Hollywood, por Mack Sennett. Ali, ela prosperou ainda mais, já que permitiu a formação de atores como Harold Lloyd, Harry Langdon, Buster Keaton, Laurel e Hardy (o Gordo e o Magro) e, sobretudo, de Charlie Chaplin. É sabido, porém, que Chaplin reconheceu Max Linder como seu mestre. Entretanto, o burlesco francês, com exceção dos últimos filmes de Max Linder realizados em Hollywood, praticamente não foi além de 1914, abafado em seguida pelo sucesso esmagador – e justificado – do cinema cômico americano. Desde o cinema falado, mesmo sem contar com Chaplin, Hollywood continuou sendo senhor absoluto do cinema cômico: a princípio na tradição burlesca, regenerada e enriquecida com W. C. Fields, os Irmãos Marx e, em segundo plano, o Gordo e o Magro, enquanto surgia um novo gênero aparentado com o teatro: "a comédia americana".

Na França, ao contrário, a fala serviu apenas para tentar uma desastrosa adaptação do vaudevile dos bulevares. Quando nos perguntamos o que sobressai na ordem do cômico desde os anos 1930, encontramos somente dois atores, Raimu e Fernandel. Mas, curiosamente, esses dois monstros sagrados do riso praticamente só interpretaram filmes ruins. Se Pagnol, e os quatro ou cinco filmes válidos que lhe devemos, não tivesse existido, não poderíamos citar um único filme digno do talento deles (com exceção, a rigor, do curioso e desconhecido *Valente a muque* [*François 1er*, 1937], de Christian-Jaque, e acrescentemos, de quebra, a amável, mas superficial, criação de Noël-Noël). É relevante que, depois do fracasso de *O último milionário* [*Le Dernier Milliardaire*, 1934], René Clair tenha trocado os estúdios franceses pelos da Inglaterra, e depois por Hollywood. Vemos, portanto, que o problema não era a falta de autores talentosos no cinema francês, e sim a falta de um estilo, de uma concepção cômica.

Deixei de mencionar intencionalmente o único esforço original para tentar regenerar a tradição burlesca francesa; refiro-me aos irmãos Prévert. Alguns pretendem ver em *L'Affaire est dans le sac* [Negócio feito, 1932], *Adieu Léonard* [Adeus Leonardo, 1943] e *Le Voyage surprise* [A viagem surpresa, 1947] um renascimento do cinema cômico. Seriam, segundo eles, obras geniais e incompreendidas. Como o público que as vaiou, não consigo me convencer disso. Tentativa interessante e simpática, é claro, mas fadada ao fracasso por seu intelectualismo. Para os Prévert, a *gag* é uma ideia cuja visualização vem sempre *a posteriori*, e assim só é engraçada após uma operação mental, quando se passa da *gag* visual à sua intenção intelectual. É o processo das histórias sem falas e é por isso que um dos nossos melhores chargistas, Maurice Henry, nunca conseguiu se impor como *gagman*. A essa estrutura intelectual demais da *gag*, que provoca o riso só por tabela, é preciso acrescentar o caráter um pouco aflitivo do humor que requer do espectador uma cumplicidade injustificada. O cômico cinematográfico (como sem dúvida o teatral) não pode funcionar sem uma certa generosidade comunicativa; a *private joke* não tem nada a ver com ele. Só um filme que procede do humor prevertiano vai além da veleidade e se aproxima do êxito: é *Família exótica* [*Drôle de drame ou L'Étrange aventure du docteur Molyneux*, de Marcel Carné, 1937], mas existem nele outras referências, e Marcel Carné soube aproveitar a lembrança da *Ópera dos três vinténs* [*Die Dreigroschenoper*, de Georg Wilhelm Pabst, 1931] e inspirou-se no humor inglês.

Sobre esse pobre pano de fundo histórico, *Carrossel da esperança* [*Jour de fête*, de Jacques Tati, 1949] surgiu como um êxito inesperado e excepcional. Conhecemos a história desse filme realizado às pressas, baratíssimo e que nenhum distribuidor queria. Ele foi o best-seller do ano, e arrecadou dez vezes mais que seu preço de custo.

Tati ficou logo famoso. Mas havia dúvidas se o sucesso de *Carrossel da esperança* não esgotava a genialidade de seu autor.

Os achados eram sensacionais, a comicidade era original, embora convergisse, precisamente, para o melhor veio do cinema burlesco; mas diziam, por um lado, que se Tati fosse mesmo genial ele não teria vegetado vinte anos no *music-halls* e, por outro, temia-se que o autor do filme não pudesse manter sua originalidade numa segunda vez. Veríamos provavelmente outras aventuras do popular carteiro e a volta de Don Camillo, que só serviriam para lastimar que Tati não tivesse tido a cautela de permanecer naquela posição.

Ora, Tati não apenas não explorou o personagem que tinha criado e cuja popularidade era uma mina de ouro, como demorou quatro anos para nos apresentar seu segundo filme, que, longe de perder com a comparação, relega *Carrossel da esperança* ao estado de rascunho elementar. A importância de *As férias do sr. Hulot* [*Les Vacances de M. Hulot*, 1953] não poderia ser superestimada. Trata-se não apenas da obra cômica mais importante do cinema mundial desde os Irmãos Marx e W. C. Fields, mas também de um acontecimento na história do cinema falado.

Como todos os grandes cômicos, antes de nos fazer rir, Tati cria um universo. Um mundo se ordena a partir de seu personagem, cristaliza como a solução supersaturada em torno do grão de sal ali jogado. É claro que o personagem criado por Tati é engraçado, mas quase que por tabela e, em todo caso, sempre em relação ao universo. Ele pode estar pessoalmente ausente das *gags* mais engraçadas, pois M. Hulot é apenas a encarnação metafísica de uma desordem que se perpetua muito tempo depois de sua passagem.

Se quisermos, entretanto, partir do personagem, vemos de saída que sua originalidade, em relação à tradição da commedia dell'arte que se mantém através do burlesco, reside numa espécie de inacabamento. O herói da commedia dell'arte representa uma essência cômica, sua função é clara e sempre igual a si mesma. Já o que é característico do M. Hulot, ao contrário, parece ser o fato de ele não ousar existir inteiramente. Ele é uma veleidade ambulante, uma discrição de ser! Ele eleva a timidez à altura de um princípio ontológico! Mas, naturalmente, essa leveza do toque de M. Hulot sobre o mundo será precisamente a causa de todas as catástrofes, pois nunca se aplica conforme as regras das conveniências e da eficácia social. M. Hulot é o gênio da inoportunidade. Isso não quer dizer, no entanto, que ele seja desastrado e desajeitado. Muito pelo contrário, M. Hulot é pura graça, é o Anjo Extravagante, e a desordem que ele introduz é a da ternura e da liberdade. É significativo que os únicos personagens a um só tempo graciosos e totalmente simpáticos do filme sejam as crianças. Isso porque são os únicos que não cumprem um "dever de férias". M. Hulot não lhes causa espanto, é um irmão deles, sempre disponível, que ignora, como eles, as falsas vergonhas do jogo e as prerrogativas do prazer. Se há apenas um dançarino no baile de máscaras, ele será M. Hulot, tranquilamente indiferente ao vazio a seu redor. Foram guardados, sob as ordens do comandante aposentado, um estoque de fogos de artifício; o fósforo de M. Hulot ateará fogo no barril de pólvora.

Mas o que seria de M. Hulot sem as férias? Imaginamos perfeitamente uma profissão, ou pelo menos uma ocupação, para todos os habitantes provisórios dessa praia esquisita. Poderíamos dizer a origem dos carros e dos trens que convergem, no início do filme, para X-sur-Mer e logo a cercam como se fosse um sinal misterioso. Mas o carro de M. Hulot, um Amilcar, não tem idade e, na verdade, não vem de lugar nenhum: ele sai do Tempo. Não seria difícil imaginar que M. Hulot desapareça durante dez meses no ano e reapareça espontaneamente em um *fade* no dia 1.o de julho, quando enfim os relógios de ponto param e se forma, em certos lugares privilegiados do litoral e do interior, um tempo provisório, entre parênteses, uma duração frouxamente palpitante, fechada em si mesma, como o ciclo das marés. Tempo da repetição de gestos inúteis, quase imóvel, estagnado na hora da sesta. Mas também Tempo ritual, ritmado pela liturgia vã de um prazer convencional mais rigoroso que as horas de trabalho.

Por isso não poderia haver "roteiro" para M. Hulot. Uma história supõe um sentido, uma orientação do tempo que vai da causa ao efeito, um começo e um fim. *As férias do sr. Hulot* só podem ser, ao contrário, uma sucessão de acontecimentos a um só tempo coerentes em sua significação e dramaticamente independentes. Cada uma das aventuras e desventuras do herói começaria pela fórmula: "Uma outra vez M. Hulot". Nunca, sem dúvida, o tempo tinha sido a esse ponto a matéria-prima, quase que o próprio objeto do filme. Bem melhor e bem mais que nos filmes experimentais que duram o próprio tempo da ação, M. Hulot nos esclarece sobre a dimensão temporal de nossos movimentos.

Nesse universo de férias, os atos cronometrados adquirem um caráter absurdo. M. Hulot é o único que nunca chega na hora em lugar nenhum, pois é o único que vive a fluidez do tempo lá onde os outros se obstinam em restabelecer uma ordem vazia: a que é ritmada pelo mecanismo da porta vai e vem do restaurante. Eles só conseguem adensar o tempo, à imagem da pasta de marshmallow ainda quente estirando-se lentamente na bancada do confeiteiro e que tanto atormenta M. Hulot, Sísifo dessa massa de caramelo cuja iminência de queda na poeira é perpetuamente renovada.

Mais que a imagem, porém, a banda sonora dá ao filme sua densidade temporal. E esse é o grande achado de Tati, o mais original tecnicamente. Foi dito algumas vezes, equivocadamente, que ela era constituída de uma espécie de magma sonoro sobre o qual de vez em quando flutuariam trechos de frases, palavras precisas e, por isso mesmo, mais ridículas. Essa é a impressão que um ouvido desatento pode ter. De fato, raros são os elementos sonoros indistintos (como as indicações do alto-falante da estação, mas aí a *gag* é realista).

Toda a astúcia de Tati consiste, ao contrário, em destruir a nitidez pela nitidez. Os diálogos não são de modo algum incompreensíveis, são insignificantes, e sua insignificância é revelada por sua própria precisão. Tati consegue isso deformando, principalmente, as relações de intensidade entre os planos sonoros, chegando às vezes até mesmo a conservar o som de uma cena no extracampo sobre um acontecimento silencioso. Geralmente, seu cenário sonoro é constituído de elementos realistas: trechos de diálogos, gritos, reflexões diversas, mas nenhum deles é posto rigorosamente em situação dramática. É em relação a esse fundo que um ruído intempestivo ganha um relevo absolutamente falso. Por exemplo, durante a reunião no hotel, na qual os hóspedes leem, conversam ou jogam baralho: M. Hulot joga pingue-pongue e a bolinha faz um barulho desmedido, ela quebra esse meio-silêncio como uma bola de bilhar; cada vez que ela quica, parece que fica maior. Na base do filme há um material sonoro autêntico, gravado efetivamente numa praia, sobre o qual se superpõem sons artificiais, não menos precisos, mas constantemente defasados. Da combinação desse realismo e dessas deformações surge a irrefutável inanidade sonora desse mundo, entretanto humano. Sem dúvida alguma, nunca o aspecto físico da fala, sua anatomia, tinha sido colocado tão impiedosamente em evidência. Habituados como estamos a lhe atribuir um sentido mesmo quando ela não tem nenhum, não tomamos dela a distância irônica que acontece de tomarmos por meio da visão. Aqui as palavras passeiam nuas, com uma indecência grotesca, despojadas da cumplicidade social que as vestia com uma dignidade ilusória. Parece que as vemos sair do rádio como bolinhas vermelhas em fila, ou se condensando como nuvenzinhas em cima da cabeça das pessoas, e depois se deslocando no ar, à mercê dos ventos, até chegar debaixo do nosso nariz. Mas o pior é que elas têm realmente um sentido e que prestando atenção, fazendo um esforço para eliminar, com os olhos fechados, os ruídos adventícios, acaba sendo restituído. Acontece também de Tati introduzir sub-repticiamente um som totalmente falso, sem que, misturado nesse emaranhado sonoro, pensemos em protestar. Assim, se não nos esforçarmos muito, é difícil identificar, na sonoplastia dos fogos de artifício, a do bombardeio. É o som que dá densidade e relevo moral ao universo de M. Hulot. Perguntem de onde vem, no final do filme, essa grande tristeza, esse desencanto desmedido, e quem sabe descubram que vem do silêncio. Ao longo do filme, os gritos das crianças que brincam acompanham inevitavelmente as vistas da praia, e pela primeira vez o silêncio delas significa o fim das férias.

M. Hulot fica sozinho, ignorado por seus companheiros de hotel, que não lhe perdoam por ter estragado seus fogos de artifício; ele se volta para dois garotos, troca com eles alguns punhados de areia. Sub-repticiamente, porém, alguns amigos vêm se despedir dele, a velha inglesa que conta os pontos no tênis, o filho do "Senhor do telefone", o marido que passeia... Aqueles em quem vivia e subsistia ainda, no meio daquela multidão presa em suas férias, uma pequena chama de liberdade e de poesia. A suprema delicadeza desse final sem desenlace não é indigna do melhor Chaplin.

Como toda grande situação cômica, a de *As férias do sr. Hulot* é o resultado de uma observação cruel. *Une Si Jolie Petite Plage* [Uma prainha tão bela, 1949], de Yves Allégret e Jacques Sigurd, não passa de literatura infantil comparada a de Jacques Tati. Não parece, no entanto – e talvez seja a mais segura garantia de sua grandeza –, que a comicidade de Jacques Tati seja pessimista, não mais, pelo menos, do que a de Chaplin. Seu personagem afirma, contra a tolice do mundo, uma leveza incorrigível; ele é a prova de que o imprevisto sempre pode ocorrer e bagunçar a ordem dos imbecis, transformar uma câmara de ar em coroa mortuária e um enterro em passatempo.

MONTAGEM PROIBIDA

Crin Blanc, Ballon Rouge,
Une fée pas comme les autres.

A originalidade de Albert Lamorisse já se afirmava com *Bim le petit âne* [Bim, o burrico, 1954]. *Bim* é talvez, junto com *Crin Blanc* [Crina Branca, 1953], o único filme verdadeiro para crianças que o cinema já produziu.[1] É claro que existem outros – poucos, aliás –, adequados em diferentes graus a jovens espectadores. Os soviéticos fizeram um esforço particular nesse campo, mas me parece que filmes como *Beleet parus odinokii* [Uma vela ao longe, de Vladimir Legoshin, 1937] se dirigem antes a adolescentes. A tentativa de produção especializada feita por J. A. Rank foi um fracasso comercial e estético. De fato, se quiséssemos criar uma cinemateca ou catalogar uma série de programas para um público infantil, só encontraríamos alguns curtas-metragens, feitos com esse fim, mas com êxito desigual, e alguns filmes comerciais, dentre os quais os desenhos animados – cuja inspiração e tema são pueris o bastante; em particular certos filmes de aventura. Não se trata de uma produção específica, mas simplesmente de filmes inteligíveis por um espectador com idade mental inferior a catorze anos. Como sabemos, muitas vezes os filmes americanos não ultrapassam esse nível virtual. É o que acontece com os desenhos animados de Walt Disney.

Obviamente, no entanto, filmes desse tipo não podem ser comparados com a verdadeira literatura infantil (pouco abundante, aliás). Jean-Jacques Rousseau, antes dos discípulos de

1 Texto publicado originalmente em *Cahiers du Cinéma*, t. XI, n. 65, dez. 1956, pp. 32-36.

Freud, já havia advertido que ela não era de modo algum inofensiva: La Fontaine é um moralista cínico e a Condessa de Ségur, uma avó diabólica e sadomasoquista. Já é notório que os contos de Perrault escondem os símbolos mais baixos e devemos admitir que a argumentação dos psicanalistas é dificilmente refutável. No mais, não é preciso recorrer à psicanálise para perceber a profundidade deliciosa e aterrorizante que está no princípio de sua beleza de *Alice no país das maravilhas* ou nos *Contos de Andersen*. Esses autores têm um poder de sonho que se confunde, por sua natureza e intensidade, com o da infância. Não há nada de pueril nesse universo imaginário. Foi a pedagogia que inventou para as crianças as cores sem perigo, mas basta ver o uso que fazem delas para ficar fixado no seu verde paraíso povoado de monstros. Os autores da verdadeira literatura infantil são apenas rara e indiretamente educativos (talvez Jules Verne seja o único). São poetas cuja imaginação tem o privilégio de ter permanecido no comprimento de onda onírico da infância.

Por isso é sempre fácil afirmar que, em certo sentido, a obra deles é nefasta e só convém, na realidade, aos adultos. Se com isso querem dizer que ela não é edificante, eles têm razão, mas é um ponto de vista pedagógico e não estético. Ao contrário, o fato de o adulto ter prazer em lê-la, e talvez mais prazer do que a criança, é um sinal da autenticidade e do valor da obra. O artista que trabalha espontaneamente para crianças alcança seguramente o universal.

———

O balão vermelho [*Le Ballon rouge*, de Albert Lamorisse, 1956] já é talvez mais intelectual e por isso mesmo menos infantil. O símbolo aparece mais claramente em filigrana no mito. No entanto, sua associação com *No reino das fadas* [*Une fée pas comme les autres*, de Jean Tourane, 1957] ressalta a diferença entre a poesia válida tanto para crianças como para adultos e a puerilidade, que só poderia satisfazer os primeiros.

Mas não quero falar disso desse ponto de vista. Este artigo não é uma verdadeira crítica e só evocarei eventualmente as qualidades artísticas que atribuo a cada uma dessas obras. Meu propósito será apenas o de analisar, a partir do exemplo surpreendentemente significativo que elas oferecem, certas leis da montagem em sua relação com a expressão cinematográfica e, mais essencialmente, sua ontologia estética. Desse ponto de vista, ao contrário, a aproximação de *O balão vermelho* e de *No reino das fadas* poderia ser premeditada. Ambos demonstram maravilhosamente, em sentidos radicalmente opostos, as virtudes e os limites da montagem.

Começarei pelo filme de Jean Tourane para constatar que ele é de cabo a rabo uma extraordinária ilustração da famosa experiência de Kulechov sobre o close de Mozjukhin. Sabemos que a ingênua ambição de Jean Tourane é fazer um Walt Disney com animais de verdade. Ora, é evidente que os sentimentos humanos atribuídos aos animais são (pelo menos no essencial) uma projeção de nossa própria consciência. Só lemos em sua anatomia ou comportamento os estados de alma que mais ou menos inconscientemente lhes atribuímos, a partir de certas semelhanças exteriores com a anatomia ou com o comportamento do homem. Não devemos desconhecer e subestimar essa tendência natural da mente humana, que só foi nefasta no campo científico. É preciso ainda observar que a ciência mais moderna redescobre, por engenhosos meios de investigação, uma determinada verdade do antropomorfismo: a linguagem das abelhas, por exemplo, provada e interpretada com precisão pelo entomologista Von Fricht, vai bem mais longe que as mais loucas analogias de um antropomorfismo impenitente. Em todo caso, o erro científico está bem mais do lado dos animais-máquinas de Descartes do que dos semiantropomorfos de Buffon. Mas, para além desse aspecto primário, é evidente que o antropomorfismo procede de um modo de conhecimento analógico que a simples crítica psicológica não poderia explicar e nem sequer condenar. Seu domínio estende-se, pois, da moral (das *Fábulas* de La Fontaine) ao mais alto simbolismo religioso, passando por todas as zonas da magia e da poesia.

Não se pode, portanto, condenar o antropomorfismo *a priori*, independentemente do nível em que se situa. Infelizmente temos que admitir que, no caso de Jean Tourane, esse nível é o mais baixo. A um só tempo o mais falso cientificamente e o menos adaptado esteticamente, se entretanto ele leva à indulgência é porque sua importância quantitativa permite uma estupenda exploração das possibilidades do antropomorfismo em comparação com as da montagem. O cinema vem, com efeito, multiplicar as interpretações estáticas da fotografia por aquelas que surgem da aproximação dos planos.

Pois é muito importante notar que os animais de Tourane não são adestrados, mas apenas domesticados, e não realizam praticamente nada do que os vemos fazer (quando parece que o fazem, houve algum truque: mão fora do quadro dirigindo o animal ou patas falsas animadas como marionetes). Todo o engenho e talento de Tourane consiste em fazê-los permanecer quase imóveis na posição em que foram colocados durante a filmagem; o cenário ao redor, a fantasia, o comentário já bastam para dar à postura do animal um sentido humano que a ilusão da montagem precisa e amplia de modo tão considerável que, às vezes, chega a criá-lo quase que totalmente. Toda uma história é assim construída, com numerosos personagens em relações complexas (tão complexas, aliás, que o roteiro fica muitas vezes confuso), dotados de diferentes características, sem que os protagonistas tenham feito outra coisa a não ser permanecer quietos no campo da câmera. A ação aparente e o sentido que lhe damos praticamente nunca preexistiram ao filme, nem sequer na forma parcelar dos fragmentos de cena que constituem tradicionalmente os planos.

O balão vermelho, de Albert Lamorisse.

E digo mais, nessas circunstâncias era não apenas suficiente mas necessário fazer esse filme "de montagem". Na verdade, se os animais de Tourane fossem animais inteligentes (como o cachorro Rin Tin Tin), capazes de realizar por adestramento a maioria das ações que a montagem lhes credita, o sentido do filme seria radicalmente modificado. Nosso interesse recairia sobre as proezas e não sobre a história. Em outras palavras, ele passaria do imaginário ao real, do prazer pela ficção à admiração de um número de *music-hall* bem executado. É a montagem, criadora abstrata de sentido, que mantém o espetáculo em sua irrealidade necessária.

Já em *O balão vermelho*, constato e vou demonstrar que ele não deve e não pode dever nada à montagem. O que não deixa de ser paradoxal, visto que o zoomorfismo conferido ao objeto é ainda mais imaginário do que o antropomorfismo dos animais. O balão vermelho de Lamorisse realmente realiza diante das câmeras os movimentos que o vemos realizar. Claro que é um truque, mas que não deve nada ao cinema enquanto tal. Aqui a ilusão é criada, como na prestidigitação, a partir da realidade. Ela é concreta e não resulta dos prolongamentos virtuais da montagem.

E que importância tem isso, dirão, se o resultado é o mesmo: fazer com que acreditemos que há um balão na tela capaz de seguir seu dono como um cachorrinho? Mas é justamente porque com a montagem o balão mágico só existiria na tela, enquanto o de Lamorisse nos remete à realidade.

Talvez convenha abrir um parêntese aqui para observar que a natureza abstrata da montagem não é absoluta, pelo menos psicologicamente. Da mesma maneira que os primeiros espectadores do cinematógrafo de Lumière recuavam com a chegada do trem à estação da Ciotat, a montagem, em sua ingenuidade original, não é percebida como artifício. Mas o hábito em relação ao cinema sensibilizou pouco a pouco o espectador, e boa parte do público seria hoje capaz, se lhe pedíssemos para prestar um pouco de atenção, de distinguir as cenas "reais" das sugeridas unicamente pela montagem. É verdade que outros procedimentos, tais como a transparência, permitem mostrar, no mesmo plano, dois elementos, por exemplo, o tigre e a vedete, cuja contiguidade apresentaria na realidade alguns problemas. A ilusão é aí mais perfeita, mas pode ser descoberta e, em todo caso, o importante não é que o truque seja ou não invisível, mas que haja ou não truque, do mesmo modo que a beleza de um falso Vermeer não poderia prevalecer sobre sua inautenticidade.

Objetarão que os balões de Lamorisse são, no entanto, efeito de trucagem. Isso é óbvio, pois se não o fossem estaríamos em presença de um documentário sobre um milagre ou sobre o faquirismo, e o filme seria bem diferente. Ora, *O balão vermelho* é um conto cinematográfico, uma pura invenção da mente, mas o que importa mesmo é que essa história deve tudo ao cinema, justamente porque, no essencial, ela não lhe deve nada.

É bem possível imaginar *O balão vermelho* como uma narrativa literária. No entanto, por mais bem escrito que se possa imaginar, o livro não chegaria aos pés do filme, pois o charme deste é de outra natureza. A mesma história, por mais bem filmada que fosse, não poderia ter mais realidade na tela do que no livro; supondo que Lamorisse tivesse decidido recorrer às ilusões da montagem (ou eventualmente da transparência). O filme se transformaria então num relato em imagens (como o conto o seria em palavras) em vez de ser o que é, ou seja, *a imagem de um conto* ou, se preferirem, um documentário imaginário.

Essa expressão me parece ser, terminantemente, a que melhor define o propósito de Lamorisse, próximo e entretanto diferente do de Cocteau em *Sangue de um poeta* [*Le Sang d'un poète*, 1932], um documentário *sobre* a imaginação (quer dizer, sobre o sonho). Fomos levados assim, pela reflexão, a uma série de paradoxos. A montagem, tantas vezes é tida como a essência do cinema, é, nessa conjuntura, o procedimento literário e anticinematográfico por excelência. A especificidade cinematográfica, vista por uma vez em estado puro, reside, ao contrário, no mero respeito fotográfico da unidade do espaço.

Mas é preciso aprofundar a análise, pois se pode com razão observar que se *O balão vermelho* não deve *essencialmente* nada à montagem, ele recorre a ela *acidentalmente.* Pois, afinal de contas, se Lamorisse gastou 500 mil francos com balões vermelhos, foi para que não faltassem dublês. Do mesmo modo, *Crin Blanc* era duplamente mítico já que, de fato, vários cavalos parecidos, embora mais ou menos selvagens, eram mostrados na tela como um único cavalo. Essa constatação vai nos permitir chegar mais perto de uma lei essencial da estilística do filme.

Seria uma traição aos filmes de Lamorisse considerá-los como obras de pura ficção, comparando-os, por exemplo, com *Le Rideau cramoisi* [A cortina carmesim, de Alexandre Astruc, 1953]. A credibilidade deles está certamente ligada a seu valor documental. Os acontecimentos que eles representam são parcialmente verdadeiros. Em *Crin Blanc*, a paisagem de Camargue, a vida dos criadores e dos pescadores, os costumes das manadas constituem a base da fábula, o ponto de apoio sólido e irrefutável do mito. Mas é precisamente sobre essa realidade que uma dialética do imaginário, simbolizada pela duplicação de *Crin Blanc*, se fundamenta. Assim, *Crin Blanc* é a um só tempo o verdadeiro cavalo que pasta nos campos salgados de Camargue e o animal de sonho que nada eternamente em companhia do menino Folco. Sua realidade cinematográfica não poderia prescindir da realidade documental, mas, para que esta se tornasse verdade em nossa imaginação, era preciso que ela se destruísse e renascesse na própria realidade.

A realização do filme exigiu com certeza várias proezas. O garoto escolhido por Lamorisse nunca tinha se aproximado de um cavalo. No entanto foi preciso lhe ensinar a montar em pelo. Mais de uma cena, entre as mais espetaculares, foi rodada quase sem truques e, em todo caso, apesar de certos perigos. Entretanto, basta pensar nelas para compreender que, se o que é mostrado e expresso na tela tivesse que ser verdade, realizado efetivamente diante da câmera, o filme deixaria de existir, pois deixaria na hora de ser um mito. É a parte de truque, a margem de subterfúgio necessária à lógica da narrativa que permite ao imaginário a um só tempo integrar a realidade e substituí-la. Se houvesse apenas um cavalo selvagem submetido penosamente às exigências da filmagem, o filme seria apenas uma façanha, um número de adestramento, como o cavalo branco de Tom Mix: é fácil ver o que ele perderia com isso. Para que haja plenitude estética do filme, precisamos *acreditar* na realidade dos acontecimentos *sabendo* que houve trucagem. É claro que o espectador não precisa saber que havia três ou quatro cavalos[2] ou que era preciso puxar o focinho

2 Do mesmo modo, parece, o cachorro Rin Tin Tin devia sua existência cinematográfica a vários cachorros policiais parecidos, adestrados para

do animal com um fio de náilon para que virasse a cabeça de modo adequado. O importante é que possamos dizer, ao mesmo tempo, que a matéria-prima do filme é autêntica e que, no entanto, "é cinema". Assim, a tela reproduz o fluxo e refluxo de nossa imaginação que se alimenta da realidade à qual ela planeja se substituir; a fábula nasce da experiência que a imaginação transcende.

Mas, reciprocamente, é preciso que o que é imaginário na tela tenha a densidade espacial do real. A montagem só pode ser utilizada aí dentro de limites precisos, sob pena de atentar contra a própria ontologia da fábula cinematográfica. Por exemplo, não é permitido ao realizador escamotear, com o campo/contracampo, a dificuldade de mostrar dois aspectos simultâneos de uma ação. Foi o que Albert Lamorisse compreendeu perfeitamente na sequência da caça ao coelho, em que vemos sempre simultaneamente, no campo, o cavalo, o menino e o coelho, mas ele quase comete um erro na sequência da captura de Crin Blanc, quando o menino é arrastado pelo cavalo galopando. Pouco importa que o animal – que vemos naquele momento, de longe, arrastar o pequeno Folco – seja o falso Crin Blanc, tampouco que para essa operação arriscada o próprio Lamorisse tenha substituído o garoto, mas me incomoda que no final da sequência, quando o animal anda mais devagar e para, a câmera não me mostre irrefutavelmente a proximidade física do cavalo e da criança. Bastaria uma panorâmica ou um travelling para trás. Essa simples precaução teria autenticado retrospectivamente todos os planos anteriores, enquanto os dois planos sucessivos de Folco e do cavalo, escamoteando uma dificuldade

cumprir perfeitamente cada uma das proezas que Rin Tin Tin era capaz de realizar "sozinho" na tela. Como cada uma das ações tinha que ser realmente executada sem recurso à montagem, esta só intervinha em segundo grau para elevar à potência imaginária do mito os cachorros bem reais, dos quais Rin Tin Tin possuía todas as qualidades.

que no entanto se tornou benigna naquele momento do episódio, vêm romper a bela fluidez espacial da ação.[3]

3 Talvez eu possa ser mais bem compreendido se evocar este exemplo: há num filme inglês medíocre, *Where No Vultures Fly* [Onde os abutres não voam, de Harry Watt, 1951], uma sequência inesquecível. O filme reconstitui a história, verídica, aliás, de um jovem casal que cria e organiza na África do Sul, durante a guerra, uma reserva de animais. Para tal, o marido e a mulher viveram com os filhos em plena selva. O trecho a que aludo começa do modo mais convencional. O garoto, que se afastou do acampamento sem que os pais soubessem, encontra um leãozinho momentaneamente abandonado pela mãe. Sem ter consciência do perigo, ele pega o animalzinho no colo para levá-lo consigo. No entanto, a leoa, advertida pelo ruído ou pelo cheiro, retorna à toca e segue a pista da criança, que ignora o perigo. Ela o segue mantendo uma determinada distância. A situação começa a ser vista do acampamento, de onde os pais, aflitos, percebem seu filho e a fera que vai provavelmente pular a qualquer momento sobre o imprudente sequestrador de seu filhote. Vamos nos deter por um instante na descrição. Até aqui tudo foi feito mediante uma montagem paralela e o suspense ingênuo parece dos mais convencionais. Mas eis que, para nossa estupefação, o realizador abandona os planos curtos, que isolam os protagonistas do drama, para nos mostrar simultaneamente, *no mesmo plano geral*, os pais, a criança e a fera. Esse enquadramento único, em que qualquer truque é inconcebível, autentica, imediata e retroativamente, a montagem bem banal que o precedeu. Vemos, a partir desse momento, sempre no mesmo plano geral, o pai mandando o filho parar (a certa distância a fera também para), colocar o leãozinho no gramado e continuar a andar sem precipitação. Então a leoa vem calmamente pegar seu filhote e o leva de volta para o mato, enquanto os pais, tranquilizados, correm na direção do garoto.

É evidente que, considerando-a apenas como uma narrativa, a sequência teria, a rigor, o mesmo significado aparente se tivesse sido totalmente filmada empregando-se as facilidades materiais da montagem, ou da "transparência". Mas, em ambos os casos, a cena não teria se desenrolado em sua realidade física e espacial diante da câmera. De modo que, apesar do caráter concreto de cada imagem, ela teria apenas valor de narrativa e não de realidade. Não haveria diferença essencial entre a sequência cinematográfica e o capítulo de um romance que relatasse o mesmo episódio imaginário. Ora, a qualidade dramática e moral do episódio seria eviden-

Se nos esforçarmos agora para definir a dificuldade, parece-me que poderíamos estabelecer como lei estética o seguinte princípio: "Quando o essencial de um acontecimento depende de uma presença simultânea de dois ou mais fatores da ação, a montagem fica proibida". Ela retoma seus direitos a cada vez que o sentido da ação não depende mais da contiguidade física, mesmo se ela é implicada. Por exemplo, Lamorisse podia mostrar, como o fez, em close, a cabeça do cavalo virando-se para o menino como que para lhe obedecer, mas ele deveria, no plano precedente, ligar pelo mesmo enquadramento os dois protagonistas.

Não se trata de modo algum de retornar obrigatoriamente ao plano-sequência, nem de renunciar aos recursos expressivos e às eventuais facilidades da mudança de plano. As presentes observações não têm por objeto a forma, mas a natureza da narrativa ou, mais exatamente, certas interdependências da natureza e da forma. Quando Orson Welles tratava certas cenas de *Soberba* [*The Magnificent Ambersons*, 1942] num único plano e quando, ao contrário, retalha a montagem ao extremo em *Grilhões do passado* [*Confidential Report* ou *Mr. Arkadin*, 1955], tratase apenas de uma mudança de estilo que não modifica essencialmente o tema. Eu diria até que *Festim diabólico* [*Rope*, 1948], de Hitchcock, poderia indiferentemente ter uma decupagem

tamente de uma mediocridade extrema, enquanto o enquadramento final, que implica colocar em situação real os personagens, nos leva, no mesmo lance, para o ápice da emoção cinematográfica. Naturalmente, a proeza só foi possível porque a leoa era um pouco domesticada e tinha vivido, antes de o filme ser rodado, na familiaridade da casa. Mas pouco importa; o problema não é se o garoto correu realmente o risco representando, mas apenas que sua representação respeitou a unidade espacial do acontecimento. O realismo reside aqui na homogeneidade do espaço. Vemos, portanto, que há casos nos quais, longe de constituir a essência do cinema, a montagem é sua negação. A mesma cena, sendo tratada pela montagem ou em plano geral, pode não passar de literatura ruim ou tornar-se cinema de verdade.

clássica, qualquer que seja a importância artística que se possa vincular à decisão adotada. Em compensação, seria inconcebível que a famosa cena da caça à foca de *Nanook, o esquimó* não nos mostrasse, num mesmo plano, o caçador, o buraco e a foca. Pouco importa, porém, que o resto da sequência seja decupado à vontade pelo diretor. O que deve ser respeitado é a unidade espacial do acontecimento no momento em que sua ruptura transformaria a realidade em sua mera representação imaginária. Foi isso, aliás, que, Flaherty em geral compreendeu, a não ser em alguns lugares onde a obra perde, efetivamente, sua consistência. Se a imagem de Nanook espreitando sua caça na boca do buraco de gelo é uma das mais belas do cinema, a pesca do crocodilo, visivelmente realizada "na montagem" em *A história de Louisiana* [*Louisiana Story*, 1948], é fraquíssima. Em compensação, no mesmo filme, o plano-sequência do crocodilo abocanhando a garça, filmado numa única panorâmica, é simplesmente admirável. Mas a recíproca é verdadeira: basta, para que a narrativa reencontre a realidade, que um único de seus planos convenientemente escolhidos reúna os elementos dispersados anteriormente pela montagem.

———

Sem dúvida é mais difícil definir *a priori* a que tipo de assunto, ou até mesmo a que circunstâncias essa lei se aplica. Só me arriscarei, com cautela, a dar algumas indicações. Em primeiro lugar, isso é verdade para todos os filmes documentários cujo objeto é reportar fatos que perdem todo o interesse se o acontecimento não ocorreu realmente diante da câmera, ou seja, o documentário aparentado com a reportagem. Em última instância, com as atualidades também. O fato de a noção de "atualidades reconstituídas" ter podido ser admitida no início do cinema é uma clara indicação da evolução do público. Não é o que acontece com os documentários exclusivamente didáticos,

A história de Louisiana, de Robert Flaherty.

cujo propósito não é a representação, mas a explicação do acontecimento. Estes últimos podem, naturalmente, ter sequências ou planos que pertencem à primeira categoria. Considere-se, por exemplo, um documentário sobre a prestidigitação! Se seu objetivo é mostrar os passes de mágica extraordinários de um célebre virtuoso, será essencial proceder por planos únicos, mas, se depois o filme deve explicar um desses números, a decupagem se impõe. O caso é claro, passemos adiante!

Um exemplo muito mais interessante é, evidentemente, o do filme de ficção, que vai do devaneio, como *Crin Blanc*, ao documentário levemente romanceado, como *Nanook, o esquimó*. Trata-se, então, como foi dito acima, de ficções que só ganham sentido ou, em última instância, só têm valor quando a realidade é integrada ao imaginário. A decupagem é, então, comandada pelos aspectos dessa realidade.

Enfim, no filme puramente narrativo, equivalente do romance ou da peça de teatro, é provável ainda que certos tipos de ação recusem o emprego da montagem para atingir sua plenitude. A expressão da duração concreta é evidentemente contrariada pelo tempo abstrato da montagem (é o que ilustram tão bem *Cidadão Kane* e *Soberba*). Mas, sobretudo, certas situações só existem em termos cinematográficos quando sua unidade espacial é evidenciada e, particularmente, as situações cômicas fundadas nas relações do homem com os objetos. Como em *O balão vermelho*, todos os truques são permitidos, exceto a facilidade da montagem. Os burlescos primitivos (especialmente Buster Keaton) e os filmes de Chaplin contêm muitos ensinamentos a esse respeito. Se o burlesco teve sucesso antes de Griffith e da montagem, foi porque a maioria das *gags* tinham a ver com uma comicidade do espaço, com a relação do homem com os objetos e com o mundo exterior. Chaplin, em *O circo* [*The Circus*, 1928], está efetivamente na jaula do leão e ambos estão juntos no quadro da tela.

A EVOLUÇÃO DA LINGUAGEM CINEMATOGRÁFICA

Em 1928, a arte muda estava em seu apogeu.[1] O desespero dos melhores entre os que assistiram ao desmantelamento dessa perfeita cidade da imagem, se não for justificado, pode ser ex-

1 Este estudo é resultado da síntese de três artigos, o primeiro escrito para o livro comemorativo *Vingt Ans de cinéma à Venise*, 1952; o segundo, intitulado “A decupagem e sua evolução”, publicado na revista *L'Âge Nouveau*, n. 93, jul. 1955; e o terceiro, nos *Cahiers du Cinéma*, n. 1, 1950.

plicado. Dentro da via estética que ela havia seguido, parecia-lhes que o cinema tinha se tornado uma arte supremamente adaptada ao "delicado incômodo" do silêncio e que, portanto, o realismo sonoro só podia condenar ao caos.

De fato, agora que o emprego do som demonstrou suficientemente que não veio para destruir o Antigo Testamento cinematográfico, mas para realizá-lo, caberia perguntar se a revolução técnica introduzida pela banda sonora foi realmente uma revolução estética. Em outros termos, os anos 1928-30 foram, efetivamente, os do nascimento de um novo cinema. Considerada do ponto de vista da decupagem, a história do filme não mostra, na verdade, uma solução de continuidade tão evidente quanto se poderia esperar entre o cinema mudo e o falado. Em compensação, poderíamos descobrir parentescos entre certos realizadores dos anos 1925 e outros de 1935, e sobretudo do período 1940-50. Por exemplo, entre Erich von Stroheim e Jean Renoir ou Orson Welles, Carl Theodor Dreyer e Robert Bresson. Ora, tais afinidades mais ou menos claras provam, antes de tudo, que uma ponte pode ser lançada por cima da falha dos anos 1930, que certos valores do cinema mudo persistem no cinema falado, mas, principalmente, que se trata menos de opor o "mudo" ao "falado" do que examinar, em ambos, famílias de estilo, concepções fundamentalmente diferentes da expressão cinematográfica.

Sem ignorar a relatividade de uma simplificação crítica que as dimensões deste estudo me impõem, e considerando-o menos uma realidade objetiva do que uma hipótese de trabalho, distinguirei, no cinema de 1920 a 1940, duas grandes tendências opostas: os diretores que acreditam na imagem e os que acreditam na realidade.

Por "imagem", entendo de modo bem amplo, tudo aquilo que a *representação* na tela pode acrescentar à coisa representada. Essa contribuição é complexa, mas podemos reduzi-la essencialmente a dois grupos de fatos: a plástica da imagem e os recursos da montagem (que não é outra coisa senão a organização das imagens no tempo). No tópico "plástica" devemos incluir o estilo do cenário e da maquiagem, de certo modo até mesmo o da interpretação, aos quais se acrescentam, naturalmente, a iluminação e, por fim, o enquadramento que fecha a composição. Quanto à montagem, proveniente, como se sabe, principalmente das obras-primas de Griffith, André Malraux dizia, em *Esquisse d'une pshychologie du cinéma* [Esboço de uma psicologia do cinema], que ela constituía o nascimento do filme como arte: o que o distingue realmente da simples fotografia animada, faz dele, enfim, uma linguagem.

A utilização da montagem pode ser "invisível"; é o caso mais frequente no filme americano clássico anterior à guerra. O único objetivo da divisão em planos é analisar o acontecimento segundo a lógica matemática ou dramática da cena. É sua lógica que faz com que essa análise passe despercebida; a mente do espectador adota naturalmente os pontos de vista que o diretor lhe propõe, pois são justificados pela geografia da ação ou pelo deslocamento do interesse dramático.

A neutralidade dessa decupagem "invisível" não dá conta, porém, de todas as possibilidades da montagem. Em contrapartida, elas podem ser perfeitamente apreendidas em três procedimentos conhecidos geralmente pelo nome de "montagem paralela", "montagem acelerada" e "montagem de atrações". Ao criar a montagem paralela, Griffith conseguiu dar conta da simultaneidade de duas ações, distantes no espaço, por uma sucessão de planos de uma e da outra. Em *La Roue* [A roda, 1923], Abel Gance nos dá a ilusão da aceleração de uma locomotiva sem recorrer a imagens reais de velocidade (pois, afinal, as rodas poderiam rodar sem sair do lugar), com a simples multiplicação de planos cada vez mais curtos. Enfim, a montagem de atrações, criada por S. M. Eisenstein, e cuja descrição não é tão fácil, poderia ser definida grosseiramente como o reforço do sentido de uma imagem pela aproximação com outra imagem que não pertence necessariamente ao mesmo acontecimento: os fogos de artifício, em *O velho e o novo/A linha geral*, que vêm depois da imagem do touro. Nessa forma extrema, a montagem de atrações foi raramente utilizada, até mesmo por seu criador, mas podemos considerar bem próxima em seu princípio a prática mais geral da elipse, da comparação ou da metáfora: são as meias jogadas na cadeira ao pé da cama, ou ainda o leite que transborda (*Crime em Paris* [*Quai des Orfèvres*, 1947], de Henri-Georges Clouzot). Existem, naturalmente, diversas combinações desses três procedimentos.

Quaisquer que sejam, podemos reconhecer nelas o traço comum que é a própria definição da montagem: a criação de um sentido que as imagens não contêm objetivamente e que procede unicamente de suas relações. A célebre experiência de Kulechov com o mesmo plano de Mozjukhin, cujo sorriso parecia mudar de expressão conforme a imagem que o precedia, resume perfeitamente as propriedades da montagem.

As montagens de Kulechov, de Eisenstein ou de Gance não mostravam o acontecimento: aludiam a ele. Sem dúvida, eles tiravam pelo menos a maioria de seus elementos da realidade que queriam descrever, mas a significação final do filme residia muito mais na organização dos elementos do que em seu o conteúdo objetivo. A matéria da narrativa, qualquer que seja o realismo individual da imagem, surge essencialmente de suas relações (Mozjukhin sorrindo + criança morta = piedade), isto é, um resultado abstrato cujos elementos concretos não estão nas premissas. Do mesmo modo, podemos imaginar: meninas + macieiras floridas = esperança. As combinações são incontáveis, mas todas têm em comum o fato de sugerir a ideia por intermédio da metáfora ou da associação de ideias. Assim, entre o roteiro propriamente dito, objeto último da narrativa, e a imagem bruta, intercala-se uma etapa suplementar, um "transformador" estético. O *sentido* não está na imagem, ele é sua sombra projetada, pela montagem, no plano de consciência do espectador.

Resumindo: tanto pelo conteúdo plástico da imagem quanto pelos recursos da montagem, o cinema dispõe de todo um arsenal de procedimentos para impor aos espectadores sua interpretação do acontecimento representado. Podemos considerar que, no final do cinema mudo, esse arsenal estava completo. Por um lado, o cinema soviético levou às últimas consequências a teoria e a prática da montagem, enquanto a escola alemã fez com que a plástica da imagem (cenário e iluminação) sofresse todas as violências possíveis. É claro que, além do alemão e do soviético, outros cinemas também contam, mas, seja na França, na Suécia ou nos Estados Unidos, não parece que a linguagem cinematográfica careça de meios para dizer o que tem a dizer. Se o essencial da arte cinematográfica consiste em tudo o que a plástica e a montagem podem acrescentar a uma realidade dada, a arte muda é uma arte completa. O som só poderia, no máximo, desempenhar um papel subordinado e complementar: como contraponto à imagem visual. Mas esse possível enriquecimento, que no melhor dos casos só poderia ser menor, corre o risco de não ter muito peso no preço do lastro de realidade suplementar introduzido ao mesmo tempo pelo som.

———

É que acabamos de considerar o expressionismo da montagem e da imagem como o essencial da arte cinematográfica. E é precisamente essa noção em geral admitida que, desde o cinema mudo, diretores como Erich von Stroheim, F. W. Murnau ou Robert Flaherty questionam implicitamente. A montagem não desempenha em seus filmes praticamente nenhum papel, a não ser o papel totalmente negativo de eliminação inevitável numa realidade abundante demais. A câmera não pode ver tudo ao mesmo tempo, mas, do que escolhe ver, ela se esforça ao menos para não perder nada. O que conta para Flaherty, diante de Nanook caçando a foca, é a relação entre Nanook e o animal, a duração real da espera. A montagem poderia sugerir o tempo; Flaherty se limita a nos *mostrar* a espera, a duração da caça e a própria substância da imagem, seu verdadeiro objeto. No filme, esse episódio só admite, portanto, um único plano. Será que se pode negar que, por isso mesmo, ele é muito mais emocionante do que uma "montagem de atrações"?

Murnau não se interessa tanto pelo tempo como pela realidade do espaço dramático: a montagem não tem, nem em *Nosferatu* [1922] nem em *Aurora* [*Sunrise: A Song of Two Humans*, 1927], papel decisivo. No entanto, poderíamos pensar que a plástica da imagem a aproxima de um determinado expressionismo, mas seria uma visão superficial. A composição de sua imagem não é de modo algum pictural, ela não acrescenta nada à realidade, não a deforma, muito pelo contrário, ela se esforça para revelar suas estruturas profundas, para fazer aparecer relações preexistentes que se tornam constitutivas do drama. Assim, em *Tabu* [1931], a entrada no campo da imagem pelo lado esquerdo da tela de uma nau identifica-se absolutamente com o destino, sem que Murnau falseie o rigoroso realismo do filme, com cenário totalmente natural.

Mas foi seguramente Stroheim quem mais se opôs a um só tempo ao expressionismo da imagem e aos artifícios da montagem. Nele, a realidade confessa seu sentido como o suspeito sob o incansável interrogatório da polícia. O princípio de sua *mise-en-scène* é simples: olhar o mundo bem de perto e insistentemente para que ele acabe revelando sua crueldade e feiura. Não seria difícil imaginar, em última instância, um filme de Stroheim composto de um único plano tão longo e grande quanto quiséssemos.

A escolha desses três diretores não é exaustiva. Certamente encontraríamos em outros autores, aqui e ali, elementos de cinema não expressionista e nos quais a montagem não tem vez. Aliás, até mesmo em Griffith. Mas talvez esses exemplos sejam suficientes para indicar a existência, no âmago do cinema mudo, de uma arte cinematográfica precisamente contrária à que é identificada com o cinema por excelência; de uma linguagem cuja unidade semântica e sintática não é de modo algum o plano; na qual a imagem vale, a princípio, não pelo que *acrescenta*, mas pelo que *revela* da realidade. Para esta tendência, o cinema mudo não passava, de fato, de uma enfermidade: a realidade, menos um de seus elementos. Virtualmente, tanto *Ouro e maldição* [*Greed*, de Erich von Stroheim, 1924] como *O martírio de Joana d'Arc* [*La Passion de Jeanne d'Arc*, 1928], de Dreyer, já são, portanto, filmes falados. Se deixarmos de considerar a montagem e a composição plástica da imagem como a própria essência da linguagem cinematográfica, o aparecimento do som não constitui mais o corte estético que divide dois aspectos radicalmente diferentes da sétima arte. Um determinado cinema pensou ter morrido por causa da banda sonora; não foi de modo algum "*o* cinema": o verdadeiro plano de clivagem estava noutra parte, ele continuava – e continua – sem ruptura, a atravessar 35 anos da história da linguagem cinematográfica.

———

Sendo, assim, a unidade estética do cinema mudo questionada e repartida entre duas tendências intimamente inimigas, reexaminemos a história dos últimos vinte anos.

De 1930 a 1940, parece ter se instituído pelo mundo afora, e principalmente a partir dos Estados Unidos, uma determinada comunidade de expressão na linguagem cinematográfica. Triunfam em Hollywood cinco ou seis gêneros que asseguram então sua massacrante superioridade: a comédia americana (*A mulher faz o homem* [*Mr. Smith Goes to Washington*, de Frank Capra, 1936]), o burlesco (Irmãos Marx), o filme de dança e o *music-hall* (Fred Astaire e Ginger Rogers, os *Ziegfeld Follies* [Vincente Min-

Scarface, a vergonha de uma nação, de Howard Hawks e Richard Rosson.

nelli, 1944]), o filme policial e de gângsteres (*Scarface, a vergonha de uma nação* [*Scarface*, de Howard Hawks e Richard Rosson, 1932], *O fugitivo* [*I Am a Fugitive from a Chain Gang*, de Mervyn LeRoy, 1932], *O delator* [*The Informer*, de John Ford, 1935]), o drama psicológico e de costumes (*Esquina do pecado* [*Back Street*, de John M. Stahl, 1932], *Jezebel* [de William Wyler, 1938]), o filme fantástico ou de terror (*O médico e o monstro* [*Dr. Jekyll and Mr. Hyde*, de Rouben Mamoulian, 1931], *O homem invisível* [*The Invisible Man*, de James Whale, 1933], *Frankenstein* [de James Whale, 1931]), o *western* (*No tempo das diligências* [*Stagecoach*, de John Ford, 1939]). O segundo cinema do mundo é, sem dúvida alguma, no mesmo período, o francês; sua superioridade se afirma aos poucos numa tendência que podemos chamar grosseiramente de realismo *noir* ou realismo poético, dominado por quatro nomes: Jacques Feyder, Jean Renoir, Marcel Carné e Julien Duvivier. Como minha intenção não é listar os melhores, seria inútil demorarmo-nos nos cinemas soviético, inglês, alemão e italiano, já que, para eles, o período considerado é relativamente menos significativo do que os dez anos seguintes. As produções americanas e francesas bastam, em todo caso, para definir claramente o cinema falado anterior à guerra como uma arte que visivelmente alcançou o equilíbrio e a maturidade.

Primeiramente, quanto ao fundo: grandes gêneros com regras bem elaboradas, capazes de agradar a um amplo público internacional e interessar também uma elite culta, contanto que ela não fosse *a priori* hostil ao cinema.

Depois, quanto à forma: estilos da fotografia e da decupagem perfeitamente claros e adaptados ao tema; uma total reconciliação da imagem e do som. Revendo hoje filmes como *Jezebel*, de William Wyler, *No tempo das diligências*, de John Ford, ou *Trágico amanhecer* [*Le Jour se lève*, 1939], de Marcel Carné, temos a sensação de uma arte que encontrou seu perfeito equilíbrio, sua forma de expressão ideal e, reciprocamente, admiramos neles os temas dramáticos e morais que o cinema, embora não os tenha totalmente criado, ao menos elevou a uma grandeza, a uma eficácia artística que, de outro modo, nunca teriam alcançado. Em suma, todas as características da plenitude de uma arte "clássica".

Compreendo que se possa, com razão, defender a tese de que a originalidade do cinema do pós-guerra, em relação ao de 1939, reside no crescimento de certas produções nacionais e, em particular, no brilho ofuscante do cinema italiano e no aparecimento de um cinema britânico original e livre das influências hollywoodianas; que daí se tire a conclusão de que o fenômeno realmente importante dos anos 1940-50 foi o surgimento de sangue novo, de uma matéria ainda inexplorada; em suma, que a verdadeira revolução foi feita muito mais em relação aos temas do que ao estilo; do que o cinema tem a dizer ao mundo, mais do que da maneira de dizê-lo. Não é o "neorrealismo", antes de tudo, um humanismo e só depois um estilo de *mise-en-scène*? E esse estilo não se definiria essencialmente por sua anulação diante da realidade?

Tampouco temos a intenção de elogiar não sei que preeminência da forma sobre o fundo. "A arte pela arte" não é menos herege no cinema. Talvez, ainda mais! Mas, a tema novo, forma nova! E uma maneira de compreender melhor o que um filme está querendo nos dizer consiste em saber como ele o diz.

Em 1938 ou 1939, portanto, o cinema falado conhece, sobretudo na França e nos Estados Unidos, uma espécie de perfeição clássica, fundada, por um lado, sobre a maturidade dos gêneros dramáticos elaborados durante dez anos ou herdados do cinema mudo e, por outro, sobre a estabilização dos progressos técnicos. Os anos 1930 foram a um só tempo os do som e os da película pancromática. Sem dúvida o equipamento dos estúdios continuou sendo aperfeiçoado, mas as melhorias eram apenas de detalhe, já que nenhuma delas abria possibilidades radicalmente novas para a *mise-en-scène*. Essa situação, aliás, não mudou desde 1940, a não ser talvez no que toca à fotografia, graças ao aumento da sensibilidade da película. A pancromática desequilibrou os valores da imagem, as emulsões ultrassensíveis permitiram que seus contornos fossem modificados. Com a possibilidade de rodar em estúdio com diafragmas muito mais fechados, o câmera podia, se fosse o caso, eliminar as imagens desfocadas dos planos de fundo que geralmente eram de rigor. Mas poderíamos, certamente, encontrar exemplos anteriores do emprego da profundidade de campo (em Renoir, por exemplo); ela sempre foi possível em externas e até mesmo em estúdio, mediante algumas proezas. Bastava querer. De modo que, no fundo, trata-se menos de um problema técnico – cuja solução, é verdade, foi enormemente facilitada – do que de uma busca de estilo, sobre a qual voltaremos a falar. Em suma, desde a vulgarização do emprego da pancromática, do conhecimento dos recursos do microfone e da generalização do guindaste no equipamento dos estúdios, podemos considerar adquiridas as condições técnicas necessárias e suficientes para a arte cinematográfica a partir dos anos 1930.

Já que os determinismos técnicos estavam praticamente eliminados, é preciso procurar noutra parte os sinais e os princípios da evolução da linguagem: no questionamento dos temas e, por conseguinte, dos estilos necessários à sua expressão. Em 1939, o cinema falado chegara ao que os geógrafos chamam de perfil de equilíbrio de um rio. Isto é, a curva matemática ideal que é o resultado de uma erosão suficiente. Alcançado o perfil de equilíbrio, o rio flui sem esforço de sua fonte à sua embocadura e cessa de escavar ainda mais seu leito. Mas, caso ocorra algum movimento geológico que aumente excessivamente o peneplano e modifique a altitude da fonte, a água começa a trabalhar novamente, penetra nos terrenos subjacentes, embrenha-se, mina e escava. Às vezes, tratando-se de camadas de calcário, todo um novo relevo é escavado no planalto, quase invisível, mas complexo e sinuoso se seguirmos o curso da água.

EVOLUÇÃO DA DECUPAGEM CINEMATOGRÁFICA A PARTIR DO CINEMA FALADO

Em 1938, encontramos quase em toda parte o mesmo tipo de decupagem. Se chamamos, de modo um pouco convencional, "expressionista" ou "simbolista" o tipo de filmes mudos fundados sobre a composição plástica e nos artifícios da montagem, poderíamos qualificar a nova forma de narrativa de "analítica" e "dramática". Consideremos, para retomar um dos elementos da experiência de Kulechov, uma mesa posta e um pobre-diabo faminto. Podemos imaginar a seguinte decupagem em 1936:

1) plano geral enquadrando a um só tempo o ator e a mesa;

2) travelling para a frente terminando com um close do rosto, que exprime uma mescla de maravilhamento e desejo;

3) série de closes de víveres;

4) retorno ao personagem enquadrado de pé, que avança lentamente em direção da câmera;

5) ligeiro travelling para trás a fim de permitir um plano americano do ator apanhando uma asa de frango.

Quaisquer que sejam as variantes imagináveis para essa decupagem, sempre haveria pontos em comum:

1) a verossimilhança do espaço, no qual o lugar do personagem está sempre determinado, mesmo quando um close elimina o cenário;

2) a intenção e os efeitos da decupagem são exclusivamente dramáticos ou psicológicos.

Em outros termos, encenada num teatro e diante de um auditório, a cena teria exatamente o mesmo sentido, o acontecimento continuaria existindo objetivamente. As mudanças de ponto de vista da câmera não acrescentam nada. Apresentam apenas a realidade de maneira mais eficaz. Primeiro, quando permitem que seja mais bem vista, e depois salientando o que merece ser salientado.

É claro que, como o diretor de teatro, o diretor de cinema dispõe de uma margem de interpretação dentro da qual pode orientar o sentido da ação. Mas é apenas uma margem e, como tal, não permite modificar a lógica formal do acontecimento. Consideremos, em contrapartida, a montagem dos leões de pedra em *Konets Sankt-Peterburga* [O fim de São Petersburgo, de Vsévolod Pudóvkin e Mikhail Doller, 1927]; habilmente justapostas, uma série de esculturas dão a impressão de um único animal que se ergue (como o povo). Esse admirável achado de montagem é impensável em 1932. Em *Fúria* [*Fury*, 1936], Fritz Lang introduz, ainda em 1935, depois de uma sucessão de planos de mulheres tagarelando, a imagem de galinhas cacarejando num pátio. É uma sobrevivência da montagem de atrações que, na época já era chocante e, hoje, parece totalmente heterogênea ao resto do filme. Por mais decisiva que seja a obra de um Carné, por exemplo, em sua valorização dos roteiros de *Cais das sombras* [*Le Quai des brumes*, 1938] ou de *Trágico amanhecer*, sua decupagem permanece no plano da realidade que ele analisa, é apenas uma maneira de vê-la bem. Por isso, assistimos ao desaparecimento quase total dos truques visíveis, tais como a superposição, e até mesmo, sobretudo na América, do close, cujo efeito físico por demais violento tornaria a montagem perceptível. Na comédia americana típica, o diretor retorna sempre que pode ao enquadramento dos personagens acima dos joelhos, que parece se adequar mais à atenção espontânea do espectador, o ponto de equilíbrio natural de sua acomodação mental.

De fato, a origem dessa prática da montagem está no cinema mudo. É mais ou menos o mesmo papel que ela desempenha em Griffith, em *Lírio partido* [*Broken Blossoms*, 1919], por exemplo, pois, com *Intolerância*, Griffith já introduz a concepção sintética da montagem que o cinema soviético levará às suas últimas consequências e que já é aceita por quase todo mundo no final do cinema mudo. Compreende-se, aliás, que a imagem sonora, muito menos maleável que a imagem visual, tenha levado a montagem para o realismo, eliminando, cada vez mais, tanto o expressionismo plástico quanto as relações simbólicas entre as imagens.

Assim, por volta de 1938, os filmes eram, de fato, quase sem exceção, decupados segundo os mesmos princípios. A história era descrita por uma sucessão de planos cujo número variava relativamente pouco (cerca de seiscentos). A técnica característica dessa decupagem era o campo/contracampo: é, por exemplo, num diálogo, a tomada alternada, conforme a lógica do texto, de um ou outro interlocutor.

Esse tipo de decupagem, perfeitamente conveniente aos melhores filmes dos anos 1930 a 1939, foi questionado pela decupagem em profundidade de campo de Orson Welles e de William Wyler.

A notoriedade de *Cidadão Kane* não poderia ser superestimada. Graças à profundidade de campo, cenas inteiras são tratadas numa única tomada, a câmera permanecendo até mesmo imóvel. Os efeitos dramáticos, que anteriormente se exigia da montagem, surgem aqui do deslocamento dos atores dentro do enquadramento escolhido de uma vez por todas. É claro que Orson Welles não "inventou" a profundidade de campo, como tampouco Griffith inventou o close; todos os primitivos do cinema a utilizavam, e por razões óbvias. A imagem desfocada só apareceu com a montagem. Ela não era apenas uma sujeição técnica consecutiva ao emprego dos planos próximos, mas a consequência lógica da montagem, sua equivalência plástica. Se, em determinado momento da ação, o diretor faz, como na decupagem acima imaginada, um close de uma fruteira, é normal que a isole também no espaço pela focalização. A imagem desfocada do plano de fundo confirma, portanto, o efeito da montagem, ela é apenas um acessório ao estilo da fotografia, mas é essencial ao estilo da narrativa. Jean Renoir já tinha compreendido isso perfeitamente quando escreveu, em 1938, ou seja, depois de *A besta humana* [*La Bête humaine*, 1938] e *A grande ilusão* [*La Grande Illusion*, 1937] e antes de *A regra do jogo* [*La Règle du jeu*, 1939]: "Quanto mais avanço em minha profissão, mais me sinto inclinado a fazer a *mise-en-scène* em profundidade em relação à tela; quanto mais isso funciona, mais evito criar o confronto entre dois atores colocados obedientemente diante da câmera como no fotógrafo".

E, com efeito, se procurarmos o precursor de Orson Welles, não será Louis Lumière ou Zecca, mas Jean Renoir. Em Renoir, a busca da composição em profundidade da imagem corresponde efetivamente a uma supressão parcial da montagem, substituída por frequentes panorâmicas e entradas no quadro. Ela supõe o respeito à continuidade do espaço dramático e, naturalmente, de sua duração.

É evidente, para quem sabe ver, que os planos-sequência de Welles em *Soberba* não são de modo algum "o registro" passivo de uma ação fotografada num mesmo quadro; ao contrário, sua recusa em cortar o acontecimento, de analisar no tempo a área dramática, é uma ação positiva cujo efeito é superior ao que a decupagem clássica poderia ter produzido.

Basta comparar dois fotogramas filmados em profundidade de campo, um de 1910 e o outro de um filme de Welles ou de Wyler, para compreender só ao ver a imagem, mesmo separada do filme, que sua função é bem diferente. O enquadramento de 1910 identifica-se praticamente com a quarta parede ausente do palco do teatro ou, pelo menos em cenas externas, com o melhor ponto de vista sobre a ação, enquanto no segundo caso, o cenário, a iluminação e o ângulo dão uma legibilidade diferente. Na superfície da tela, o diretor e o câmera souberam organizar um tabuleiro de xadrez dramático, do qual nenhum detalhe é excluído. Os exemplos mais claros disso, se não os mais originais, podem ser encontrados em *Pérfida* [*The Little Foxes*, de Lillian Hellman e William Wyler, 1941], no qual a *mise-en-scène* ganha um rigor matemático (em Welles a sobrecarga barroca torna a análise mais complexa). A colocação de um objeto em relação aos personagens é tal que o espectador *não pode* escapar à sua significação. Significação que a montagem teria detalhado numa série de planos sucessivos.[2]

Em outros termos, o plano-sequência em profundidade de campo do diretor moderno não renuncia à montagem – como poderia renunciar sem recair num balbucio primitivo? –, ele a integra à composição plástica. A narrativa de Welles ou de Wyler não é menos explícita que a de John Ford, mas ela tem

2 Ilustrações precisas desta análise podem ser encontradas no texto de Bazin sobre William Wyler: "William Wyler ou le janséniste de la mise en scène", in *Qu'est-ce que le cinéma?*, v. 1. Paris: Éditions du Cerf, 1958, pp. 149-73. [N.E.]

sobre o último a vantagem de não renunciar aos efeitos particulares que se pode tirar da unidade da imagem no tempo e no espaço. Com efeito, não é indiferente (pelo menos numa obra que consegue ter estilo), que um acontecimento seja analisado por fragmentos ou representado em sua unidade física. Seria evidentemente absurdo negar os progressos decisivos trazidos pelo emprego da montagem na linguagem da tela, mas eles foram adquiridos em detrimento de outros valores, não menos especificamente cinematográficos.

Por isso a profundidade de campo não é uma moda escolhida pelo câmera como o emprego de filtros ou de determinado estilo de iluminação, mas uma aquisição capital da *mise-en-scène*: um progresso dialético na história da linguagem cinematográfica.

E isso é apenas um progresso formal! A profundidade de campo bem utilizada não é somente uma maneira a um só tempo mais econômica, mais simples e mais sutil de valorizar o acontecimento; ela afeta, com as estruturas da linguagem cinematográfica, as relações intelectuais do espectador com a imagem e, com isso, modifica o sentido do espetáculo.

O assunto deste artigo levaria a analisar as modalidades psicológicas dessas relações, quando não suas relações estéticas, mas poderá ser suficiente observar *grosso modo*:

1) que a profundidade de campo coloca o espectador numa relação com a imagem mais próxima do que a que ele mantém com a realidade. Logo, é justo dizer que, independentemente do conteúdo da imagem, sua estrutura é mais realista;

2) que ela implica, por conseguinte, uma atitude mental mais ativa e até mesmo uma contribuição positiva do espectador à *mise-en-scène*. Enquanto na montagem analítica ele só precisa seguir o guia, deixar sua atenção seguir a do diretor, que escolhe para ele o que deve ser visto, aqui lhe é solicitado um mínimo de escolha pessoal. De sua atenção e de sua vontade depende em parte o fato de a imagem ter um sentido;

3) das duas proposições precedentes, de ordem psicológica, decorre uma terceira, que pode ser qualificada de metafísica.

Analisando a realidade, a montagem supunha, por sua própria natureza, a unidade de sentido do acontecimento dramático. Sem dúvida, outro encaminhamento analítico seria possível, mas então teria sido outro filme. Em suma, a montagem se opõe essencialmente e por natureza à expressão da ambiguidade. É o que a experiência de Kulechov demonstra por absurdo, dando a cada vez um sentido preciso ao rosto cuja ambiguidade autoriza as três interpretações sucessivamente exclusivas.

Em contrapartida, a profundidade de campo reintroduz a ambiguidade na estrutura da imagem, se não como uma necessidade (os filmes de Wyler são pouco ambíguos), pelo menos como uma possibilidade. Por isso, não é exagero dizer que *Cidadão Kane* só pode ser concebido em profundidade de campo. A incerteza em que permanecemos da chave espiri-

Cidadão Kane, de Orson Welles.

tual ou da interpretação está, a princípio, inscrita nos próprios contornos da imagem.

Não que Welles se proíba qualquer recurso aos procedimentos expressionistas da montagem, mas sua utilização ocasional, entre os "planos-sequência", em profundidade de campo, lhes confere um sentido novo. A montagem constituía outrora a própria matéria do cinema, a textura do roteiro. Em *Cidadão Kane*, um encadeamento de superposições opõe-se à continuidade de uma cena representada numa única tomada, ele se torna outra modalidade, explicitamente abstrata, do relato. A montagem acelerada jogava com o tempo e com o espaço; a de Welles não procura nos enganar, ao contrário, propõe-se, por contraste, como uma condensação temporal, o equivalente, por exemplo, do imperfeito francês ou do frequentativo inglês. Assim, a "montagem rápida" e a "montagem de atrações", as superposições que o cinema falado não mais empregara durante dez anos, voltam a ter um uso possível em relação ao realismo temporal de um cinema sem montagem. Se nos demoramos no caso de Orson Welles, foi porque a data de seu aparecimento cinematográfico (1941) marca bem o começo de um novo período, e também porque seu caso é o mais espetacular e o mais significativo em seus próprios excessos. Entretanto, *Cidadão Kane* se insere num movimento de conjunto, num vasto deslocamento geológico dos fundamentos do cinema, que confirma quase em toda parte, de algum modo, essa revolução da linguagem.

Eu encontraria uma confirmação disso, por caminhos diferentes, no cinema italiano. Em *Paisà* [1946] e em *Alemanha, ano zero* [*Germania, anno zero*, 1948], de Roberto Rossellini, e em *Ladrões de bicicleta* [*Ladri di biciclette*, 1948], de Vittorio De Sica, o neorrealismo italiano opõe-se às formas anteriores do realismo cinematográfico pelo despojamento de todo expressionismo e, em particular, pela ausência total dos efeitos de montagem. Como em Welles, e apesar das oposições de estilo, o neorrealismo tende a dar ao filme o sentido da ambiguidade do real. A preocupação de Rossellini diante do rosto da criança de *Alemanha, ano zero* é oposta à de Kulechov diante do close de Mozjukhin. Trata-se de conservar seu mistério. Não devemos nos iludir com o fato de a evolução neorrealista não parecer se traduzir, a princípio, como nos Estados Unidos, por uma revolução na técnica da decupagem. São muitos os meios para atingir o mesmo objetivo. Os de Rossellini e os de De Sica são menos espetaculares, mas também visam acabar com a montagem e fazer entrar na tela a verdadeira continuidade da realidade. O sonho de Cesare Zavattini é filmar noventa minutos da vida de um homem a quem nada acontece! O mais "esteta" dos neorrealistas, Luchino Visconti, revelava – tão claramente, aliás, quanto Welles – o projeto fundamental de sua arte em *A terra treme* [*La terra trema: Episodio del mare*, 1948], filme composto quase unicamente de planos-sequência, no qual a preocupação de abraçar a totalidade do acontecimento se traduz pela profundidade de campo e por intermináveis panorâmicas.

Não poderíamos, porém, passar em revista todas as obras que participam dessa evolução da linguagem desde 1940. É hora de tentar uma síntese dessas reflexões. Os últimos dez anos parecem marcar os progressos decisivos no campo da expressão cinematográfica. Foi propositalmente que parecemos perder de vista, a partir de 1930, a tendência do cinema mudo ilustrada sobretudo por Erich von Stroheim, F. W. Murnau, Robert Flaherty e Carl Dreyer. Não que parecesse extinta com o cinema falado. Pois, muito pelo contrário, acreditamos que ela representava o veio mais fecundo do cinema dito mudo, o único que, precisamente porque o essencial de sua estética não estava vinculado à montagem, atraía o realismo sonoro como um prolongamento natural. É bem verdade, porém, que o cinema falado de 1930 a 1940 não lhe deve quase nada, com a exceção gloriosa e retrospectivamente profética de Jean Renoir, o único cujas pesquisas de *mise-en-scène* esforçam-se, até *A regra do jogo*, para encontrar, para além das facilidades da montagem, o segredo de um relato cinematográfico capaz de expressar tudo sem retalhar o mundo, de revelar o sentido oculto dos seres e das coisas sem quebrar sua unidade natural.

Não se trata, contudo, de lançar sobre o cinema de 1930 a 1940 um descrédito que, aliás, não resistiria à evidência de algumas obras-primas; trata-se simplesmente de introduzir a ideia de um progresso dialético cuja grande articulação é marcada pelos anos 1940. É verdade que o cinema falado anunciou a morte de uma determinada estética da linguagem cinematográfica, mas somente daquela que mais o distanciava de sua vocação realista. No entanto, da montagem o cinema falado tinha conservado o essencial, a descrição descontínua e a análise dramática do evento. Renunciou à metáfora e ao símbolo para esforçar-se na ilusão da representação objetiva. O expressionismo da montagem desapareceu quase que completamente, mas o realismo relativo do estilo de decupagem, que triunfa em geral por volta de 1937, implicava uma limitação congênita da qual não podíamos nos dar conta já que os assuntos tratados lhe eram perfeitamente apropriados. Foi o que aconteceu na comédia americana, que alcançou sua perfeição no âmbito de uma decupagem em que o realismo do tempo não desempenhava papel algum. Essencialmente lógica, como o vaudevile e o jogo de palavras, perfeitamente convencional em seu conteúdo moral e sociológico, a comédia americana só tinha a ganhar com o rigor descritivo e linear, com os recursos rítmicos da decupagem clássica.

Sem dúvida, foi sobretudo com a tendência Stroheim-Murnau, quase totalmente eclipsada de 1930 a 1940, que o cinema reatou mais ou menos conscientemente durante os últimos dez anos. Mas ele não se limita a prolongá-la, busca também ali o segredo de uma regeneração realista da narrativa; esta se torna novamente capaz de integrar o tempo real das coisas, a duração do evento ao qual a decupagem clássica substituía insidiosamente um tempo intelectual e abstrato. Longe, porém, de eliminar em definitivo as conquistas da montagem, ele lhes

A terra treme, de Luchino Visconti.

dá, ao contrário, uma relatividade e um sentido. É apenas em relação a um maior realismo da imagem que um suplemento de abstração torna-se possível. O repertório estilístico de um diretor como Hitchcock, por exemplo, estende-se dos poderes do documento bruto às superposições e aos grandes closes. Mas os closes de Hitchcock não são os de Cecil B. DeMille em *Enganar e perdoar* [*The Cheat*, 1915]. São apenas uma figura de estilo entre outras. Em outros termos, no tempo do cinema mudo, a montagem *evocava* o que o realizador queria dizer; em 1938, a decupagem *descrevia*; hoje, enfim, podemos dizer que o diretor *escreve* diretamente em cinema. A imagem – sua estrutura plástica, sua organização no tempo –, apoiando-se em um maior realismo, dispõe assim de muito mais meios para redirecionar e modificar de dentro a realidade. O cineasta não é somente o concorrente do pintor e do dramaturgo, mas se iguala enfim ao romancista.

POR UM CINEMA IMPURO – DEFESA DA ADAPTAÇÃO

Tomando alguma distância crítica da produção dos últimos dez ou quinze anos, logo se vê que um dos fenômenos que domina a evolução do cinema é o recurso cada vez mais significativo ao patrimônio literário e teatral.[1]

Não é de hoje, é claro, que o cinema vai buscar seus temas no romance e no teatro; mas parece que não o faz da mesma maneira. A adaptação de *O conde de Monte Cristo*, *Os miseráveis* ou *Os três mosqueteiros* não segue a mesma ordem que a de *Sinfonia pastoral* [*La Symphonie pastorale*, de Jean Delannoy, 1946], *Jacques, o fatalista, e seu amo*, *As damas do Bois de Boulogne* [*Les Dames du Bois de Boulogne*, de Robert Bresson, 1945], *O diabo no corpo* ou *Diário de um pároco de aldeia* [*Journal d'un curé de campagne*, de Robert Bresson, 1951]. Alexandre Dumas ou Victor Hugo fornecem aos cineastas apenas personagens e aventuras cuja expressão literária é em larga escala independente. Javert ou D'Artagnam já fazem parte de uma mitologia extrarromanesca, gozam, de certo modo, de uma existência autônoma, cuja obra original não passa de uma manifestação acidental e quase supérflua. Por outro lado, romances, às vezes excelentes, continuam sendo adaptados, mas é possível tratá-los como sinopses bem desenvolvidas. São também personagens e uma história, e até mesmo – o que supõe um grau a mais – uma atmosfera, como em Simenon, ou um clima poético, como em Pierre Véry, que o cineasta vai procurar no romancista. Mas, ainda aí, poderíamos imaginar que o livro não tinha sido escrito e que

1 Texto publicado originalmente em Georges Michel Bovay (org.), *Cinéma, un oeil ouvert sur le monde*. Lausanne: La Guilde du Livre, 1952.

o escritor não passa de um roteirista particularmente prolixo. Isso é tão verdadeiro que muitos romances americanos do tipo "série *noire*" são visivelmente escritos com dupla finalidade e tendo em vista uma possível adaptação por Hollywood. É preciso observar também que o respeito pela literatura policial, quando ela apresenta alguma originalidade, torna-se cada vez mais imperativo; as liberdades com o autor deixam a consciência um pouco pesada. Mas quando Robert Bresson declara, antes de levar às telas *Diário de um pároco de aldeia*, que é sua intenção seguir o livro página por página, se não frase por frase, vemos que se trata de algo totalmente diferente e que novos valores estão em jogo. O cineasta já não se contenta em plagiar – como fizeram no final das contas, antes dele, Corneille, La Fontaine ou Molière; ele se propõe a transcrever para a tela, numa quase identidade, uma obra cuja transcendência ele reconhece *a priori*. E como poderia ser diferente, quando essa obra vem de uma forma tão evoluída da literatura que os heróis e a significação de seus atos dependem intimamente do estilo do escritor, a partir do momento em que estão confinados como que num microcosmo cujas leis, rigorosamente necessárias, deixam de vigorar no exterior, a partir do momento em que o romance abandonou a simplificação épica, e já não é uma matriz de mitos, mas o lugar de interferências sutis entre o estilo, a psicologia, a moral ou a metafísica?

Com o teatro, o sentido dessa evolução é ainda mais acentuado. Como o romance, a literatura dramática sempre se deixou violentar pelo cinema. Mas quem ousaria comparar o *Hamlet* [1948], de Laurence Olivier, com empréstimos retrospectivamente burlescos que o filme de arte fez outrora ao repertório da Comédie-Française? Sempre foi uma tentação para o cineasta fotografar o teatro, visto que este já é um espetáculo; mas o resultado é conhecido. E foi aparentemente com razão que a expressão "teatro filmado" se tornou o lugar-comum do insulto crítico. Pelo menos o romance requeria certa margem de criação para passar da escritura à imagem. O teatro, ao contrário, é um falso amigo; suas ilusórias semelhanças com o cinema levavam este para um beco sem saída, o atraíam ladeira abaixo para todo tipo de facilidade. Se, no entanto, o repertório dramático de *Boulevard*, por exemplo, esteve na origem de raros filmes passáveis, foi porque algumas vezes o diretor tomou com a peça liberdades análogas àquelas que ele tomou com o romance, conservando apenas, essencialmente, personagens e uma ação. Mas, ainda aí, o fenômeno – que parece fixar, ao contrário, como princípio inviolável o respeito ao caráter teatral do modelo – é radicalmente novo.

Os filmes que acabamos de citar, e outros, cujos títulos aparecerão em seguida, são numerosos demais e de qualidade muito pouco discutível para figurar como exceções confirmando a regra. Muito pelo contrário, tais obras balizam há dez anos uma das mais fecundas tendências do cinema contemporâneo.

"Isto é cinema", proclamava outrora Georges Altmann na capa de um livro consagrado à glorificação do cinema mudo, de *Pastor de almas* [*The Pilgrim*, de Charlie Chaplin, 1923] a *O velho e o novo/A linha geral*. De agora em diante, será preciso considerar como caducos os dogmas e as esperanças da primeira crítica cinematográfica que brigava pela autonomia da sétima arte? Será que o cinema, ou o que resta dele, é hoje incapaz de sobreviver sem as muletas da literatura e do teatro? Estaria prestes a se tornar uma arte subordinada e dependente de alguma arte tradicional?

O problema apresentado à nossa reflexão não é, no fundo, tão novo assim: é, a princípio, o da influência recíproca das artes e da adaptação em geral. Se o cinema tivesse 2 ou 3 mil de anos, sem dúvida veríamos mais claramente que ele não escapa às leis comuns da evolução das artes. Mas ele só tem sessenta anos e as perspectivas históricas estão prodigiosamente reduzidas. O que se estende normalmente numa duração de uma ou duas civilizações, cabe aqui na vida de um homem. E esta não é a principal causa de erro, pois essa evolução acelerada não é de modo algum contemporânea à das outras artes. O cinema é jovem, mas a literatura, o teatro, a música, a pintura são tão velhos quanto a história. Do mesmo modo que a educação de uma criança se faz por imitação dos adultos que a rodeiam, a evolução do cinema foi necessariamente inflectida pelo exemplo das artes consagradas. Sua história, desde o início do século, seria, portanto, a resultante dos determinismos específicos da evolução de qualquer arte e das influências exercidas sobre ele pelas artes já evoluídas. E mais, o imbróglio desse complexo estético é agravado pelos incidentes sociológicos. O cinema impõe-se, com efeito, como a única arte popular numa época em que o próprio teatro, arte social por excelência, só chega a uma minoria privilegiada da cultura ou do dinheiro. Talvez os últimos vinte anos do cinematógrafo contarão em sua história como cinco séculos em literatura: é pouco para uma arte, muito para nosso senso crítico. Tentemos, pois, circunscrever o campo dessas reflexões.

Notemos, para começar, que a adaptação, considerada mais ou menos como um quebra-galho vergonhoso pela crítica moderna, é uma constante da história da arte. Malraux mostrou o que o Renascimento pictórico devia, em sua origem, à escultura gótica. Giotto pinta em relevo; Michelangelo recusou voluntariamente os recursos da tinta a óleo, porque o afresco era mais conveniente a uma pintura escultural. E, sem dúvida, isso não passou de uma etapa, logo ultrapassada, para a liberação da pintura "pura". Mas será que se pode dizer que Giotto é inferior a Rembrandt? O que significaria essa hierarquia?

Será que se pode negar que o afresco em relevo tenha sido uma fase necessária e por isso esteticamente justificada? O que dizer também das miniaturas bizantinas ampliadas na pedra para dimensões dos tímpanos de catedrais? E se considerássemos agora o romance, será preciso criticar a tragédia clássica por adaptar para a cena a pastoral romanesca, ou Madame de Lafayette pelo que ela deve à dramaturgia raciniana? E o que é verdade para a técnica o é, ainda mais, para os temas que circulam livremente através das mais variadas expressões. Esse é um lugar-comum na história literária até o século XVIII, quando a noção de plágio mal começava a aparecer. Na Idade Média, os grandes temas cristãos são encontrados no teatro, na pintura, nos vitrais etc.

O que sem dúvida nos engana no cinema é que, ao contrário do que ocorre em geral num ciclo evolutivo artístico, a adaptação, o empréstimo, a imitação não parecem situar-se em sua origem. Ao contrário, a autonomia dos meios de expressão e a originalidade dos temas nunca foram tão grandes quanto nos primeiros 25 ou 30 anos do cinema. Podemos admitir que uma arte nascente tenha procurado imitar seus primogênitos, para depois aos poucos elaborar suas próprias leis e temas; mas não compreendemos bem que ela ponha uma experiência cada vez maior a serviço de obras alheias a seu talento, como se essa capacidade de invenção, de criação específica estivesse em razão inversa de seu poder de expressão. Daí a considerar essa evolução paradoxal como uma decadência só há um passo, que quase toda a crítica não hesitou em dar no início do cinema falado.

Mas isso revelava o desconhecimento dos dados essenciais da história do filme. Constatar que o cinema surgiu "depois" do romance ou do teatro não significa que ele se alinhe atrás deles e no mesmo plano. O fenômeno cinematográfico não se desenvolveu de modo algum nas condições sociológicas em que as artes tradicionais subsistem. Seria o mesmo que dizer que o baile popular e o *bebop* são herdeiros da coreografia clássica. Os primeiros cineastas extraíram efetivamente sua matéria da arte da qual iriam conquistar o público, ou seja, do circo, do teatro mambembe e do *music-hall*, que fornecerão, em particular aos filmes burlescos, uma técnica e intérpretes. É conhecida a célebre frase atribuída a Zecca, que descobre um tal de Shakespeare: "Como ele passou ao largo das coisas bonitas, esse animal!". Zecca e seus companheiros não corriam o risco de ser influenciados por uma literatura que, exatamente como o público ao qual se dirigiam, eles não liam. Em compensação, foram influenciados pela literatura popular da época, à qual devemos, com o sublime *Fantômas* [de Louis Feuillade, 1913], uma das obras-primas da tela. O filme recriava as condições de uma autêntica e grande arte popular, ele não desdenhou as formas humildes e desprezadas do teatro mambembe ou do romance de folhetim. Houve, é verdade, uma tentativa de adoção desse filho do circo pelos senhores da Academia e da Comédie-Française; mas o fracasso do filme de arte confirma a futilidade desse empreendimento contra a natureza. As desgraças de Édipo ou do príncipe da Dinamarca eram para o cinema principiante como "nossos antepassados, os gauleses" para os negrinhos de uma escola primária na mata africana. Se encontramos, hoje, algum interesse e charme nisso, é como o interesse pelas interpretações paganizadas e ingênuas da liturgia católica por uma tribo selvagem que comeu seus missionários.

Se os evidentes empréstimos (o saque descarado feito por Hollywood das técnicas e do pessoal do *music-hall* anglo-saxão) do que subsistia, na França, de um teatro popular nas feiras e nos bulevares não provocou contestações estéticas foi porque, em princípio, ainda não existia crítica cinematográfica. E também porque os avatares dessas formas de arte ditas inferiores não escandalizavam ninguém. Ninguém se preocupava em defendê-las, a não ser os interessados que tinham mais conhecimento de sua profissão do que preconceitos filmológicos.

Quando o cinema tomou efetivamente o lugar do teatro, ele o fez, portanto, reatando – passando por cima de um ou dois séculos de evolução – as categorias dramáticas quase abandonadas. Será que os mesmos doutos historiadores que não ignoram nada da farsa no século XVI notavam sua vitalidade, entre 1910 e 1914, nos estúdios de Pathé e Gaumont e sob o jugo de Mack Sennett?

Sem dúvida, não seria difícil fazer a mesma demonstração com o romance. O filme de episódios, que adapta a técnica popular do folhetim, redescobre de fato as velhas estruturas do conto. Foi o que senti ao rever *Os vampiros* [*Les Vampires*, 1915], de Feuillade, numa dessas sessões que Henri Langlois, o simpático diretor da Cinemateca Francesa, sabe organizar como ninguém. Naquela noite, só um dos dois projetores funcionava. Além disso, a cópia apresentada não era legendada e suponho que nem o próprio Feuillade teria encontrado seus assassinos. Eram feitas apostas para saber quem eram os mocinhos e quem eram os bandidos. Alguém que parecia ser bandido, aparecia como vítima no rolo seguinte. Enfim, a luz da sala que era acesa a cada dez minutos para recarregar o projetor multiplicava os episódios. Apresentada desse modo, a obra-prima de Feuillade revelava de maneira brilhante o princípio estético de seu encanto. Cada interrupção provocava um "Ah!" de decepção e a retomada, uma esperança de alívio. A história, da qual o público não compreendia nada, impunha-se à sua atenção e ao seu desejo, pela pura e simples exigência da narrativa. Ela não era de modo algum uma ação preexistente dividida arbitrariamente em entreatos, mas uma criação indevidamente interrompida, uma fonte inesgotável cujo fluxo teria sido retido por uma misteriosa mão.

Daí o mal-estar insuportável provocado pelo "a seguir no próximo capítulo" e a espera ansiosa, não tanto dos próximos acontecimentos, mas do desenvolvimento de uma narrativa, da retomada de uma criação interrompida. Aliás, o próprio Feuillade não procedia de outra maneira para fazer seus filmes. Ignorando sempre o que vinha a seguir, ele rodava aos poucos, conforme a inspiração matinal, o episódio seguinte. Autor e espectador estavam na mesma situação: a do rei e a de Scheherazade; a obscuridade renovada da sala de cinema era a mesma de *As mil e uma noites*. O "a seguir" do verdadeiro folhetim, como o do velho filme de episódios, não era, portanto, uma sujeição exterior à história. Se Scheherazade tivesse contado tudo de uma só vez, o rei, tão cruel quanto o público, teria mandado executá-la ao amanhecer. Ambos precisam sentir a potência do encantamento por sua interrupção, saborear a deliciosa espera do conto que se substitui à vida cotidiana, que não é mais que a solução de continuidade do sonho.

Vemos, portanto, que a pretensa pureza original dos primitivos do cinema não resiste muito à atenção. O cinema falado não marca o limiar de um paraíso perdido para além do qual a musa da sétima arte, descobrindo sua nudez, teria começado a se cobrir com trapos furtados. O cinema não escapou à lei comum: ele a sofreu a seu modo, que era o único possível dentro de sua conjuntura técnica e sociológica.

———

É ponto pacífico, porém, que não basta ter provado que a maioria dos filmes primitivos eram apenas empréstimos e saques, para justificar ao mesmo tempo as formas atuais da adaptação. Destituído de sua posição habitual, o defensor do "cinema puro" poderá ainda afirmar que o intercâmbio entre as artes é muito mais fácil se for feito em relação às formas primitivas. É bem possível que a farsa deva ao cinema um novo vigor, mas, justamente, sua eficácia era sobretudo visual – e foi graças a ela, aliás, e depois graças ao *music-hall*, que a antiquíssima tradição da mímica se perpetuou. Quanto mais avançamos na história e na hierarquia dos gêneros, mais as diferenciações se acentuam, como, na evolução animal, nas extremidades das ramificações que procedem de um tronco comum. A polivalência original desenvolveu suas virtualidades e, desde então, elas estão ligadas a formas por demais sutis e complexas para que possamos lesá-las sem comprometer a própria obra. Giotto pode pintar em relevo sob a influência direta da escultura arquitetural, mas Rafael e Da Vinci já se opõem a Michelangelo por fazer da pintura uma arte radicalmente autônoma.

Não é certo que tal objeção resista inteiramente a uma discussão detalhada, e que formas evoluídas não continuem a reagir umas sobre as outras, mas é verdade que a história da arte evolui no sentido da autonomia e da especificidade. O conceito de arte pura (poesia pura, pintura pura etc.) não é desprovido de sentido; ele se refere a uma realidade estética tão difícil de definir quanto de contestar. Em todo caso, se certa mistura das artes ainda é possível, como a mistura dos gêneros, não decorre daí que qualquer mescla seja bem-sucedida. Há cruzamentos fecundos, que adicionam as qualidades dos genitores, há também híbridos sedutores mas estéreis, há enfim acasalamentos monstruosos, que só engendram quimeras. Desistamos, portanto, de invocar os precedentes da origem do cinema e retomemos o problema tal como parece se colocar hoje.

———

Se a crítica deplora frequentemente os empréstimos que o cinema faz à literatura, a existência da influência inversa é geralmente tida tanto por legítima quanto por evidente. É quase um lugar-comum afirmar que o romance contemporâneo, e particularmente o romance americano, sofreu influência do cinema. Deixemos naturalmente de lado livros em que o empréstimo direto e deliberadamente visível é, por isso mesmo, menos significativo, como *Loin de Rueil*, de Raymond Queneau. O problema é saber se a arte de Dos Passos, Caldwell, Hemingway ou Malraux procede da técnica cinematográfica. Na verdade, não acreditamos muito nisso. Sem dúvida, e como não poderia deixar de ser, os novos modos de percepção impostos pela tela, maneiras de ver como o close, ou estruturas de narrativa, como a montagem, ajudaram o romancista a renovar seus acessórios técnicos. Mas, na medida em que se confessa as referências cinematográficas, como em Dos Passos, elas são ao mesmo tempo recusáveis: acrescentam-se simplesmente ao repertório de procedimentos com o qual o escritor constrói seu universo particular. Mesmo admitindo que o cinema tenha influenciado o romance com o peso de sua gravitação estética, a ação da nova arte não ultrapassou, sem dúvida, a que o teatro pôde exercer, por exemplo, sobre a literatura no século passado. A influência da arte vizinha dominante é provavelmente uma lei imutável. É claro que, em um Graham Greene, poderíamos acreditar discernir semelhanças irrecusáveis. Mas se olharmos com mais atenção, perceberemos que a pretensa técnica cinematográfica de Greene (não esqueçamos que ele foi, durante vários anos, crítico de cinema) é, na realidade, a que o cinema não emprega. De modo que nos perguntamos constantemente, quando "visualizamos" o estilo do romancista, por que os cineastas se privam tolamente de uma técnica que lhes conviria tão bem. A originalidade de um filme como *L'Espoir* [Esperança, 1945], de Malraux, é de nos revelar o que seria o cinema se se inspirasse nos romances... "influenciados" pelo cinema. Que conclusão podemos tirar disso? A não ser que seria preciso, antes, inverter a proposição habitual e se interrogar sobre a influência da literatura moderna sobre os cineastas.

O que se entende, com efeito, por "cinema" no problema crítico que nos interessa? Se é um modo de expressão por representação realista, por mero registro de imagens, uma pura visão exterior que se opõe aos recursos da introspecção ou da análise romanesca clássica, então é preciso observar que os romancistas anglo-saxões já haviam encontrado no behaviorismo as justificativas psicológicas de tal técnica. Mas, além disso, o crítico literário tem ideias imprudentemente preconcebidas do que é o cinema a partir de uma definição bem superficial de sua realidade. Não é porque a fotografia é sua matéria-prima que a sétima arte está fadada à dialética das aparências e à psicologia do comportamento. Se é verdade que ela só pode apreender seu objeto do exterior, há mil maneiras de agir sobre sua aparência para eliminar qualquer equívoco e fazer dela o signo de uma, e apenas uma, realidade interior. Na verdade, as imagens da tela são, em sua imensa maioria, implicitamente compatíveis com a psicologia do teatro ou do romance de análise clássica. Elas supõem, junto com o senso comum, uma relação de causalidade necessária e sem ambiguidade entre os sentimentos e suas manifestações; postulam que tudo está na consciência e que a consciência pode ser conhecida.

Se entendemos, já com mais sutileza, por "cinema" as técnicas de narrativa aparentadas com a montagem e com a mudança de plano, as mesmas observações continuam sendo válidas. Um romance de Dos Passos ou de Malraux não se opõe menos aos filmes com que estamos acostumados do que a Fromentin ou a Paul Bourget. Na realidade, a época do romance americano não é tanto a do cinema, mas a de uma determinada visão do mundo, visão informada sem dúvida pelas relações do homem com a civilização técnica, mas cuja influência o próprio cinema, fruto dessa civilização, sofreu bem menos do que o romance, apesar dos álibis que o cineasta pode fornecer ao romancista.

Aliás, em seu recurso ao romance, o cinema inspirou-se na maioria das vezes não nas obras em que alguns querem ver sua influência prévia, como pode parecer lógico, mas em Hollywood, na literatura de tipo vitoriano, e, na França, nos senhores Henry Bordeaux e Pierre Benoit. Melhor – ou pior –, quando um cineasta americano se debruça excepcionalmente sobre uma obra de Hemingway, como *Por quem os sinos dobram*, é, na verdade, para tratá-la num estilo tradicional que conviria igualmente a qualquer romance de aventura.

Tudo se passa, portanto, como se o cinema estivesse cinquenta anos mais atrasado do que o romance. Se nos ativermos a uma influência do primeiro sobre o segundo, então será preciso supor a referência a uma imagem virtual que só existe atrás da lente do crítico e em relação a seu ponto de vista. Seria a influência de um cinema que não existe, do cinema ideal que o romancista faria... se fosse cineasta; de uma arte imaginária pela qual ainda esperamos.

E, meu Deus, essa hipótese não é tão absurda. Vamos conservá-la, pelo menos como esses valores imaginários que são eliminados da equação depois de terem ajudado a resolvê-la. Se a influência do cinema sobre o romance moderno pôde iludir bons espíritos críticos, foi porque, com efeito, o romancista utiliza hoje técnicas de narrativa, porque adota uma valorização dos fatos, cujas afinidades com os meios de expressão do cinema são indubitáveis (seja porque as tomou emprestado diretamente, seja, como pensamos, porque se trata de uma espécie de convergência estética que polariza simultaneamente várias formas de expressão contemporâneas). Mas nesse processo de influências ou de correspondências, o romance foi mais longe na lógica do estilo. Foi ele, por exemplo, que mais sutilmente tirou partido da técnica da montagem e da subversão da cronologia; foi ele, sobretudo, que soube elevar a uma autêntica significação metafísica o efeito de um objetivismo inumano e como que mineral. Que câmera ficou tão exterior a seu objeto quanto a consciência do herói de *O estrangeiro*, de Albert Camus? Na verdade, não sabemos se *Manhattan Trans-*

fer ou *A condição humana* teriam sido muito diferentes sem o cinema, mas em compensação estamos certos de que *Thomas Garner* [*Glória e poder* (*The Power and the Glory*, de William K. Howard, 1933)] e *Cidadão Kane* nunca teriam sido concebidos sem James Joyce e Dos Passos. Assistimos, no ápice da vanguarda cinematográfica, à multiplicação dos filmes que têm a ousadia de se inspirar num estilo romanesco, que poderia ser qualificado de ultracinematográfico. Nessa perspectiva, o reconhecimento do empréstimo é secundário. A maioria dos filmes em que pensamos no momento não são adaptações de romance, mas certos episódios de *Paisà* devem muito mais a Hemingway (os pântanos) ou a Saroyan (Nápoles), do que *Por quem os sinos dobram* [*For Whom the Bell Tolls*, 1943], de Sam Wood, ao original. Em compensação, o filme de Malraux é o equivalente rigoroso de alguns episódios de *A esperança* e os melhores filmes ingleses recentes são adaptações de Graham Greene. A mais satisfatória, a meu ver, é o filme, baseado modestamente em *O pior dos pecados* [*Brighton Rock*, de John Boulting, 1947], que passou quase despercebido, enquanto John Ford se perdia na suntuosa traição de *Domínio dos bárbaros* [*The Fugitive*, 1947].

Antes de tudo, saibamos ver o que os melhores filmes contemporâneos devem aos romancistas modernos e, seria fácil demonstrá-lo, até e sobretudo em *Ladrões de bicicleta*. Então, longe de nos escandalizarmos com as adaptações, veremos nelas, se não, ai de mim, uma garantia, pelo menos um possível fator de progresso do cinema. Tal como nele mesmo, enfim, o romancista o transforma!

———

Talvez me digam que isso pode valer para os romances modernos, se é que o cinema reencontra nele, multiplicado por cem, o bem que ele lhes fez; mas de que vale o raciocínio quando o cineasta pretende se inspirar em Gide ou em Stendhal? E, por que não, em Proust ou Madame de Lafayette?

E, na verdade, por que não? Jacques Bourgeois analisou de maneira brilhante, num artigo da *La Revue du cinéma*, as afinidades de *Em busca do tempo perdido* com os meios de expressão cinematográficos. Na realidade, os verdadeiros obstáculos que devem ser vencidos, na hipótese de tais adaptações, não são de ordem estética; não dependem do cinema como arte, mas como fato sociológico e como indústria. O drama da adaptação é o da vulgarização. Pudemos ler num artigo publicitário do interior esta definição do filme *Amantes eternos* [*La Chartreuse de Parme*, de Christian-Jaque, 1948]: "Baseado no célebre romance de capa e espada". A verdade sai por vezes da boca dos comerciantes de filme que nunca leram Stendhal. Devemos condenar por isso o filme de Christian-Jaque? Sim, na medida em que traiu o essencial da obra, e em que acreditamos que tal traição não era fatal. Não, se consideramos, em primeiro lugar, que essa adaptação é de qualidade superior ao nível médio dos filmes, e que ela constitui ainda, afinal de contas, uma sedutora introdução à obra de Stendhal, à qual ela certamente rendeu novos leitores. É absurdo indignar-se com as degradações sofridas pelas obras-primas literárias na tela, pelo menos em nome da literatura. Pois, por mais aproximativas que sejam as adaptações, elas não podem causar danos ao original junto à minoria que o conhece e aprecia; quanto aos ignorantes, das duas uma: ou se contentarão com o filme, que certamente vale qualquer outro, ou terão vontade de conhecer o modelo, o que é um ganho para a literatura. Esse raciocínio está confirmado por todas as estatísticas editoriais, que acusa um aumento surpreendente na venda das obras literárias depois de sua adaptação pelo cinema. Não, na verdade a cultura em geral e a literatura em particular nada têm a perder com a aventura!

Resta o cinema! E penso que há motivos para se afligir com a forma como muito frequentemente o capital literário é tratado; entretanto, mais do que por respeito à literatura, porque o cineasta só teria a ganhar com a fidelidade. O romance, que é bem mais evoluído, e se dirige também a um público relativamente culto e exigente, propõe ao cinema personagens mais complexos e, nas relações entre a forma e o fundo, um rigor e uma sutileza aos quais a tela não está acostumada. É evidente que, se a matéria elaborada, sobre a qual trabalham roteiristas e diretores, tem *a priori* uma qualidade intelectual bem superior à média cinematográfica, dois empregos são possíveis: ou a diferença de nível e o prestígio artístico da obra original servem meramente de aval ao filme, de reservatório de ideias e de garantia de qualidade – é o caso de *Os amores de Carmem* [*Carmen*, de Christian-Jaque, 1945], *Amantes eternos* ou *O idiota* [*L'Idiot*, de Georges Lampin, 1946] –, ou os cineastas se esforçam honestamente para achar uma equivalência integral, tentam ao menos não apenas se inspirar no livro, não apenas adaptá-lo, mas traduzi-lo para a tela – é o caso, por exemplo, de *Sinfonia pastoral*, *Adúltera* [*Le Diable au corps*, de Claude Autant-Lara, 1947], *O ídolo caído* [*The Fallen Idol*, de Carol Reed, 1948] ou *Diário de um pároco*. Não apedrejemos os fabricantes de imagens que "adaptam" simplificando. A traição deles, como dissemos, é relativa e a literatura nada perde com isso. Mas são obviamente os segundos que dão esperança ao cinema. Quando as comportas da represa são abertas, o nível médio da água que se estabelece é pouco mais elevado do que o do canal. Quando se filma *Madame Bovary* [de Vincente Minnelli, 1949] em Hollywood, por maior que seja a diferença de nível estético entre um filme americano médio e a obra de Flaubert, o resultado é um filme americano standard que só tem, afinal, o inconveniente de se chamar ainda *Madame Bovary*. E não pode ser diferente se confrontarmos a obra literária com a enorme e poderosa massa da indústria cinematográfica: é o cinema que nivela tudo. Quando, ao contrário, graças a alguma convergência propícia de circunstâncias, o cineasta pode se propor a tratar o livro diferentemente de um roteiro de série, é um pouco como se todo o cinema se elevasse em direção à literatura. É o caso de *Madame Bovary* [1934], de Jean Renoir, ou de *Um dia no campo* [*Partie de campagne*, de Jean Renoir, 1936]. É verdade que esses dois exemplos não são muito bons, não por causa da qualidade dos filmes, mas precisamente porque Renoir é muito mais fiel ao espírito do que ao texto da obra. O que nos surpreende nessa adaptação é que seja paradoxalmente compatível com uma independência soberana. E isso porque Renoir tem a justificativa de uma genialidade certamente tão grande quanto a de Flaubert e de Maupassant. O fenômeno ao qual assistimos é então comparável ao da tradução de Edgar Allan Poe por Baudelaire.

Seria seguramente preferível que todos os diretores fossem geniais; poderíamos pensar que não haveria mais problemas de adaptação. Já é bom demais que o crítico possa contar algumas vezes com o talento deles! Isso basta para nossa tese! Não é proibido imaginar o que teria sido *Adúltera* rodado por Jean Vigo, mas felicitemo-nos assim mesmo com a adaptação de Claude Autant-Lara. A fidelidade à obra de Raymond Radiguet não somente obrigou os roteiristas a nos propor personagens interessantes, relativamente complexos, como os incitou a quebrar algumas convenções morais do espetáculo cinematográfico, a expor-se ao risco (sabiamente calculado, mas quem pode censurá-los por isso?) dos preconceitos do público. Essa adaptação alargou os horizontes intelectuais e morais do espectador e abriu os caminhos para outros filmes de qualidade. Entretanto, isso não é tudo, e é errôneo apresentar a fidelidade como uma sujeição necessariamente negativa a leis estéticas alheias. O romance tem sem dúvida seus próprios meios, sua matéria é a linguagem, não a imagem, sua ação confidencial sobre o leitor isolado não é a mesma que a do filme sobre a multidão das salas escuras. Mas as diferenças de estruturas estéticas tornam ainda mais delicada a busca das equivalências, elas requerem ainda mais invenção e imaginação por parte do cineasta que almeja realmente a semelhança. Podemos afirmar que, no campo da linguagem e do estilo, a criação cinematográfica é diretamente proporcional à fidelidade. Pelas mesmas razões que fazem com que a tradução literal não valha nada, com que a tradução livre demais nos pareça condenável, a boa adaptação deve conseguir restituir o essencial da letra e do espírito. Sabemos, porém, que intimidades com a língua e com sua genialidade própria exigem uma boa tradução. Por exemplo, podemos considerar especificamente literário o efeito dos famosos passados simples de André Gide e pensar que são sutilezas que o cinema não poderia traduzir. Ora, não é certo que Delannoy, na *Sinfonia pastoral*, não tenha encontrado o equivalente em sua *mise-en-scène*: a neve sempre presente está carregada de um simbolismo sutil e polivalente que modifica insidiosamente a ação, afeta-a de certo modo com um coeficiente moral permanente, cujo valor não é talvez tão diferente daquele que o escritor procurava pelo emprego apropriado dos tempos verbais. Ora, a ideia de envolver essa aventura espiritual com neve, de ignorar sistematicamente o aspecto estival da paisagem, é um achado especificamente cinematográfico, ao qual o diretor pode ser conduzido por uma acertada inteligência do texto. O exemplo de Bresson em *Diário de um pároco* é ainda mais convincente: sua adaptação atinge a fidelidade vertiginosa por um respeito sempre criador. Albert Béguin chamou a atenção para o fato de a violência característica de Bernanos não ter de modo algum o mesmo valor na literatura e no cinema. A tela faz um uso tão corriqueiro dela que, de algum modo, ela aparece ali depreciada, a um só tempo provocante e convencional. A verdadeira fidelidade ao tom do romancista exigia, portanto, uma espécie de inversão da violência do texto. A verdadeira equivalência da hipérbole de Bernanos eram a elipse e as lítotes da decupagem de Robert Bresson.

Quanto mais as qualidades literárias da obra são importantes e decisivas, mais a adaptação perturba seu equilíbrio, mais também ela exige um talento criador para reconstruir segundo um novo equilíbrio, de modo algum idêntico, mas equivalente ao antigo. Considerar a adaptação de romances um exercício preguiçoso com o qual o verdadeiro cinema, o "cinema puro", não teria nada a ganhar é, portanto, um contrassenso crítico desmentido por todas as adaptações de valor. São os que menos se preocupam com a fidelidade em nome de pretensas exigências da tela que traem a um só tempo a literatura e o cinema.

———

Mas a demonstração mais convincente desse paradoxo foi fornecida já há alguns anos por toda uma série de adaptações teatrais que vieram provar, apesar da variedade das origens e dos estilos, a relatividade do velho preconceito crítico contra o "teatro filmado". Sem analisar por enquanto as razões estéticas dessa evolução, pode ser suficiente constatar que ela é intimamente tributária de um progresso decisivo na linguagem da tela.

A eficaz fidelidade de um Cocteau ou de um Wyler certamente não é resultado de uma regressão, mas, muito pelo contrário, de um desenvolvimento da inteligência cinematográfica. Seja como, no autor de *O pecado original* [*Les Parents terribles*, de Jean Cocteau, 1948], a mobilidade surpreendentemente perspicaz da câmera, ou como em Wyler o ascetismo da decupagem, o despojamento extremo da fotografia, a utilização do plano fixo e da profundidade de campo, o êxito sempre procede de um controle excepcional; mais ainda, de uma invenção na expressão que é o contrário perfeito de um registro passivo da coisa teatral. Para respeitar o teatro, não basta fotografá-lo. "Fazer teatro" de maneira válida é mais difícil que "fa-

Michèle Morgan em *Sinfonia pastoral*, de Jean Delannoy.

zer cinema", e foi nisso que, até então, a maioria dos adaptadores tinha se empenhado. Há cem vezes mais cinema, e melhor, num plano fixo de *Pérfida* ou de *Macbeth: Reinado de sangue* [*Macbeth*, de Orson Welles, 1948] do que em todos os travellings em externa, em todos os cenários naturais, em qualquer exotismo geográfico, em todos os avessos de cenário através dos quais a tela até então tinha se esforçado em vão para nos fazer esquecer o palco. Longe de ser um sinal de decadência, a conquista do repertório teatral pelo cinema é, ao contrário, uma prova de maturidade. Adaptar, enfim, não é mais trair, mas respeitar. Fazendo uma comparação de circunstâncias na ordem material: foi preciso, para alcançar essa alta fidelidade estética, que a expressão cinematográfica fizesse progressos comparáveis aos da ótica. Há uma distância tão grande entre o filme de arte e *Hamlet* quanto entre o primitivo condensador da lanterna mágica e o jogo completo de lentes de uma objetiva moderna: sua complicação imponente não tem, no entanto, outro objeto que o de compensar as deformações, as aberrações, as difrações, os reflexos pelos quais o vidro é responsável, isto é, tornar a câmera escura tão *objetiva* quanto possível. A passagem de uma obra teatral para a tela comum requeria, no plano estético, uma ciência da fidelidade comparável à do câmera na reprodução fotográfica. Ela é o termo de um progresso e o início de um renascimento. Se o cinema é hoje capaz de se opor eficazmente ao campo romanesco e teatral, é porque, em primeiro lugar, ele está bastante seguro de si e é senhor de seus meios para desaparecer diante de seu objeto. É porque pode, enfim, almejar a fidelidade – não mais uma fidelidade ilusória de decalcomania – pela inteligência íntima de suas próprias estruturas estéticas, condição prévia e necessária para o respeito às obras que ele investe. Longe de a multiplicação das adaptações de obras literárias muito distantes do cinema inquietar o crítico preocupado com a pureza da sétima arte, elas são, ao contrário, a garantia de seu progresso.

"Mas enfim", dirão ainda os nostálgicos do Cinema com um C maiúsculo, independente, específico, autônomo, livre de qualquer compromisso,

> por que colocar tanta arte a serviço de uma causa que não precisa disso, por que plagiar romances quando podemos ler o livro, e ver *Fedra* quando basta ir à Comédie-Française? Por mais satisfatórias que sejam as adaptações, o senhor não poderia sustentar que elas são melhores que o original, e tampouco melhores que um filme com a mesma qualidade artística sobre um tema especificamente cinematográfico? O senhor diz: *Adúltera*, *O ídolo caído*, *O pecado original*, *Hamlet*, vá lá... Eu contraponho *Em busca do ouro* [*The Gold Rush*, de Charlie Chaplin, 1925], *O encouraçado*

Jean Simmons e Laurence Olivier em *Hamlet*, de Laurence Olivier.

Potemkin [*Bronenosets Potemkin*, de Serguei Eisenstein, 1925], *Lírio partido*, *Scarface, a vergonha de uma nação*, *No tempo das diligências* ou até mesmo *Cidadão Kane*, obras-primas que não existiriam sem o cinema, que são uma contribuição insubstituível ao patrimônio da arte. Mesmo se as melhores adaptações não são mais uma traição ingênua ou uma prostituição indigna, trata-se, em todo caso, de talento jogado fora. Progresso, o senhor diz, mas que com o tempo só pode tornar estéril o cinema, reduzindo-o a ser apenas um anexo da literatura. Dê ao teatro e ao romance o que lhes cabe, e ao cinema o que sempre será só dele.

Essa última objeção seria teoricamente válida, se não negligenciasse a relatividade histórica que é preciso levar em conta numa arte em plena evolução. É certo que, tendo aliás a mesma qualidade, um roteiro original é preferível a uma adaptação. Ninguém pensa em contestar isso. Se Charlie Chaplin é o "Molière do cinema", não sacrificaremos *Monsieur Verdoux* [1947] a uma adaptação de *O misantropo*. Desejemos, portanto, ter o mais frequentemente possível filmes como *Trágico amanhecer*, *A regra do jogo* ou *Os melhores anos de nossas vidas* [*The Best Years of Ours Lives*, de William Wyler, 1946]. Mas são apenas votos platônicos e criações intelectuais que não mudam nada da evolução do cinema. Se este recorre cada vez mais à literatura (e mesmo à pintura e ao jornalismo), trata-se de um fato que só podemos registrar e tentar compreender, pois é bem possível que não possamos agir sobre ele. Dentro de tal conjuntura, se o fato não cria absolutamente o direito, pelo menos ele exige do crítico uma opinião favorável. Mais uma vez, não nos deixemos enganar aqui pela analogia com as outras artes, principalmente aquelas cuja evolução em direção de um emprego individualista tornou quase independentes do consumidor. Lautréamont e Van Gogh puderam criar, incompreendidos e ignorados por sua época. O cinema não pode existir sem um mínimo (e esse mínimo é imenso) de audiência imediata. Mesmo quando o cineasta afronta o gosto do público, sua audácia só é válida quando se pode admitir que o espectador está equivocado sobre aquilo de que deveria gostar e de que gostará um dia. A única comparação contemporânea possível seria com a arquitetura, pois uma casa só tem sentido quando habitável. O cinema também é uma arte funcional. Segundo outro sistema de referência, dever-se-ia dizer do cinema que sua existência precede sua essência. É dessa existência que a crítica deve partir, até mesmo em suas extrapolações mais arriscadas. Como em história, e quase com as mesmas ressalvas, a constatação de uma mudança ultrapassa a realidade e já apresenta um juízo de valor. Foi o que as pessoas que amaldiçoaram o cinema falado em sua origem não quiseram admitir, quando ele já tinha sobre a arte muda a incomparável vantagem de substituí-la.

Mesmo se esse pragmatismo crítico não parece ao leitor suficientemente fundamentado, pelo menos se poderá admitir que ele justifica a humildade e a prudência metódica diante de qualquer sinal de evolução do cinema; elas podem ser suficientes para introduzir a tentativa de explicação com a qual gostaríamos de concluir.

———

As obras-primas às quais costumamos nos referir para exemplificar o verdadeiro cinema – aquele que não deve nada ao teatro e à literatura, pois teria sabido descobrir temas e uma linguagem específica – são provavelmente tão admiráveis quanto inimitáveis. Se o cinema soviético não nos dá mais o equivalente a *O encouraçado Potemkin*, e Hollywood, a *Aurora*, a *Aleluia* [*Hallelujah*, de King Vidor, 1929], a *Scarface, a vergonha de uma nação*, a *Aconteceu naquela noite* [*It Happened One Night*, de Frank Capra, 1934], ou mesmo a *No tempo das diligências*, não é de modo algum porque a nova geração de diretores é inferior à antiga (trata-se, aliás, em sua grande maioria, dos mesmos homens). Também não acreditamos que os fatores econômicos ou políticos da produção tornam estéril sua inspiração. Mas, antes, porque a genialidade e o talento são fenômenos relativos e só se desenvolvem em relação a uma conjuntura histórica. Seria fácil demais explicar o fracasso do teatro de Voltaire dizendo que ele não tinha temperamento trágico; era o século que não tinha. Tentar prolongar a tragédia raciniana era um empreendimento impróprio, oposto à natureza das coisas. Perguntar-se o que o autor de *Fedra* teria escrito em 1740 não tem nenhum sentido, pois o que chamamos de Racine não é um homem que responde a essa identidade, mas "o-poeta-que-escreveu-*Fedra*". Racine sem *Fedra* é um anônimo ou uma criação intelectual. Do mesmo modo, é inútil, no cinema, lastimar que já não tenhamos hoje Mack Sennett para continuar a grande tradição cômica. A genialidade de Mack Sennett foi ter feito filmes burlescos no momento em que eles eram possíveis. Além do mais, a qualidade da produção de Mack Sennett morreu antes dele, e alguns de seus alunos ainda estão bem vivos: Harold Lloyd e Buster Keaton, por exemplo, cujas raras aparições nos últimos quinze anos não passaram de desastrosas exibições em que nada subsistia do estro de então. Somente Chaplin, e porque sua genialidade era realmente excepcional, soube atravessar um terço de século de cinema. Mas a custo de que avatares, de que total renovação de sua inspiração, de seu estilo e mesmo de seu personagem? Constatamos aqui, como uma luminosa evidência, a estranha aceleração da duração estética que caracteriza o cinema. Um escritor pode se repetir, no fundo e na forma, durante meio século. O talento do cineasta, se ele não sabe evoluir com sua arte, não dura mais que um ou dois lustros. Por isso a genialidade, menos flexível e menos consciente do que o talento, entra frequentemente em extraordinárias falências: as de Stroheim, de Abel Gance, de Pudóvkin.

———

É claro que as causas desses desacordos profundos entre o artista e sua arte – que envelhecem brutalmente um gênio e o reduzem a não ser mais que uma soma de manias e megalomanias inúteis – são múltiplas, e não iremos analisá-las aqui. No entanto gostaríamos de nos deter em uma delas, que interessa mais diretamente a nosso intento.

Até mais ou menos 1938, o cinema (em preto e branco) esteve em constante progresso. Progresso técnico, em primeiro lugar (iluminação artificial, emulsão pancromática, travelling, som), e, por conseguinte, enriquecimento dos meios de expressão (close, montagem, montagem paralela, montagem rápida, elipse, reenquadramento etc.). Paralelamente a essa rápida evolução da linguagem, e numa estreita interdependência, os cineastas descobriam os temas originais aos quais a nova arte ia dando corpo. "Isto é cinema!" não designa nada mais que esse fenômeno, que dominou os trinta primeiros anos do filme como arte: o maravilhoso acordo entre uma técnica nova e uma mensagem inaudita. Tal fenômeno tomou diversas formas: a estrela, a revalorização, o renascimento da epopeia, da commedia dell'arte etc. Mas ele era intimamente tributário do progresso técnico, era a novidade da expressão que abria caminho para novos temas. Durante trinta anos a história da técnica cinematográfica (entendida no sentido amplo) se confundiu praticamente com a dos roteiros. Os grandes diretores são a princípio criadores de formas ou, se se quiser, retóricos. O que não significa que fossem partidários da arte pela arte, mas apenas que, na dialética da forma e do fundo, a primeira era então determinante, tal como a perspectiva ou a tinta a óleo subverteram o universo pictórico.

Um recuo de dez ou quinze anos nos basta para discernir os sinais evidentes do envelhecimento do que foi o apanágio da arte cinematográfica. Assinalamos a morte rápida de certos gêneros, no entanto maiores, como o burlesco, mas o exemplo mais característico é sem dúvida o da vedete. Certos autores têm sempre o favor comercial do público, mas essa predileção não tem nada em comum com o fenômeno de sociologia sagrada da qual os Rodolfos Valentino ou as Gretas Garbo foram os ídolos dourados.

Tudo se passa, portanto, como se a temática do cinema tivesse esgotado o que ela podia esperar da técnica. Já não basta inventar a montagem rápida ou mudar o estilo fotográfico para emocionar. O cinema entrou insensivelmente na época do roteiro; vale dizer: de uma inversão da relação entre o fundo e a forma. Não que esta se torne indiferente, muito pelo contrário – é provável que ela nunca tenha sido mais rigorosamente determinada pela matéria, mais necessária, mais sutil –, mas toda essa ciência tende ao desaparecimento e à transparência diante de um tema que apreciamos hoje em dia por si só, e com o qual somos cada vez mais exigentes. Como os rios que escavaram definitivamente seu leito e só têm força para levar suas águas para o mar sem arrancar um grão de areia de suas margens, o cinema se aproxima de seu perfil de equilíbrio. Foram-se os tempos em que bastava fazer "cinema" para ter os méritos da sétima arte. Esperando que a cor ou o relevo devolvam, provisoriamente, a primazia à forma e criem um novo ciclo de erosão estética, o cinema não pode conquistar mais nada na superfície. Só lhe resta irrigar suas margens, insinuar-se entre as artes nas quais ele cavou com tanta rapidez suas gargantas, investir contra elas insidiosamente, infiltrar-se no subsolo para abrir galerias invisíveis. Virá talvez o tempo dos ressurgimentos, isto é, de um cinema de novo independente do romance e do teatro. Talvez, porém, porque os romances serão escritos diretamente em filmes. Esperando que a dialética da história da arte lhe restitua essa desejável e hipotética autonomia, o cinema assimila o formidável capital de assuntos elaborados, aglomerados à sua volta pelas artes ribeirinhas ao longo dos séculos. Apropria-se delas porque precisa, e porque desejamos reencontrá-las através dele.

Desse modo, não se substitui a elas, ao contrário. O êxito do teatro filmado serve ao teatro, como a adaptação do romance serve à literatura: *Hamlet* na tela só pode aumentar o público de Shakespeare, um público que pelo menos em parte gostaria de escutá-lo no palco. *Diário de um pároco de aldeia*, visto por Robert Bresson, multiplicou por dez os leitores de Bernanos. Na verdade, não há concorrência e substituição, mas adjunção de uma dimensão nova que as artes pouco a pouco perderam desde a Renascença: a do público.

Quem se queixará disso?

DIÁRIO DE UM PÁROCO DE ALDEIA E A ESTILÍSTICA DE ROBERT BRESSON

Se *Diário de um pároco de aldeia* impõe-se como obra-prima com uma evidência quase física, se comove tanto o "crítico" quanto muitos espectadores ingênuos, é, antes de tudo, porque toca a sensibilidade, nas formas mais elevadas, sem dúvida, de uma sensibilidade inteiramente espiritual, porém, no final das contas, toca mais o coração que a inteligência.[1] O fracasso momentâneo de *As damas do Bois de Boulogne* procede da relação contrária. Essa obra não poderia nos comover sem que tivéssemos, se não desmontado, ao menos sentido sua inteligência e como que apreendido a regra do jogo. Mas se o êxito de *Diário de um pároco de aldeia* se impõe de saída, o sistema estético que o sustenta e justifica não deixa de ser o mais paradoxal, talvez até mesmo o mais complexo, que o cinema falado nos apresentou. Daí o *leitmotiv* dos críticos que, mesmo sem compreendê-lo, gostam do filme: "incrível", "paradoxal", "êxito sem precedentes e inimitável"..., e que, quase todos, renunciam a uma explicação e se refugiam no álibi puro e simples de uma obra de gênio. Mas também, às vezes, naqueles cujas preferências estéticas são aparentadas às de Bresson e que poderíamos considerar de antemão seus aliados, uma decepção profunda, já que, provavelmente, esperavam outras audácias. Constrangidos, e também irritados pela consciência daquilo

1 Texto publicado originalmente em *Cahiers du Cinéma*, n. 3, jun. 1951, pp. 6-21.

que o diretor não tinha feito, perto demais dele para modificar imediatamente seus juízos, preocupados demais com seu estilo para encontrar a virgindade intelectual que teria dado livre campo à emoção, eles nem o compreenderam, nem o admiraram. Em suma, nas duas extremidades do leque crítico: os que estavam menos preparados para compreender o *Diário*, mas que, por isso mesmo, gostaram ainda mais dele (embora sem saber por quê), e os *happy few* que, esperando outra coisa, não gostaram e entenderam mal. Foram ainda os "estranhos" ao cinema, "puros literatos", como Albert Béguin ou François Mauriac, que, admirados de terem gostado tanto do filme, souberam fazer tábula rasa de seus preconceitos e discernir melhor as verdadeiras intenções de Bresson.

É preciso dizer que Bresson fez de tudo para não deixar pistas. A decisão de fidelidade que ele fixou desde o início da adaptação, a vontade proclamada de seguir o livro frase por frase, orientavam havia muito tempo a atenção nesse sentido. O filme só podia confirmá-la. Ao contrário de Aurenche e Bost, que se preocupam com a ótica da tela e com o novo equilíbrio dramático da obra, Bresson, em vez de desenvolver personagens episódicos, como os pais de *Adúltera*, os suprime; ele poda em torno do essencial, dando assim a impressão de uma fidelidade que só sacrifica o texto com um respeito altivo e com mil remorsos antecipados. Ainda que só simplificando, nunca acrescentando o que quer que seja. Certamente não é um exagero pensar que, se Bernanos tivesse sido roteirista, ele teria tomado mais liberdade com seu livro. Tanto assim que reconheceu o direito a seu eventual adaptador de usá-lo em função das exigências cinematográficas: "de imaginar novamente sua história".

Mas, se elogiamos Bresson por ter sido mais realista que o próprio rei, é porque sua "fidelidade" é a forma mais insidiosa, mais penetrante da liberdade criadora. Sem dúvida alguma, com efeito – e a opinião de Bernanos é a do bom senso estético –, não se pode adaptar sem transpor. As traduções fiéis não são as literais. As modificações que Aurenche e Bost infligiram a *Adúltera* são quase todas, em direito, perfeitamente justificadas. Um personagem não é o mesmo visto pela câmera e evocado pelo romancista. Valéry condenava o romance por ser obrigado a dizer "a marquesa tomou o chá às cinco horas". Com esse critério, o romancista pode ter pena do cineasta que é obrigado, além disso, a mostrar a marquesa. Por isso, por exemplo, os pais dos heróis de Radiguet, evocados vagamente no romance, ganham importância na tela. Tanto quanto com os personagens e com o desequilíbrio que a evidência física deles introduz na ordenação dos acontecimentos, o adaptador deve ainda se preocupar com o texto. Mostrando o que o romancista conta, ele deve transformar o resto em diálogo, e até os próprios diálogos. Há poucas chances, com efeito, de que as réplicas escritas no romance não mudem de valor. Pronunciadas ao pé da letra pelo ator, sua eficácia, a própria significação seriam desnaturadas.

E é esse mesmo o efeito paradoxal da fidelidade textual no *Diário*. Enquanto os personagens do livro existem concretamente para o leitor, enquanto a brevidade eventual da evocação deles feita pelo padre de Ambricourt não é de modo algum ressentida como uma frustração, uma limitação à existência e ao conhecimento que temos deles, Bresson está sempre, quando os mostra, subtraindo-os a nossos olhares. Ao poder de evocação concreta do romancista, o filme substitui a incessante pobreza de uma imagem que se furta pelo simples fato de não se desenvolver. O livro de Bernanos está cheio, aliás, de evocações pitorescas, excessivas, concretas, violentamente visuais. Exemplo:

> O senhor Conde sai daqui. Pretexto: a chuva. A cada passo a água jorrava de suas longas botas. Os três ou quatro coelhos que havia matado faziam no fundo de sua bolsa um monte de lama ensanguentada e de pelos cinzas horríveis de ver. Pendu-

rou o alforje na parede e, enquanto conversava comigo, eu via através da rede de cordas, entre esta pele arrepiada, um olho ainda úmido, muito meigo, que me fitava.

Tem-se a impressão de já ter visto isso em algum lugar. Não procure: poderia ser um Renoir. Compare com a cena do Conde levando os dois coelhos ao presbitério (é verdade que se trata de outra página do livro, mas o adaptador deveria ter aproveitado, para condensar as duas cenas e tratar a primeira no estilo da segunda). E, se tivéssemos ainda alguma dúvida, as declarações de Bresson bastariam para afastá-la. Obrigado a suprimir, na versão standard, um terço de sua primeira montagem, sabemos que ele, com um afável cinismo, acabou declarando que havia ficado encantado com isso (no fundo, a única imagem que lhe interessa é a virgindade final da tela. Voltaremos a falar disso). Se fosse realmente "fiel" ao livro, Bresson teria feito um filme bem diferente. Com a decisão de não acrescentar nada ao original – o que já era uma maneira sutil de trair por omissão –, ele podia pelo menos, já que se restringia a reduzir, escolher sacrificar o que havia de mais "literário" e conservar os muitos trechos em que o filme já estava pronto, que pediam claramente a realização visual. Mas tomou sistematicamente o partido oposto. Comparando os dois, o filme é "literário" e o romance está cheio de imagens.

O tratamento do texto é ainda mais significativo. Bresson recusa-se a transformar em diálogos (não ouso sequer dizer "de cinema") os trechos do livro em que o padre conta, através de suas recordações, uma conversa. Há aí uma primeira inverossimilhança, pois Bernanos não nos garante de modo algum que o padre escreveu palavra por palavra o que tinha ouvido; e é até provável que seja o contrário. De qualquer modo, e supondo que ele se lembre exatamente da conversa, ou que Bresson decida manter no presente da imagem o caráter subjetivo da lembrança, resta que a eficácia intelectual e dramática de uma réplica não é a mesma se for lida ou realmente dita. Ora, ele não só não adapta, sequer discretamente, os diálogos à exigência da interpretação, como ainda, quando acontece de o texto original ter o ritmo e o equilíbrio de um verdadeiro diálogo, faz de tudo para impedir o ator de valorizá-lo. Muitas réplicas dramaticamente excelentes são desse modo abafadas pela entonação *recto tono* imposta à interpretação.

———

Muitas coisas foram elogiadas em *As damas do Bois de Boulogne*, mas não a adaptação. O filme foi praticamente tratado pela crítica como um roteiro original. Os méritos insólitos do diálogo foram atribuídos em bloco a Cocteau, que não precisa disso para sua glória. Se tivessem relido *Jacques, o fatalista, e seu amo*, poderiam ter descoberto ali se não o essencial do texto, ao menos um sutil jogo de esconde-esconde com o palavra por palavra de Diderot. A transposição moderna levou a pensar, sem que achassem necessário verificar, que Bresson tivesse tomado liberdades com a intriga para só conservar sua situação e, se se quiser, um certo tom do século XVIII. Como além disso ele suprimiu dois ou três adaptadores, poderíamos achar que estávamos ainda mais distantes do original. Ora, recomendo aos fãs de *As damas do Bois de Boulogne* e aos candidatos a roteiristas rever o filme tendo isso em mente. Sem diminuir o papel – decisivo – do estilo da *mise-en-scène* no êxito do empreendimento, é importante ver bem sobre o que ele se apoia: um jogo maravilhosamente sutil de interferências e de contrapontos entre a fidelidade e a traição. Criticaram, por exemplo, em *As damas do Bois de Boulogne*, com tanto bom senso quanto com incompreensão, a defasagem da psicologia dos personagens em relação à sociologia da intriga. É bem verdade, com efeito, que em Diderot são os costumes da época que justificam a escolha e a eficácia da vingança. É também verdade que essa vingança, no filme, é proposta como um postulado abstrato cujo fundamento o espectador moderno não compreende. Foi igualmente em vão que os defensores bem-intencionados procuraram encontrar nos personagens um pouco de substância social. A prostituição e o proxenetismo no conto são fatos precisos cuja referência social é concreta e evidente. A de *As damas do Bois de Boulogne* fica ainda mais misteriosa por não se apoiar em nada. A vingança da amante ferida é derrisória e se limita a fazer o casamento do infiel com uma deliciosa dançarina de cabaré. Tampouco poderíamos defender a abstração dos personagens como um resultado das elipses calculadas da *mise-en-scène*, pois ela já aparece no roteiro. Se Bresson não nos diz mais nada sobre os personagens, não é somente porque não quer, mas porque não poderia; como Racine não poderia nos descrever o papel de parede dos apartamentos onde seus heróis pretendem se retirar. Dirão que a tragédia clássica não precisa dos álibis do realismo e que essa é uma diferença essencial entre teatro e cinema. É verdade, mas é justamente por isso que Bresson não faz surgir sua abstração cinematográfica unicamente do despojamento do evento, mas do contraponto da realidade com ela mesma. Em *As damas do Bois de Boulogne*, Bresson correu o risco de transferir um conto realista para outro contexto realista. O resultado é que os dois realismos destroem-se um ao outro, as paixões se destacam da crisálida dos caracteres, a ação dos álibis da intriga, e a tragédia dos falsos brilhantes do drama. Bastou o barulho do limpador de para-brisa do automóvel sobre um texto de Diderot para fazer dele um diálogo raciniano.

Sem dúvida, Bresson nunca nos apresenta toda a realidade. Mas sua estilização não é a abstração *a priori* do símbolo, ela se constrói numa dialética do concreto e do abstrato pela ação recíproca de elementos contraditórios da imagem. A realidade da chuva, o ruído de uma cascata, o da terra que se derrama de um vaso quebrado, o trote de um cavalo sobre o calçamento não se opõem apenas às simplificações do cenário, à convenção dos

Maria Casarès e Paul Bernard em *As damas do Bois de Boulogne*, de Robet Bresson.

costumes e, mais ainda, ao tom literário e anacrônico dos diálogos; a necessidade da intromissão deles não é a da antítese dramática ou do contraste decorativo: estão ali por sua indiferença e sua perfeita situação de "estranhos", como o grão de areia na máquina para prender o mecanismo. Se o arbitrário da escolha deles parece uma abstração, é a da abstração do concreto integral; ela arranha a imagem para denunciar a transparência, como uma poeira de diamante. É a impureza em estado puro.

Esse movimento dialético da *mise-en-scène* se repete, aliás, no próprio cerne dos elementos que acreditaríamos, em princípio, serem puramente estilizados. Assim, os dois apartamentos habitados pelas Damas quase não têm móveis, mas sua nudez calculada tem uma explicação. Dos quadros vendidos, restam as molduras, mas não poderíamos duvidar delas como de um detalhe realista. A brancura abstrata do novo apartamento nada tem em comum com a geometria de um expressionismo teatral, pois se ele é branco é porque foi reformado e ainda se sente o cheiro da pintura fresca. Seria também preciso evocar o elevador, o telefone na portaria ou, para o som, o burburinho das vozes dos homens que vem depois da bofetada de Agnès e cujo texto é o mais tradicional possível, mas com uma qualidade sonora de uma extraordinária precisão?

Evoco *As damas do Bois de Boulogne* ao tratar do *Diário* porque é interessante frisar a semelhança profunda do mecanismo da adaptação, na qual as diferenças evidentes da *mise-en-scène* e as liberdades maiores que Bresson parece ter tomado com Diderot poderiam induzir ao erro. O estilo do *Diário* denota uma pesquisa ainda mais sistemática, um rigor quase insustentável; ele se desenvolve em condições técnicas totalmente diferentes, mas veremos que, no fundo, o empreendimento permanece o mesmo. Trata-se sempre de alcançar a essência da narrativa ou do drama, a abstração estética mais estrita sem recorrer ao expressionismo, por meio de um jogo alternado da literatura e do realismo, que renova os poderes do cinema através de sua aparente negação. A fidelidade de Bresson a seu modelo é, em todo caso, apenas o álibi de uma liberdade munida com correntes; se ele respeita o texto, é porque ele lhe serve melhor que inúteis ousadias, porque esse respeito é, em última análise, mais do que um constrangimento apurado, um momento dialético da criação de um estilo.

———

De nada adianta criticar Bresson pelo paradoxo de um servilismo textual que o estilo de sua *mise-en-scène* viria por outro lado desmentir, já que é justamente dessa contradição que Bresson tira seus efeitos. "Seu filme", escreve por exemplo Henri Agel, "é, em última análise, algo tão impensável quanto o seria uma página de Victor Hugo retranscrita no estilo de Nerval".

Mas será que não poderíamos imaginar, ao contrário, as consequências poéticas desse acasalamento monstruoso, o insólito cintilar dessa tradução, não apenas numa língua diferente (como a de Edgar Allan Poe por Mallarmé), mas de um estilo e de uma matéria no estilo de outro artista e na matéria de outra arte?

Vejamos, aliás, de mais perto o que, no *Diário de um pároco de aldeia*, pode parecer malfeito. Sem querer elogiar Bresson *a priori* por todos os pontos fracos de seu filme, pois alguns (raros) se voltam contra ele, é certo que nenhum deles é estranho a seu estilo. Eles são apenas a falta de jeito na qual um supremo refinamento pode culminar e, se às vezes Bresson fica feliz com eles, é porque, com razão, descobre neles a garantia de um êxito mais profundo.

É o que acontece com a interpretação, que em geral é considerada ruim – com exceção de Laydu e parcialmente de Nicole Ladmiral –, mas é tida, pelos que gostam do filme, como um ponto fraco menor. Resta explicar por que Bresson, que dirigiu com tanta perfeição seus atores em *Les Anges du péché* [Anjos do pecado, 1943] e em *As damas do Bois de Boulogne*, parece por vezes aqui tão desajeitado quanto um principiante em 16 mm, que contratou a tia e o tabelião da família. Será que acreditam que é mais fácil dirigir Maria Casarès contra seu temperamento que amadores dóceis? É verdade que algumas cenas são mal interpretadas. E surpreendentemente não são as menos comoventes. Mas é que o filme escapa completamente às categorias da interpretação. Não se deixem enganar pelo fato de os intérpretes serem quase todos amadores ou principiantes. *Diário* não está menos distante de *Ladrões de bicicleta* do que de *Entrée des artistes* [Entrada dos artistas, de Marc Allégret, 1938] (o único filme que podemos comparar com ele é *O martírio de Joana d'Arc*, de Carl Dreyer). Não é pedido aos atores para interpretar um texto – cujo fraseado literário faz com que seja, aliás, impossível de ser interpretado – e tampouco para vivê-lo: mas somente para dizê-lo. Por isso o texto recitado "em off" do *Diá-*

rio se encadeia com tanta facilidade com o que os protagonistas realmente disseram; não existe nenhuma diferença essencial de estilo e de tom. Essa decisão não se opõe apenas à expressão dramática do ator, mas até mesmo a qualquer expressividade psicológica. O que nos pedem para ler em seu rosto não é o reflexo momentâneo do que ele diz, e sim uma permanência de ser, a máscara de um destino espiritual. Esse filme "mal interpretado" nos deixa, contudo, o sentimento de uma necessidade imperiosa dos rostos. A imagem mais característica nesse sentido é a de Chantal no confessionário. Vestida de preto, enfurnada na penumbra, Nicole Ladmiral só deixa aparecer uma máscara cinza, hesitando entre a noite e a luz, imprecisa como o selo na cera. Como Dreyer, Bresson se prendeu naturalmente às qualidades mais carnais do rosto, que, justamente na medida em que ele não interpreta, não é a marca privilegiada do ser, o rastro mais legível da alma; nada no rosto escapa à dignidade do signo. Não é para uma psicologia, mas antes para uma fisiognomonia existencial que ele nos convida. Daí o hieratismo da interpretação, a lentidão e ambiguidade dos gestos, a repetição obstinada dos comportamentos, a impressão de desaceleração onírica que se grava na memória. Nada de relativo poderia acontecer com esses personagens, mergulhados que estão em seu ser, essencialmente ocupados em perseverar ali contra a graça ou em arrancar sob seu fogo a túnica de Nessus do velho. Eles não evoluem: os conflitos interiores, as fases do combate com o anjo não se traduzem claramente na aparência deles. O que vemos se parece antes com a concentração dolorosa, com espasmos incoerentes do parto ou da muda. Se Bresson despoja seus personagens, é no sentido próprio.

Oposto à análise psicológica, o filme também não deixa de ser, por conseguinte, alheio às categorias dramáticas. Os acontecimentos não se organizam segundo leis de uma mecânica das paixões cuja realização satisfaria o espírito; a sucessão deles é uma necessidade no acidental, um encadeamento de atos livres e de coincidências. A cada instante, como a cada plano, bastam seu destino e sua liberdade. Eles se orientam talvez, mas separadamente, como os grãos de limalha sobre o espectro do ímã. Se a palavra tragédia vem aqui à baila, é às avessas, pois só poderia ser uma tragédia do livre-arbítrio. A transcendência do universo de Bernanos-Bresson não é a do *fatum* antigo, tampouco a da paixão raciniana, e sim a da Graça, que todos podem recusar. Se, contudo, a coerência dos acontecimentos e a eficácia causal dos seres não parecem ser menos rigorosas do que numa dramaturgia tradicional, é porque respondem a uma ordem, a da profecia (talvez fosse preciso dizer a da repetição kierkegaardiana), tão diferente da fatalidade quanto a causalidade o é da analogia.

A verdadeira estrutura segundo a qual o filme se desenrola não é a da tragédia e sim a da "Interpretação da Paixão" ou, melhor ainda, a do Caminho da Cruz. Cada sequência é uma estação. A chave nos é revelada pelo diálogo na cabana entre os dois padres, quando o de Ambricourt descobre sua preferência espiritual pelo monte das Oliveiras. "Não é o bastante que Nosso Senhor tenha me feito a graça de me revelar hoje, pela voz de meu velho mestre, que nada me arrancaria do lugar escolhido por mim desde toda a eternidade, que eu era prisioneiro da Santa Agonia?" A morte não é a fatalidade da agonia, apenas seu termo e sua libertação. A partir daí saberemos a que ordem soberana, a que ritmo espiritual respondem os sofrimentos e os atos do padre. Eles representam sua agonia.

Cabe talvez assinalar muitas analogias com Cristo no final do filme, já que podem muito bem passar despercebidas. É o que ocorre com os dois desmaios durante a noite: a queda na lama, vômitos de vinho e de sangue (onde são encontrados, numa síntese de metáforas comoventes como as quedas de Jesus, o sangue da Paixão, a esponja de vinagre e as nódoas de escarro). E mais: o véu de Verônica, a tocha de Serafita; enfim, a morte na água-furtada, Gólgota derrisório onde não faltam o bom e o mau ladrão. Esqueçamos imediatamente essas aproximações cuja formulação supõe necessariamente uma traição. Seu valor estético procede de seu valor teológico, ambos opõem-se à explicitação. Bresson como Bernanos, evitou a alusão simbólica, e assim nenhuma das situações, cuja referência evangélica é entretanto óbvia, está ali por sua semelhança; cada uma delas possue sua significação própria, biográfica e contingente; a similitude com Cristo é apenas secundária por projeção sobre o plano superior da analogia. A vida do padre de Ambricourt não imita de modo algum a de seu Modelo, ela a repete e figura. Cada um carrega sua cruz e cada cruz é diferente da outra, mas todas são a da Paixão. Na testa do padre os suores da febre são sangue.

Assim, provavelmente pela primeira vez, o cinema nos oferece não somente um filme em que os únicos acontecimentos verdadeiros, os únicos movimentos sensíveis são os da vida interior, porém, mais ainda, uma dramaturgia nova, especificamente religiosa, ou melhor, teológica: uma fenomenologia da salvação e da graça.

———

Notemos, aliás, que nesse empreendimento de redução da psicologia e do drama Bresson enfrenta dialeticamente dois tipos de realidade pura. Por um lado, como já vimos, o rosto do intérprete livre de qualquer simbolismo expressivo, reduzido a epiderme, rodeado por uma natureza sem artifício; por outro, o que se deveria chamar de "realidade escrita". Pois a fidelidade de Bresson ao texto de Bernanos, não apenas sua recusa em adaptá-lo, mas sua preocupação paradoxal em sublinhar seu caráter literário, é, no fundo, a mesma escolha arbitrária que aquela que rege os seres e o cenário. Bresson trata o romance como seus personagens. Ele é um fato bruto, uma realidade dada que não se deve de modo algum tentar adaptar à situação, torcer conforme esta ou aquela exigência momentânea do sentido, mas, ao contrário, confirmar em seu ser. Bresson suprime, nunca condensa, pois o que resta de um texto cortado é ainda um fragmento original; como o bloco de mármore procede da pedreira, as palavras ditas no filme continuam sendo as do romance. Sem dúvida seu caráter literário, deliberadamente enfático, pode ser visto como uma tentativa de estilização artística, o contrário do realismo, pois a "realidade" não é aqui o conteúdo descritivo moral ou intelectual do texto, e sim o próprio texto, ou, mais precisamente, seu estilo. Compreende-se que essa realidade de segundo grau da obra original e a que a câmera capta diretamente não podem se encaixar uma na outra, se prolongar, confundir; ao contrário, a própria comparação acusa a heterogeneidade de suas essências. Elas atuam, portanto, paralelamente, cada uma com seus meios, na sua matéria e estilo próprios. Mas é provavelmente por essa dissociação de elementos, que a verossimilhança poderia confundir, que Bresson consegue eliminar o que é acidental. A discordância ontológica entre duas ordens de fato concorrentes, confrontadas na tela, evidencia a única medida comum a elas: a alma. Todos dizem a mesma coisa e a própria disparidade da expressão, da matéria, do estilo deles, a espécie de indiferença que rege as relações do intérprete e do texto, da fala e dos rostos, é a garantia mais certa de sua profunda cumplicidade: a linguagem que não pode ser a dos lábios é, necessariamente, a da alma.

Provavelmente não há, em todo o cinema francês (ou será preciso dizer literatura?), muitos momentos de beleza mais intensa que a cena do medalhão entre o padre e a condessa. No entanto, ela nada deve ao desempenho dos intérpretes, tampouco ao valor dramático ou psicológico das réplicas, e sequer à sua significação intrínseca. O verdadeiro diálogo que pontua essa luta entre o padre inspirado e o desespero de uma alma é por essência indizível. Os choques decisivos da esgrima intelectual deles nos escapam; as palavras acusam ou preparam o ardente golpe de misericórdia. Nada, portanto, de uma retórica da conversão; se o rigor irresistível do diálogo, sua crescente tensão e depois seu apaziguamento final nos deixam a certeza de termos sido as testemunhas privilegiadas de uma tempestade sobrenatural, as palavras pronunciadas são, entretanto, apenas os tempos mortos, o eco do silêncio que é o verdadeiro diálogo dessas duas almas, uma alusão ao segredo delas: o outro lado – se ouso dizer – da Face de Deus. Se o padre se recusa mais tarde a se justificar redigindo a carta da condessa, não é somente por humildade ou gosto pelo sacrifício, mas antes porque os signos sensíveis são tão indignos de beneficiá-lo quanto de se voltarem contra ele. O testemunho da condessa não é, em sua essência, menos recusável que o de Chantal, e ninguém tem o direito de evocar o de Deus.

———

A técnica de *mise-en-scène* de Bresson só pode ser bem julgada em relação a seu propósito estético. Por pior que a tenhamos explicado, talvez possamos agora, contudo, compreender melhor o paradoxo mais surpreendente do filme. O mérito de ter sido o primeiro a ousar encarar o texto na imagem cabe, é claro, a Melville, com *Le Silence de la mer* [O silêncio do mar, 1949]. É notável que o motivo disso tenha sido também a vontade de fidelidade literal. Mas a própria estrutura do livro de Vercors era excepcional. Com o *Diário*, Bresson não só confirma e demonstra que a experiência de Melville estava bem fundamentada, ele a leva às últimas consequências.

Devemos dizer do *Diário* que ele é um filme mudo com legendas faladas? A fala, como vimos, não se insere na imagem, como um componente realista; mesmo quando dita realmente por um personagem, ela lembra o modo recitativo de ópera. À primeira vista o filme é constituído, de certo modo, por um lado, pelo texto (reduzido) do romance, e, por outro, ilustrado com imagens que não pretendem de modo algum substituí-lo. Nem tudo que é dito é mostrado, mas nada do que é mostrado está dispensado de ser dito. Em última instância, o bom senso crítico pode acusar Bresson de substituir pura e simplesmente o romance de Bernanos por uma montagem radiofônica e uma ilustração muda. É dessa suposta degradação da arte cinematográfica que devemos agora partir para compreender bem a originalidade e a audácia de Bresson.

Em primeiro lugar, se Bresson "volta" ao cinema mudo, não é de modo algum, apesar da abundância de closes, para reatar com um expressionismo teatral, fruto de uma enfermidade, e sim, ao contrário, para encontrar a dignidade do rosto humano tal como Stroheim e Dreyer o tinham compreendido. Ora, se há uma qualidade, uma única, à qual o som se opunha por essência, esta é a sutileza sintática da montagem e o expressionismo da interpretação, ou seja, o que procedia efetivamente da enfermidade do cinema mudo. Mas nem todo o cinema mudo pretendia ser assim. A nostalgia de um silêncio que fosse gerador benéfico de um simbolismo visual confunde indevidamente a pretensa primazia da imagem com a verdadeira vocação do cinema, que é a primazia do objeto. A ausência da banda sonora em *Ouro e maldição*, *Nosferatu* ou *O martírio de Joana d'Arc* tem significação contrária ao silêncio de *O gabinete do dr. Caligari* [*Das Cabinet des Dr. Caligari*, de Robert Wiene, 1920], *Os Nibelungos: A morte de Siegfried* [*Die Nibelungen: Siegfried*, de Fritz Lang, 1924] ou *El Dorado* [Eldorado, de Marcel L'Herbier, 1921]; ela é uma frustração, e não o ponto de partida de uma expressão. Os primeiros existem apesar do silêncio, não graças a ele. Nesse sentido, o aparecimento da banda sonora é apenas um fenômeno técnico acidental, não uma pretensa revolução estética. A língua do cinema, como a de Esopo, é equívoca e, apesar das aparências, só há uma única história do cinema antes e depois de 1928:

Claude Laydu em *Diário de um pároco de aldeia*, de Robert Bresson.

a história das relações do expressionismo e do realismo; o som iria arruinar provisoriamente o primeiro antes, por sua vez, de adaptar-se a ele, mas inscrevia-se diretamente no prolongamento do segundo. Paradoxalmente, é verdade que atualmente se deve procurar o ressurgimento do antigo simbolismo nas formas mais teatrais, logo nas mais falantes, do cinema falado, e que, de fato, o realismo pré-sonoro de um Stroheim quase não tem discípulos. Ora, evidentemente, é em relação a Stroheim e a Renoir que devemos situar o empreendimento de Bresson. A dicotomia do diálogo e da imagem relacionada com ele só tem sentido numa estética aprofundada do realismo sonoro. É igualmente errôneo falar de ilustração do texto e de comentário da imagem. O paralelismo deles continua a dissociação da realidade sensível. Prolonga a dialética bressoniana entre a abstração e a realidade graças à qual só alcançamos, em definitivo, a uma única realidade, a da alma. Bresson não retorna de modo algum ao expressionismo do cinema mudo: ele suprime, por um lado, um dos componentes da realidade, para, de maneira deliberada, reportá-la estilizada, numa banda sonora parcialmente independente da imagem. Em outros termos, é como se a mixagem definitiva contivesse ruídos gravados diretamente, com uma fidelidade escrupulosa, e um texto *recto tono* pós-sincronizado. Esse texto, porém, como dissemos, é uma segunda realidade, um "fato estético bruto". Seu realismo é seu estilo, quando o estilo da imagem é, antes de tudo, sua realidade e o estilo do filme, precisamente, a discordância entre eles.

Bresson mostra, definitivamente, como é esse lugar-comum crítico segundo o qual a imagem e o som nunca deveriam se duplicar. Os momentos mais comoventes do filme são justamente aqueles em que o texto deveria dizer exatamente a mesma coisa que a imagem, e isso porque o diz de outra maneira. De fato, o som nunca está aqui para completar o acontecimento visto: ele o reforça e multiplica como a caixa de ressonância do violino o faz com as vibrações das cordas. Mas falta dialética a essa metáfora, pois não é tanto uma ressonância que o espírito percebe, mas antes uma defasagem, como quando uma cor não está superposta ao desenho. E é nas margens que o evento libera sua significação. É porque o filme é inteiramente construído sobre essa relação que a imagem tem, sobretudo no final, aquela potência emocional. Seria inútil procurar os princípios de sua dilacerante beleza unicamente em seu conteúdo explícito. Acho que existem poucos filmes cujas fotografias separadas sejam mais decepcionantes; a frequente ausência de composição plástica delas, a expressão afetada e estática dos personagens traem absolutamente seu valor no desenrolar do filme. No entanto, não é à montagem que elas devem o incrível acréscimo de eficácia. O valor da imagem não depende daquilo que a precede ou a segue. Ela acumula antes uma energia estática, como as lâminas paralelas de um condensador. A partir dela, e em relação à banda sonora, organizam-se as diferenças de potencial estético cuja tensão torna-se insustentável. Assim, a relação da imagem e do texto progride no final em prol deste último, e é com muita naturalidade, sob a exigência de uma lógica imperiosa, que, nos últimos segundos, a imagem desaparece da tela. Ao ponto em que Bresson chegou, a imagem não pode dizer mais nada a não ser desaparecendo. O espectador foi progressivamente conduzido a essa noite dos sentidos cuja única expressão possível é a luz na tela branca. Eis, portanto, a que tendia o pretenso cinema mudo e seu realismo altivo: a volatizar a imagem e a dar lugar unicamente ao texto do romance. Mas nós experimentamos, com uma evidência estética irrecusável, um feito sublime do cinema puro. Tal como a página branca de Mallarmé ou o silêncio de Rimbaud é um estado supremo da linguagem, a tela sem imagens e entregue à literatura marca o triunfo do realismo cinematográfico. Sobre o pano branco da tela a cruz negra, desajeitada como a de um cartão de participação, único traço visível deixado pela assunção da imagem, testemunho daquilo de que sua realidade era apenas um signo.

———

Com *Diário de um pároco de aldeia* abre-se uma nova fase da adaptação cinematográfica. Até então o filme tendia a substituir o romance fazendo sua tradução estética para outra linguagem. "Fidelidade" significava, então, respeito pelo espírito do romance, mas também busca de equivalentes necessários, levando em conta, por exemplo, exigências dramáticas do espetáculo ou da eficácia mais direta da imagem. Aliás, ainda falta muito, infelizmente, para que tal preocupação seja a regra mais geral. Cabem a ela, porém, os méritos de *Adúltera* ou de *Sinfonia pastoral*. Na melhor das hipóteses, esses filmes "valem" o livro que lhes serviu de modelo.

Ao lado dessa fórmula, assinalemos também a existência da adaptação livre como a feita por Renoir em *Um dia no campo* ou em *Madame Bovary*. Mas aqui o problema é resolvido de outra maneira: o original é só uma fonte de inspiração; a fidelidade é uma afinidade de temperamento, uma simpatia fundamental do cineasta pelo romancista. Em vez de pretender substituir o romance, o filme se propõe a existir ao lado dele; a formar um par com ele, como uma estrela dupla. Tal hipótese, que aliás só tem sentido quando endossada pelo gênio, não se opõe a um êxito cinematográfico superior a seu modelo literário, como é o caso de *Rio sagrado* [*The River*, 1951], de Renoir.

Diário de um pároco de aldeia, porém, é ainda outra coisa. Sua dialética da fidelidade e da criação se reduz, em última análise, a uma dialética entre o cinema e a literatura. Já não se trata de traduzir, por mais fiel e inteligentemente que seja, tampouco de se inspirar livremente, com um respeito apaixonado, com a intenção de fazer um filme que copie a obra, e sim de construir sobre o romance, através do cinema, uma obra secundária. Não um filme "comparável" ao romance, ou "digno" dele, mas um ser estético novo que é como que o romance multiplicado pelo cinema.

Talvez a única operação comparável de que temos exemplo seja a dos filmes de pintura. Emmer ou Alain Resnais são também fiéis ao original; a matéria-prima deles é a obra já supremamente elaborada do pintor, sua realidade não é o tema do quadro, mas o próprio quadro, como vimos que a de Bresson é o próprio texto do romance. Porém, a fidelidade de Alain Resnais a Van Gogh, que é, em primeiro lugar, e ontologicamente, a fidelidade fotográfica, não é senão a condição primordial de uma simbiose entre o cinema e a pintura. Por isso, comumente os pintores não compreendem nada disso. Ver nesses filmes apenas um meio inteligente, eficaz, até mesmo válido de vulgarização (certamente o são também), é ignorar a biologia estética deles.

Esta comparação só é, no entanto, parcialmente válida, pois os filmes de pintura estão condenados em princípio a ser sempre um gênero estético menor. Acrescentam ao quadro, prolongam a existência dele, permitem que transborde a moldura, mas não podem pretender ser o próprio quadro.[2] *Van Gogh* [1948], de Alain Resnais, é uma obra-prima menor a partir de uma obra pictórica maior que ele utiliza e explicita, mas não substitui. Tal limitação congênita tem principalmente duas causas. Em primeiro lugar, a reprodução fotográfica do quadro, ao menos por projeção, não pode pretender substituir o original ou identificar-se com ele; se pudesse fazê-lo, destruiria sua autonomia estética, já que os filmes de pintura partem precisamente da negação daquilo que a fundamenta: a circunscrição no espaço, pela moldura e pela intemporalidade. É porque o cinema, como arte do espaço e do tempo, é o contrário da pintura, que ele tem alguma coisa a acrescentar a ela.

Esta contradição não existe entre o romance e o cinema. Não somente ambos são artes da narrativa e, portanto, do tempo, como não é sequer possível afirmar *a priori* que a imagem cinematográfica é inferior em sua essência à imagem evocada pela escritura. É mais provável que seja o contrário. Mas a questão não é essa. Basta que o romancista, como o cineasta, tenda à sugestão do desenrolar de um mundo real. Aceitas essas similitudes essenciais, a pretensão de escrever um romance em cinema não é absurda. *Diário de um pároco de aldeia*, porém, vem nos revelar que é ainda mais frutuoso especular sobre suas diferenças do que sobre seus pontos comuns, afir-

2 Pelo menos até *O mistério de Picasso*, que, como veremos, enfraquece talvez essa proposição crítica.

mar a existência do romance pelo filme que dissolvê-lo nele. Seria pouco dizer que a obra em segundo grau que surge daí é, por essência, "fiel" ao original, já que em princípio ela *é* o romance. Entretanto, e sobretudo, ela certamente não é "melhor" (tal juízo não teria sentido), mas é "mais" que o livro. O prazer estético que se pode sentir com o filme de Bresson, ainda que o mérito seja, evidentemente, no essencial, da genialidade de Bernanos, contém tudo o que o romance podia oferecer e, além disso, sua refração no cinema.

Depois de Bresson, Aurenche e Bost não são mais que os Viollet-le-Duc da adaptação cinematográfica.

TEATRO E CINEMA

1

Se para a crítica é relativamente comum salientar as afinidades entre o cinema e o romance, o "teatro filmado", no mais das vezes, ainda é considerado uma heresia.[1] Enquanto tinha por advogado e por exemplo principalmente as declarações e a obra de Marcel Pagnol, podia-se considerar seus poucos êxitos como mal-entendidos decorrentes de conjunturas excepcionais. O teatro filmado continuava vinculado à lembrança retrospectivamente burlesca do "filme de arte" ou às explorações derrisórias dos êxitos de bulevar no "estilo" Berthomieu.[2] Ainda durante a guerra, o fracasso da adaptação para a tela de uma excelente peça

1 Texto publicado originalmente em *Esprit*, ano 29, jun. 1951, pp. 891-905 e jul.-ago. 1951, pp. 232-53.

2 Único, como uma exceção incompreensível, no limiar do cinema falado, o inesquecível *Jean de la lune* [de Jean Choux, 1931].

como *Le Voyageur sans bagage* [Viajante sem bagagem, de Jean Anouilh, 1944], cujo tema poderia ter passado por cinematográfico, dava argumentos aparentemente decisivos para a crítica do "teatro filmado". Foi preciso haver a série de êxitos recentes que vão de *Pérfida* a *Macbeth: Reinado de sangue*, passando por *Henrique v* [*Henry v*, de Laurence Olivier, 1944] e *O pecado original*, para que ficasse demonstrado que o cinema era capaz de adaptar legitimamente as mais diversas obras dramáticas.

Na verdade, entretanto, o preconceito contra o "teatro filmado" talvez não precisasse invocar tantos argumentos históricos quanto pensamos, se nos basearmos unicamente nas adaptações declaradas de obras teatrais. Seria conveniente, em particular, reconsiderar a história do cinema, não mais em função dos títulos, e sim das estruturas dramáticas do roteiro e da *mise-en-scène*.

UM POUCO DE HISTÓRIA

Enquanto condenava irremediavelmente o "teatro filmado", a crítica prodigalizava, na verdade, elogios a formas cinematográficas nas quais uma análise mais cuidadosa deveria revelar avatares da arte dramática. Obnubilada pela heresia do "filme de arte" e de suas sequelas, a alfândega deixava passar com o carimbo de "cinema puro" os verdadeiros aspectos do teatro cinematográfico, começando pela comédia americana. Examinando com mais atenção, esta não é menos "teatral" que a adaptação de qualquer peça de bulevar ou da Broadway. Construída sobre o cômico de linguagem e de situação, ela muitas vezes não recorre a nenhum artifício propriamente cinematográfico; a maioria das cenas é feita em estúdio e a decupagem emprega unicamente o campo/contracampo para valorizar o diálogo. Aqui seria preciso se estender sobre o pano de fundo sociológico que permitiu o brilhante desenvolvimento da comédia americana durante uns dez anos. Não acredito que ele enfraqueça uma relação virtual entre teatro e cinema. O cinema dispensou, de certo modo, o teatro de uma existência real preliminar. Não havia essa necessidade, já que os escritores capazes de escrever peças podiam vendê-las diretamente para a tela. Mas esse fenômeno é totalmente acidental, historicamente em relação com uma conjuntura econômica e sociológica precisa e, parece, em vias de desaparecimento. Há quinze anos vemos, paralelamente ao declínio de um determinado tipo de comédia americana, multiplicarem-se as adaptações de peças cômicas que obtiveram sucesso na Broadway. No campo do drama psicológico e dos costumes, um Wyler não hesitou em retomar pura e simplesmente a peça de Lillian Hellman, *Little Foxes*, e levá-la "ao cinema" num cenário quase teatral. De fato, o preconceito contra o teatro filmado nunca existiu nos Estados Unidos. As condições de produção hollywoodianas, porém, não se apresentaram, pelo menos até 1940, da mesma maneira que na Europa. Tratou-se bem mais de um teatro "cinematográfico" limitado a gêneros precisos e que só teve, ao menos durante a primeira década do cinema falado, que fazer poucos empréstimos ao palco. A crise que Hollywood sofre hoje já o levou a recorrer com mais frequência ao teatro escrito. Mas, na comédia americana, o teatro, invisível, estava virtualmente presente.[3]

3 No livro de lembranças sobre seus cinquenta anos de cinema, *Le Public n'a jamais tort* (Paris: Corréa, 1954), Adolph Zukor, o criador do *star-system*, mostra também como nos Estados Unidos, mais ainda do que na França, o cinema principiante usou sua consciência nascente para tratar de plagiar o teatro. E que, então, a celebridade e a glória em matéria de espetáculo estavam nos palcos. Zukor, compreendendo que o futuro comercial do cinema dependia da qualidade dos argumentos e do prestígio dos intérpretes, comprou todos os direitos de adaptação dramática que pôde e seduziu as notoriedades do teatro de então. Seus cachês relativamente altos para a época não venceram, aliás, a relutância deles em se comprometer com essa indústria mambembe e desprezada. Rapidamente, porém, a partir dessas

É verdade que não podemos invocar um sucesso comparável ao da comédia americana na Europa e especialmente na França. Com exceção do caso bem particular, que merece um estudo especial, de Marcel Pagnol,[4] a contribuição do teatro de bulevar para a tela foi desastrosa. Mas o teatro filmado não começa com o cinema falado: remontemos um pouco mais atrás, precisamente à época em que o "filme de arte" já chama atenção por causa de seu fracasso. Era o auge de Méliès, que no fundo só viu o cinema como um aperfeiçoamento do maravilhoso teatral: o truque não era para ele senão um prolongamento da prestidigitação. A maioria dos grandes cômicos franceses e americanos vem do *music-hall* ou do bulevar. Basta olhar Max Linder para compreender tudo que ele deve a sua experiência teatral. Como a maioria dos cômicos da época, ele representa deliberadamente "para o público", pisca o olho para a sala, faz dela testemunha de seus embaraços, não hesita em fazer um aparte. Quanto a Carlitos, independentemente até mesmo de sua dívida para com a mímica inglesa, é evidente que sua arte consiste em aperfeiçoar, graças ao cinema, a técnica do cômico do *music-hall*. Nesse ponto, o cinema supera o teatro, porém continuando-o, como que o livrando de suas imperfeições. A economia da *gag* teatral está subordinada à distância do palco à sala e, sobretudo, à duração das risadas que levam o ator a prolongar seu efeito até a extinção delas. O palco o incita, portanto, impõe-lhe até mesmo a hipérbole. Só a tela podia permitir a Carlitos atingir essa matemática perfeita da situação e do gesto, em que o máximo de clareza se expressa no mínimo de tempo.

origens teatrais, o fenômeno tão particular da "estrela" se manifestou, o público fez sua triagem entre as celebridades do teatro e seus eleitos logo adquiriram uma glória incomparável com a do palco. Paralelamente, os roteiros teatrais do início foram abandonados para dar lugar a histórias adaptadas à nova mitologia. Mas a imitação do teatro servira de trampolim.

4 Ver o texto "O caso Pagnol", *infra*, pp. 219-225.

Quando revemos filmes burlescos bem antigos, como a série dos *Boireau* ou dos *Onésime*, por exemplo, não é apenas o desempenho do ator que aparenta o teatro primitivo, mas a própria estrutura da história. O cinema permite levar às últimas consequências uma situação elementar à qual o palco impunha restrições de tempo e de espaço que a mantinham numa fase de evolução de certo modo larvária. O que pode levar a crer que o cinema veio inventar ou criar inteiramente fatos dramáticos novos é o fato de ele ter permitido a metamorfose de situações teatrais que, sem ele, nunca teriam chegado à fase adulta. Existe no México uma espécie de salamandra capaz de se reproduzir no estado de larva e de permanecer assim. Injetando-lhe hormônio apropriado, puderam fazer com que atingisse a forma adulta. Do mesmo modo, é sabido que a continuidade da evolução animal apresentava lacunas incompreensíveis até que os biólogos descobrissem leis da pedomorfose, que lhes ensinou não somente a integrar as formas embrionárias do indivíduo à evolução das espécies, mas ainda a considerar certos indivíduos aparentemente adultos como seres bloqueados em sua evolução.[5] Nesse sentido, certos gêneros de teatro têm por fundamento situações dramáticas congenitamente atrofiadas antes do aparecimento do cinema. Se o teatro é mesmo, como pretende Jean Hytier,[6] uma metafísica da vontade, o que pensar de um filme burlesco como *Onésime et le beau voyage de noces* [Onésime e a bela viagem de núpcias, de Jean Durand, 1914], em que a obstinação em continuar, em meio às mais absurdas dificuldades, não se sabe bem que lua de mel, cujo objetivo desaparece depois das primeiras catástrofes, confina a uma espécie de loucura metafísica, a um delírio da vontade, a uma cancerização do "fazer"

5 Cf. *Jouvence* [*Também o cisne morre*. São Paulo: Globo, 2002], de Aldous Huxley: o homem não passa de um macaco nascido antes do tempo.

6 *Les Arts de littérature.* Paris: Charlot, 1945.

que por si só se engendra contra qualquer razão. Será que poderíamos empregar aqui a terminologia psicológica e falar de vontade? A maioria dos filmes burlescos é antes a expressão linear e contínua de um projeto fundamental do personagem. Eles dependem de uma fenomenologia da obstinação. Boireau, o empregado, fará a faxina até que a casa caia em ruínas. Onésime, marido migrador, prosseguirá sua lua de mel até embarcar para o horizonte em seu inseparável baú de vime. A ação já não precisa de intriga, de incidentes, de saltos, de quiproquós e de surpresas; ela se desenrola implacavelmente até se destruir. Segue inelutavelmente em direção a uma espécie de catarse elementar da catástrofe, como o balão que a criança enche com imprudência e que acaba lhe estourando na cara, para nosso alívio e talvez para o dela.

Aliás, quando nos referimos à história dos personagens, das situações e dos procedimentos da farsa clássica, é impossível não ver que o cinema burlesco foi seu súbito e brilhante renascimento. Gênero em vias de extinção desde o século XVII, a farsa "em carne e osso" quase que só sobreviveu, bastante especializada e transformada, no circo e em certas formas de *music-hall*. Quer dizer, precisamente onde os produtores de filmes burlescos, principalmente em Hollywood, foram recrutar seus atores. Mas a lógica do gênero e dos meios cinematográficos ampliou imediatamente o repertório da técnica deles: permitiu os Max Linder, os Buster Keaton, os Gordo e o Magro, os Carlitos; entre 1905 e 1920, a farsa conheceu um brilho único em sua história. Estou me referindo à farsa tal como sua tradição a perpetuou desde Plauto e Terêncio, e até mesmo a commedia dell'arte com seus temas e técnicas. Darei apenas um exemplo: o tema clássico do balde se encontra espontaneamente num velho Max Linder (1912 ou 1913), no qual podemos ver o jovial Don Juan sedutor de uma lavadeira obrigado a mergulhar num tanque cheio de roupas coloridas para escapar à punição do marido enganado. É certo que, em tal caso, não se trata nem de influência nem de reminiscências, mas da reconciliação de um gênero com sua tradição.

O TEXTO, O TEXTO!

Vimos com essas breves evocações que as relações do teatro e do cinema são mais antigas e mais íntimas do que em geral se pensa e, sobretudo, que não se limitam ao que comum e pejorativamente se designa sob o nome de "teatro filmado". Vimos ainda como foi decisiva a influência – tão inconsciente quanto inconfessa – do repertório e das tradições teatrais sobre os gêneros cinematográficos tidos por exemplares na ordem da pureza e da "especificidade".

O problema, porém, não é exatamente o mesmo que o da adaptação de uma peça tal como geralmente o entendemos. Convém, antes de prosseguirmos, distinguir do fato teatral o que poderia ser chamado de fato "dramático".

O drama é a alma do teatro. Mas acontece de ela habitar outra forma. Um soneto, uma fábula de La Fontaine, um romance..., um filme podem dever sua eficácia ao que Henri Gouhier chama de "categorias dramáticas". Desse ponto de vista, é inútil reivindicar a autonomia do teatro, ou então é preciso apresentá-la como negativa; no sentido de que uma peça não poderia deixar de ser "dramática", mas um romance pode sê-lo ou não. *Ratos e homens* é a um só tempo um conto e um puro modelo de tragédia. Em compensação, seria difícil adaptar *No caminho de Swann* para o palco. Não poderíamos aplaudir uma peça por ser romanesca, mas se pode muito bem felicitar o romancista por saber construir uma ação.

Se mesmo assim considerarmos o teatro como a arte específica do drama, é preciso reconhecer que sua influência é imensa e que o cinema é a última das artes que pode escapar a ela. Nesse caso, porém, metade da literatura e três quartos dos filmes seriam sucursais do teatro. Por isso, não é desse modo que o problema se apresenta: ele só começa realmente a existir em função da obra teatral encarnada, não no ator, mas no texto.

Fedra foi escrita para ser representada, mas já existe como obra e como tragédia para o bacharel que declama seus clássicos. O "teatro numa poltrona" com a única ajuda da imaginação é um teatro incompleto, mas já é teatro. Em contrapartida, *Cyrano de Bergerac* [de Michael Gordon, 1950] ou *Le Voyageur sans bagage*, tais como foram filmados, já não são, embora o texto esteja ali – e até mesmo o espetáculo!

Se fosse lícito reter de *Fedra* apenas uma ação e reescrevê-la em função das "exigências romanescas" ou do diálogo de cinema, nós nos encontraríamos na hipótese precedente do teatro reduzido ao dramático. Mas, se não há nenhum impedimento metafísico para fazer essa operação, é óbvio que há vários de ordem prática, contingente e histórica. O mais simples deles é o medo salutar do ridículo, o mais imperioso, a concepção moderna da obra de arte que impõe respeito ao texto e à propriedade artística, inclusive moral e póstuma. Em outros termos, só Racine teria o direito de reescrever uma adaptação de *Fedra*, no entanto, além de não haver garantias que mesmo assim ela seria boa (foi o próprio Jean Anouilh que fez o filme *Le Voyageur sans bagages* [1944]), não se pode esquecer que Racine está morto.

Dirão talvez que não é o que ocorre quando o autor está vivo, pois ele próprio pode repensar sua obra, remodelar sua matéria – como André Gide fez recentemente, embora no sentido contrário, do romance para o palco, com *Os subterrâneos do Vaticano* –, ou no mínimo controlar e dar seu aval ao trabalho de um adaptador. Examinando, porém, mais de perto, essa é uma satisfação mais jurídica do que estética: em primeiro lugar porque o talento, e menos ainda a genialidade, nem sempre são universais, e nada garante a equivalência do original e da adaptação, mesmo quando assinada pelo autor. E depois, porque a razão mais comum de levar para a tela uma obra dramática contemporânea é o sucesso que ela obteve nos palcos. O sucesso a cristaliza no essencial de um texto submetido ao espectador e que, aliás, o público do filme quer reencontrar; e aí estamos nós, portanto, reduzidos, por um desvio mais ou menos digno, ao respeito ao texto escrito.

Enfim, e sobretudo, porque quanto melhor for a qualidade de uma obra dramática, mais difícil será a dissociação do dramático e do teatral, cuja síntese o texto realiza. É significativo que assistamos à tentativas de adaptação de romances para o palco, mas praticamente nunca à operação inversa. Como se o teatro se situasse ao fim de um processo irreversível de purificação estética. Podemos, a rigor, tirar uma peça de *Os irmãos Karamazov*, ou de *Madame Bovary*, mas, se admitíssemos que tais peças tivessem existido antes, teria sido impossível fazer delas os romances que conhecemos. Isso porque, se o romanesco inclui de tal modo o dramático que este não pode ser deduzido, a recíproca supõe uma indução, ou seja, em arte, uma criação pura e simples. Comparado com a peça, o romance não é senão uma das múltiplas sínteses possíveis a partir do elemento dramático simples.

Assim, se a noção de fidelidade não é absurda no sentido romance-teatro, no qual se pode discernir uma filiação necessária, não podemos entender bem o que, no sentido contrário, a noção de equivalência poderia significar em especial; no máximo poderíamos falar de "inspiração" a partir das situações e dos personagens.

Comparo no momento romance e teatro, mas tudo leva a crer que o raciocínio vale ainda mais para o cinema; pois, das duas uma: ou o filme é a pura e simples fotografia da peça (portanto, com seu texto), e isso é precisamente o famoso "teatro filmado", ou a peça é adaptada às "exigências da arte cinematográfica", mas então recaímos na indução de que falávamos acima, e se trata, de fato, de outra obra. Jean Renoir inspirou-se na peça de René Fauchois, em *Boudu salvo das águas* [*Boudu sauvé des eaux*, 1932], mas fez dela uma obra provavelmente superior ao original e que o ofusca.[7] É, aliás, uma exceção que confirma plenamente a regra.

De qualquer ângulo que a abordemos, a peça de teatro, clássica ou contemporânea, é irrevogavelmente protegida por seu texto. Este só poderia ser "adaptado" se renunciássemos à obra original para substituí-la por outra, talvez superior, mas que já não é a peça. Operação que se limita fatalmente, aliás, aos autores menores ou vivos, já que as obras-primas consagradas pelo tempo nos impõem o respeito ao texto como um postulado.

É o que confirma a experiência dos dez últimos anos. Se o problema do teatro filmado reencontra uma singular atualidade estética, isso se deve a obras como *Hamlet*, *Henrique v*, *Macbeth: Reinado de sangue*, no que se refere ao teatro clássico, e, para os contemporâneos, a filmes como *Pérfida*, de Lillian Hellman e Wyler, *O pecado original*, *Meu amigo, Amélia e eu* [*Occupe-toi d'Amélie!*, de Claude Autant-Lara, 1949], *Festim diabólico*... Jean Cocteau havia preparado antes da guerra uma "adaptação" de sua peça *O pecado original*. Quando retomou seu projeto em 1946, desistiu e decidiu conservar integralmente seu texto. Veremos mais adiante que ele praticamente conservou até mesmo o cenário de palco. A evolução do teatro filmado, nos Estados Unidos, na Inglaterra, na França, e tendo por objeto obras clássicas ou contemporâneas, é a mesma: ela é caracterizada por uma fidelidade cada vez mais imperiosa ao texto escrito, como se as diferentes experiências do cinema falado se encontrassem nesse ponto. Antigamente, a principal preocupação do cineasta parecia ser camuflar a origem teatral do modelo, adaptá-lo, dissolvê-lo no cinema. Agora, não somente ele parece desistir disso, como também salienta sistematicamente seu caráter teatral. E isso não pode ser diferente

7 Ele não procedeu com menos liberdade em relação a *Le Carosse du Saint Sacrement*, de Prosper Mérimée. (Que deu origem ao filme *A carruagem de ouro* [*Le Carrose d'or*, de Jean Renoir, 1952]. [N. T.])

a partir do momento em que o essencial do texto é respeitado. Concebido em função das virtualidades teatrais, o texto já as traz todas nele. Ele determina modos e um estilo de representação, já é, em potencial, o teatro. Não é possível a um só tempo decidir ser fiel a ele e afastá-lo da expressão para a qual tende.

OCULTEM ESSE TEATRO QUE EU NÃO SUPORTARIA VER!

Teremos a confirmação disso num exemplo tirado do repertório clássico: é um filme que talvez ainda faz estragos nas escolas e colégios franceses e que pretende ser uma tentativa de ensino da literatura pelo cinema. Trata-se de *Le Médecin malgré lui* [Médico à força, 1934], levado às telas, com a ajuda de um professor bem intencionado, por um diretor cujo nome silenciaremos. O filme possui um dossiê enorme, tanto laudatório quanto entristecedor, de cartas de professores e reitores de colégios felizes com sua excelência. Ora, trata-se, na verdade, de uma síntese inverossímil de todos os erros suscetíveis de adulterar tanto o cinema quanto o teatro, e, acima de tudo, Molière. A primeira cena, a da lenha, situada numa floresta de verdade, começa com um interminável travelling por debaixo das árvores, destinado visivelmente a fazer com que apreciemos os efeitos do sol sob os galhos, antes de descobrir dois personagens ridículos ocupados provavelmente em colher cogumelos: o infeliz Sganarelle e sua mulher, cujos trajes de teatro parecem fantasias grotescas. O cenário real é exibido o máximo possível ao longo do filme: a chegada de Sganarelle à consulta é ocasião para mostrar um pequeno solar rústico do século XVII. O que dizer da decupagem: a da primeira cena progride do “plano de conjunto” ao “close”, e muda, naturalmente, a cada réplica. Sentimos que, se o texto não tivesse dado, a contragosto do diretor, o ritmo da película, o diretor teria apresentado a “progressão do diálogo” com uma montagem acelerada, à maneira de Abel Gance. Tal como está, a decupagem permite que os alunos não percam nada, graças aos "campos" e "contracampos" em close da mímica dos atores da Comédie-Française, que, desconfiamos, nos leva aos tempos áureos do filme de arte.

Se por cinema entende-se a liberdade de ação em relação ao espaço, e a liberdade do ponto de vista em relação à ação, levar para o cinema uma peça de teatro será dar a seu cenário o tamanho e a realidade que o palco materialmente não podia lhe oferecer. Será também liberar o espectador de sua poltrona e valorizar, pela mudança de plano, a interpretação do ator. Diante de tais *mises-en-scène*, deve-se convir que todas as acusações contra o teatro filmado são válidas. Mas é que, precisamente, não se trata de *mise-en-scène*. A operação consistiu apenas em injetar, à força, o "cinema" no teatro. O drama original, e com muito mais razão o texto, encontram-se ali fatalmente deslocados. O tempo da ação teatral não é evidentemente o mesmo que o da tela, e a primazia dramática do verbo fica defasada pela dramatização adicional que a câmera dá ao cenário. Enfim, e sobretudo, uma certa artificialidade, uma transposição exagerada do cenário teatral é rigorosamente incompatível com o realismo congênito ao cinema. O texto de Molière só tem sentido numa floresta de tela pintada, tal como a interpretação dos atores. As luzes da ribalta não são as de um sol de outono. Em última instância, a cena da lenha pode ser interpretada diante de uma cortina, mas deixa de existir ao pé de uma árvore.

Esse fracasso ilustra bem o que se pode considerar a maior heresia do teatro filmado: a preocupação em "fazer cinema". Seja lá como for, é a isso que se reduzem as filmagens habituais das peças de sucesso. Se a ação deve se passar na Côte d'Azur, os amantes – em vez de conversar debaixo de um caramanchão de um bar – se abraçarão ao volante de um carro americano na estrada de Corniche, tendo, ao fundo, em transparência, os rochedos do Cap d'Antibes. Quanto à decupagem, em *Les Gueux au paradis* [Mendigos no paraíso, de René Le

Hénaff, 1946], por exemplo, a igualdade dos contratos de Raimu e de Fernandel nos valeu um número sensivelmente igual de closes em benefício de ambos.

Os preconceitos do público confirmam, aliás, os dos cineastas. O público não pensa grande coisa do cinema, mas o identifica pelo tamanho do cenário, pela possibilidade de mostrar um cenário natural e de agitar a ação. Se não se acrescentasse à peça um mínimo de cinema, ele se julgaria roubado. O cinema deve necessariamente "parecer mais rico" que o teatro. Os atores precisam ser famosos, e, dizem, tudo o que parece pobreza ou avareza nos meios materiais é fator de fracasso. O diretor e o produtor precisam ter certa coragem para encarar os preconceitos do público. Principalmente se eles próprios não acreditam no que estão fazendo. Na origem da heresia do teatro filmado reside um complexo ambivalente do cinema frente ao teatro: complexo de inferioridade em relação a uma arte mais antiga e mais literária, que o cinema compensa com a "superioridade" técnica de seus meios, que se confunde com uma superioridade estética.

TEATRO EM CONSERVA OU METATEATRO?

Querem a contraprova desses erros? Ela nos é dada, sem ambiguidades, por dois filmes de sucesso: *Henrique V* e *O pecado original*.

Quando o diretor de *Le Médecin malgré lui* começava seu trabalho com um travelling na floresta, era com a ingênua e talvez inconsciente esperança de nos fazer engolir em seguida a infeliz cena dos galhos secos, como um remédio com cobertura de açúcar. Ele tentava pôr um pouco de realidade em torno dela e nos arranjar uma escada para nos fazer subir ao palco. Seus ardis desajeitados tinham infelizmente o efeito contrário: salientar, definitivamente, a irrealidade dos personagens e do texto.

Vejamos agora como Laurence Olivier soube resolver em *Henrique V* a dialética do realismo cinematográfico e da convenção teatral. O filme começa com um travelling, mas é para nos fazer mergulhar no teatro: o pátio do albergue elisabetano. Ele não pretende nos fazer esquecer a convenção teatral, muito pelo contrário, ele a frisa. Não é à obra *Henrique V* que o filme se vincula imediata e diretamente, mas à *representação* de *Henrique V*. Isso é evidente, pois não se supõe que essa representação seja atual, como no teatro, mas que ela se desenrola no próprio tempo de Shakespeare, e os espectadores e os bastidores nos são mostrados. Não há, portanto, erro possível, o ato de fé do espectador diante da cortina que se levanta não é requerido para se ter prazer com o espetáculo. Não estamos realmente na peça, mas em um filme histórico sobre o teatro elisabetano, ou seja, em um gênero cinematográfico perfeitamente estabelecido e com o qual já estamos acostumados. Entretanto, nosso prazer com a peça não tem nada em comum com o que teríamos com um documentário histórico, ele é, na verdade, o prazer que temos com uma representação de Shakespeare. E isso porque a estratégia estética de Laurence Olivier era apenas um estratagema para escamotear o milagre da cortina. Ao fazer o cinema do teatro, ao denunciar de antemão pelo cinema a interpretação e as convenções teatrais, em vez de tentar camuflá-las, ele suprimiu os obstáculos do realismo que se opunha à ilusão teatral. Uma vez assegurados esses fundamentos psicológicos na cumplicidade do espectador, Laurence Olivier podia se permitir tanto a deformação pictórica do cenário quanto o realismo da batalha de Azincourt; Shakespeare o convidava a isso com seu apelo explícito à imaginação do auditório: aí também o pretexto era perfeito. Tal desdobramento cinematográfico, que seria dificilmente admitido se o filme fosse apenas a representação de *Henrique V*, encontrava sua justificativa na própria peça. Naturalmente, ele tinha que se manter firme e, como se sabe, foi o que ele fez. Digamos apenas que a cor, que talvez acabe sendo vista essencialmente como um elemento não realista, contribui para tornar admissível a passagem ao imaginário e, no próprio

Henrique V, de Laurence Olivier.

imaginário, permite a continuidade entre as miniaturas e a reconstituição "realista" de Azincourt. Em momento algum *Henrique V* é realmente "teatro filmado"; o filme se situa de certo modo de ambos os lados da representação teatral, aquém e além do palco. E, no entanto, Shakespeare é seu prisioneiro, e o teatro também, cercados de todos os lados pelo cinema.

O teatro moderno de bulevar não parece recorrer com tanta evidência às convenções cênicas. O "*Théâtre Libre*" e as teorias de Antoine nos levou até mesmo a acreditar por algum tempo na existência de um teatro "realista", numa espécie de pré-cinema.[8] Hoje, porém, ninguém mais se deixa enganar por tal

8 Um comentário aqui talvez não seja supérfluo. Reconheçamos em primeiro lugar que, no cerne do teatro, o melodrama e o drama esforçam-se, com efeito, para introduzir uma revolução realista: o ideal stendhaliano do espectador que leva a coisa a sério e dá um tiro no traidor (Orson Wel-

ilusão. Se existe um realismo teatral, ele é apenas relativo a um sistema de convenções mais secretas, menos explícitas, porém igualmente rigorosas. A "parte de vida"[9] não existe no teatro. Ou, pelo menos, só o fato de expô-la num palco a separa da vida e faz dela um fenômeno *in vitro*, que participa ainda de modo parcial da natureza, mas já está profundamente modificada pelas condições de observação. Antoine pode até pôr pedaços de carne no palco, mas não pode, como no cinema, fazer todo um rebanho passar por ali. Para plantar uma árvore ali é preciso que corte as raízes e, em todo caso, desista de mostrar realmente a floresta. De modo que sua árvore procede ainda do registro elisabetano, é apenas, no final das contas, um poste indicador. Lembradas essas verdades pouco contestáveis, pode-se admitir que a filmagem de um "melodrama" como *O pecado original* não apresenta problemas tão diferentes dos de

les na Broadway mandara, ao contrário, metralhar as poltronas da plateia). Um século mais tarde, Antoine tirará as consequências do realismo do texto no realismo da *mise-en-scène*. Não foi um acaso se Antoine fez cinema mais tarde. De modo que, se olharmos um pouco de cima para a história do cinema, é preciso convir que uma grande tentativa de "teatro-cinema" precedeu a do "cinema-teatro". Dumas filho e Antoine, antes de Marcel Pagnol. É bem possível, aliás, que o renascimento teatral que emana de Antoine tenha sido muito facilitado pela existência do cinema, tendo este desviado para si a heresia do realismo e limitado as teorias do diretor à sã eficiência de uma reação contra o simbolismo. A triagem que o Théâtre du Vieux-Colombier fez durante a revolução do Théâtre Libre (deixando o realismo para o Grand Guignol), a ponto de reafirmar o valor das convenções cênicas, talvez não tivesse sido possível sem a concorrência do cinema. Concorrência exemplar, que tornava, em todo caso, o realismo dramático irremediavelmente derrisório. Hoje, ninguém mais pode sustentar que o drama de bulevar mais burguês não participa de todas as convenções teatrais.

9 Em francês *tranche de vie*, cena realista no teatro livre de Antoine. Bazin faz um jogo de palavras com o verbo *retrancher*, que significa separar, tirar, cortar. [N.T.]

uma peça clássica. O que se chama aqui de realismo não coloca de modo algum a peça no mesmo plano que o cinema, não abole o proscênio. Só que o sistema de convenções ao qual a *mise-en-scène* obedece – e, portanto, também o texto – está, de certo modo, no primeiro grau. As convenções trágicas, com seu cortejo de inverossimilhanças materiais e de alexandrinos, são apenas máscaras e coturnos que confirmam e enfatizam a convenção fundamental do fato teatral.

Foi o que Jean Cocteau entendeu levando para a tela *O pecado original*. Ainda que sua peça fosse aparentemente das mais "realistas", o Cocteau cineasta compreendeu que não precisava acrescentar nada a seu cenário, que o cinema não estava ali para multiplicá-lo, mas para intensificá-lo. Se o quarto se transforma em apartamento, este será sentido, graças à tela e à técnica da câmera, como ainda mais exíguo que o quarto do palco. Como aqui o essencial é o fato dramático da clausura e da coabitação, o menor raio de sol, uma lâmpada elétrica a mais teriam destruído essa frágil e fatal simbiose. Assim toda a trupe da "*roulotte*" pode ir ao outro lado de Paris, à casa de Madeleine; nós a deixamos na porta de um apartamento e a encontramos na entrada do outro. Não se trata aqui de uma elipse de montagem já clássica, é um fato positivo de *mise-en-scène*, ao qual Jean Cocteau não se via, de modo algum, obrigado pelo cinema e que, por isso mesmo, vai além das possibilidades de expressão do teatro; como este último é obrigado a fazê-la, não pôde obter o mesmo efeito. Cem exemplos confirmariam que a câmera respeita a natureza do cenário teatral e esforça-se somente para aumentar sua eficácia, evitando sempre modificar sua relação com o personagem. Nem todas as dificuldades vêm a calhar; a obrigação de mostrar no palco cada um dos cômodos separadamente e de baixar a cortina no intervalo é incontestavelmente uma sujeição inútil. A verdadeira unidade de tempo e lugar é introduzida, graças à sua mobilidade, pela a câmera. O projeto teatral precisava do cinema para enfim se expressar livremente e para que *O pecado original* se tornasse, evidentemente, uma tragédia de apartamento, no qual a fresta de uma porta pode ganhar mais sentido do que um monólogo na cama. Cocteau não trai sua obra, ele permanece fiel ao espírito da peça, quando respeita ainda mais as sujeições essenciais por saber discerni-las das contingências acidentais. O cinema age somente como um revelador que acaba de fazer aparecer certos detalhes que o palco deixava em branco.

Resolvido o problema do cenário, restava o mais difícil: o da decupagem. Foi aí que Cocteau deu provas de sua engenhosa imaginação. A noção de "plano" é, enfim, dissolvida. Resta apenas o "enquadramento", cristalização passageira de uma realidade de cujo entorno estamos sempre sentindo a presença. Cocteau gosta de repetir que pensou no seu filme em "16 mm". "Pensou" somente, pois lhe seria bem difícil realizá-lo em formato reduzido. O que conta é que o espectador tenha a sensação de uma presença total do acontecimento, não mais como em Welles (ou em Renoir) pela profundidade de campo, mas pela virtude de uma rapidez diabólica do olhar que parece seguir pela primeira vez o ritmo puro da atenção.

Sem dúvida, isso é levado em conta por qualquer boa decupagem. O tradicional "campo/contracampo" divide o diálogo segundo uma sintaxe elementar do interesse. Um close de um telefone que toca no momento patético equivale a uma concentração da atenção. Mas nos parece que a decupagem comum é um compromisso entre três sistemas de análise possíveis da realidade: 1) uma análise meramente lógica e descritiva (a arma do crime perto do cadáver); 2) uma análise psicológica interior ao filme, isto é, conforme o ponto de vista de um dos protagonistas na situação dada (o copo de leite – talvez envenenado – que Ingrid Bergman deve beber em *Interlúdio* [*Notorious*, de Alfred Hitchcock, 1946] ou o anel no dedo de Theresa Wright em *A sombra de uma dúvida* [*Sha-*

dow of a Doubt, de Alfred Hitchcock, 1943]); 3) enfim, uma análise psicológica em função do interesse do espectador; interesse espontâneo ou estimulado pelo diretor graças precisamente a esta análise: é a maçaneta da porta que gira sem que o criminoso que acha que está sozinho veja ("Cuidado!", gritariam as crianças para Guignol, que vai ser surpreendido por um policial).

Esses três pontos de vista, cuja combinação constitui a síntese do acontecimento cinematográfico na maioria dos filmes, são sentidos como únicos. Na verdade, eles implicam uma heterogeneidade psicológica e uma descontinuidade material. As mesmas, no fundo, que se outorga o romancista tradicional e que valeram a François Mauriac o conhecido repúdio de Jean-Paul Sartre. A importância da profundidade de campo e do plano fixo em Orson Welles ou William Wyler procede precisamente da recusa da fragmentação arbitrária que eles substituem por uma imagem uniformemente legível, que obriga o espectador a fazer sua própria escolha.

Embora permanecendo tecnicamente fiel à decupagem clássica (seu filme tem inclusive um número de planos mais alto do que a média), Cocteau lhe confere uma significação original quando praticamente só utiliza planos de terceira categoria; isto é, o ponto de vista do espectador e só ele; de um espectador extraordinariamente perspicaz e com o poder de ver tudo. A análise lógica e descritiva, assim como o ponto de vista do personagem, são praticamente eliminados; resta o da testemunha. A "câmera subjetiva" é enfim realizada, mas às avessas, não como em *A dama do lago* [*Lady in the Lake*, de Robert Montgomery, 1947], graças a uma identificação pueril do espectador com o personagem por intermédio da câmera, mas, ao contrário, pela implacável exterioridade da testemunha. A câmera é, enfim, o espectador, e nada mais do que ele. O drama torna-se de novo plenamente um espetáculo. Foi também Cocteau quem disse que o cinema era um acontecimento visto pelo buraco da fechadura. Da fechadura fica a impressão de uma invasão de domicílio, a quase obscenidade do "ver".

Tomemos um exemplo bem significativo dessa escolha arbitrária da exterioridade: uma das últimas imagens do filme, quando Yvonne de Bray, envenenada, se afasta, andando de costas para seu quarto, olhando o grupo ocupado em volta da feliz Madeleine. Um travelling para trás permite que a câmera a acompanhe. Mas esse movimento de câmera nunca se confunde, como a tentação era grande, com o ponto de vista subjetivo de "Sophie". O efeito de choque do travelling seria certamente mais violento se estivéssemos no lugar da atriz e víssemos com seus olhos. Mas Cocteau evitou tal contrassenso, ele mantém Yvonne de Bray "como isca" e recua, um pouco mais afastado, atrás dela. O objeto do plano não é o que ela olha, tampouco seu olhar, mas olhá-la olhar. Por cima de seus ombros, sem dúvida, e esse é o privilégio cinematográfico, mas que Cocteau restitui com presteza ao teatro.

Cocteau se colocava assim no próprio princípio das relações do espectador e do palco. Enquanto o cinema lhe permitia apreender o drama a partir de pontos de vista múltiplos, ele adotava deliberadamente apenas o ponto de vista do espectador, único denominador comum do palco e da tela.

Desse modo, Cocteau conserva em sua peça o essencial de seu caráter teatral. Em vez de tentar, como tantos outros, dissolvê-la no cinema, ele utiliza, ao contrário, os recursos da câmera para acusar, salientar, confirmar as estruturas cênicas e seus corolários psicológicos. A contribuição específica do cinema só poderia ser definida aqui por um acréscimo de teatralidade.

Com isso ele se aproxima de Laurence Olivier, Orson Welles, Wyler e Dudley Nichols, como confirmaria a análise de *Macbeth: Reinado de sangue*, *Hamlet*, *Pérfida* e de *Conflito de paixões* [*Mourning Becomes Electra*, de Dudley Nichols, 1947], sem falar de um filme como *Meu amigo, Amélia e eu*, no qual Claude Autant-Lara faz com o vaudevile algo comparável à ao que Laurence Olivier

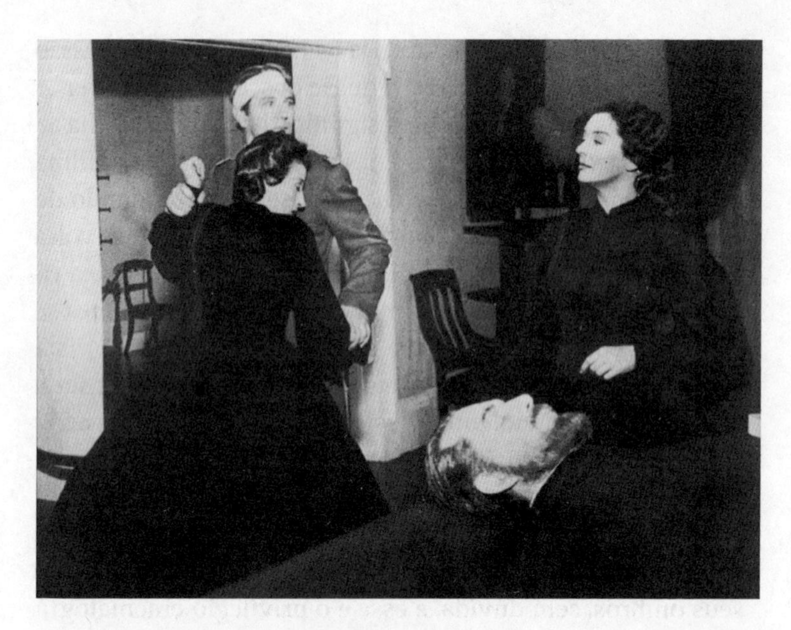

Conflitos de paixões, de Dudley Nichols.

faz com *Henrique v*. Todos os êxitos tão característicos dos últimos quinze anos são a ilustração de um paradoxo: o respeito ao texto e às estruturas teatrais. Já não se trata de "adaptar" um tema. Trata-se de encenar uma peça por intermédio do cinema. Do "teatro em conserva", ingênuo e insolente, aos recentes sucessos, o problema do teatro filmado foi radicalmente renovado. Tentamos discernir como. Se fôssemos mais ambiciosos, chegaríamos a dizer por quê?

2

O *leitmotiv* daqueles que desprezam o teatro filmado, seu último argumento aparentemente inexpugnável, é sempre o prazer insubstituível que se vincula à presença física do ator. "O que há de especificamente teatral", escreve Henri Gouhier, em *L'Essence du théâtre*, "é a impossibilidade de destacar a ação do ator". E mais: "O palco acolhe todas as ilusões, exceto a da presença; o ator aparece ali sob seu disfarce, com outra alma e outra voz, mas está ali e, ao mesmo tempo, o espaço encontra sua exigência e a duração sua espessura". Em outros termos e de modo inverso: o cinema pode acolher todas as realidades, exceto a da presença física do ator. Se é verdade que aí reside a essência do fenômeno teatral, o cinema não poderia, portanto, de modo algum almejá-la. Se a escritura, o estilo, a construção dramática são, como devem sê-lo, rigorosamente concebidos para ganhar alma e existência do ator em carne e osso, qualquer tentativa de substituir o homem por seu reflexo e sua sombra é radicalmente vã. O argumento é irrefutável. Os êxitos de Laurence Olivier, Orson Welles ou Jean Cocteau só podem ser contestados (mas para isso é preciso ter má-fé), ou ser inexplicáveis: um desafio à estética e ao filósofo. Por isso, só podemos elucidá-los recolocando em questão esse lugar-comum da crítica teatral: "a insubstituível presença do ator".

A NOÇÃO DE PRESENÇA

Uma primeira série de observações se imporia, a princípio, quanto ao conteúdo do conceito de "presença", pois parece ser essa noção, tal como podia ser entendida antes do aparecimento da fotografia, que o cinema vem precisamente abalar.

Será que a imagem fotográfica – e singularmente cinematográfica – pode ser assimilada às outras imagens e, como elas, distinguida da existência do objeto? A presença define-se naturalmente em relação ao tempo e ao espaço. "Estar em presença" de alguém é reconhecer que ele é nosso contemporâneo e constatar que ele está na zona de acesso natural de nossos sentidos (ou seja, aqui, da visão, e, no rádio, da audição). Até o aparecimento da fotografia e, depois, do cinema, as artes plásticas, principalmente nos retratos, eram os únicos intermediários possíveis entre a presença concreta e a ausência. A justificação disso era a semelhança, que excita a imaginação e ajuda a memória. A fotografia, porém, é bem diferente. Não é a imagem de um objeto ou de um ser e, sim, para sermos mais exatos, seu vestígio. Sua gênese automática a distingue radicalmente das outras técnicas de reprodução. O fotógrafo procede, por intermédio da objetiva, a uma verdadeira captura da impressão luminosa: a uma moldagem. Como tal, ele traz consigo mais que a semelhança, traz uma espécie de identidade (a carteira assim chamada só é concebível na era da fotografia). Mas a fotografia é uma técnica imperfeita, na medida em que sua instantaneidade a obriga a apreender o tempo apenas em cortes. O cinema realiza o estranho paradoxo de se moldar sobre o tempo do objeto e de ganhar, ainda por cima, a marca de sua duração.

O século XIX, com suas técnicas objetivas de reprodução, visuais e sonoras, faz aparecer uma nova categoria de imagens; suas relações com a realidade de onde procedem pediriam para ser rigorosamente definidas. Sem contar que os problemas estéticos que derivam diretamente daí não poderiam ser convenientemente colocados sem essa operação filosófica preliminar. Há certa imprudência em tratar de antigos fatos estéticos como se as categorias que eles interessam não tivessem sido modificadas em nada pelo aparecimento de fenômenos absolutamente novos. O senso comum – talvez o melhor filósofo em tais matérias – compreendeu bem isso, e criou uma expressão para significar a presença de um ator, acrescentando no cartaz "em carne e osso". É que, para ele, a palavra "presença" se presta hoje em dia a equívoco e um pleonasmo nunca é demais no tempo do cinematógrafo. Assim, desde então, não é certo que não haja nenhum intermediário concebível entre a presença e a ausência. É igualmente no que diz respeito à ontologia que a eficácia do cinema tem sua origem. É errôneo dizer que a tela é absolutamente impotente para nos colocar "em presença" do ator. Ele faz isso à maneira de um espelho (que, é ponto pacífico, substitui a presença do que se reflete nele), mas de um espelho com reflexo diferido, cujo aço retivesse a imagem.[10] É verdade que, no teatro, Molière pode agonizar no palco e que temos o privilégio de viver no tempo biográfico do ator; assistimos, entretanto, no filme *Sangue de toureiro* [*Brindis a Manolete*, de Florián Rey, 1948], à morte autêntica do célebre toureiro, e, se nossa emoção não é tão forte quanto se estivéssemos na arena naquele instante histórico, ela é, no entanto, da mesma natureza. Não reganhamos o que perdemos do testemunho direto graças à proximidade artificial que o aumento da câmera permite? Tudo se passa como se, no parâmetro Tempo-Espaço que define a presença, o cinema só nos restituísse efetivamente uma duração enfraquecida, diminuída, mas não reduzida a zero, enquanto a multiplicação do fator espacial restabeleceria o equilíbrio da equação psicológica.

Em todo caso, não poderíamos opor cinema e teatro somente com a noção de presença, sem explicar de antemão o que subsiste dela na tela e o que filósofos e estetas ainda não esclareceram. Não faremos isso aqui, pois até mesmo na compreensão clássica que lhe dá, juntamente com outros, Henri

10 A televisão vem naturalmente acrescentar uma variedade nova às "pseudopresenças" oriundas das técnicas científicas de reprodução inauguradas pela fotografia. Na telinha, nas emissões "ao vivo", o ator está dessa vez temporal e espacialmente presente. Mas a relação de reciprocidade ator-espectador fica, em certo sentido, incompleta. O espectador vê sem ser visto: não há retorno. Parece que o teatro televisionado participa, portanto, a um só tempo, do teatro e do cinema. Do teatro pela presença do ator diante do espectador, mas do cinema pela não presença do segundo diante do primeiro. Entretanto, essa não presença não é ausência verdadeira, pois o ator de televisão tem consciência de milhões de olhos e ouvidos virtualmente representados pela câmera eletrônica. Tal presença abstrata revela-se principalmente quando o ator tropeça no texto. Desagradável no teatro, esse incidente é intolerável na TV, pois o espectador, que nada pode fazer por ele, toma consciência da solidão antinatural do ator. No palco, nas mesmas circunstâncias, é criado um modo de cumplicidade com a sala que socorre o ator em dificuldade. Tal relação de retorno é impossível na TV.

Gouhier, não nos parece que a "presença" contenha, em última análise, a essência decisiva do teatro.

OPOSIÇÃO E IDENTIFICAÇÃO

Uma introspecção sincera dos prazeres teatral e cinematográfico, no que eles têm de menos intelectual, de mais direto, nos obriga a admitir, na alegria que o palco nos proporciona quando a cortina desce, não sei o que de mais revigorante e, reconheçamos, de mais nobre – ou talvez devêssemos dizer de mais moral – que a satisfação após um filme. É como se saíssemos dali com uma consciência melhor. Em certo sentido, para o espectador, é como se todo teatro fosse corneliano. Desse ponto de vista, poderíamos dizer que "falta alguma coisa" aos melhores filmes. É como se uma diminuição de voltagem inevitável, algum misterioso curto-circuito nos privasse no cinema de uma determinada tensão decididamente própria ao palco. Por menor que seja essa diferença, ela existe, mesmo entre uma péssima interpretação e a interpretação cinematográfica mais brilhante de Laurence Olivier. Essa constatação não tem nada de banal e a sobrevivência do teatro após cinquenta anos de cinema e depois das profecias de Marcel Pagnol, já é uma prova experimental suficiente disso.

No princípio do desencanto que se segue ao filme, poderíamos provavelmente detectar um processo de despersonalização do espectador. Como Rosenkrantz escrevia, em 1937,[11] num artigo profundamente original para sua época,

> os personagens da tela são naturalmente objetos de identificação, enquanto os do palco são muito mais objetos de oposição mental, pois a presença efetiva deles lhes dá uma realidade objetiva e, para transformá-los em objetos de um mundo imagi-

11 Em *Esprit*.

nário, a vontade ativa do espectador deve intervir, a vontade de abstrair a presença física deles. Tal abstração é fruto de um processo de inteligência que só se pode pedir a indivíduos plenamente conscientes.

O espectador de cinema tende a se identificar com o herói por um processo psicológico que tem como consequência a conversão da sala em "multidão" e a uniformização das emoções: "Do mesmo modo que, em álgebra, se duas grandezas são respectivamente iguais a uma terceira, elas são iguais entre si, poderíamos dizer que, se dois indivíduos se identificam com um terceiro, identificam-se um com o outro". Tomemos o exemplo significativo de dançarinas de *music-hall* no palco e na tela. Na tela, o aparecimento delas satisfaz aspirações sexuais inconscientes; e, quando o herói entra em contato com elas, ele satisfaz o desejo do espectador na medida em que este se identificou com o herói. No palco, as dançarinas despertam os sentidos do espectador tal como a realidade o faria. De modo que a identificação com o herói não se dá. Este se torna objeto de ciúme e inveja. Em suma, Tarzan só é concebível no cinema. O cinema apazigua o espectador, o teatro o excita. O teatro, mesmo quando apela para os instintos mais baixos, impede até certo ponto a formação de uma mentalidade de multidão,[12] ele entrava a representação coletiva, no sentido psicológico, pois exige uma consciência individual ativa, enquanto o filme só pede uma adesão passiva.

Essas considerações lançam nova luz sobre o problema do ator. Fazem-no descer da ontologia para a psicologia. É na medida em que o cinema favorece o processo de identificação com o herói que ele se opõe ao teatro. Apresentado desse

12 Multidão e solidão não são antinômicas: a sala de cinema constitui uma multidão de indivíduos solitários. Multidão deve ser entendida aqui como o contrário de comunidade orgânica, deliberadamente escolhida.

modo, o problema não seria mais radicalmente insolúvel, pois é certo que o cinema dispõe de procedimentos de *mise-en-scène* que favorecem a passividade ou, ao contrário, excitam mais ou menos a consciência. De modo inverso, o teatro pode procurar atenuar a oposição psicológica entre o espectador e o herói. Logo, teatro e cinema não estariam mais separados por um fosso estético intransponível, tenderiam somente a suscitar duas atitudes mentais sobre as quais os diretores teriam um grande controle.

Analisando de perto, o prazer teatral não se oporia apenas ao do cinema, mas ao do romance também. O leitor de romance fisicamente solitário – como o é, psicologicamente, o espectador das salas escuras – identifica-se com os personagens[13] e por isso sente, também ele, depois de uma longa leitura, a mesma embriaguez de uma intimidade duvidosa com os heróis. Há, incontestavelmente, tanto no prazer do romance quanto no do cinema, uma complacência consigo mesmo, uma concessão à solidão, uma espécie de traição da ação pela recusa de uma responsabilidade social.

Aliás, a análise do fenômeno pode ser facilmente retomada de um ponto de vista psicanalítico. Não seria significativo que o psiquiatra tenha tomado de Aristóteles o termo *catarse*? As pesquisas pedagógicas modernas relativas ao "psicodrama" parecem que abrem caminhos fecundos sobre os processos catárticos do teatro. Elas utilizam a ambiguidade existente na criança entre as noções de jogo e de realidade, para levar o sujeito a se liberar, na improvisação teatral, dos recalques de que sofre. Essa técnica se resume em criar uma espécie de teatro incerto, no qual a interpretação é séria e o ator é seu próprio espectador. A ação que se desenvolve ainda não está cindida pelo proscênio, que é, evidentemente, a arquitetura simbólica da censura que nos separa do palco. Delegamos Édipo para agir em nosso

13 Cf. Claude-Edmonde Magny, *L'Âge du roman américain*. Paris: Seuil, 1948.

nome do outro lado desse muro de fogo, essa fronteira ardente entre o real e o imaginário que autoriza a existência dos monstros dionisíacos e nos protege contra eles.[14] As feras sagradas não atravessarão essa página de luz, fora da qual são, a nossos olhos, incongruentes e sacrílegas (a espécie de respeito inquietante que aureola ainda como uma fosforescência o ator maquiado quando o vemos no camarim). E não venham dizer que nem sempre o teatro teve proscênio. Esse é apenas um símbolo, antes dele houve outros, desde o coturno e a máscara. No século XVII, o acesso de privilegiados ao palco não negava o proscênio, ele o confirmava, ao contrário, por uma espécie de violação privilegiada, do mesmo modo como hoje, na Broadway, quando Orson Welles espalha pela sala atores para atirar no público, ele não aniquila o proscênio, mas passa para o outro lado. As regras do jogo são feitas também para serem violadas, espera-se que certos jogadores trapaceiem.[15]

14 Cf. Pierre-Aimé Touchard, *Dionysos*. Paris: Seuil, 1949 [ed. bras.: *Dionisio: apologia do teatro/O amador de teatro ou as regras do jogo*. São Paulo: Cultrix/Edusp, 1978].

15 Um último exemplo que prova que a presença só constitui o teatro na medida em que se trata de interpretação. Qualquer pessoa experimentou, por conta própria ou por meio dos outros, a situação desagradável que consiste em ser observado sem que se saiba ou simplesmente contra sua vontade. Os namorados que se beijam nos bancos das praças são um espetáculo para os passantes, mas não se incomodam com isso. Minha faxineira, que tem o senso da palavra certa, diz olhando-os que "estamos no cinema". Todos já se encontraram às vezes na obrigação vexante de proceder, diante de testemunha, a uma ação ridícula. Uma vergonha irritada, que é o contrário do exibicionismo teatral, nos invade então. Quem olha pelo buraco da fechadura não está no teatro; Cocteau demonstrou, em *Sangue de um poeta*, que ele já estava no cinema. E, no entanto, trata-se certamente de espetáculo, os protagonistas estão diante de nós em carne e osso, porém, uma das duas partes não sabe de nada ou se submete a ele contra sua vontade: "Não é interpretação".

Em relação à objeção da presença, e somente a ela, o teatro e o cinema não estariam, portanto, em oposição essencial. O que está em jogo são, antes, duas modalidades psicológicas do espetáculo. O teatro constrói-se certamente sobre a consciência recíproca da presença do espectador e do ator, mas para fins de interpretação. Ele age em nós por participação lúdica numa ação, através do proscênio e como que sob a proteção de sua censura. No cinema, ao contrário, contemplamos solitários, escondidos num quarto escuro, através de persianas entreabertas, um espetáculo que nos ignora e que participa do universo. Nada vem se opor a nossa identificação imaginária com o mundo que se agita à nossa frente, que se torna *o Mundo*. Já não é sobre o fenômeno do ator enquanto pessoa fisicamente presente que se tem interesse em concentrar a análise, mas sobre o conjunto das condições da "interpretação teatral", que retira do espectador sua participação ativa. Veremos que se trata bem menos do ator e de sua "presença" do que do homem e do cenário.

O AVESSO DO CENÁRIO

Só há teatro com o homem, mas o drama cinematográfico pode dispensar atores. Uma porta que bate, uma folha ao vento, ondas que lambem uma praia podem aceder à potência dramática. Algumas das obras-primas do cinema só utilizam homens acessoriamente: como um comparsa, ou em contraponto à natureza que constitui o verdadeiro personagem central. Mesmo se o tema de *Nanook, o esquimó* ou de *Os pescadores de Aran* é a luta do homem e da natureza, ela não poderia ser comparada a uma ação teatral; o ponto de apoio da alavanca dramática não está no homem, mas nas coisas. Acho que foi Jean-Paul Sartre quem disse que no teatro o drama parte do ator, no cinema, ele vai do cenário ao homem. Tal inversão das correntes dramáticas tem uma importância decisiva, ela interessa à própria essência da *mise-en-scène*.

Devemos ver nisso uma das consequências do realismo fotográfico. É claro que, se o cinema utiliza a natureza, é porque ele pode: a câmera oferece ao diretor todos os recursos do microscópio e do telescópio. Tanto as últimas fibras de uma corda que irão ceder quanto um exército inteiro atacando uma colina são acontecimentos que estão agora ao nosso alcance. As causas e os efeitos dramáticos não têm mais, para o olho da câmera, limites materiais. O drama é, por ela, liberado de qualquer contingência de tempo e espaço. Mas essa liberação dos poderes dramáticos tangíveis é apenas uma causa estética secundária, que não poderia explicar radicalmente a inversão dos valores entre o homem e o cenário. Pois acontece, enfim, de o cinema se privar voluntariamente dos recursos possíveis ao cenário e à natureza – vimos precisamente o exemplo em *O pecado original* –, quando o teatro, ao contrário, utiliza uma parafernália complexa para dar ao espectador a ilusão da ubiquidade. Será que *O martírio de Joana d'Arc*, de Carl Dreyer, feito inteiramente em close, num cenário quase invisível (e aliás teatral), de Jean Hugo, é menos cinematográfico que *No tempo das diligências*? Parece, portanto, que a quantidade pouco importa no caso, tampouco a similitude com certos cenários de teatro. O cenógrafo não conceberá de modo sensivelmente diferente o quarto de *A dama das camélias* para o palco e para a tela. É verdade que, no cinema, teremos talvez closes do lenço manchado de sangue. Mas uma *mise-en-scène* teatral hábil saberá também jogar com a tosse e com o lenço. Todos os closes de *O pecado original* são, de fato, retomados do teatro, onde nossa atenção os isolava espontaneamente. Se a *mise-en-scène* cinematográfica só se distinguisse da outra porque autoriza uma maior proximidade do cenário e sua utilização mais racional, na verdade não haveria mais motivo para continuar a fazer teatro e Pagnol seria um profeta; pois podemos ver que os poucos metros quadrados do cenário de Vilar para *La Danse de mort* [Dança da morte, 1948] contribuíam tanto para o drama quanto a ilha onde foi rodado o filme, aliás, excelente, de Marcel Cravenne.

É que o problema não reside no cenário enquanto tal, mas em sua natureza e em sua função. É preciso elucidar agora uma noção especificamente teatral: a do lugar dramático.

Não poderia haver teatro sem arquitetura, seja ela o átrio da catedral, a Arena de Nîmes, o palácio dos papas, o tablado, o hemiciclo, que parece decorado por um Bérard delirante, do teatro de Vicence, ou o anfiteatro rococó de uma sala dos bulevares. Interpretação ou celebração, o teatro não pode por essência se confundir com a natureza, sob pena de se dissolver e parar de existir. Fundado na consciência recíproca dos participantes em presença, ele precisa opor-se ao resto do mundo, tal como a interpretação se opõe à realidade, a cumplicidade à indiferença, a liturgia à vulgaridade do útil. Os trajes, a máscara ou o disfarce, o estilo da linguagem, o proscênio, todos contribuem mais ou menos para essa distinção, porém seu signo mais evidente é o palco, cuja arquitetura variou sem no entanto deixar de definir um espaço privilegiado, real ou virtualmente distinto da natureza. É em relação a esse lugar dramático localizado que o cenário existe; ele contribui simplesmente, e mais ou menos, para distingui-lo, para especificá-lo. Mas seja lá como for, o cenário forma as paredes dessa caixa de três lados, aberta para a sala, que é o palco. As falsas perspectivas, fachadas, bosques têm um avesso de pano, de pregos e de madeira. Ninguém ignora que o ator que se "retira para seus aposentos" – de frente para o pátio ou para o jardim – vai, na verdade, tirar a maquiagem no camarim; os poucos metros quadrados de luz e ilusão são rodeados de maquinário e bastidores cujos labirintos escondidos, mas conhecidos, não perturbam de modo algum o prazer do espectador que entra no jogo.

Por ser apenas um elemento da arquitetura cênica, o cenário de teatro é, portanto, um lugar materialmente fechado, limi-

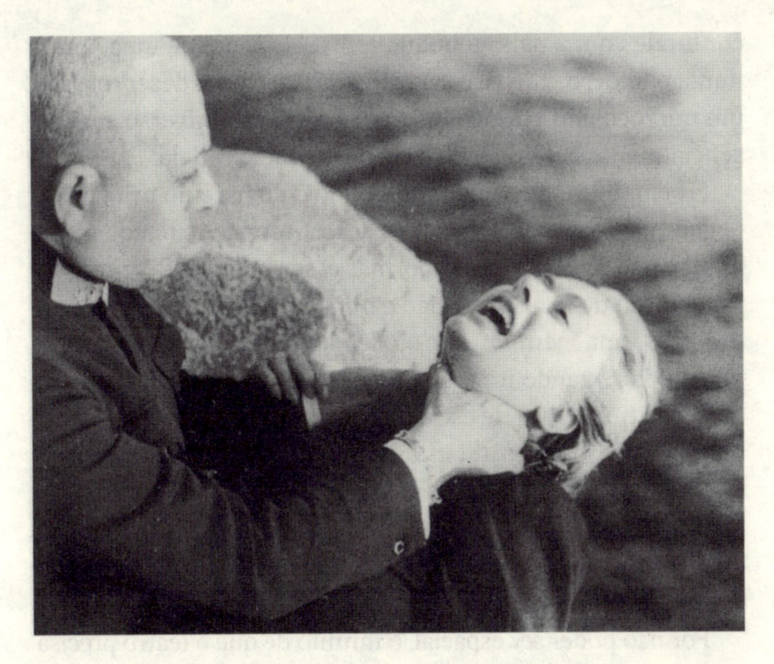

Erich von Stroheim em *La Danse de mort*, de Marcel Cravenne.

tado, circunscrito; os únicos "lugares abertos" são os de nossa imaginação aquiescente. Suas aparências estão voltadas para o interior, diante do público e do proscênio; ele existe graças a seu avesso e à sua ausência de um além, como a pintura existe graças à sua moldura.[16] Do mesmo modo que o quadro não se

16 A ilustração histórica ideal dessa teoria da arquitetura teatral em suas relações com o palco e o cenário nos foi dada por Andrea Palladio e seu extraordinário teatro olímpico de Vicenza, reduzindo o velho anfiteatro antigo, ainda a céu aberto, a um puro *trompe l'oeil* arquitetônico. Até mesmo o acesso à sala já é uma afirmação de sua essência arquitetural. Construído em 1590, no interior de uma velha caserna doada pela cidade, o teatro olímpico só mostra do lado externo grandes paredes nuas de tijolos vermelhos, isto é, uma arquitetura puramente funcional e que se pode chamar de "amorfa", no sentido em que os químicos distinguem o estado amorfo do estado cristalizado de um mesmo corpo. O visitante

confunde com a paisagem que representa, nem é uma janela numa parede, o palco e o cenário onde a ação se desenrola são um microcosmo estético inserido à força no universo, mas essencialmente heterogêneo à natureza que o rodeia.

É bem diferente o que acontece no cinema, cujo princípio é negar qualquer fronteira para a ação. O conceito de lugar dramático não é apenas estranho, mas essencialmente contraditório à noção de tela. A tela não é uma moldura, como a do quadro, mas uma *máscara*[17] que só deixa uma parte do evento ser percebida. Quando um personagem sai do campo da câmera, nós admitimos que ele escapa ao campo visual, mas ele continua a existir, idêntico a si mesmo, num outro ponto do cenário, que foi mascarado. A tela não tem bastidores, não poderia ter sem destruir sua ilusão específica, que é fazer de um revólver ou de um rosto o próprio centro do universo. Ao contrário do espaço do palco, o espaço da tela é centrífugo.

Por não poder ser espacial, o infinito de que o teatro precisa só pode ser o da alma humana. Cercado por esse espaço fechado, o ator está no foco de um espelho côncavo duplo. Da sala e do cenário convergem nele o obscuro fogo das consciências e as luzes da ribalta. Mas esse fogo em que ele queima é também o de sua própria paixão e de seu ponto focal; ele acende em cada espectador uma chama cúmplice. Como o oceano na concha, o infinito dramático do coração humano ressoa e repercute

que entra como que por um buraco na falésia não acredita no que vê quando dá de repente com a extraordinária gruta esculpida que forma o hemiciclo teatral. Como os geodos de quartzo ou de ametista que do exterior parecem pedras vulgares, mas cujo espaço interno é feito de um emaranhado de cristais puros secretamente orientados para o interior, o teatro de Vicenza é concebido segundo leis de um espaço estético e artificial exclusivamente polarizado para o centro.

17 Bazin faz aqui um jogo com as palavras *cadre* (quadro pictural, moldura) e *cache* (máscara, no sentido usado em fotografia e em cinema). [N.T.]

entre as paredes da esfera teatral. Por isso, essa dramaturgia é, em sua essência, humana, o homem é sua causa e tema.

Na tela, o homem deixa de ser o foco do drama para tornar-se (eventualmente) o centro do universo. O choque de sua ação pode originar ondas ao infinito; o cenário que o rodeia participa da espessura do mundo. Por isso, enquanto tal, o ator pode estar ausente, pois ali o homem não goza de nenhum privilégio sobre o animal ou sobre a floresta. Entretanto, nada impede que ele seja a principal e única mola do drama (como em *O martírio de Joana d'Arc*, de Dreyer), e nisso o cinema pode muito bem se sobrepor ao teatro. Enquanto ação, a de *Fedra* ou de *Rei Lear* é tão cinematográfica quanto teatral e a morte visível de um coelho em *A regra do jogo* nos toca tanto quanto aquela, contada, do gatinho de Agnès.

Mas se Racine, Shakespeare ou Molière não suportam ser levados ao cinema por um mero registro plástico e sonoro, é porque o tratamento da ação e do estilo do diálogo foi concebido em função de seu eco sobre a arquitetura da sala. O que essas tragédias têm de especificamente teatral não é tanto a ação, e sim a prioridade humana, verbal, portanto, dada à energia dramática.

O problema do teatro filmado, pelo menos para as obras clássicas, não consiste tanto em transpor uma "ação" do palco para a tela, e sim em transportar um texto de um sistema dramatúrgico para outro, conservando-lhe, no entanto, sua eficácia. Portanto, não é essencialmente a ação da obra teatral que resiste ao cinema, mas, para além das modalidades do enredo, que seria talvez fácil de adaptar à verossimilhança da tela, a forma verbal que as contingências estéticas ou os preconceitos culturais nos obrigam a respeitar. É ela que não se deixa capturar na janela da tela. "O teatro", escreve Baudelaire, "é o lustre." Se fosse preciso opor outro símbolo ao objeto artificial, cristalino, brilhante, múltiplo e circular, que refrata as luzes em torno de seu centro e nos retém cativos em sua auréola, diríamos que o cinema é a lanterna do lanterninha que atravessa como um cometa incerto a noite de nosso sonho acordado: o espaço difuso, sem geometria e sem fronteira, que cerca a tela.

A história dos fracassos e dos recentes êxitos do teatro filmado será, portanto, a da habilidade dos diretores para reter a energia dramática em um ambiente que a reflita ou, pelo menos, que lhe dê bastante ressonância para que ela seja ainda percebida pelo espectador de cinema. Quer dizer, de uma estética não tanto do ator, mas do cenário e da decupagem.

Compreende-se, por conseguinte, que o teatro filmado esteja radicalmente fadado ao fracasso quando se reduz, de alguma maneira, a uma fotografia da representação cênica, mesmo e principalmente quando a câmera procura nos fazer esquecer o proscênio e os bastidores. A energia dramática do texto, em vez de passar para o ator, vai se perder sem eco no éter cinematográfico. Assim fica explicado que uma peça filmada possa respeitar um texto, ser bem interpretada em cenários verossímeis e nos parecer um verdadeiro desastre. É o caso, para retomar um exemplo cômodo, de *Le Voyageur sans bagage*. A peça jaz diante de nós, aparentemente idêntica a si mesma, mas desprovida de qualquer energia, como uma bateria descarregada por um fio terra invisível.

Mas para além da estética do cenário, fica claro que, em última análise, tanto no palco quanto na tela o problema que se apresenta é o do realismo. Enfim, somos sempre levados a ele quando falamos de cinema.

A TELA E O REALISMO DO ESPAÇO

Partindo da natureza fotográfica do cinema, fica fácil, na verdade, nos convencermos de seu realismo. Longe de a existência do maravilhoso ou do fantástico no cinema enfraquecer o realismo da imagem, ela é sua contraprova mais convincente.

A ilusão não está fundada no cinema, como está no teatro, em convenções tacitamente admitidas pelo público, mas, ao contrário, no realismo imprescritível do que lhe é mostrado. O truque deve ser materialmente perfeito: o "homem invisível" deve usar pijama e fumar cigarros.

Será que devemos concluir daí que o cinema está fadado unicamente à representação, se não da realidade natural, pelo menos de uma realidade verossímil, cuja identidade com a natureza, tal como o espectador a conhece, é admitida por ele? O relativo fracasso estético do expressionismo alemão confirmaria essa hipótese, pois bem se vê que *O gabinete do dr. Caligari* quis subtrair-se ao realismo do cenário sob a influência do teatro e da pintura. Mas isso seria dar uma solução simplista a um problema que admite respostas mais sutis. Estamos dispostos a admitir que a tela se abre sobre um universo artificial, contanto que exista um denominador comum entre a imagem cinematográfica e o mundo em que vivemos. Nossa experiência do espaço constitui a infraestrutura de nossa concepção do universo. Transformando a fórmula de Henri Gouhier, "O palco acolhe todas as ilusões, exceto a da presença", poderíamos dizer: "Podemos tirar qualquer realidade da imagem cinematográfica, exceto uma: a do espaço".

Qualquer realidade talvez seja um exagero, pois sem dúvida não se poderia conceber uma reconstrução do espaço sem qualquer referência à natureza. O universo da tela não pode justapor-se ao nosso. Ele o substitui necessariamente, já que o próprio conceito de universo é espacialmente exclusivo. Por um momento o filme é o Universo, o Mundo, ou se se quiser, a Natureza. Reconhecerão que todos os filmes que tentaram substituir o mundo de nossa experiência por uma natureza fabricada e um universo artificial também não conseguiram. Admitidos os fracassos de *O gabinete do dr. Caligari* e de *Os Nibelungos*, perguntamo-nos de onde vem o incontestável sucesso de *Nosferatu* e de *O martírio de Joana d'Arc* (sendo o critério do sucesso o fato de que estes últimos filmes não envelheceram). Parece, no entanto, à primeira vista, que os procedimentos de *mise-en-scène* pertencem à mesma família estética e que, considerando as variedades de temperamento ou de época, é possível classificar esses quatro filmes, no lado oposto ao do "realismo", num determinado "expressionismo". Se olharmos mais atentamente, porém, perceberemos que existem diferenças essenciais entre eles. Elas são evidentes no que concerne a Wiene e Murnau. *Nosferatu* se desenrola no mais das vezes em cenário natural, enquanto o fantástico de *O gabinete do dr. Caligari* esforça-se para deformar a luz e o cenário. O caso de *O martírio de Joana d'Arc*, de Dreyer, é mais sutil, pois a parte da natureza pode, a primeira vista, parecer inexistente. Não é por ser mais discreto que o cenário de Jean Hugo é menos artificial e teatral do que o utilizado em *O gabinete do dr. Caligari*; o emprego sistemático do close e dos ângulos raros é certamente calculado para acabar de destruir o espaço. Os cinéfilos sabem que sempre se conta, antes da projeção do filme de Dreyer, a famosa história do cabelo de Maria Falconetti, que foram realmente cortados em nome da causa, e que também se menciona a ausência de maquiagem dos atores. Mas, normalmente, essas lembranças históricas não vão além do interesse anedótico. Ora, elas me parecem conter o segredo estético do filme; o mesmo que lhe vale sua perenidade. É através delas que a obra de Dreyer deixa de ter algo em comum com o teatro e, poderíamos inclusive dizer, com o homem. Quanto mais ele recorria exclusivamente à expressão humana, mais Dreyer devia reconvertê-la em natureza. Não nos deixemos enganar, esse prodigioso afresco de cabeças é o contrário perfeito do filme de atores: é um documentário de rostos. Pouco importa que os intérpretes "interpretem" bem, em compensação a verruga do bispo Cauchon ou as sardas de Jean d'Yd são partes integrantes da ação. Nesse drama visto ao microscópio, toda a natureza palpita debaixo de cada poro da pele. O deslocamento de uma ruga, a contração dos lábios são os abalos sísmicos e as marés, o fluxo e refluxo do invólucro humano. Mas eu veria tranquilamente a suprema inteligência cinematográfica de Dreyer na cena externa, que qualquer outra pessoa não teria deixado de rodar em estúdio. O cenário construído evoca certamente uma Idade Média de teatro e de miniaturas. Em certo sentido, não há nada menos realista do que aquele tribunal no cemitério ou aquela ponte levadiça e, no entanto, tudo é iluminado pela luz do sol e o coveiro joga no buraco uma pá de terra de verdade.[18] São tais detalhes "secundários" e aparentemente contrários à estética geral da obra que lhe conferem, no entanto, sua natureza cinematográfica.

Se o paradoxo estético do cinema reside numa dialética do concreto e do abstrato, na obrigação para a tela de significar unicamente por intermédio do real, é ainda mais importante discernir os elementos da *mise-en-scène* que confirmam a noção de realidade natural e os que a destroem. Ora, é certamente uma visão grosseira subordinar o sentimento de realidade à acumulação dos fatos reais. *As damas do Bois de Boulogne* pode ser considerado um filme eminentemente realista, embora tudo ou quase tudo nele seja estilizado. Tudo, com exceção do barulho insignificante de um limpador de para-brisa, o murmúrio de uma cachoeira ou o chiado da terra que escorre de um vaso quebrado. São esses barulhos, escolhidos, aliás, cuidadosamente pela indiferença deles à ação, que garantem sua verdade.

Sendo o cinema por essência uma dramaturgia da natureza, não pode haver cinema sem construção de um espaço aberto,

18 Por isso considero erros graves de Laurence Olivier em *Hamlet* as cenas do cemitério e da morte de Ofélia. Era a ocasião para introduzir o sol e a terra em contraponto ao cenário de Elsinore. Teria ele vislumbrado sua necessidade com a imagem verdadeira do mar durante o monólogo de *Hamlet*? A ideia, por si só excelente, não é, tecnicamente, explorada com perfeição.

que substitui o universo em vez de incluir-se nele. A tela não poderia dar a ilusão desse sentimento de espaço sem recorrer a certas garantias naturais. Mas não é tanto uma questão de construção do cenário, de arquitetura ou de imensidão, quanto de isolamento do catalisador estético, que bastará introduzir em dose infinitesimal na *mise-en-scène*, para que ela precipite totalmente na "natureza". A floresta de concreto de *Os Nibelungos* pode parecer infinita, mas não acreditamos em seu espaço; o estremecimento de um simples galho de uma bétula ao vento, sob o sol, poderia bastar para evocar todas as florestas do mundo.

Se essa análise tiver fundamento, vemos que o problema estético primordial, na questão do teatro filmado, é o do cenário. O diretor deve apostar na reconversão de um espaço orientado unicamente para a dimensão interior, do lugar fechado e convencional da interpretação teatral em uma janela para o mundo.

Não é em *Hamlet*, de Laurence Olivier, que o texto parece supérfluo ou enfraquecido pelas paráfrases da *mise-en-scène*, tampouco em *Macbeth*, de Orson Welles, e sim, paradoxalmente, nas *mises-en-scène* de Gaston Baty, precisamente na medida em que estas se empenham para criar no palco um espaço cinematográfico, para negar o avesso do cenário, reduzindo assim a sonoridade do texto unicamente às vibrações da voz do ator, privado de sua caixa de ressonância como um violino reduzido a suas cordas. Não poderíamos negar que o essencial no teatro seja o texto. Este, concebido para a expressão antropocêntrica do palco e encarregado de suprir por si só a natureza, não pode, sem perder sua razão de ser, se manifestar num espaço transparente como o vidro. O problema que se apresenta ao cineasta é, portanto, o de dar a seu cenário uma opacidade dramática, respeitando contudo seu realismo natural. Resolvido esse paradoxo do espaço, o diretor, longe de recear transportar para a tela as convenções teatrais e as sujeições do texto, tem, ao contrário, toda a liberdade para se apoiar nelas. A partir de então, não se trata mais de evitar o que "parece teatro", mas, eventualmente, até de frisá-lo com a recusa das facilidades cinematográficas, como Cocteau em *O pecado original* e Welles em *Macbeth: Reinado de sangue*, ou ainda pela ênfase da parte teatral, como Laurence Olivier em *Henrique v*. A evidente volta ao teatro filmado, a que assistimos nos últimos dez anos, inscreve-se essencialmente na história do cenário e da decupagem; ela é uma conquista do realismo; não, é óbvio, do realismo do tema ou da expressão, e sim do realismo do espaço, sem o que a fotografia animada não faz cinema.

UMA ANALOGIA DA INTERPRETAÇÃO

Esse progresso só foi possível na medida em que a oposição teatro-cinema não repousava sobre a categoria ontológica da presença, e sim sobre uma psicologia da interpretação. De uma à outra passamos do absoluto ao relativo, da antinomia a uma simples contradição. Se o cinema não pode restituir ao espectador a consciência comunitária do teatro, uma certa ciência da *mise-en-scène* lhe permite enfim – e isso é um fator decisivo – preservar o sentido e a eficácia para o texto. O enxerto do texto teatral num cenário cinematográfico é hoje uma operação que se sabe fazer com êxito. Resta a consciência da oposição ativa entre o espectador e o ator que constitui a interpretação teatral e simboliza a arquitetura cênica. Mas ela própria não é totalmente irredutível à psicologia cinematográfica.

A argumentação de Rosenkrantz sobre a oposição e a identificação requer, com efeito, uma correção importante. Ela comporta ainda uma parte de equívoco, sustentado pelo estado do cinema na sua época, porém cada vez mais denunciado pela evolução atual. Rosenkrantz parece fazer da identificação o sinônimo necessário de passividade e de evasão. Na realidade, o cinema mítico e onírico não é mais que uma variedade de produção cada vez menos majoritária. Não se deve confundir uma sociologia acidental e histórica com uma psicologia inelutável; trata-se de dois movimentos da consciência do espectador, convergentes, mas de modo algum solidários. Eu não me identifico da mesma maneira com Tarzan e com o padre interiorano. O único denominador comum à minha atitude diante dos heróis é que acredito realmente na existência deles, que não posso recusar, por falta de participação no filme, ser incluído na aventura deles, vivê-la com eles dentro de seu próprio universo, "universo" não metafórico e figurado, mas espacialmente real. Essa interioridade não exclui, no segundo exemplo, uma consciência de mim mesmo, distinta do personagem, que aceito alienar no primeiro. Tais fatores de origem afetiva não são os únicos que podem contrariar a identificação passiva; filmes como *L'Espoir* ou *Cidadão Kane* exigem do espectador uma vigilância intelectual totalmente contrária à passividade. O máximo que podemos adiantar é que a psicologia da imagem cinematográfica oferece uma inclinação natural a uma sociologia do herói caracterizada por uma identificação passiva; porém, em arte, como em moral, as inclinações são feitas também para serem galgadas. Enquanto o homem de teatro moderno procura frequentemente atenuar a consciência da interpretação por uma espécie de realismo relativo da *mise-en-scène* (como o admirador do Grand Guignol finge ter medo, mas conserva, no auge do terror, a deliciosa consciência de estar sendo enganado), o diretor de filme descobre, reciprocamente, os meios de excitar a consciência do espectador e de provocar sua reflexão: algo que seria uma oposição no seio de uma identificação. Essa zona de consciência privada, essa reserva no auge da ilusão constituem uma espécie de proscênio individual. No teatro filmado não é mais o microcosmo cênico que se opõe à natureza, mas o espectador que se faz consciente. No cinema, *Hamlet* e *O pecado original* não podem, nem devem, escapar às leis da percepção cinematográfica: Elsinore, a *Rou-*

lotte existem realmente, mas eu passeio por ali invisível, gozando dessa liberdade equívoca que certos sonhos permitem. Eu "ando", mas mantenho certa distância.

É claro que a possibilidade de consciência intelectual no seio de uma identificação psicológica não poderia ser confundida com o ato de vontade constitutivo do teatro, e por isso é inútil querer identificar, como o faz Pagnol, o palco e a tela. Por mais consciente e inteligente que um filme possa me tornar, não é, no entanto, para minha vontade que ele apela: no máximo é à minha boa vontade. Ele precisa de meus esforços para ser compreendido e apreciado, mas não para existir. Entretanto, parece, por experiência, que essa margem de consciência permitida pelo cinema é suficiente para fundar uma equivalência aceitável do prazer puramente teatral, que ela permite, em todo caso, conservar o essencial dos valores artísticos da peça. Se o filme não pode substituir integralmente a representação cênica, ele é pelo menos capaz de assegurar ao teatro uma existência artística válida, de nos oferecer um prazer analógico. Trata-se apenas, na verdade, de um mecanismo estético complexo, no qual a eficácia teatral original quase nunca é direta, mas preservada, reconstituída e transmitida graças a um sistema de substituição (por exemplo, *Henrique v*), de amplificação (por exemplo, *Macbeth*), de indução ou de interferência. O verdadeiro teatro filmado não é o fonógrafo, mas suas ondas Martenot.

MORALIDADE

Tanto a prática (certa) como a teoria (possível) de um teatro filmado bem-sucedido põem em evidência as antigas razões do fracasso. A pura e simples fotografia animada do teatro é um erro pueril, reconhecido há trinta anos, sobre o qual não vale a pena insistir. A "adaptação" cinematográfica levou mais tempo para revelar sua heresia, ela continuará ainda a enganar, mas agora sabemos para onde ela leva: para os limbos estéticos que não pertencem nem ao teatro, nem ao filme, para o "teatro filmado", denunciado como o pecado contra o espírito do cinema. A verdadeira solução, enfim vislumbrada, consistia em compreender que não se tratava de fazer passar para a tela o elemento dramático – intermutável de uma arte para a outra – de uma obra teatral, e sim, ao contrário, a teatralidade do drama. O tema da adaptação não é o da peça, é a própria peça em sua especificidade cênica. Essa verdade enfim desvelada vai nos permitir tirar conclusões sobre três proposições aparentemente paradoxais a princípio, mas que se tornam evidentes com a reflexão.

I. O TEATRO ACODE O CINEMA

A primeira é que, longe de perverter o cinema, o teatro filmado, justamente concebido, só pode enriquecê-lo e elevá-lo. Quanto ao fundo, em primeiro lugar. É mais do que certo, infelizmente, que a média da produção cinematográfica é intelectualmente muito inferior, se não à produção dramática atual (pois aí deve ser incluído Jean de Létraz e Henri Bernstein...), pelo menos ao patrimônio teatral que continua vivo, mesmo que fosse apenas por sua antiguidade. Nosso século não é menos o de Carlitos que o século XVIII o foi de Racine e de Molière, mas, enfim, o cinema só tem meio século, já a literatura teatral tem 25. O que seria do palco francês se, como a tela, desse asilo apenas à produção dos últimos dez anos? Já que dificilmente podemos contestar que o cinema atravessa uma crise de temas, ele não arrisca grande coisa contratando roteiristas como Shakespeare ou até mesmo Feydeau. Não vamos insistir, a causa é óbvia.

Ela pode parecer bem menos inferior quanto à forma. Se o cinema é uma arte maior, que possui suas leis e sua linguagem, o que ele pode ganhar submetendo-se às de outra arte? Muito! E à medida que, rompendo com trapaças vãs e pueris, ele se propõe realmente a submeter-se e a servir. Seria preciso, para justificar plenamente esse ponto, situar seu caso numa história estética da influência em arte. Acreditamos que ela poria em evidência um comércio decisivo entre as técnicas artísticas, pelo menos em certa fase de sua evolução. Nosso preconceito sobre "arte pura" é uma noção crítica relativamente moderna. Mas a própria autoridade de seus precedentes não é indispensável. A arte da *mise-en-scène*, cujo mecanismo em alguns dos grandes filmes tentamos revelar acima, mais ainda que nossas hipóteses teóricas, supõe, por parte do diretor de cinema, uma compreensão da linguagem cinematográfica que só tem igual na compreensão do fato teatral. Se o "filme de arte" fracassou lá onde Laurence Olivier e Jean Cocteau tiveram êxito, foi em primeiro lugar porque estes tinham à sua disposição um meio de expressão muito mais evoluído, mas também porque souberam se servir dele melhor que seus contemporâneos. Dizer de *O pecado original* que talvez seja um excelente filme, mas que "não é cinema", com o pretexto de que ele segue passo a passo a *mise-en-scène* teatral, é uma crítica insensata. Pois é precisamente por isso que ele é cinema. É *Topaze* [Topázio, 1951] (última versão), de Marcel Pagnol, que não é cinema, justamente porque já não é teatro. Há mais cinema, e do melhor, em *Henrique v* do que em 90% dos filmes com roteiros originais. A poesia pura não é de modo algum a que não quer dizer nada, como demonstrou tão bem Cocteau; todos os exemplos dados pelo padre Bremond são uma ilustração do contrário: "a filha de Minos e de Pasífae" é uma ficha de estado civil. Há igualmente uma maneira, infelizmente ainda virtual, de dizer esses versos na tela que seria cinema puro, pois respeitaria o mais inteligentemente possível seu alcance teatral. Quanto mais o cinema se propuser a ser fiel ao texto, e a suas exigências teatrais, mais necessariamente ele deverá aprofundar sua própria linguagem. A melhor tradução é a que revela a maior intimidade com a genialidade das duas línguas e o maior controle delas.

Por isso o cinema devolverá sem avareza para o teatro o que lhe havia tomado. Se já não o fez.

Pois, se o êxito do teatro filmado supõe um progresso dialético da forma cinematográfica, ele implica recíproca e forçosamente uma revalorização do fato teatral. A ideia explorada por Marcel Pagnol, segundo a qual o cinema viria a substituir o teatro pondo-o em conserva, é completamente errada. A tela não pode suplantar o palco como o piano eliminou o cravo.

E, em primeiro lugar, "substituir o teatro" para quem? Não para o público do cinema que há muito tempo o desertou. O divórcio entre o povo e o teatro não data, que eu saiba, da noite do Grand Café, em 1895. Trata-se da minoria de privilegiados da cultura e do dinheiro que constitui a atual clientela das salas dramáticas? Mas todo mundo sabe que Jean de Létraz não está falido e que o provinciano que vem a Paris não confunde os seios de Françoise Arnoul, que viu nas telas, com os de Nathalie Nattier, no Palais Royal, ainda que os últimos estejam encobertos com um sutiã; eles estão, porém, se me atrevo a dizer, em "carne e osso". Ah!, a insubstituível presença do ator! Quanto às salas "sérias", digamos o Marigny ou o Français, é evidente que se trata em grande parte de uma clientela que não vai ao cinema e, quanto ao resto, de espectadores capazes de frequentar os dois sem confundir seus prazeres. Na verdade, se há ocupação de terreno, não é de modo algum o do espetáculo teatral, tal como ele existe, mas antes do lugar abandonado há muito tempo pelas finadas formas do teatro popular. Não apenas o cinema não faz seriamente concorrência com o palco, como está ainda em vias de devolver, para um público que o perdeu, o gosto e o sentido do teatro.[19]

19 O caso do Théatre Nationale Populaire (TNP) nos oferece um exemplo imprevisto e paradoxal do apoio do teatro pelo cinema. O próprio Jean

É possível que o "teatro em conserva" tenha contribuído por certo tempo para o desaparecimento das turnês pelo interior. Quando Marcel Pagnol roda *Topaze*, ele não esconde suas intenções: colocar sua peça ao alcance da província, pelo preço de uma poltrona de cinema, numa distribuição de "classe parisiense". É o que acontece muitas vezes com as peças de bulevar; quando seu sucesso acaba, o filme é distribuído para os que não puderam ver a peça. Lá onde as turnês Baret passavam outrora sem grande estardalhaço, o filme oferece, por um preço bem mais barato, os atores da estreia e cenários ainda mais suntuosos. Mas a ilusão só foi totalmente eficaz durante alguns anos e hoje vemos ressurgir as turnês pelo interior, melhoradas pela experiência. O público que elas encontram, estragado pelo cinema com o luxo da distribuição e da *mise-en-scène*, voltou, como se diz, ele espera mais e menos do teatro. Por seu lado, os organizadores das turnês já não podem se permitir tal descentralização de baixo custo, à qual, antigamente, a ausência de concorrência os inclinava.

Mas a vulgarização dos sucessos parisienses não é ainda o fim de tudo para o renascimento teatral, e não é o principal mérito da "concorrência" entre a tela e o palco. Podemos inclusive dizer que essa melhora das turnês pelo interior se deu graças ao teatro filmado ruim. São suas falhas que com o tempo desagradou ao público e o fez voltar ao teatro.

Vilar não contestaria, suponho, a ajuda decisiva da celebridade cinematográfica de Gérard Philipe para o sucesso do empreendimento. Assim sendo, aliás, o cinema se limitou a devolver ao teatro uma parte do capital tomado emprestado quarenta anos antes, na época heroica em que a indústria do filme, ainda na infância e geralmente menosprezada, encontrou nas celebridades do palco a garantia artística e o prestígio de que precisava para ser levada a sério. Os tempos mudaram, é verdade, e bem rápido. A Sarah Bernhardt do entreguerras chama-se Greta Garbo e, agora, é o teatro que fica feliz da vida de pôr no cartaz o nome de uma estrela de cinema.

Foi o que aconteceu com a fotografia e a pintura. Esta dispensou aquela daquilo que lhe era esteticamente o menos essencial: a semelhança e a anedota. A perfeição, a economia e a facilidade da fotografia contribuíram finalmente para valorizar a pintura, para confirmá-la em sua insubstituível especificidade.

Mas o benefício de sua coexistência não se limitou a isso. Os fotógrafos foram não apenas os párias dos pintores. Ao mesmo tempo que a pintura tomava mais consciência de si mesma, ela integrava a fotografia. Foram Degas e Toulouse-Lautrec, Renoir e Manet que compreenderam de dentro, em sua essência, o fenômeno fotográfico (e até profeticamente: cinematográfico). Diante da fotografia, eles se opuseram a ela da única maneira válida, por um enriquecimento dialético da técnica picturial. Compreenderam, melhor que os fotógrafos e bem antes dos cineastas, as leis da nova imagem, e foram os primeiros a aplicá-las.

Mas não é só isso, a fotografia está prestando serviços ainda mais decisivos às artes plásticas. Uma vez conhecidos e delimitados seus respectivos campos, a imagem automática multiplica e renova nosso conhecimento da imagem pictórica. Malraux disse tudo sobre isso. Se a pintura pode tornar-se a arte mais individual, mais onerosa, mais independente de qualquer compromisso, e ao mesmo tempo mais acessível, ela deve isso à fotografia a cores.

O mesmo processo pode ser aplicado ao teatro: o "teatro em conserva" ruim ajudou o verdadeiro teatro a tomar consciência de suas leis. O cinema contribuiu igualmente para renovar a concepção da *mise-en-scène* teatral. Esses são os resultados que hoje ninguém mais discute. Há, porém, um terceiro, que o bom teatro filmado permitiu vislumbrar: um progresso formidável, tanto em extensão quanto em compreensão, da cultura teatral do grande público. O que é, então, um filme como *Henrique V*? Em princípio, é Shakespeare para todos.

Mas ainda, e principalmente, uma luz brilhante projetada sobre a poesia dramática de Shakespeare. A mais eficaz, a mais deslumbrante das pedagogias teatrais. Shakespeare sai da aventura duplamente shakespeariano. Não só a adaptação da obra dramática multiplica seu público virtual como as adaptações de romances fazem a fortuna dos editores, mas o público está muito mais preparado do que antes para o prazer teatral. O *Hamlet* de Laurence Olivier só pode evidentemente ampliar o público do *Hamlet* de Jean-Louis Barrault e desenvolver seu senso crítico. Do mesmo modo que, entre a melhor das reproduções modernas de quadros e o prazer de possuir o original, subsiste uma diferença irredutível, a visão de *Hamlet* na tela não pode substituir a interpretação de Shakespeare, digamos, por uma companhia de teatro de estudantes ingleses. É preciso, porém, uma autêntica cultura teatral para apreciar a superioridade da representação *real* por amadores, ou seja, para participar da atuação deles.

Ora, quanto mais o teatro filmado for bem-sucedido, mais ele aprofunda o fato teatral para servi-lo melhor, mais também se revela a irredutível diferença entre a tela e o palco. É, ao contrário, o "teatro em conserva", por um lado, e o medíocre teatro de bulevar, por outro, que mantêm a confusão. *O pecado original* não engana seu mundo. Não há um único plano que não seja mais eficaz que seu equivalente cênico, um único sequer que não faça alusão ao indefinível suplemento de prazer que a representação real me teria dispensado. Não poderia haver melhor propaganda para o verdadeiro teatro que o bom teatro filmado. Todas essas verdades são hoje indiscutíveis e seria ridículo ter-me demorado tanto nelas se o mito do "teatro filmado" não subsistisse com tanta frequência na forma de preconceitos, mal-entendidos e conclusões já prontas.

Meu último argumento será, reconheço, mais arriscado. Consideramos até aqui o teatro como um absoluto estético do qual o cinema aproximaria de maneira satisfatória, mas de quem seria, de todo modo e no melhor dos casos, o humilde servidor. No entanto, a primeira parte deste estudo já nos permitiu descobrir no burlesco o renascimento de gêneros dramáticos praticamente desaparecidos, como a farsa e a commedia dell'arte. Certas situações dramáticas, certas técnicas historicamente degeneradas reencontraram no cinema, em princípio, o adubo sociológico de que precisam para existir e, melhor ainda, as condições de um desdobramento integral de sua estética que o palco mantinha congenitamente atrofiada. Atribuindo ao espaço a função de protagonista, a tela não trai o espírito da farsa, dá somente ao sentido metafísico do bastão de Scapin suas dimensões reais: as do Universo. O burlesco é, em princípio, ou também, a expressão dramática de um terrorismo das coisas, da qual Buster Keaton, ainda mais que Chaplin, soube fazer uma tragédia do Objeto. Mas é verdade que as formas cômicas constituem na história do teatro filmado um problema à parte, provavelmente porque o riso permite à sala de cinema constituir-se em consciência de si mesma e apoiar-se nele para encontrar algo da oposição teatral. Em todo caso, e foi por isso que não levamos o estudo mais longe, o enxerto entre o cinema e o teatro cômico se deu espontaneamente, e foi tão perfeito que seus frutos foram para sempre considerados produto do cinema puro.

Agora que a tela sabe acolher, sem traí-los, outros tipos de teatro que não o cômico, nada impede de pensar que ela possa igualmente renová-los, manifestando algumas de suas virtualidades cênicas. O filme não pode, não deve ser, como vimos, apenas uma modalidade paradoxal da *mise-en-scène* teatral, mas as estruturas cênicas têm sua importância, e não é indiferente interpretar *Júlio Cesar* na Arena de Nîmes ou no Atelier; ora, certas obras dramáticas, e não das menores, sofrem praticamente há trinta ou cinquenta anos de um desacordo entre o estilo de *mise-en-scène* que elas requerem e o gosto contemporâneo. Penso em particular no repertório trágico. Nele, a deficiência se deve principalmente à extinção da raça do ator trágico tradicional: os Mounet-Sully e as Sarah Bernhardt, que desapareceram no início do século como os grandes répteis no fim da era mesozoica. Por ironia do destino, foi o cinema que preservou seus restos fossilizados no "filme de arte". Tornou-se lugar-comum atribuir tal desaparecimento à tela por duas razões convergentes: uma estética, outra sociológica. A tela modificou, com efeito, nosso senso da verossimilhança na interpretação. Basta ver precisamente pequenos filmes interpretados por Sarah Bernhardt ou Le Bargy para compreender que esse tipo de ator trajava ainda coturnos e máscara. A máscara, porém, é derrisória quando o close pode nos afogar numa lágrima, e o megafone, ridículo quando o microfone faz troar à vontade o órgão mais fraco. Assim, habituamo-nos à interioridade na natureza que deixa ao ator de teatro apenas uma margem de estilização restrita aquém da inverossimilhança. Talvez o fator sociológico seja ainda mais decisivo: o sucesso e a eficácia de um Mounet-Sully se devia, sem dúvida, a seu talento, mas auxiliado pelo assentimento cúmplice do público. Era o fenômeno do "monstro sagrado", que hoje foi quase totalmente desviado para o cinema. Dizer que os concursos do Conservatório não produzem mais atores trágicos não significa de modo algum que não nasça mais nenhuma Sarah Bernhardt, e sim que o acordo entre a época e seus dons já não existe. Assim, Voltaire se esfalfava para plagiar a tragédia do século XVII, pois acreditava que era apenas Racine quem estava morto, quando na verdade era a tragédia. Hoje, quase não veríamos as diferenças entre Mounet-Sully e um ator ruim do interior, pois seríamos incapazes de reconhecê-las. No filme de arte, revisto por um jovem de hoje, o monstro permanece, o sagrado já não existe.

Nessas condições, não é surpreendente que a tragédia de Racine, em particular, sofra um eclipse. Graças a seu senso conservador, a Comédie-Française é felizmente capaz de lhe assegurar um modo de vida aceitável, porém não mais triunfal.[20] E isso apenas por uma interessante filtragem dos valores tradicionais, sua delicada adaptação ao gosto moderno, e não por uma renovação radical a partir da época. Quanto à tragédia antiga, é paradoxalmente à Sorbonne e ao fervor arqueológico de estudantes que ela deve o fato de nos comover novamente. Mas é importante ver nessas experiências de amadores a reação mais radical contra o teatro de atores.

Ora, é natural pensar que, se o cinema desviou totalmente a seu favor a estética e a sociologia do monstro sagrado da qual vivia a tragédia no palco, ele pode devolvê-las se o teatro vier procurá-las. É bem possível imaginar o que teria sido *Athalie* com Yvonne de Bray, filmado por Jean Cocteau.

Mas provavelmente não é apenas o estilo de interpretação trágica que reencontraria suas razões de ser na tela. Podemos conceber uma revolução correspondente da *mise-en-scène* que, sem deixar de ser fiel ao espírito teatral, lhe ofereceria estruturas novas de acordo com o gosto moderno e sobretudo na escala de um formidável público de massa. O teatro filmado espera o Jacques Copeau que fará dele um teatro cinematográfico.

Assim, não somente o teatro filmado está, de agora em diante, esteticamente fundado de direito e de fato, não somente sabemos que não há peças que não possam ser levadas

20 O que é justamente *Henrique V*, graças ao cinema a cores. Querem um exemplo da virtualidade cinematográfica em *Fedra*? O relato de *Terameno*, reminiscência verbal da tragicomédia com máquinas, considerado um trecho literário dramaticamente deslocado, encontraria, realizado visualmente no cinema, uma nova razão de ser.

à tela, qualquer que seja seu estilo, contanto que se saiba imaginar a reconversão do espaço cênico para os dados da *mise-en-scène* cinematográfica, mas pode ser também que agora a única *mise-en-scène* teatral e moderna de certas obras clássicas só seja possível no cinema. Não é por acaso que alguns dos maiores cineastas de nosso tempo são também grandes homens de teatro. Orson Welles e Laurence Olivier não vieram para o cinema por cinismo, esnobismo ou ambição, tampouco, como Marcel Pagnol, para vulgarizar seus esforços teatrais. O cinema não é para eles apenas uma forma teatral complementar, mas a possibilidade de realizar a *mise-en-scène* contemporânea, tal como a sentem e querem.

O CASO PAGNOL

Com La Fontaine, Jean Cocteau e Jean-Paul Sartre, Marcel Pagnol completa a Academia Francesa ideal do americano médio. Ora, paradoxalmente, Pagnol deve, em princípio, sua popularidade internacional ao regionalismo de sua obra. Com Frédéric Mistral, a cultura provençal regenerada continuava, apesar de tudo, prisioneira de sua língua e de seu folclore. Certamente Alphonse Daudet e Bizet já haviam lhe proporcionado uma audiência nacional, mas a custo de uma estilização que tirava, apesar de tudo, o essencial de sua autenticidade. Mais tarde veio Jean Giono, que revelou uma Provença austera, sensual e dramática. Entre os dois, o sul da França não foi representado senão por conta própria através das "histórias marselhesas".

Foi delas, em suma, com a peça *Marius* [de Alexander Korda, 1931], que Pagnol partiu para construir seu humanismo meridional, e depois, sob a influência de Giono, remontar de Marselha para o interior onde desde *Manon des sources* [Manon das fontes, 1952], na inteira liberdade enfim conquistada de sua inspiração, ele dá à Provença sua epopeia universal.

Por outro lado, o próprio Marcel Pagnol obscureceu, com frequência, suas relações com o cinema, proclamando-se campeão do teatro filmado. Sob esse aspecto, sua obra é indefensável. Ela é, com efeito, o exemplo do que não se deve fazer em matéria de adaptação teatral para a tela. Fotografar uma peça transportando pura e simplesmente os atores do palco para um cenário natural é o meio mais seguro de tirar dos diálogos sua razão de ser, sua própria alma. Não que a passagem de um texto de teatro para a tela seja impossível, mas somente a custo das compensações sutis de todo um sistema de precauções que no fundo tem por objetivo, não fazer esquecer, mas salvaguardar a teatralidade da obra. Substituir, como Pagnol parecia fazer, as luzes da ribalta pelo sol do sul da França teria sido o meio mais certeiro de matar o texto por insolação. Quanto a admirar *Marius* ou *A mulher do padeiro* [*La Femme du boulanger*, 1938], declarando que o único defeito deles é "não ser cinema", é aderir à tolice dos censores que condenavam Corneille em nome das regras da tragédia. O "cinema" não é uma abstração, uma essência, mas a soma de tudo que, por intermédio do filme, alcança a qualidade da arte. Se, portanto, apenas alguns dos filmes de Pagnol são bons, não pode ser apesar dos erros de seu autor, mas antes por causa de certas qualidades que os censores não souberam discernir.

Manon des sources permite, enfim, dissipar o mal-entendido, pois é um texto irrepresentável no teatro, a não ser mediante uma adaptação laboriosa e nociva. No melhor dos casos imagináveis, *Manon des sources*, no palco, não seria mais que "cinema teatralizado". Mas será que Pagnol fez algum dia outra coisa que não escrever para a tela textos que, a rigor, podiam também ser levados ao palco? A prioridade das datas não acrescenta nada: ela é acidental. Mesmo se *Marius* foi um sucesso no Théâtre de Paris antes de ser filmada por Alexander Korda, é evidente que sua forma essencial é, de agora em diante, definitivamente cinematográfica. Qualquer reencenação no palco não pode ser nada mais que sua adaptação teatral.

Isso significa que a predominância da expressão verbal sobre a ação visual não poderia definir o teatro em relação ao cinema. Uma afirmação de tal importância não pode ser demonstrada nos limites deste estudo. Digamos apenas que a fala no teatro é abstrata, que ela própria, como todo o sistema cênico, é uma convenção, o resultado da conversão da ação em verbo; a fala cinematográfica é, ao contrário, um fato concreto, ela existe, se não em princípio, ao menos por e para si mesma; é a ação que a prolonga e quase a degrada. Por isso, sem dúvida, a única peça de Pagnol que nunca passou realmente bem no cinema foi *Topaze*, pois não era meridional.

Efetivamente, em Pagnol o sotaque não é um acessório pitoresco, uma nota local colorida; ele é consubstancial ao texto e, com isso, aos personagens. Seus heróis o possuem como outros têm a pele negra. O sotaque é a própria matéria da linguagem deles, seu realismo. Por isso o cinema de Pagnol não tem nada de teatral, muito pelo contrário, ele se insere, por intermédio do verbo, na especificidade realista do filme. Longe de o verdadeiro cenário meridional ser apenas a adaptação de seus limites teatrais, eles são, ao contrário, as sujeições cênicas que impõem a substituição das charnecas provençais pelos painéis de madeira. Pagnol não é um autor dramático que se converteu ao cinema, mas um dos maiores autores de filmes *falados.*

Manon des sources não passa de uma longa, uma longuíssima narrativa, não sem ação, mas onde as coisas só acontecem pela força natural do verbo. A admirável e "fabulosa" história de uma menina selvagem, inimiga das pessoas do vilarejo, que uma surda cumplicidade tornou órfã. Seu pai e seu irmão morreram, sua mãe ficou louca por ignorar o segredo da nascente que passava debaixo do pobre sítio deles

Jacqueline Pagnol em *Manon des sources*, de Marcel Pagnol.

e que todo mundo no vilarejo conhecia. Um dia ela fica sabendo por uma velha o segredo da fonte que alimenta a comunidade. Uma pedra certa no lugar certo basta para desligar o sifão e, assim, o vilarejo é condenado à sede, ao abandono, à morte. A catástrofe faz a comunidade tomar consciência de seu pecado por omissão. Pelo silêncio, eles deixaram "estrangeiros" morrerem. A pastora, guardadora de cabras, e sua mãe louca são agora as Eumênides da grande e impiedosa família camponesa. Lentamente, por caminhos tortuosos, reticências astuciosas, o vilarejo confessará seu pecado. A pessoa que havia cimentado a fonte do sítio se enforcará. O vilarejo inteiro levará a Manon donativos propiciatórios e a água fluirá novamente, devolvendo à comunidade a vida com inocência.

Há nesse conto magnífico a grandeza antiga do Mediterrâneo, algo a um só tempo bíblico e homérico. Pagnol, porém, o trata com um tom mais familiar: o prefeito, o professor, o padre, o tabelião, a própria Manon são camponeses provençais de nosso tempo. A água que jorra da rocha sob o bastão de Aarão vai turvar o pastis.[1]

Consideremos, enfim, o que surpreende o público em primeiro lugar: a duração do filme. É sabido que a versão original durava umas cinco ou seis horas. Pagnol a reduziu a dois filmes, de duas horas cada um, que os distribuidores juntaram em um só filme de três horas e quinze minutos (dos quais dez minutos de intervalo). É óbvio que os cortes desequilibram a fita e que todas as "demoras" devem ser imputadas a eles. A duração comercial dos filmes é absolutamente arbitrária ou, antes, determinada unicamente por fatores sociológicos e econômicos (horários de lazer, preços) que não têm nada a ver com as exigências intrínsecas da arte, tampouco com a psicologia dos espectadores. Experiências bem raras provam que o público suporta muito bem espetáculos de mais de quatro horas. Pedir a Proust que escrevesse *Em busca do tempo perdido* em duzentas páginas não teria o menor sentido. Por razões totalmente diferentes, mas não menos imperativas, Pagnol não podia contar *Manon des sources* em menos de quatro ou cinco horas; não que acontecessem muitas coisas essenciais, mas porque é absurdo interromper um contador antes da milésima primeira noite. Não estou certo de que as pessoas se aborreçam vendo *Manon des sources*. Não se deve considerar aborrecimento certos tempos de repouso, pausas da narrativa necessárias ao amadurecimento das palavras. Se isso acontece, porém, é graças aos cortes.

Se Pagnol não é o maior autor de filmes falados, ele é, pelo menos, um de seus gênios. Talvez seja o único que se atreveu,

1 Bebida de anis. [N.E.]

desde 1930, a criar um excesso verbal comparável ao de Griffith e de Stroheim, no tempo da imagem muda. O único autor que pode ser comparado com ele hoje é Chaplin, e por uma razão precisa: porque é também, junto com Pagnol, o único autor-produtor livre. Pagnol ousa consagrar as centenas de milhões que Pagnol ganhou com o cinema, por puro prazer, a monstros cinematográficos que a produção organizada e racional não poderia sequer conceber. Alguns, é verdade, são inviáveis, quimeras de pesadelo que surgiram da união do Roux Color e de Tino Rossi. E é isso o que, infelizmente, distingue Pagnol de Chaplin. *Luzes da ribalta* [*Limelight*, 1952] é também um filme monstruosamente belo, pois totalmente livre, fruto das meditações de um artista que é o único juiz de seus meios de execução, como o pintor e o escritor. Porém, tudo na arte de Chaplin tende para sua própria crítica e deixa o sentimento da necessidade, da economia e do rigor.

Em contrapartida, tudo em Pagnol contribui para um incrível desperdício. Uma ausência maior de senso crítico é dificilmente concebível e vem de uma verdadeira patologia da criação artística. Esse acadêmico não sabe bem se é Homero ou Breffort. E o pior não é o texto, mas a *mise-en-scène*. Por pouco *Manon des sources* não é a epopeia do cinema falado, só falta o bom senso estético de seu autor, incapaz de dominar sua própria inspiração. Tão tolo quanto seus censores, mas às avessas, Pagnol pensa que "o cinema não tem importância". Incapaz de destacar de sua formação teatral o que sua genialidade tem de puramente cinematográfico, ele reintroduz, lá onde ele não tem o que fazer, o teatro filmado.

É provável que tal desprezo pelo cinema não seja alheio a prodigiosos achados cinematográficos de seu filme (a declaração de amor de Ugolin, a confissão pública debaixo do olmeiro), mas um talento baseado em sua ignorância está sujeito aos mais graves erros. O principal aqui é o personagem de Manon (interpretada da maneira mais artificialmente teatral por Jacqueline Pagnol). Pensando bem, o texto de Manon é o único que soa falso do começo ao fim do filme.

Talvez só tenha faltado à genialidade de Pagnol a inteligência de sua arte para ser o Chaplin do cinema falado.

PINTURA E CINEMA

Os filmes sobre arte, pelo menos aqueles que utilizam a obra para fins de uma síntese cinematográfica, como os curtas-metragens de Luciano Emmer, *Van Gogh* [1948], de Alain Resnais, Robert Hessens e Gaston Diehl, o *Goya* [*Les Désastres de la guerre*, 1951] de Pierre Kast, ou *Guernica* [1950], de Alain Resnais e Robert Hessens, provocam às vezes, nos pintores e em muitos críticos de arte, uma grande objeção. Eu a ouvi até mesmo na boca de um Inspetor Geral de desenho da Educação Nacional, depois de uma apresentação de *Van Gogh*.

Ela se reduz essencialmente à seguinte conclusão: para utilizar a pintura, o cinema a trai, e isso em todos os planos. A unidade dramática e lógica do filme estabelece cronologias ou vínculos fictícios entre obras por vezes muito afastadas no tempo e no espírito. Em *Guerrieri* [Guerreiros, de Luciano Emmer e Enrico Gras, 1942], Emmer chega até mesmo a misturar os pintores, mas o embuste é pouco menos grave quando Pierre Kast introduz fragmentos de *Caprices* [Caprichos, de Léo Joannon, 1942] para sustentar sua montagem de *Malheurs de la guerre* ou quando Alain Resnais brinca com as fases de Picasso.

Mesmo respeitando escrupulosamente os dados da história da arte, o cineasta basearia ainda seu trabalho numa operação esteticamente contra natureza. Ele analisa uma obra sintética por essência, destrói sua unidade e opera uma nova síntese que não é a desejada pelo pintor. Poderíamos nos restringir a lhe perguntar com que direito.

Há coisas mais graves: além do pintor, a pintura é também traída, pois o espectador acredita ver diante dos olhos a realidade pictórica, quando na verdade o forçam a percebê-la conforme um sistema plástico que a desfigura profundamente. Em primeiro lugar, em preto e branco; o filme a cores não trará sequer uma solução satisfatória, já que a fidelidade não é absoluta e a relação de todas as cores do quadro participa da tonalidade de cada uma delas. Por outro lado, a montagem reconstitui uma unidade temporal horizontal, geográfica de certo modo, quando a temporalidade do quadro – à medida que reconhecemos que ele tem uma – desenvolve-se geologicamente, em profundidade. Enfim, e sobretudo (este argumento mais sutil é pouco evocado, mas é o mais importante), a tela de cinema destrói radicalmente o espaço pictórico. Como o teatro mediante o proscênio e a arquitetura cênica, a pintura opõe-se à própria realidade e principalmente à realidade que representa, graças à moldura que a cerca. Com efeito, não poderíamos ver na moldura do quadro apenas uma função decorativa ou retórica. A valorização da composição do quadro é somente uma consequência secundária. De modo bem mais essencial, a moldura tem por missão, se não criar, pelo menos salientar a heterogeneidade do microcosmo pictórico e do macrocosmo natural no qual o quadro vem se inserir. Daí a complicação barroca da moldura tradicional, encarregada de estabelecer uma solução de continuidade geometricamente indefinível entre o quadro e a parede, isto é, entre a pintura e a realidade. Daí também, como explicou bem Ortega y Gasset, o triunfo da moldura dourada, "pois é a matéria que produz o máximo de reflexo e o reflexo é essa nota de cor, de luz que não traz em si nenhuma forma, que é pura cor informe".

Em outros termos, a moldura constitui uma zona de desorientação do espaço: ao da natureza e de nossa experiência ativa que marca seus limites externos, ela opõe o espaço orientado do lado de dentro, o espaço contemplativo e aberto apenas para o interior do quadro.

Os limites da tela de cinema não são, como o vocabulário técnico daria por vezes a entender, a moldura da imagem, mas a *máscara* que só pode desmascarar uma parte da realidade. A moldura polariza o espaço para dentro, tudo o que a tela de cinema nos mostra, ao contrário, supostamente se prolonga indefinidamente no universo. A moldura é centrípeta, a tela de cinema centrífuga. Por conseguinte, se, invertendo o processo pictórico, a tela de cinema for inserida na moldura, o espaço do quadro perde sua orientação e seus limites para impor-se à nossa imaginação como indefinido. Sem perder as outras características plásticas da arte, o quadro se encontra afetado pelas propriedades espaciais do cinema, ele participa de um universo virtual que resvala de todos os lados. Foi sobre essa ilusão mental que Luciano Emmer se baseou nas fantásticas reconstruções estéticas que estão em grande parte na origem dos filmes de arte contemporâneos e notadamente de *Van Gogh*, de Alain Resnais. Neste último filme, o diretor pôde tratar o conjunto da obra do pintor como um único e imenso quadro no qual a câmera é tão livre em seus deslocamentos quanto em qualquer documentário. Da "rua de Arles", "penetramos" pela janela "na" casa de Van Gogh, e nos aproximamos da cama com a colcha vermelha. Do mesmo modo, Resnais ousa realizar o "contracampo" de uma velha camponesa holandesa entrando em sua casa.

———

É fácil, obviamente, achar que tal operação desfigura radicalmente a maneira de ser da pintura, que é melhor Van Gogh ter menos admiradores, mas que escondam exatamente o que admiram – e que essa difusão cultural, que começa por destruir seu objeto, é singular.

Tal pessimismo não resiste, no entanto, à crítica, em primeiro lugar de um ponto de vista contingente e pedagógico, e menos ainda de um ponto de vista estético.

Pois, em vez de criticar o cinema por sua impotência em nos restituir fielmente a pintura, não poderíamos ficar maravilhados, ao contrário, por termos enfim encontrado o sésamo que abrirá a milhões de espectadores a porta das obras-primas? Com efeito, a apreciação de um quadro e o prazer estético são quase impossíveis sem uma iniciação preliminar do espectador, sem uma educação pictórica que lhe permita realizar o esforço de abstração pelo qual o modo de existência da superfície pintada se distingue expressamente do mundo exterior natural. Até o século XIX, a justificativa da semelhança constituía um mal-entendido realista graças ao qual o profano acreditava poder entrar no quadro, e a anedota dramática ou moral multiplicava as ocasiões para os incultos. Sabemos que não é o que acontece hoje, e o que me parece bastante decisivo nas tentativas cinematográficas de Luciano Emmer, Henri Storck, Alain Resnais, Pierre Kast e outros é que eles conseguiram precisamente "solubilizar", por assim dizer, a obra pictórica na percepção natural, de modo que basta estritamente ter olhos para ver, não há necessidade de ter cultura, de ter uma iniciação para apreciar de imediato, e poderíamos dizer à força, a pintura, imposta ao espírito pelas estruturas da imagem cinematográfica, como um fenômeno natural.

Que os pintores considerem que não se trata de modo algum de uma regressão do ideal pictórico, de uma violação espiritual da obra e de um retorno a uma concepção realista e anedótica, pois essa nova vulgarização da pintura não incide essencialmente no tema e de modo algum na forma! O pintor pode continuar a pintar como quiser, a ação do cinema é externa, realista, é claro, mas – e isso é uma descoberta imensa com a qual todo pintor deveria se alegrar – de um realismo de segundo grau, a partir da abstração do quadro. Graças ao cinema e às propriedades psicológicas da tela, o signo elaborado e abstrato adquire para qualquer espírito a evidência e o peso de uma realidade mineral. Quem não vê, então, que o cinema, longe de comprometer e desfigurar outra arte, está, ao contrário, salvando-a com a devolução da atenção dos homens? De todas as artes modernas, a pintura é talvez aquela em que o divórcio entre o artista e a imensa maioria do público não iniciado é o mais grave. A não ser que se admita publicamente um mandarinismo sem saída, como não ficar feliz em ver a obra restituída ao público com a economia de uma cultura? Se essa economia choca os partidários do malthusianismo cultural, que eles pensem na possibilidade de ela nos permitir fazer também a economia de uma revolução artística: a do "realismo", que para restituir a pintura ao povo se comporta de maneira bem diferente.

Quanto às objeções puramente estéticas, diferentes do aspecto pedagógico do problema, elas partem, evidentemente, de um mal-entendido que leva a exigir implicitamente do cineasta algo diferente do que ele propõe. Na verdade, *Van Gogh* ou *Goya* não são, ou não são apenas, uma nova apresentação das obras desses pintores. O cinema não desempenha de modo algum o papel subordinado e didático das fotografias num álbum ou das projeções fixas numa conferência. Os próprios filmes são obras. A justificação deles é autônoma. Não se deve julgá-los somente com referência à pintura que eles utilizam, mas em relação à anatomia, ou antes, à histologia desse novo ser estético, que surgiu da conjunção da pintura e do cinema. As objeções que formulei há pouco são apenas, na realidade, a definição das novas leis que surgem desse encontro. O cinema não vem "servir" ou trair a pintura, mas acrescentar-lhe uma maneira de ser. O filme de pintura é uma simbiose estética entre a tela de cinema e o quadro como o líquen entre a alga e o cogumelo. Indignar-se com isso é tão absurdo quanto condenar a ópera em nome do teatro e da música.

———

É verdade, no entanto, que o fenômeno tem algo de radicalmente moderno que essa comparação tradicional não leva em conta. O filme de pintura não é desenho animado. Seu paradoxo é utilizar uma obra já totalmente constituída e que basta a si mesma. Mas é justamente porque ele a substitui por uma obra em segundo grau, a partir de uma matéria já esteticamente elaborada, que ele lança uma nova luz sobre esta. Talvez seja precisamente na medida em que o filme é plenamente uma obra e, portanto, em que ele mais parece trair a pintura que ele, em definitivo, melhor lhe presta serviço. Prefiro muito mais o *Van Gogh* ou *Guernica* do que o *Rubens* [de Henri Storck, 1948] ou o filme *Van Renoir tot Picasso* [De Renoir a Picasso, 1948], de Paul Haesaerts, que pretendem ser apenas pedagógicos e críticos. Não somente porque as liberdades que Alain Resnais se permite preservam a ambiguidade, a polivalência de toda criação autêntica, enquanto a ideia crítica de Storck e Haesaerts limita, assegurando-a, minha percepção da obra, mas principalmente porque aqui a criação é a melhor crítica. Desfigurando a obra, quebrando suas molduras, atacando-se a sua própria essência que o filme a obriga a revelar algumas de suas virtualidades secretas. Será que sabíamos realmente, antes de Resnais, o que era Van Gogh *menos o amarelo*? É claro que o projeto é arriscado e entrevemos seus perigos nos filmes medianos de Emmer: dramatização artificial e mecânica que corre o risco de, em última análise, substituir a anedota ao quadro; isso porque o êxito depende também do valor do cineasta e de sua compreensão profunda do pintor. Existe uma crítica literária que é também uma recriação, a de Baudelaire sobre Delacroix, a de Valéry sobre Baudelaire, a de Malraux sobre El Greco. Não atribuamos ao cinema a fraqueza e os pecados dos homens. Terminado o prestígio advindo da surpresa e da descoberta, os filmes de pintura valerão tanto quanto aqueles que os fizerem.

UM FILME BERGSONIANO: *O MISTÉRIO DE PICASSO*

A primeira observação que se impõe é que *O mistério de Picasso* [*Le Mystère Picasso*, de Henri-Georges Clouzot, 1956] "não explica nada".[1] Clouzot parece acreditar, se nos ativermos a algumas declarações e ao preâmbulo do filme, que o fato de os quadros serem vistos enquanto são feitos os torna compreensíveis aos profanos. Se isso for o que ele realmente pensa, ele está enganado e, aliás, as reações do público pareciam confirmar esse engano: os admiradores adoram ainda mais e os que não gostam de Picasso confirmam seu desprezo. *O mistério de Picasso* distingue-se radicalmente dos filmes sobre arte mais ou menos diretamente didáticos realizados até hoje. De fato, o filme de Clouzot não explica Picasso, ele o mostra, e, se há uma lição a ser tirada daí, é que ver um artista trabalhar não poderia dar a chave de sua genialidade, isso é óbvio, e tampouco de sua arte. Lógico, a observação do trabalho e das fases intermediárias pode, em certos casos, revelar o caminho do pensamento ou mostrar os truques da profissão; esses, porém, são, na melhor das hipóteses, apenas segredos derrisórios. Como a câmera lenta sobre a apalpadela do pincel de Matisse no filme de François Campaux. Esses magros benefícios estão, em todo caso, excluídos quando se trata de Picasso, que disse tudo de si mesmo com o famoso "Eu não procuro, encontro". Se alguém ainda duvidava da justeza e da profundidade dessa fórmula, não poderia ter mais dúvidas depois do filme de Clouzot. Pois,

1 Texto publicado originalmente em *Cahiers du Cinéma*, t. x, n. 60, jun. 1956, pp. 25-28.

enfim, não há nenhum traço, nenhuma mancha de cor que não apareça – aparecer é a palavra certa – rigorosamente imprevisível. Imprevisibilidade que supõe, inversamente, a não explicação do composto pelo simples. Isso é tão verdadeiro que todo o princípio do filme como espetáculo e até, mais precisamente, como "suspense" está nessa espera e nessa perpétua surpresa. Cada traço de Picasso é uma criação que leva a outra, não como uma causa implica um efeito, mas como a vida engendra a vida. Processo particularmente sensível, nas primeiras fases dos quadros, quando Picasso está ainda desenhando. Como a mão e o lápis estão invisíveis, nada revela o lugar deles a não ser o traço ou o ponto que aparece e, rapidamente, a mente procura – mais ou menos conscientemente – adivinhar e prever, mas a decisão de Picasso sempre decepciona totalmente nossa expectativa. Imaginamos a mão à direita e o traço aparece à esquerda. Esperamos um traço: surge uma mancha; uma mancha: e vem um ponto. É o que ocorre também com os temas: o peixe vira pássaro e o pássaro vira um fauno. Mas esses avatares implicam outra noção que examinarei agora: a da duração pictórica.

O mistério de Picasso constitui, com efeito, a segunda revolução do filme sobre arte. Eu me empenhei para mostrar a importância da primeira, aberta pelos filmes de Emmer e Gras e tão admiravelmente desenvolvida em suas consequências por Alain Resnais. Tal revolução residia na abolição da moldura, cujo desaparecimento identifica o universo pictórico com o universo, simplesmente. Sem dúvida a câmera, uma vez "dentro" dos quadros, podia nos conduzir de acordo com uma determinada duração descritiva ou dramática; no entanto, a verdadeira novidade não era de ordem temporal, mas exclusivamente espacial. O olho também analisa e não se apressa, mas as dimensões do quadro e suas fronteiras o fazem se lembrar da autonomia do microcosmo pictórico cristalizado para sempre fora do tempo.

O que *O mistério de Picasso* revela não é o que já sabemos, a duração da criação, mas que essa duração pode ser parte integrante da própria obra, uma dimensão suplementar, tolamente ignorada na fase de acabamento. Mais exatamente, nós só conhecemos até agora "quadros", seções verticais de um fluxo criador mais ou menos arbitrariamente cortadas pelo próprio autor, pelo acaso, pela doença ou pela morte. O que Clouzot nos revela, enfim, é "a pintura", isto é, um quadro que existe no tempo, que tem sua duração, sua vida e às vezes – como no final do filme – sua morte.

Convém insistir aqui ainda mais, pois essa noção poderia ser confundida com uma ideia bem próxima, ou seja, que é interessante e instrutivo, agradável também, ver como o pintor chegou a fazer de seu quadro o que ele é. Essa preocupação ontogenética encontra-se evidentemente em muitos filmes de arte anteriores, bons e ruins. Ela é sensata, porém banal, e sua natureza não é estética, e sim pedagógica. Mais uma vez, em *O mistério de Picasso*, as fases intermediárias não são realidades subordinadas e inferiores, como seria um encaminhamento para uma plenitude final; elas já são a própria obra, mas fadada a se devorar ou, antes, a se metamorfosear até o instante em que o pintor quiser parar. É o que Picasso exprime perfeitamente quando diz: "Seria preciso poder mostrar os quadros que estão sob os quadros"; ele não diz os "esboços" ou "como se chega ao quadro". É que, para ele, mesmo que a ideia de aperfeiçoamento o guiasse (como em *La Plage de la garoupe*), as fases recobertas ou sobrecarregadas também eram quadros, mas que deviam ser sacrificados pelo quadro seguinte.

Aliás, essa temporalidade da pintura manifestou-se desde sempre de modo larvado, notadamente nos carnês de esboços, nos "estudos" e nos "estados" dos gravadores, por exemplo. Ela se revelou, porém, ser uma virtualidade mais exigente na pintura moderna. Será que Matisse, quando pinta várias vezes *Femme à la blouse roumaine*, faz algo que não seja manifestar no espaço, isto é, num tempo sugerido, como se faria com um jogo de cartas, sua invenção criadora? Fica claro que a noção de quadro já se subordina aqui à noção mais ampla de pintura, da qual o quadro é apenas um momento. E no próprio Picasso – nele mais que em qualquer outro, aliás – é conhecida a importância das "séries". Basta lembrar a célebre evolução do touro. Só o cinema, porém, podia resolver radicalmente o problema, passar das aproximações grosseiras do descontínuo ao realismo temporal da visão contínua; mostrar, enfim, a própria duração.

Seguramente, nesses campos, ninguém nunca é de fato o primeiro, e a ideia que sustenta todo o filme de Clouzot não é, em absoluto, nova: encontraríamos traços dela em alguns filmes de arte, embora eu só veja um em que ela seja esporadicamente utilizada com uma eficiência comparável, é *Braque* [1950], de Frédérique Duran (a sequência das pedras talhadas). Do mesmo modo, a ideia da pintura por transparência estava ali esboçada grosseiramente no truque da pintura sobre vidro (transparente ou opaco). O mérito de Clouzot, porém, foi o de ter sabido transmitir esses procedimentos e ideias de sua forma experimental, esporádica ou embrionária, para a plenitude do espetáculo. Há mais que um mero aperfeiçoamento, ou que uma diferença de grau, entre tudo o que até então se viu e *O mistério de Picasso*. A contemplação da obra em criação, do *work in progress*, era apenas um episódio relativamente curto de uma composição didática que multiplicava os procedimentos de abordagem do tema e dos pontos de vista. O conjunto permanecia nos limites do curta e do média-metragem. Ora, foi desse pequeno episódio que Clouzot tirou seu filme; o germe semeado aqui e ali no jardim do documentário tornou-se floresta. Meu propósito não é insistir sobre a extraordinária audácia da operação, mas assim mesmo é justo salientá-la. *O mistério de Picasso* não se restringe a ser um longa-metragem, lá onde ninguém ousava se aventurar além dos cinquenta minutos: é o desenvolvimento de apenas alguns desses minutos por eliminação de qualquer elemento biográfico descritivo e didático. Desse modo, Clouzot rejeitou deliberadamente o trunfo que todo mundo teria conservado num jogo tão difícil: a variedade.

Isso porque, a seu ver, somente a criação artística constituía o elemento espetacular autêntico, isto é, cinematográfico porque essencialmente temporal. Ela é espera e incerteza em estado puro. "Suspense", enfim, tal como por si só a ausência de tema o revela. Conscientemente ou não, foi o que com certeza seduziu Clouzot. *O mistério de Picasso* é seu filme mais revelador, onde a genialidade de seu realizador se desmascara em estado puro pela passagem ao limite. O "suspense" aqui já não poderia confundir-se com uma forma da progressão dramática, com um determinado agenciamento da ação ou seu paroxismo, sua violência. Aqui não acontece literalmente nada, pelo menos nada a não ser a duração da pintura; não a de seu tema, mas a do quadro. A ação, se existe ação, não tem nada a ver com as 36 situações dramáticas, ela é metamorfose pura e livre, é, no fundo, a apreensão direta, tornada sensível pela arte, da liberdade do espírito; a evidência, também, de que essa liberdade é duração. O espetáculo enquanto tal é, então, a fascinação pelo surgimento das formas, livres e em estado nascente.

Tal descoberta se liga – de maneira inesperada, aliás – à tradição mais interessante do desenho animado, a que, partindo de Émile Cohl (com *Les Joyeux Microbes* [Micróbios galhofeiros, 1909], notadamente), teve, no entanto, de esperar Fischinger, Len Lye e principalmente McLaren para ganhar a vida. Essa concepção não funda o desenho animado sobre a animação *a posteriori* de um desenho que teria virtualmente uma existência autônoma, mas sobre a mudança do próprio desenho, ou, mais exatamente, sobre sua metamorfose. A animação não é então pura transformação lógica do espaço, ela é de natureza temporal. É uma germinação, uma expansão. A forma engendra a forma sem jamais justificá-la.

Por isso, não é surpreendente que *O mistério de Picasso* faça muitas vezes pensar em McLaren. Peço desculpas a André Martin, mas eis uma forma de desenho animado ou de pintura animada que nada deve à imagem por imagem. Em vez de partir de desenhos imóveis que a projeção vai mobilizar por ilusão ótica, é a tela da pintura que existe previamente como tela de cinema que basta fotografar em sua duração real.

Sei que certas pessoas vão protestar e se indignar com as liberdades que Clouzot tomou, aparentemente, com o tempo da criação artística. Ouso dizer que ele não tinha o direito de "acelerar" a realização dos quadros e de brincar, como brincou, com a montagem para modificar o tempo do evento original. É verdade que essa audaciosa iniciativa merece ser discutida. Entretanto, vou justificá-la.

Clouzot nega, com razão, ter "acelerado" o trabalho de Picasso. A filmagem, com efeito, foi sempre feita em 24 quadros por segundo. Mas será que a montagem, suprimindo, a bel-prazer do cineasta, os tempos mortos ou as durações longas, até fazer aparecer simultaneamente dois traços ao mesmo tempo, não é um truque igualmente inadmissível? Respondo: não. Pois é preciso fazer a distinção entre truque e falsificação. Em primeiro lugar, Clouzot não tenta nos enganar. Apenas os distraídos, os imbecis ou os que ignoram tudo do cinema estão sujeitos a não ter consciência dos efeitos da montagem acelerada. Para assegurar-se disso, Clouzot faz com que Picasso o diga expressamente. Em seguida, e sobretudo, é preciso distinguir radicalmente o tempo da montagem e o das tomadas. O primeiro é abstrato, intelectual, imaginário, espetacular, só o segundo é concreto. Todo o cinema está fundado na fragmentação livre do tempo pela montagem, mas cada fragmento do mosaico conserva a estrutura temporal realista dos 24 quadros por segundo. Clouzot nos poupou – e só poderíamos parabenizá-lo por isso – do truque do quadro-flor, abrindo-se como a vegetação dos filmes científicos em acelerado. Mas compreendeu e sentiu, como diretor, a necessidade de um tempo espetacular, utilizando para esse fim a duração concreta sem, contudo, desfigurá-la. Por isso, entre outras razões, é ridículo objetar aos méritos do filme sua natureza documentária. Há tanta compreensão do fato cinematográfico em *O mistério de Picasso* quanto em *O salário do medo* [*Le Salaire de la peur*, de Henri-Georges Clouzot, 1953]. Mas talvez haja mais audácia. Foi justamente porque Clouzot não fez um "documentário", no sentido restrito e pedagógico da palavra, que ele pôde e teve de levar em conta o tempo espetacular. O cinema não é aqui mera fotografia móvel de uma realidade preliminar e exterior. Ele está legitima e intimamente organizado em simbiose estética com o evento pictórico.

Se eu tivesse feito parte do júri de Cannes, teria votado em *O mistério de Picasso*, nem que fosse só para recompensar Clouzot por um único de seus achados que equivale ao êxito de dois ou três filmes dramáticos. Estou me referindo à utilização da cor. Clouzot teve uma ideia de grande diretor. Uma ideia que quase não hesito em qualificar de genial, e mais sensacional ainda porque é quase invisível para a maioria dos espectadores. Perguntem para quem acaba de ver *O mistério de Picasso*, se o filme é em preto e branco ou a cores. Nove em cada dez pessoas responderão depois de uma ligeira hesitação: "A cores", mas ninguém ou quase ninguém dirá que o filme se baseia numa incrível contradição, de tanto que essa contradição parecia fazer parte da própria natureza das coisas. Ora, materialmente, *O mistério de Picasso* é um filme em preto e branco copiado sobre película colorida, a não ser, exclusivamente, quando a tela está ocupada pela pintura. Pensando bem, é claro que tal escolha se impunha, como a sucessão da noite e do dia, mas é preciso ser um famoso diretor para reinventar o dia e a noite. Clouzot faz com que admitamos – de modo tão implícito que isso só é revelado pela reflexão – como se fosse natural, que o mundo real seja em preto e branco, com "exceção da pintura". A permanência química da película positiva a cores dá ao conjunto a unidade substancial necessária. Achamos então bem natural que o contracampo do pintor, em preto e branco, sobre seu quadro, seja a cores. Na verdade, e se aprofundarmos a análise, é errôneo dizer que o filme é em preto e branco e a cores. Seria bem melhor considerá-lo como o primeiro filme a cores em segundo grau. Eu me explico. Suponhamos que Clouzot tenha feito tudo a cores. A pintura existiria plasticamente no mesmo plano de realidade que o pintor. Um determinado azul da tela do quadro, na tela do cinema, seria o mesmo que o azul de seus olhos, um determinado vermelho, idêntico ao vermelho da camisa de Clouzot. Assim, para tornar espetacularmente evidente e sensível o modo de existência imaginário e estético da cor sobre a tela, em oposição às cores da realidade, seria preciso poder criar uma coloração em segundo grau, elevar ao quadrado o vermelho e o azul. Clouzot resolveu essa impensável operação estética com a elegância dos grandes matemáticos. Compreendeu que, já que não elevaria a cor ao quadrado, poderia, da mesma maneira, dividi-la por ela mesma. Assim, sendo a realidade natural apenas a forma multiplicada pela cor, ela retrocede, depois da divisão, unicamente para a forma, ou seja, para o preto e branco, enquanto a pintura, que é cor superposta à cor do mundo real, conserva seu cromatismo estético. De onde viria o fato de o espectador mal perceber o contraste, já que as verdadeiras relações da realidade não são modificadas? De fato, quando contemplamos um quadro, percebemos bem sua cor como essencialmente diferente da cor da parede ou do cavalete. Virtualmente, então, aniquilamos a cor natural em prol da criação pictórica. É esse processo mental que Clouzot reconstitui quase que à nossa revelia.

Em outras palavras, *O mistério de Picasso* não é "um filme em preto e branco a não ser nas sequências exclusivamente pictóricas", é essencialmente, e ao contrário, um filme a cores, que retrocedeu para preto e branco nas sequências extrapictóricas.

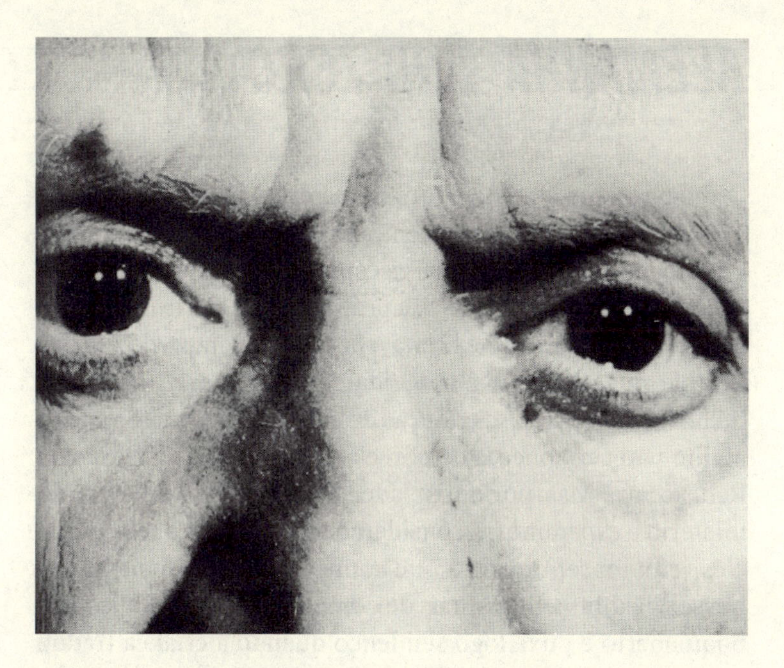

O mistério de Picasso, de Henri-Georges Clouzot.

Somente a má vontade ou a cegueira podem, portanto, sustentar que o filme não é de Clouzot e sim de Picasso. É certo, obviamente, que a genialidade do pintor está no princípio do filme, não só em sua qualidade *a priori* de pintor genial, como também por uma profusão de qualidades particulares que provavelmente tornaram possíveis a concepção e a realização do filme. Entretanto, não é diminuir Picasso mostrar a parte criadora de Clouzot. A inadmissível música de Georges Auric é, evidentemente, uma concessão que o diretor pensou poder fazer à anedota e ao pitoresco, depois de ter recusado, com uma audácia estupenda, tantas facilidades psicológicas.

ALEMANHA, ANO ZERO

O mistério nos assusta e o rosto da criança provoca um desejo contraditório.[1] Nós o admiramos à proporção de sua singularidade e de seus caracteres especificamente pueris. Daí o sucesso de Mickey Rooney e a proliferação das sardas na pele das jovens estrelas americanas. Já se foi o tempo de Shirley Temple, que prolongava indevidamente uma estética teatral, literária e pictórica. As crianças de cinema não devem de jeito algum parecer bonecas de porcelana, nem Meninos Jesus da Renascença. Mas, por outro lado, queremos nos proteger do mistério e esperamos inconsideradamente desses rostos que eles reflitam sentimentos que conhecemos bem, pois são os nossos. Pedimos-lhes sinais de cumplicidade, e o público fica boquiaberto e puxa logo seu lenço quando a criança traduz os sentimentos próprios aos adultos. Assim, somos nós mesmos que procuramos contemplar neles: nós, mais a inocência, a falta de jeito, a ingenuidade que perdemos. O espetáculo nos enternece, mas é por nós mesmos que choramos?

Com raríssimas exceções (*Zero de conduta* [*Zéro de conduit*, de Jean Vigo, 1933], por exemplo, no qual a ironia faz esse papel), os filmes infantis especulam a fundo sobre a ambiguidade de nosso interesse pelos pequenos homens. Pensando bem, eles tratam a infância como se ela fosse, precisamente, acessível a nosso conhecimento e à nossa simpatia, são realizados sob o signo do antropomorfismo. *Valahol Európában* [Em alguma parte da Europa, de Géza von Radványi, 1948] não escapa à regra, muito pelo contrário. Radványi interpretou com uma habilidade diabólica: não lhe reprovarei sua demagogia, já que aceito o sistema. Mas, se choro como todo

1 Texto publicado originalmente em *Esprit*, ano 27, maio 1949, pp. 685-89.

mundo, bem vejo que a morte do garoto de dez anos, abatido enquanto tocava "A marselhesa" na gaita, só é tão comovente porque é parecida com nossa concepção adulta do heroísmo. A execução atroz do motorista de caminhão com um nó corrediço de arame possui, em contrapartida, devido a seu objetivo derrisório (um pedaço de pão e de toucinho para dez crianças esfomeadas), algo de inexplicável e de imprevisto, que depende do mistério irredutível da infância. Mas, no conjunto, o filme utiliza muito mais nossa simpatia pelos sentimentos compreensíveis e visíveis das crianças.

A profunda originalidade de Rossellini consiste em ter recusado deliberadamente qualquer recurso à simpatia sentimental, qualquer concessão ao antropomorfismo. Seu menino tem onze ou doze anos, seria fácil e mesmo comum que o roteiro e a interpretação nos fizessem entrar no segredo de sua consciência. Ora, se sabemos alguma coisa sobre o que essa criança pensa e sente, isso nunca acontece por sinais diretamente legíveis em seu rosto, tampouco por seu comportamento, pois só o compreendemos através de verificações e conjeturas. É claro que o discurso do mestre-escola nazista está diretamente na origem do assassinato do doente inútil ("É preciso que os fracos deem lugar para os fortes viverem"), mas, quando ele joga veneno no copo de chá, seria inútil procurarmos em seu rosto algo além da atenção e do cálculo. Tampouco podemos concluir daí sua indiferença e sua crueldade, nem uma eventual dor. Um professor disse na sua frente certas coisas, elas enveredaram em sua mente e o levaram a essa decisão, mas à custa de que conflito interior? Não é problema do cineasta, mas da criança. Rossellini só podia nos propor sua interpretação recorrendo a um truque, projetando sua própria explicação sobre a criança e conseguindo que ela a refletisse para nosso próprio uso. É evidentemente nos últimos quinze minutos do filme que a estética de Rossellini triunfa, ao longo da busca do menino, à procura de um sinal de confirmação e assentimento, até o suicídio no final da traição do mundo. O professor recusa em princípio assumir qualquer responsabilidade no gesto do discípulo comprometedor. Mandado para a rua, o menino anda, anda, procurando aqui e ali, entre as ruínas: mas, umas após as outras, pessoas e coisas o abandonam. Sua namorada está com os colegas; as crianças que brincam seguram a bola quando ele passa. No entanto, os primeiros planos que dão ritmo a essa corrida interminável não nos revelam nada além de um rosto preocupado, pensativo, inquieto talvez, mas com o quê? Com um negócio de mercado negro? Com uma faca trocada por dois cigarros? Com a sova que pode levar quando voltar para casa? A chave só nos será dada, retrospectivamente, pelo ato final. É que, simplesmente, os sinais do jogo e da morte podem ser os mesmos no rosto de uma criança, os mesmos, pelo menos para nós, que não podemos penetrar em seu mistério. A criança pula num só pé na beira da calçada arrebentada, apanha nas pedras e nas traves tortas um pedaço de ferro enferrujado que ela maneja como um revólver, aponta através de uma seteira em ruína – tac, tac, tac... – para um alvo imaginário e, depois, exatamente com a mesma espontaneidade de interpretação, põe o cano imaginário sobre a têmpora. O suicídio, enfim; o menino escalou os andares abertos do imóvel que está sendo erguido diante de sua casa; olha a espécie de caminhão mortuário que vem pegar o caixão e vai embora, deixando ali a família. Uma viga de ferro atravessa obliquamente o andar destroçado, oferecendo sua declividade de escorregador; ele escorrega sentado e salta no vazio. Seu corpinho fica então lá embaixo, atrás do monte de pedras na beira da calçada; uma mulher põe seu cesto no chão para ajoelhar-se perto dele. Um bonde passa com seu barulho de ferragem; a mulher apoiou-se no monte de pedras, os braços caídos na eterna atitude das Pietàs.

Podemos ver como Rossellini foi levado a tratar dessa maneira seu personagem principal. Essa objetividade psicológica estava na lógica de seu estilo. O "realismo" de Rossellini não tem nada em comum com tudo o que o cinema (com exceção de Renoir) produziu até então de realista. Não é um realismo de tema, mas de estilo. Talvez ele seja o único diretor do mundo que sabe fazer com que nos interessemos por uma ação, deixando-a objetivamente no mesmo plano de *mise-en-scène* que seu contexto. Nossa emoção fica livre de qualquer sentimentalismo, pois foi obrigada a se refletir em nossa inteligência. Não é o ator que nos emociona, nem o acontecimento, mas o sentido que somos obrigados a extrair deles. Nessa *mise-en-scène*, o sentido moral ou dramático nunca está aparente na superfície da realidade; todavia, é impossível não sabermos que sentido é esse se tivermos uma consciência. Não é esta uma sólida definição do realismo em arte: obrigar o espírito a tomar partido sem trapacear com os seres e as coisas?

LES DERNIÈRES VACANCES

Para algumas dezenas de pessoas em Paris, romancistas, poetas, diretores de revistas, atores, diretores de teatro e de cinema, críticos, pintores, produtores independentes, que em sua maioria já se encontrava entre o Odeón, a Rue du Bac e o Sena (bem antes da invasão existencialista, quando o Deux Magots ainda era uma central literária e se ia ao Café de Flore para encontrar Renoir, Paul Grimaud ou Jacques Prévert), para algumas dezenas de pessoas, como ia dizendo, na Paris das Letras, das Artes e da amizade, existia desde antes da guerra um caso Roger Leenhardt.[1] Esse homenzinho ma-

1 Texto publicado originalmente em *La Revue du cinéma*, n. 14, jun. 1948, com o título "Le Style c'est l'homme même".

gro, ligeiramente vergado como sob o fardo de não se sabe que lassidão ideal, esse homenzinho, portanto, ocupava nas fronteiras da literatura e do cinema francês um lugar discreto, insólito e primoroso.

Algumas pessoas consideram, com razão, Roger Leenhardt como um dos mais brilhantes críticos e estetas do cinema falado, e sabem que ele o foi uns dois lustros de antecedência (ver artigos da revista *Esprit*, em 1937, e suas conferências no rádio, no mesmo ano). Para outras, Leenhardt é antes de tudo um romancista que nunca terminou completamente seus romances; e para outras ainda, um curioso poeta dos negócios que, depois de ter se aventurado e se arruinado com o cultivo intenso da cidra (na Córsega), virou produtor de curtas-metragens para satisfazer os complexos sutis que o ligavam ao cinema. Desconfio que Roger Leenhardt é produtor e também crítico só para não se reconhecer como diretor. Nós o vimos, durante dez anos, dar voltas em torno do cinema, fingir que o esquecia, às vezes desprezá-lo e resgatá-lo com poucas palavras de inflexão indolente em alguma de suas admiráveis conversas, nas quais faz gato e sapato das ideias. Alguns se perguntavam também se Leenhardt poderia um dia abordar o "grande filme", encarar a obra maior que a forma de sua inteligência parecia talvez fadar de antemão ao fracasso. Com Leenhardt, fomos tentados inclusive a achar uma pena que essa fonte de ideias vivas se comprometesse com a realização.

Desconfio, aliás, que Leenhardt decidiu aceitar a proposta de seu amigo Pierre Gerin, na medida em que realizar um filme é ainda uma maneira de apresentar uma ideia: a da criação, de maneira pouco menos intelectual que a aventura da cidra no coração da região mediterrânea.

Se me demoro assim na personalidade de Roger Leenhardt antes de falar de *Les Dernières Vacances* [As últimas férias, 1948], é porque ela me parece, em certo sentido, mais importante que o filme. Em primeiro lugar, porque o essencial de Leenhardt estará sempre em sua conversa e sua obra, por mais importante que seja, nunca passará de um subproduto dela. Roger Leenhardt nos deu talvez suas obras-primas numa forma menor, nos comentários dos curtas-metragens que realizou ou produziu. Vocês se lembram, por exemplo, daquele documentário sobre o vento em que aparecia, sobre uma charneca queimada pelo sol e pelo mistral, a grande silhueta de Lanza del Vasto? Mas não me refiro ao texto, ainda que o de *Naissance du cinéma* [Nascimento do cinema, 1951] seja admirável; penso apenas na dicção, no timbre e na modulação da voz que faz de Leenhardt o melhor comentarista do cinema francês. Leenhardt está inteiro nessa voz inteligente e incisiva que o mecanismo do microfone nunca consegue corroer, pois se identifica totalmente com o próprio movimento do espírito. Leenhardt é, antes de tudo, um homem da fala. Somente ela é bastante móvel, bastante flexível, bastante íntima para absorver e traduzir sem uma apreciável degradação de energia a dialética de Roger Leenhardt, conservar sua vibração nessa dicção sem sombra, em que a clareza treme com paixão.

Não tivesse ele realizado grandes filmes, já seria uma das personalidades mais sedutoras e mais insubstituíveis do cinema francês. Uma espécie de eminência parda da coisa cinematográfica. Um dos raros homens que, depois da geração dos Delluc e das Germaine Dulac, fizeram com que o cinema tivesse uma consciência.

Parecia, portanto, que o próprio temperamento de Leenhardt lhe impedia de se aventurar longe demais da zona franca nas fronteiras da criação e da produção, de passar dessa semi-internacionalidade de Saint-Germain-des-Prés, onde tudo é possível em palavras, para o mundo implacável e estúpido dos Champs-Élysées submetido à Inquisição sem recurso do sucesso e do dinheiro.

Vamos escrever porque é merecido: é preciso mostrar-se grato a Pierre Gerin por ter estendido para Roger Leenhardt, da margem esquerda à margem direita, a ponte de sua confiança e de sua amizade.

Posso dizê-lo agora: tínhamos muito medo. Em princípio, provavelmente, porque um fracasso nos teria penalizado em nossa afeição, quando não em nossa estima; mais ainda, porém, porque Leenhardt iria, depois de alguns, prestar testemunho sobre um dos problemas mais graves da criação cinematográfica. Apesar de sua familiaridade intelectual com o filme, apesar de sua experiência de produtor e de realizador de curtas-metragens, ele avançava no cinema sem armas, virgem das técnicas do estúdio. Praticamente nunca havia dirigido atores. E, de repente, seria preciso controlar de saída todos os monstros contra os quais o sindicato, na falta dos produtores, protege cuidadosamente o diretor novato. Leenhardt estava virtualmente encarregado de responder à questão: pode um autor no cinema ir diretamente a seu estilo, submeter em alguns dias de aprendizado toda a técnica a sua vontade e intenções, fazer uma obra a um só tempo bela e comercial sem passar pelos ritos de uma longa aprendizagem técnica? Não esperávamos de Leenhardt um filme "bem-feito", mas uma obra assinada que realizasse, enfim, de modo grandioso, alguma coisa do mundo que ele traz dentro de si. Há outros exemplos disso, mas não são tão numerosos. Fora o caso bem diferente de Renoir, que é, sem dúvida, junto com Méliès e Feuillade, o único homem-cinema da França, poucos além de Cocteau e Malraux souberam submeter logo de saída a técnica a seu estilo. Em Hollywood, a recente aventura de Orson Welles prova, aliás, o que a técnica pode ganhar deixando-se violentar pelo estilo. Será que ela iria rejeitar um dos homens mais inteligentes do cinema francês?

Leenhardt teve a prudência de criar o máximo de dificuldades: o pior era, nessas circunstâncias, o mais seguro. Por isso, escreveu (com seu cunhado e amigo íntimo, o saudoso Roger Breuil) o roteiro e os diálogos. O próprio tema era de uma fragilidade bem romanesca e a interpretação apresentava problemas quase insolúveis.

A ideia inicial é muito simples, muito bonita e poderia sair de um romance de Giraudoux. Por volta dos quinze ou dezesseis anos, acontece de a menina conquistar sobre o menino uma maturidade psicológica que este levará vários anos para recuperar. A chegada de um jovem arquiteto parisiense, encarregado da compra da propriedade familiar, faz com que Juliette tome repentinamente consciência de seu destino de mulher, afastando-a momentaneamente de seu primo Jacques, que sente, confuso, em seu ciúme pueril, que Juliette está fugindo dele, pois está passando para o lado dos adultos, e que é preciso que ele, por sua vez, porém mais lenta e dolorosamente, abra seu caminho para o país dos homens. As últimas férias lhe ensinaram a distinguir a queimação da última bofetada de uma mãe, da primeira bofetada de uma mulher.

Leenhardt ligou, porém, intimamente, o tema do final da infância com o fim de uma família e de uma determinada sociedade: da burguesia protestante, a que três gerações de segurança material e de riqueza laboriosamente adquirida converteram em uma espécie de aristocracia. Por volta de 1930, nos dias que se seguiram à Primeira Guerra, a decadência já havia começado. As duas aventuras, a das crianças e a de seus pais, têm um terreno em comum: o patrimônio que se tornou pesado demais para os herdeiros e que será preciso vender a uma empresa hoteleira.

O parque, onde Jacques e Juliette receberam a primeira lição de amor e também o produto de uma geografia humana bem precisa, com suas bacias de cascalho, seus terrenos cobertos de relva de onde se tira feno, sua aleia de bambus, sua flora de araucárias, de cedros azuis, de magnólias grandifloras, onde a azinheira é a única essência que lembra as charnecas das Cevenas, é a secreção da propriedade burguesa tal como ela se encontra em outras vinte províncias francesas. Lugar fechado, paraíso artificial e objeto tão fora de uso e insólito, nessas terras queimadas de sol e balizadas por ruínas romanas, quanto os vestidos de guipura e os trabalhos de pérola de tia Nelly. Ele é o símbolo de três gerações burguesas, cujo charme e grandeza foram, contudo, em três quartos de século, criar para si a um só tempo um estilo de vida e um estilo de propriedade. Porém, mais do que as brincadeiras das crianças, são as preocupações dos pais que se tornam ainda mais anacrônicas nesse maravilhoso mundo burguês.

Podemos nos perguntar por que o cinema francês não explorou mais até aqui o tema do "patrimônio familiar", ao qual a literatura, de *Dominique* ao *Grand Meaulnes*, deve, no entanto, algumas de suas obras-primas e numerosos romances muito estimáveis. Porém, é ainda mais curioso constatar que a burguesia, cujos costumes e decadência são a matéria-prima de nove décimos da grande produção romanesca francesa, de Balzac a Marcel Proust, tenha interessado tão pouco aos cineastas, que, de *Un Chapeau de paille d'Italie* [Um chapéu de palha da Itália, de René Clair, 1928] a *Dulce, paixão de uma noite* [*Douce*, de Claude Autant-Lara, 1943] e a *Adúltera*, não possamos citar quase nenhum como filme "burguês", a não ser o eterno e maravilhoso *A regra do jogo*.

Notemos, na ocorrência, o quanto Leenhardt complicou ainda mais sua tarefa situando a ação entre 1925 e 1930. Audácia discreta, mas interessante, já que, não contente em recusar os atrativos clássicos das mudanças em 1900, precisou, ao contrário, enfrentar a dificuldade de mostrar trajes pouco convenientes e próximos demais de nós para não correr o risco do ridículo.

O problema da interpretação precisava de uma solução ainda mais delicada. Quinze anos é a idade ingrata do cinema (sendo, em contrapartida, a idade ideal para o romance), pois não se pode mais contar com a graça animal da infância e poucos são os atores que possuem a naturalidade suficiente. Em *Adúltera*, Autant-Lara atuou, em última instância, com a idade imediatamente superior. O roteiro de *Les Dernières Vacances* não permitia isso. Leenhardt foi recompensado por sua audácia: a jovem Odile Versois, que estreou nas telas, e Michel François, que usa calças curtas com desembaraço, são quase perfeitos. Dominam, em todo caso, a interpretação adulta. E essa é certamente a causa das principais fraquezas do filme. Pierre Dux, em particular, não é de modo algum o personagem um pouco fraco, mas no fundo um bom menino e um *bon vivant*, que o roteiro pedia. Berthe Bovy não tem simplicidade e Christiane Barry não tem qualidades suficientes para interpretar a bela prima divorciada. Podemos também criticar Leenhardt pela mudança de tom do final do filme. Os dois primeiros terços, consagrados principalmente à aventura de Jacques e Juliette, têm um admirável desenvolvimento, ia dizer romanesco. O último, ao contrário, em que a tônica é a intriga amorosa esboçada entre Pierre Dux e Christiane Barry, por um triz não cai no tom do vaudevile em certos momentos. Talvez aqui tenha faltado ousadia e fôlego ao roteirista.

Porém, por mais interessante por si mesmo e, em grande parte, por mais novo que seja o roteiro de Roger Leenhardt, a meu ver, a atenção deve recair muito mais sobre o estilo da *mise-en-scène*. Não faltarão técnicos consagrados que o acharão pobre, quando não desajeitado. O público só notará uma espécie de despojamento dos efeitos técnicos, que vai ser também encarada mais ou menos conscientemente como pobreza. Isso porque quase já não se sabe, ou quase ainda não se sabe, o que é estilo em cinema. Na realidade, em cem filmes, há certamente 98 cuja técnica de decupagem é rigorosamente idêntica, apesar de procedimentos ilusórios de "estilo". Um filme de Christian-Jaque ou até mesmo de Duvivier não pode ser reconhecido pelo estilo, mas somente pelo emprego mais ou menos frequente de certos efeitos perfeitamente clássicos, aos quais eles simplesmente fizeram alguns aperfeiçoamentos pessoais. Em compensação, os filmes decupados de Renoir, na maioria das vezes, apesar de serem feitos de qualquer jeito e prescindirem de qualquer gramática, são o próprio estilo. Leenhardt não era homem de desprezar a forma e tampouco as regras, e não espero de modo algum que não se sinta por vezes certa falta de jeito na solução de um problema da decupagem que um pouco mais de experiência lhe teria permitido resolver, mas, no essencial, ele encontrou perfeitamente seu estilo e técnica adequados. Sua frase cinematográfica tem uma sintaxe e um ritmo discretamente pessoais, e sua clareza não impede que tenha originalidade. Com um senso admirável da continuidade concreta da cena, Leenhardt sabe destacar, a tempo, o detalhe significativo, sem que, para tanto, renuncie à sua ligação com o conjunto.

Como romancista, Leenhardt foi um moralista. A escritura cinematográfica reencontra aqui, de certo modo, com seus meios pobres, a sintaxe da lucidez que caracteriza todo um classicismo romanesco francês, de *A princesa de Clèves* a *O estrangeiro*. Considerada como descritiva, a decupagem de *Les Dernières Vacances* poderia parecer elementar, mas ela é, antes de tudo, o movimento de um pensamento no qual se encontram precisa e esteticamente resolvidas as contradições mais marcantes da personalidade de Roger Leenhardt. Se fosse necessário procurar referências plásticas em vez de literárias, eu compararia as melhores cenas de *Les Dernières Vacances* com as gravuras em que a observação do detalhe tira precisamente o sentido e o valor da clareza linear do traço. Em parte influenciado por Renoir (sua câmera sabe como jamais acabar uma cena com um escalpelo de vivissecção), Leenhardt, entretanto, se afasta dele, sem renegá-lo, porque nunca renuncia completamente a compreender o acontecimento, isto é, a julgá-lo. O protestantismo hereditário do autor não se revela apenas na própria matéria do roteiro e na ação que se passa nas *Cevenas*, ele contribui para informar a decupagem, impõe-lhe uma moral da qual Renoir – e é daí, aliás, que vem todo o seu charme – está inteiramente livre.

Les Dernières Vacances

Ficamos receosos de que essa obra discreta, em cujo roteiro e a *mise-en-scène* não há nada de espetacular, e que foi realizada com poucos meios, não tenha toda a atenção que merece. Pelo menos é o que poderíamos pensar após a frieza persistente com a qual as comissões de seleção afastaram *Les Dernières Vacances* de todas as competições internacionais em 1947.

É que sua natureza estética é essencialmente romanesca. Leenhardt fez em filme o romance que poderia ter escrito. Por mais paradoxal que possa parecer, a atenção do público e até mesmo da crítica seria *a priori* muito mais favorável caso se tratasse de uma adaptação. *Les Dernières Vacances* integra-se com naturalidade, e sem que se dê conta disso, a uma tradição literária, e por isso não se nota mais o que sua existência cinematográfica pode ter de insólito e de profundamente original. Somente Malraux, a meu ver, com um tipo de romance radicalmente diferente, nos fez sentir o equívoco da obra cinematográfica que podia ser literária. Não nos enganemos: *L'Espoir* é o contrário de uma adaptação. O filme e o livro são a refração em duas matérias estéticas diferentes do mesmo projeto criador, eles estão no mesmo plano de existência estética. Se Malraux não tivesse escrito *L'Espoir* (terminado depois do filme), não deixaríamos de ter na tela algo que poderia ter sido um romance. É a sensação que nos dá *Les Dernières Vacances*. Ora, tudo o que há dez anos conta realmente na produção mundial, de *A regra do jogo* a *Cidadão Kane* e *Paisà*, não são precisamente romances (ou contos) que preferiram ser filmes? E não é a tais mutações estéticas (que de modo algum são, repito, adaptações ou transposições) que a linguagem cinematográfica deve, desde o mesmo tempo, seus progressos mais incontestáveis?

ENTOMOLOGIA DA PIN-UP

Para início de conversa, não confundir a pin-up com imagens pornográficas ou galantes que remontam ao abismo dos tempos.[1] A pin-up é um fenômeno erótico bem específico, tanto na forma quanto na função.

DEFINIÇÃO E MORFOLOGIA

Nascida da guerra para os soldados americanos espalhados por um longo exílio nos quatro cantos do mundo, a pin-up logo se transformou em um produto industrial com normas bem determinadas, e qualidade tão estável quanto a da *peanut butter* ou do chiclete. Rapidamente aperfeiçoada, como o jipe, em meio às necessidades exatas da sociologia militar americana moderna, ela é um produto perfeitamente harmonizado de influências raciais, geográficas, sociais e religiosas.

Fisicamente, essa Vênus americana é uma garota alta e vigorosa, com o corpo afunilado e esguio, magnífico exemplar étnico de uma raça alta. Muito diferente do ideal grego com pernas curtas e torso pequeno, ela se distingue claramente das Vênus europeias. Com pouco quadril, a pin-up não evoca a maternidade. Mas notemos, sobretudo, a firme opulência de seu busto. O erotismo americano, e, por conseguinte, cinematográfico, parece ter passado, ao longo desses últimos anos, das pernas ao seio.

A demonstração de Marlene Dietrich e de suas pernas perfeitamente torneadas, quase abstratas, o sucesso de Rita Hay-

1 Texto publicado originalmente em *L'Écran Français*, ano 4, n. 77, 17/12/1946.

worth e o escândalo, no filme de Howard Hugues *O proscrito* [*The Outlaw*, 1943], de Jane Russell, cujo par de seios, aumentado por uma campanha publicitária de uma companhia aérea, tinha as dimensões das nuvens, são uma indicação desse vasto deslocamento na geografia do sex appeal, ou antes, pois o termo já está ultrapassado, do *man appeal*. A vanguarda da atração feminina está, hoje, no nível do coração. Como prova disso os ecos que nos chegam de Hollywood e o processo que Paulette Goddard teria aberto contra um jornalista que ousou escrever que ela tinha seios falsos.

No entanto, uma anatomia adequada, um corpo jovem e vigoroso, os seios firmemente provocantes não poderiam definir a pin-up. Ela precisa ainda esconder os seios, que não seria apropriado vermos. Pois a mestria na censura dos trajes talvez seja mais essencial do que as afirmações anatômicas mais seguras.

A roupa típica da pin-up é o maiô de duas peças, que coincide com os limites autorizados pela moda e pelo pudor social dos últimos anos. Entretanto, uma infinita variedade de sugestivos *déshabillés* – que, aliás, nunca excedem certas fronteiras rigorosamente definidas – pode também valorizar, escondendo-os habilmente, os encantos da pin-up. Quanto a mim, estaria inclinado a considerar esses condimentos como uma decadência: a contaminação da pura pin-up por imagens galantes tradicionais? Seja lá como for, é evidente que os véus usados pela pin-up têm um duplo objetivo: satisfazer a censura social de um país protestante que não teria permitido o desenvolvimento em escala industrial e quase oficial da pin-up; mas, ao mesmo tempo, tirar proveito dessa censura e utilizá-la como um excitante a mais. O perfeito equilíbrio entre as exigências da censura e o máximo de proveito que se pode tirar dela, sem cair numa indecência provocante demais para a opinião pública, define a existência da pin-up e a distingue claramente do cartão-postal galante obsceno ou pornográfico.

Rita Hayworth em *Gilda*, de Charles Vidor.

A ciência desses *déshabillés* provocantes foi refinada. Hoje em dia, Rita Hayworth só precisa tirar as luvas para provocar reações de admiradores em uma sala americana.

METAMORFOSE DA PIN-UP

A multiplicação e o absurdo dos cenários suplementares de hoje, em contraste com a simplicidade juvenil e "sem sofisticação" das primeiras pin-ups, poderiam ser explicados pela necessidade que os desenhistas ou fotógrafos sentem de variar a apresentação. Há milhares de maneiras de mostrar uma bela garota de maiô, mas não, certamente, centenas de milhares. O que vemos nessa evolução, contudo, é uma desagregação do ideal da pin-up.

Produto da guerra, instrumento de guerra, a pin-up perdeu com a paz o essencial de sua razão de ser. O resgate desse mito guerreiro o decompõe em seus dois elementos constituintes: o erotismo e a moral. Por um lado, a pin-up tende a retornar às imagens galantes com todas as suas hipócritas complicações de vestuário, por outro, às virtudes familiares pós-desmobilização. Além disso, hoje se organiza nos Estados Unidos concursos de *pin-up mothers* e de *pin-up babies*. Enfim, a publicidade de refrigerantes, de chicletes ou cigarros se empenha em converter os diversos excedentes recuperáveis para a produção de paz.

FILOSOFIA DA PIN-UP

Em uma história geral do erotismo e, mais precisamente, em uma história do erotismo em sua relação com o cinema, a pin-up encarna o ideal sexual do mundo futuro. Em *Admirável mundo novo*, Aldous Huxley nos adverte que, sendo as crianças feitas em provetas, as relações entre homens e mulheres, daqui por diante estéreis, não terão outro propósito que não seja o prazer, prazer intocável por qualquer proibição. O ideal de beleza e a atração sexual femininos são lindamente sintetizados por Huxley, com a ajuda de um adjetivo a um só tempo tátil, muscular e visual: *pneumatic*. Não é a *pneumatic girl* de Aldous Huxley o arquétipo, projetado no futuro, da pin-up segundo Alberto Vargas? Em uma guerra de invasão distante que se prolonga, o ideal feminino representa, necessariamente, a imaginação, a esterilidade e a brincadeira. A pin-up é a expressão desse ideal, levado até a pureza e a extensão de um mito, em uma sociedade onde o protestantismo exerce ainda uma vigilante censura.

A PIN-UP E O CINEMA

Se pouco falamos do cinema, foi porque a pin-up não pertence a ele prioritariamente. Ela não surgiu nas telas, mas na capa de revistas, nos folhetos de *Esquire*, na página de recortar de *Yank*. Depois o cinema se apropriou dessa mitologia erótica e, rapidamente, a estrela americana começou a se parecer com os desenhos de Vargas.

Para ele a tela já tinha uma sólida tradição nessa área. As mulheres de maiô que povoam as constelações dos céus falsos de Georges Méliès vinham, elas também, de imagens ingenuamente eróticas, em que triunfava, por volta de 1900, a princesa de Caraman-Chimay. Um pouco mais tarde, nos Estados Unidos, Mack Sennett, precursor sagaz, compreende toda a popularidade do maiô, mas as performances coletivas de suas *bathing-beauties*, bem próximas do *music-hall*, ainda não anunciam a individualização futura da pin-up e da *star*. O cinema, desde suas origens, tinha predisposição para a utilização da pin-up, e, reciprocamente, para reforçar, na imaginação e no gosto do público, o ideal feminino que ela representa.

Sem dúvida o que precede dá suficientemente a entender que nossa estima por essa variedade de erotismo cinematográfico não é muito grande. Produzido por circunstâncias históricas bem particulares, o ideal feminino da pin-up, apesar de seu aparente vigor anatômico, é, em última análise, extremamente artificial, equivocado e raso. Fruto de uma sociologia acidental, a da guerra, ela não passa de uma espécie de chiclete da imaginação. Produzida em série, padronizada por Vargas, asseptizada pela censura, a pin-up certamente representa uma regressão qualitativa do erotismo cinematográfico. Lilian Gish, de *Lírio partido*; Dietrich, de *O anjo azul* [*Der Blaue Engel*, de Josef von Sternberg, 1930], Garbo, Ingrid Bergman, hoje, são bem diferentes de Rita Hayworth!

Em 1931, as *stars* se alimentavam com *grapefruit* e escondiam os seios. Ao mesmo tempo, o maremoto da censura Hays invadia Hollywood. Embora aparentemente oposto, o perigo era, no fundo, o mesmo: a inautenticidade. O erotismo cinematográfico se amenizava no artifício e na hipocrisia. Foi então que surgiu Mae West. Mae West, que, assim esperamos, não terá, sem dúvida, as formas fartas de Fifi Peau de Pêche.

Por isso não precisará reagir contra os mesmos artifícios e as mesmas hipocrisias, mas, escandalosa ou pudica, reservada ou provocante, o cinema americano só espera dela um pouco mais de autenticidade.

O *WESTERN* OU O CINEMA AMERICANO POR EXCELÊNCIA

O *western* é o único gênero cujas origens praticamente se confundem com as do cinema, e que depois de quase meio século de sucesso ininterrupto ainda conserva sua vitalidade.[1] Mesmo se contestarmos o equilíbrio entre sua inspiração e seu estilo desde os anos 1930, ao menos a estabilidade de seu sucesso comercial, termômetro de sua saúde, sempre nos surpreenderá. Sem dúvida, o *western* não escapou completamente à evolução do gosto cinematográfico, nem de qualquer gosto. Ele sofreu e sofrerá ainda influências alheias (as do romance *noir*, por exemplo, da literatura policial ou das preocupações sociais da época), a ingenuidade e o rigor do gênero foram abaladas por elas. Só podemos lamentar, mas não ver nisso uma verdadeira decadência. Com efeito, essas influências só foram exercidas, na realidade, sobre uma minoria de produção de um nível relativamente elevado, sem afetar os filmes de classe Z destinados, sobretudo, ao consumo interno. Por outro lado, em vez de lastimar as contaminações passageiras do *western*, seria melhor maravilhar-se com o fato de ele ainda

1 Texto publicado originalmente como prefácio ao livro de Jean-Louis Rieupeyrout, *Le Western ou le cinéma américain par excellence*. Paris: Éditions du Cerf, 1953, col. 7e Art.

resistir. Cada influência age sobre ele como uma vacina. O micróbio perde, com seu contato, sua virulência mortal. Em dez ou quinze anos, a comédia americana esgotou suas virtudes; se ela sobrevive em sucessos ocasionais, é somente à medida que se afasta, de algum modo, dos cânones que lhe propiciaram o sucesso antes da guerra. De *Paixão e sangue* [*Underworld*, de Josef von Sternberg, 1927] a *Scarface, a vergonha de uma nação* [1932], o filme de gângster já havia fechado seu ciclo de crescimento. Os roteiros policiais evoluíram rapidamente, e se hoje ainda podemos encontrar uma estética da violência nos quadros da aventura criminal que lhes é evidentemente comum com *Scarface*, teríamos grandes dificuldades para reconhecer ali, na figura do detetive particular, do jornalista ou do G. Man, os heróis originais. Aliás, se podemos falar de um gênero policial americano, não poderíamos lhe atribuir a especificidade do *western;* a literatura que existia antes dele não parou de influenciá-lo e os últimos avatares interessantes do filme de crime *noir* procediam diretamente dela.

Em contrapartida, a permanência dos heróis e dos esquemas dramáticos do *western* foi recentemente demonstrada pela televisão com o sucesso delirante das antigas fitas de Hopalong Cassidy: o *western* não envelheceu.

Mais ainda que a perenidade histórica do gênero, sua universalidade geográfica nos surpreende. O que as populações árabes, hindus, latinas, germânicas ou anglo-saxônicas, junto das quais o *western* sempre teve um sucesso constante, têm a ver com a evocação do nascimento dos Estados Unidos, com a luta de Buffalo Bill contra os índios, com o traçado da estrada de ferro ou com a Guerra da Secessão?

O *western* deve ter, portanto, algum segredo mais importante que o da juventude: o da eternidade; um segredo que se identifica, de alguma maneira, com a própria essência do cinema.

———

É fácil dizer que o *western* "é o cinema por excelência", pois cinema é movimento. É verdade que a cavalgada e a briga são seus atributos comuns, mas, então, o *western* seria apenas uma variedade entre outras do filme de aventura. Aliás, a animação dos personagens levada a um modo de paroxismo é inseparável de seu quadro geográfico, e poderíamos também definir o *western* pelo seu cenário (a cidade de madeira) e sua paisagem: outros gêneros, porém, ou outras escolas cinematográficas tiraram partido da poesia dramática da paisagem (por exemplo, a produção sueca da época muda), sem que a poesia que contribuíra para sua grandeza assegurasse sua sobrevivência. Ou melhor, aconteceu, como em *A manada* [*Overlanders*, de Harry Watt, 1946], de se tomar emprestado do *western* um de seus temas – a tradicional viagem da manada – e situá-lo numa paisagem (a da Austrália central) bastante análoga às do Oeste americano. O resultado, como se sabe, foi excelente; mas, felizmente, renunciaram a qualquer continuação dessa proeza paradoxal, cujo êxito só se deveu a conjunturas excepcionais. E, se aconteceu de rodarem *westerns* na França, nas paisagens da Camargue, só podemos ver nisso uma prova suplementar da popularidade e da saúde de um gênero que suporta a contrafação, o pastiche ou a paródia.

Na verdade, seria vão o esforço de reduzir a essência do *western* a qualquer um de seus componentes manifestos. Os mesmos elementos são encontrados em outras partes, mas não os privilégios que parecem se ligar a eles. Logo, o *western* deve ser algo mais que a forma. As cavalgadas, as brigas, homens fortes e corajosos numa paisagem austera e selvagem não bastariam para definir ou resumir o charme do gênero.

Esses atributos formais, pelos quais o *western* é normalmente reconhecido, são apenas os signos e símbolos de sua realidade profunda, que é o mito. O *western* surgiu do encontro de uma mitologia com um meio de expressão: a Saga do Oeste existia antes do cinema nas formas literárias ou folclóricas, e a multiplicação dos filmes não acabou, aliás, com a literatura do gênero *western*, que continua a ter seu público e a fornecer aos roteiristas seus melhores temas. Não há, porém, uma medida comum entre a audiência limitada e nacional das *western stories* e a audiência universal dos filmes que nelas se inspiram. Do mesmo modo que as miniaturas dos Livros de Horas serviram de modelo para a estatuária e para os vitrais das catedrais, essa literatura, liberada da linguagem, encontra na tela uma promoção à sua altura, como se as dimensões da imagem se confundissem, enfim, com as da imaginação.

Este texto salientará um aspecto desconhecido do *western:* sua verdade histórica. Desconhecido, sem dúvida, em primeiro lugar por causa de nossa ignorância, mais ainda, porém, por causa de nosso preconceito solidamente enraizado segundo o qual o *western* só poderia contar histórias de uma grande puerilidade, fruto de uma invenção ingênua e sem a menor preocupação com a verossimilhança psicológica, histórica ou até mesmo meramente material. É verdade, com efeito, que, de um ponto de vista puramente quantitativo, os *westerns* explicitamente preocupados com a fidelidade histórica são minoria. É verdade, também, que não são de modo algum necessariamente os únicos válidos. Seria ridículo julgar o personagem de Tom Mix (e mais ainda seu cavalo branco encantado), ou mesmo de William Hart ou de Douglas Fairbanks, que fizeram os belos filmes do grande período primitivo do *western*, segundo os métodos da arqueologia. No mais, vários *westerns* atuais, de um nível razoável (penso, por exemplo, em *Embrutecidos pela violência* [*Along the Great Divide*, de Raoul Walsh, 1951], *Céu amarelo* [*Yellow Sky*, de William A. Wellman, 1948] ou *Matar ou morrer* [*High Noon*, de Fred Zinnemann, 1952]), não oferecem senão analogias bem simples com a história. São, antes de tudo, obras da imaginação. Mas seria tão errôneo ignorar as referências históricas do *western* quanto negar a liberdade sem embaraço de seus roteiros. Jean-Louis Rieupeyrout nos mostra perfeitamente a gênese da idealização épica a partir de uma história relativamente próxima, mas é possível que, preocupado em lembrar o que comumente é esquecido ou ignorado, seu estudo, dedicando-se sobretudo aos filmes que ilustram sua tese, deixa implicitamente no escuro a outra face da realidade estética. Entretanto, ela lhe dará duas vezes razão. Pois as relações da realidade histórica com o *western* não são imediatas e diretas, mas dialéticas. Tom Mix é o oposto de Abraham Lincoln, mas, à sua maneira, ele perpetua o culto e a lembrança dele. Em suas formas mais romanescas ou mais ingênuas, o *western* é o contrário perfeito de uma reconstituição histórica. Hopalong Cassidy não difere, é o que parece, de Tarzan senão por suas roupas e pelo quadro de suas proezas. Contudo, se fizermos um esforço para comparar essas histórias encantadoras, mas inverossímeis, para superpô-las, como se faz em fisiognomonia moderna com vários negativos de rostos, veremos aparecer por transparência um *western* ideal feito das constantes comuns a todas elas: um *western* composto unicamente de seus mitos em estado puro. Como exemplo, distingamos um deles, o da Mulher.

No primeiro terço do filme, o "bom caubói" encontra uma moça pura, digamos, a virgem obediente e forte, pela qual ele se apaixona e cujo grande pudor não nos impede de descobrir que o amor é correspondido. Porém, obstáculos quase intransponíveis opõem-se a esse amor. Um dos mais significativos e dos mais frequentes vem da família da amada – o irmão, por exemplo, é um canalha sinistro, e o bom caubói é obrigado a livrar a sociedade dele num combate singular. Nova Ximenes, nossa heroína se proíbe considerar o assassino de seu irmão um homem bonito. Para redimir-se aos olhos de sua bela e merecer seu perdão, nosso cavaleiro deve então passar por uma série de provas fabulosas. Finalmente, ele salva a eleita de seu coração de um perigo mortal (mortal para sua pessoa, sua virtude, sua fortuna, ou para as três ao mesmo tempo). Ao fim de que, já que estamos no final do filme, a bela seria uma ingrata se não desculpasse seu pretendente e não lhe prometesse muitos filhos.

Até aqui, esse esquema – sobre o qual, é claro, podemos bordar mil variantes (por exemplo, substituindo a Guerra da Secessão pela ameaça dos índios, ou de ladrões de rebanhos) – lembra o esquema dos romances de cavalaria pela preeminência que concede à mulher e às provas que o melhor dos heróis deve satisfazer para pretender seu amor.

Mas na maioria das vezes a história se complica com um personagem paradoxal: a dona do *saloon*, geralmente também apaixonada pelo caubói. Haveria, portanto, uma mulher sobrando, se o deus dos roteiristas não estivesse atento. Alguns minutos antes do fim, a prostituta de bom coração salva aquele que ama de um perigo, sacrificando sua vida e um amor sem saída pela felicidade de seu caubói. No mesmo lance, ela se redime definitivamente no coração dos espectadores.

Isso pede uma reflexão. Nota-se, com efeito, que a divisão dos bons e dos maus só existe para os homens. As mulheres, de cima a baixo da escala social, são dignas de amor, ou pelo menos de estima ou de piedade. A meretriz mais insignificante pode ainda ser redimida pelo amor ou pela morte – esta última, aliás, lhe é poupada em *No tempo das diligências*, cujas analogias com *Bola de sebo*, de Maupassant, são bem conhecidas. É verdade que o bom caubói é mais ou menos reincidente e que o casamento mais moral torna-se desde então possível entre o herói e a heroína.

Por isso, no mundo do *western*, as mulheres são boas, e o homem, mau. Tão mau que o melhor deles deve, de certo modo, redimir com suas proezas a culpa original de seu sexo. No Paraíso terrestre, Eva induz Adão à tentação. Paradoxalmente o puritanismo anglo-saxão, sob a pressão das conjunturas históricas, inverte a proposição bíblica. A degradação da mulher não é ali senão a consequência da concupiscência dos homens.

É evidente que tal hipótese procede das próprias condições da sociologia primitiva do Oeste, onde a escassez de mulheres e os perigos da vida rude em demasia deram a essa sociedade nascente a obrigação de proteger suas mulheres e seus cavalos. Contra o roubo de um cavalo, o enforcamento pode ser suficiente. Para respeitar as mulheres, é preciso mais que o receio de um risco tão fútil como o da vida: a força positiva de um mito. O *western* institui e confirma a mulher como vestal das virtudes sociais de que este mundo caótico ainda tem a maior necessidade. Ela contém em si não apenas o futuro físico, mas, graças à ordem familiar à qual aspira como a raiz à terra, seus fundamentos morais.

Esses mitos, cujo exemplo talvez mais significativo acabamos de analisar (e depois do qual viria imediatamente o do cavalo), poderiam provavelmente se reduzir a um princípio ainda mais essencial. Cada um deles, no fundo, não faz mais que especificar, através de um esquema dramático já particular, o grande maniqueísmo épico que opõe as forças do Mal aos cavaleiros da justa causa. As paisagens imensas de prados, desertos e rochedos, onde se agarra, precária, a cidade de madeira, ameba primitiva de uma civilização, estão abertas a todas as possibilidades. O índio que a habita era incapaz de lhe impor a ordem do Homem. Ele só se tornará senhor dela identificando-se à sua selvageria pagã. O homem cristão branco, ao contrário, é realmente o conquistador, criador de um Novo Mundo. A relva cresce por onde passou seu cavalo, ele vem implantar, a um só tempo, sua ordem moral e sua ordem técnica, indissoluvelmente ligadas, a primeira garantindo a segunda. A segurança material das diligências, a proteção das tropas federais, a construção de grandes estradas de ferro importam talvez menos que a instauração da justiça e de seu respeito. As relações da moral e da lei, que já não passam, para nossas velhas civilizações, de um tema de vestibular, foram, há menos de um século, a proposição vital da jovem América. Somente os homens fortes, rudes e corajosos podiam conquistar aquelas paisagens virgens. Todos sabem que a familiaridade com a morte não contribui para manter o medo do inferno, o escrúpulo e o raciocínio moral. A polícia e os juízes beneficiam principalmente os fracos. A própria força dessa humanidade conquistadora gerava sua fraqueza. Lá onde a moral individual é precária, somente a lei pode impor a ordem do bem e o bem da ordem. Quanto mais, porém, a lei pretende garantir uma moral social que ignora os méritos individuais daqueles que fazem essa sociedade, mais ela é injusta. Para ser eficaz, a justiça deve ser aplicada por homens tão fortes e temerários quanto os criminosos. Tais virtudes, como vimos, são pouco compatíveis com a Virtude, e o xerife, pessoalmente, nem sempre vale mais que aqueles que manda enforcar. Desse modo, surge e se confirma uma contradição inevitável e necessária. Frequentemente há pouca diferença moral entre aqueles que qualificamos de fora da lei e os que estão dentro dela. No entanto, a estrela do xerife deve constituir uma espécie de sacramento da justiça cujo valor é independente dos méritos de seu ministro. A essa primeira contradição, acrescenta-se a do exercício de uma justiça que, para ser eficaz, deve ser extrema e expeditiva – menos, porém, que o linchamento – e, portanto, ignorar as circunstâncias atenuantes, e até mesmo os álibis que demoram muito para ser verificados. Protegendo a sociedade, ela corre o risco da ingratidão para com seus filhos talvez mais turbulentos, mas que não são menos úteis, e talvez, até mesmo, não menos merecedores.

A necessidade da lei nunca esteve mais próxima da necessidade de uma moral, nunca também o antagonismo delas foi mais concreto e mais evidente. É ele que constitui, de um modo burlesco, o fundo de *Pastor de almas*, de Charlie Chaplin, no qual vemos, para terminar, nosso herói correr a cavalo na fronteira do bem e do mal, que é também a do México. Admirável ilustração dramática da parábola do fariseu e do publi-

No tempo das diligências, de John Ford.

cano, *No tempo das diligências*, de John Ford, nos mostra que uma prostituta pode ser mais respeitável do que os beatos que a expulsaram da cidade e do que a mulher de um oficial; que um jogador debochado pode saber morrer com dignidade de aristocrata, que um médico bêbado pode praticar sua profissão com competência e abnegação; um fora da lei perseguido, por algum ajuste de contas passado e provavelmente futuro, dar provas de lealdade, de generosidade, de coragem e de delicadeza, enquanto um banqueiro considerável e considerado foge com o cofre.

———

Assim, encontramos na origem do *western* uma ética da epopeia e mesmo da tragédia. Costuma-se geralmente pensar que o *western* é épico pela escala sobre-humana de seus heróis, pela extensão de suas proezas. Billy the Kid é invulnerável

Winchester'73, de Anthony Mann.

como Aquiles, e seu revólver, infalível. O caubói é um cavaleiro. Ao caráter do herói corresponde um estilo de *mise-en-scène*, em que a transposição épica aparece desde a composição da imagem, sua predileção pelos vastos horizontes, os grandes planos de conjunto, que sempre lembram o confronto do Homem e da Natureza. O *western* ignora praticamente o close, quase totalmente o plano americano; ele se prende, em compensação, ao travelling e à panorâmica, que negam os limites da tela e restituem a plenitude do espaço.

Isso é verdade. Mas esse estilo de epopeia só ganha sentido a partir da moral que lhe serve de base e o justifica. Essa moral é a do mundo onde o bem e o mal social, em sua pureza e necessidade, existem como dois elementos simples e fundamentais. Mas o bem em estado nascente engendra a lei em seu rigor primitivo, a epopeia vira tragédia pelo aparecimento da primeira contradição entre o transcendente da justiça social e a singularidade moral, entre o imperativo categórico da lei, que garante a ordem da futura Cidade, e aquele não menos irredutível da consciência individual.

Repetidas vezes a simplicidade corneliana dos roteiros do *western* foi parodiada. É fácil observar, com efeito, a analogia deles com o argumento de *El Cid*: mesmo conflito do dever e do amor, mesmas provas cavalheirescas que permitirão à virgem forte consentir esquecer a afronta feita à sua família. Mesmo pudor, aliás, dos sentimentos que supõe uma concepção do amor subordinado ao respeito às leis sociais e morais. Mas essa comparação é ambígua; zombar do *western* evocando Corneille é frisar também sua grandeza, grandeza bem próxima da puerilidade, como a criança está próxima da poesia.

Não há dúvida de que é essa grandeza ingênua que os homens mais simples de todos os climas – e as crianças – reconhecem no *western*, apesar das diferenças de língua, de paisagens, de costumes e de trajes. Pois os heróis épicos e trágicos são universais. A Guerra da Secessão pertence à história do século XIX, o *western* fez da mais moderna das epopeias uma nova Guerra de Troia. A marcha para o Oeste é nossa Odisseia.

———

Longe, portanto, de a historicidade do *western* entrar em contradição com a propensão não menos evidente do gênero pelas situações excessivas, pelo exagero dos fatos e pelo *deus ex machina*, em suma, por tudo o que faz dele um sinônimo de inverossimilhança ingênua, ela fundamenta, ao contrário, sua estética e sua psicologia. A história do cinema só conheceu outro cinema épico que é também um cinema histórico. Comparar a forma épica no cinema russo e no americano não é o objetivo deste estudo, contudo a análise dos estilos esclareceria provavelmente com uma luz inesperada o sentido histórico dos acontecimentos evocados nos dois casos. Nosso propósito se limita a observar que a proximidade dos fatos não tem nada a ver com sua estilização. Há lendas quase instantâneas que meia geração basta para serem amadurecidas como epopeias. Como a conquista do Oeste, a Revolução Soviética é um conjunto de eventos históricos que marcam o nascimento de uma ordem e de uma civilização. Ambas engendraram os mitos necessários à confirmação da História, ambas também tiveram de reinventar a moral, encontrar em sua origem viva, antes de sua mistura ou poluição, o princípio da lei que colocará ordem no caos, separará o céu da terra. Mas talvez o cinema fosse a única linguagem não apenas capaz de expressá-la, mas sobretudo de lhe dar sua verdadeira dimensão estética. Sem ele, a conquista do Oeste não teria deixado, com as *western stories*, mais que uma literatura menor, e não foi por sua pintura, nem, no melhor dos casos, por seus romances que a arte soviética impôs ao mundo a imagem de sua grandeza. É que o cinema, de agora em diante, é a arte específica da epopeia.

EVOLUÇÃO DO *WESTERN*

Às vésperas da guerra, o *western* havia chegado a um determinado grau de perfeição.[1] O ano de 1940 marca um patamar para além do qual uma nova evolução devia fatalmente se produzir, evolução que os quatro anos de guerra simplesmente atrasaram, e depois desviaram, sem no entanto determiná-la. *No tempo das diligências* é o exemplo ideal dessa maturidade

1 Texto publicado originalmente em *Cahiers du Cinéma*, n. 54, dez. 1955, pp. 22-26.

de um estilo que chegou ao classicismo. John Ford atingia o equilíbrio perfeito entre os mitos sociais, a evocação histórica, a verdade psicológica e a temática tradicional da *mise-en-scène* do *western*. Nenhum desses elementos fundamentais levava vantagem sobre o outro. *No tempo das diligências* evoca a ideia de uma roda tão perfeita que ela permanece em equilíbrio no seu eixo em qualquer posição que a coloquemos. Enumeremos alguns nomes e alguns títulos dos anos 1939-40: King Vidor, *Bandeirantes do Norte* [*Northwest Passage*, 1940]; Michael Curtiz, *A estrada de Santa Fé* [*Santa Fe Trail*, 1940] e *Caravana do ouro* [*Virginia City*, 1940]; Fritz Lang, *A volta de Frank James* [*The Return of Frank James*, 1940] e *Os conquistadores* [*Western Union*, 1941]; John Ford, *Ao rufar dos tambores* [*Drums Along the Mohawk*, 1939]; William Wyler, *O galante aventureiro* [*The Westerner*, 1940]; George Marshall, *Atire a primeira pedra* [*Destry Rides Again*, 1939],[2] com Marlene Dietrich.

Essa lista é significativa. Ela mostra, em primeiro lugar, que os diretores consagrados que haviam talvez, naturalmente, iniciado vinte anos antes quase anonimamente no *western* de série, chegam ou voltam para ele no auge de sua carreira. E até um William Wyler, cujo talento parece, contudo, estar do lado oposto do gênero. Esse fenômeno pode ser explicado pela promoção que parece beneficiar o *western* de 1937 a 1940. Talvez a tomada de consciência nacional que preludiava a guerra na era rooseveltiana tenha contribuído para isso. É o que tendemos a pensar já que o *western* tem sua origem na história da nação americana, que ele exalta diretamente ou não.

Em todo caso, esse período dá perfeitamente razão à tese de J.-L. Rieupeyrout[3] sobre o realismo histórico do gênero.

2 Do qual foi feita, em 1954, uma decepcionante refilmagem pelo próprio George Marshall, *Antro da perdição* [*Destry*], com Audy Murphy.

3 *Le Western ou le cinéma américain par excelence*. Paris: Éditions du Cerf, 1953, col. 7e Art.

Mas, por um paradoxo mais aparente que real, os anos da guerra propriamente dita o fizeram quase desaparecer do repertório hollywoodiano. Pensando bem, não há nada de surpreendente nisso. Pela mesma razão que o *western* tinha se multiplicado e enobrecido à custa dos outros filmes de aventura, os filmes de guerra iriam eliminá-lo pelo menos provisoriamente do mercado.

A partir do momento em que a guerra parecia enfim ganha, e antes mesmo do restabelecimento definitivo da paz, ele reapareceu e se multiplicou, mas essa nova fase de sua história merece ser examinada minuciosamente.

A perfeição ou, se preferirem, o classicismo que o gênero alcançara implicava que ele procurasse justificar sua sobrevivência com alguma novidade. Sem querer explicar tudo pela famosa lei das idades estéticas, nada nos impede de fazer com que ela funcione aqui. Os novos filmes de John Ford – por exemplo, *Paixão dos fortes* [*My Darling Clementine*, 1946], *Sangue de heróis* [*Fort Apache*, 1948] – representariam muito bem o embelezamento barroco do classicismo de *No tempo das diligências*. Entretanto, se a noção de barroco pode explicar um determinado formalismo técnico ou a relativa preciosidade destes ou daqueles roteiros, não me parece que possa justificar uma evolução mais complexa, que deve sem dúvida ser explicada pela relação com a perfeição alcançada em 1940, e também em função dos acontecimentos de 1941 a 1945.

———

Chamarei por convenção "*metawestern*" o conjunto das formas adotadas pelo gênero depois da guerra. Mas não procurarei dissimular que a expressão vai encobrir, por necessidade da exposição, fenômenos nem sempre comparáveis. Ela pode, entretanto, justificar-se negativamente, por oposição ao classicismo dos anos 1940 e, sobretudo, à tradição de que é o termo.

Digamos que o "*metawestern*" é um *western* que teria vergonha de ser apenas ele próprio e procuraria justificar sua existência por um interesse suplementar: de ordem estética, sociológica, moral, psicológica, política, erótica..., em suma, por algum valor extrínseco ao gênero e que supostamente o enriqueceria. Retomaremos tais epítetos para esclarecê-los com alguns títulos. Mas convém assinalar de antemão a influência da guerra na evolução do *western* depois de 1944. É provável, na verdade, que o fenômeno do "*metawestern*" tivesse de qualquer modo aparecido, porém seu conteúdo teria sido diferente. A verdadeira influência da guerra se fez sentir principalmente depois. Os grandes filmes que ela inspirou são naturalmente posteriores a 1945. Mas o conflito mundial não apenas forneceu a Hollywood temas espetaculares, ele também impôs, principalmente, pelo menos durante alguns anos, temas de reflexão. A História, que era apenas a matéria do *western*, vai frequentemente se converter em seu tema; é o caso notadamente de *Sangue de heróis*, onde vemos aparecer o restabelecimento político do índio, seguido por numerosos *westerns* até *O último bravo* [*Apache*, de Robert Aldrich, 1954] e ilustrado notadamente por *Flechas de fogo* [*Broken Arrow*, 1950], de Delmer Daves. Mas a influência profunda da guerra é sem dúvida mais indireta e é preciso discerni-la cada vez que o filme substitui os temas tradicionais por uma tese social ou moral, ou se superpõe a eles. Sua origem remonta a 1943 com *Consciências mortas* [*The Ox-bow Incident*], de William A. Wellman, de quem *Matar ou morrer* é o descendente afastado (notemos, entretanto, que, para o filme de Zinnemann, é principalmente a influência do macarthismo triunfante que se deve levar em conta). Quanto ao erotismo, ele também pode ser considerado uma consequência pelo menos indireta do conflito, na medida em que se vincula ao triunfo da pin-up. Talvez seja o caso de *O proscrito*, de Howard Hughes. O próprio amor é quase estranho ao *western* (*Os brutos também amam* [*Shane*, de

Os brutos também amam, de Georges Stevens.

George Stevens, 1953] vai explorar justamente essa contradição), e com mais razão o erotismo, cujo aparecimento como mola dramática supõe que o gênero só é utilizado como contraste para valorizar o sex appeal da heroína. Não há dúvida sobre a intenção de *Duelo ao sol* [*Duel in the Sun*, 1946], de King Vidor, cujo luxo espetacular é um motivo a mais, puramente formal, para classificá-lo entre os "*metawestern*".

Mas, os dois filmes que melhor ilustram essa mutação do gênero, como consequência da consciência que ele adquiriu, a um só tempo, de si mesmo e de seus limites, continuam a ser, evidentemente, *Matar ou morrer* e *Os brutos também amam*. No primeiro, Fred Zinnemann combina os efeitos do drama moral e do estetismo dos enquadramentos. Não sou daqueles que torcem o nariz diante de *Matar ou morrer*. Considero-o um bom filme e o prefiro, em todo caso, ao de Stevens. É certo, porém, que a engenhosa adaptação de Carl Foreman consiste em fazer coincidir uma história que poderia muito bem se desenvolver em outro gênero, com um tema tradicional do *western*. Isto é, em tratar este último como uma forma que necessita de um conteúdo. Quanto a *Os brutos também amam*, ele constitui o suprassumo da "metawesternização". Com efeito, George Stevens propõe-se a justificar o *western* pelo... *western*. Os outros se empenhavam para fazer surgir, dos mitos implícitos, teses bem explícitas, mas a tese de *Os brutos também amam*... é o mito. Stevens combina dois ou três temas fundamentais do gênero, sendo o principal deles o do cavaleiro errante em busca do Graal: e, para que ninguém ignore isso, ele o veste de branco. A brancura do traje e do cavalo era outrora óbvia no universo maniqueísta do *western*, mas compreendemos que a do traje de Shane (Alan Ladd) possui toda a pesada significação do símbolo, quando não passava, em Tom Mix, de um uniforme da virtude e da audácia. Desse modo o círculo se fecha. A Terra é redonda. O "*metawestern*" levou tão longe sua "superação" que volta a se encontrar nas Montanhas Rochosas.

Se o gênero *western* estivesse em vias de desaparecimento, o "*metawestern*" expressaria efetivamente sua decadência e seu esplendor. Mas o *western* é decididamente feito com uma matéria diferente da matéria da comédia americana ou do filme policial. Seus avatares não afetam profundamente a existência do gênero. Suas raízes continuam a correr sob o húmus hollywoodiano e nos surpreendemos ao ver rebentar verdes e robustos brotos entre os sedutores, porém estéreis, híbridos pelos quais gostariam de substituí-lo.

De fato, em primeiro lugar, o aparecimento do "*metawestern*" afetou apenas a camada mais extrínseca da produção, a dos filmes classe A e a das superproduções. É óbvio que os sismos superficiais não abalaram o núcleo econômico, o bloco central dos *westerns* ultracomerciais, musicais ou galopantes, cuja popularidade sem dúvida ganhou novo alento graças à televisão. O sucesso de Hopalong Cassidy confirma e prova ao mesmo tempo a vitalidade do mito em suas formas mais elementares. Cair nas graças da nova geração lhes garante ainda alguns lustros de existência. Mas o *western* classe Z não chega à França, e basta consultar os estúdios americanos para vermos confirmada sua sobrevivência. Se o interesse estético deles é individualmente limitado, sua presença, em compensação, talvez seja decisiva para a saúde geral do gênero. Nessas camadas "inferiores", cuja fecundidade econômica não foi desmentida, os *westerns* de tipo tradicional continuaram a criar raízes. Entre todos os "*metawesterns*" nunca deixamos, com efeito, de ver filmes classe B que não procuravam justificativas intelectuais ou estéticas. Talvez, aliás, a noção de filme B seja por vezes discutível, tudo depende do nível em que se faz começar a letra A. Digamos, simplesmente, que me refiro a produções claramente comerciais, sem dúvida mais ou menos onerosas, mas que só procuram sua justificativa no renome do intérprete principal e na solidez de uma história sem ambição intelectual. Um exemplo admirável dessa simpática produção nos foi dado por *O matador* [*The Gunfighter*, 1950], de Henry King, com Gregory Peck, no qual o tema bem clássico de um assassino cansado de fugir, e obrigado a matar mais, é tratado dentro de um quadro dramático de uma bela sobriedade. Mencionemos ainda *Assim são os fortes* [*Across the Wide Missouri*, 1951], de William A. Wellman, com Clark Gable, e sobretudo, do mesmo diretor, *O poder da mulher* [*Westward the Women*, 1951]...

Com *Rio bravo* [*Rio Grande*, 1950], o próprio John Ford retorna visivelmente à meia-classe e, em todo caso, à tradição comercial (sem excetuar o romance). Enfim, não nos surpreenderemos em encontrar na lista um velho sobrevivente da época heroica, Allan Dwan, que, por seu lado, nunca abandonou o estilo da "The Triangle",[4] mesmo quando a liquidação do macarthismo lhe forneceu algumas chaves da atualidade para abrir os temas antigos (*Homens indomáveis* [*Silver Lode*, 1954]).

Restam-me alguns títulos importantes. É que a classificação utilizada até aqui vai tornar-se insuficiente e será preciso que eu agora pare de explicar a evolução do gênero pelo próprio gênero para levar mais em conta autores como fator determinante. O leitor pôde provavelmente observar que essa lista de produções relativamente tradicionais, pouco afetadas pela existência do "*metawestern*", só comporta nomes de diretores consagrados e, no mais das vezes, especializados desde antes da guerra em filmes de ação e aventura. Não há nada de surpreendente, portanto, que através deles se afirme a perenidade do gênero e de suas leis. Aliás, cabe sem dúvida a Howard Hawks o mérito de ter provado, em plena voga do "*metawestern*", que era ainda possível fazer um verdadeiro *western*, fundado sobre os velhos temas dramáticos e espetaculares, sem procurar desviar nossa atenção para alguma tese social ou o que seria seu equivalente na plasticidade da *mise-en-scène*. *Rio Vermelho* [*Red River*, 1948] e *O rio da aventura* [*The Big Sky*, 1952] são obras-primas do *western*, mas não tem nada de barroco nem de decadente. A inteligência e a consciência dos meios estão aí em perfeito acordo com a sinceridade da narrativa. É o que acontece também, nas devidas proporções, com Raoul Walsh, cujo recente *Pacto de honra* [*Saskatchewan*, 1954] procede dos empréstimos mais clássicos da história americana. Mas os outros filmes desse cineasta me fornecerão – e azar se de modo um pouco artificial – a transição que eu queria. Em certo sentido, *Golpe de misericórdia* [*Colorado Territory*, 1949], *Sua única saída* [*Pursued*, 1947] e *Embrutecidos pela violência* [1951] são exemplos perfeitos dos *westerns* um

4 Amálgama de três companhias de produções cinematográficas americanas: Keystone, Kay Bee e Fine Arts.

pouco acima da classe B e de um veio dramático simpaticamente tradicional. Em todo caso, não há nenhum sinal de tese. Os personagens nos interessam por aquilo que lhes acontece, e tudo o que lhes acontece pertence à temática do *western*. Mas algo faria com que, se não tivéssemos sobre esses filmes nenhuma outra indicação de data, não pudéssemos hesitar em situá-los na produção dos últimos anos: é esse "algo" que eu gostaria de tentar definir.

Hesitei muito quanto ao adjetivo que conviria melhor a tais *westerns* "1950". Pareceu-me a princípio que deveria procurar algo em torno de "sentimento", "sensibilidade", "lirismo". Penso que, em todo caso, essas palavras não devem ser postas de lado e que elas caracterizam bastante bem o *western* moderno em relação ao "*metawestern*", quase sempre intelectual, pelo menos porque exige que o espectador reflita para admirar. Quase todos os títulos que vou citar agora serão títulos de filmes, não quero dizer menos inteligentes que *Matar ou morrer*, mas, em todo caso, sem segundas intenções e nos quais o talento será sempre posto a serviço da história e não do que ela significa. Talvez outro termo conviesse melhor do que os que sugeri, ou pelo menos seria capaz de completá-los, o termo "sinceridade". Quero dizer que os diretores abrem o jogo com o gênero, mesmo quando têm consciência de "fazer um *western*". A ingenuidade, com efeito, é agora quase inconcebível no ponto em que estamos da história do cinema, mas, enquanto o "*metawestern*" substituía a preciosidade ou o cinismo à ingenuidade, temos agora a prova de que a sinceridade é ainda possível. Nicholas Ray rodando *Johnny Guitar* [1954], para a glória de Joan Crawford, sabe evidentemente muito bem o que faz. Ele não é, certamente, menos consciente da retórica do gênero que o George Stevens de *Os brutos também amam* e, aliás, o roteiro e a direção não se privam de humor, e nem por isso adotam, com relação a seu filme, uma postura condescendente ou paternalista. Ele pode se divertir, mas não ridiculariza. Os esquemas *a priori* do *western* não o incomodam para dizer o que tem a dizer e até mesmo se essa mensagem é, em definitivo, mais pessoal e mais sutil que a imutável mitologia.

É finalmente com referência ao estilo da narrativa, mais do que à relação subjetiva do diretor com o gênero, que escolherei meu adjetivo. Eu diria facilmente dos *westerns* que me restam para evocar – a meu ver os melhores – que eles têm algo de "romanesco". Entendo com isso que, sem deixar de lado os temas tradicionais, eles os enriquecem do interior pela originalidade dos personagens, por seu sabor psicológico, por alguma singularidade atraente que é precisamente a que esperamos do herói de romance. Podemos ver, por exemplo, que em *No tempo das diligências* o enriquecimento psicológico se refere à profissão e não ao personagem, permanecemos dentro das categorias *a priori* da distribuição *western*: o banqueiro, a beata, a prostituta de bom coração, o jogador elegante etc. Em *Fora das grades* [*Run for Cover*, de Nicholas Ray, 1955] ocorre algo bem diferente. É claro que situações e personagens são sempre apenas variantes da tradição, mas o interesse que suscitam se deve mais à singularidade do que à generosidade deles. Além disso, sabemos que Nicholas Ray trata sempre do mesmo assunto, o seu, o da violência e do mistério da adolescência. O melhor exemplo dessa "romantização" do *western* pelo interior nos é dado por Edward Dmytryck, com *Lança partida* [*Broken Lance*, 1954], "refilmagem" em *western*, como se sabe, de *Sangue do meu sangue* [*House of Strangers*, 1949], de Joseph L. Mankiewicz. Para quem não sabe, entretanto, *Lança partida* é apenas um *western* mais sutil que os outros, com personagens mais singularizados e relações mais complexas, mas que não deixa de permanecer estritamente no interior de dois ou três temas clássicos. Aliás, Elia Kazan tinha tratado com mais simplicidade um tema bem próximo psicologicamente em *Mar verde* [*The Sea of Grass*, 1947], também com Spencer Tracy. Naturalmente, pode-se imaginar todas as nuances intermediárias do *western* B de pura obediência aos cânones ao *western* romanesco, e minha classificação terá necessariamente algo de arbitrário. Espero que o leitor aceite defendê-la comigo.

Proporei, contudo, a seguinte ideia: do mesmo modo que Walsh seria o mais notável dos veteranos tradicionais, Anthony Mann poderia ser considerado o mais clássico dos jovens realizadores romanescos. É a ele que devemos os *westerns* mais bonitos e verdadeiros dos últimos anos. O autor de *O preço de um homem* [*The Naked Spur*, 1953] é, provavelmente, o único dos diretores americanos do pós-guerra que parece especializado no gênero em que os outros se restringem a incursões mais ou menos esporádicas. Todos os seus filmes, em todo caso, são de uma franqueza comovente em relação ao gênero, mostram uma sinceridade espontânea para insinuar-se no interior dos temas, dar vida a personagens atraentes e inventar situações cativantes. Quem quiser saber o que é o verdadeiro *western*, e as qualidades de *mise-en-scène* que ele supõe, deve ter visto *O caminho do diabo* [*Devil's Doorway*, 1950], com Robert Taylor, *E o sangue semeou a terra* [*Bend of the River*, 1952] e *Região do ódio* [*The Far Country*, 1954], com James Stewart. Na ausência desses três filmes, não se pode, em todo caso, deixar de conhecer o mais bonito de todos: *O preço de um homem*. Esperemos que o cinemascope não tenha feito Anthony Mann perder sua naturalidade no manejo de um lirismo direto e discreto e, principalmente, sua infalível segurança na aliança do homem e da natureza, esse senso de ar que é nele como que a própria alma do *western*, através do qual ele reencontrou, mas na escala do herói romanesco e não mais mitológico, o grande segredo perdido dos filmes da "The Triangle".

Já se pôde discernir em meus exemplos a coincidência do novo estilo com a nova geração. Certamente seria abusivo e ingênuo pretender que o *western* "romanesco" só diga respeito a jovens, que começaram na *mise-en-scène* depois da guerra. Retrucarão, com razão, que já há algo de romanesco em *O galante aventureiro*, por exemplo, como também em *Rio Vermelho* e em *O rio da aventura*. Asseguram-me inclusive de que há muito também, embora eu pessoalmente seja pouco sensível a isso, em *O diabo feito mulher* [*Rancho Notorius*, 1952], de Fritz Lang. É evidente, em todo caso, que o excelente *Homem sem rumo* [*Man Without a Star*, 1955], de King Vidor, deve ser classificado, segundo essa perspectiva, entre Nicholas Ray e Anthony Mann. Se é certo, porém, que podemos encontrar três ou quatro títulos de filmes realizados por veteranos que podem ser colocados ao lado daqueles realizados por jovens, parece, apesar de tudo, ser também certo dizer que são, sobretudo, se não exclusivamente, os recém-chegados que têm prazer com esse *western* a um só tempo clássico e romanesco. Robert Aldrich é a ilustração mais recente e mais brilhante disso, com *O último bravo* e principalmente com *Vera Cruz* [1954].

———

Resta o problema do cinemascope; esse procedimento foi utilizado em *Lança partida*, *Jardim do pecado* [*Garden of Evil*, 1954], de Henry Hathaway, um bom roteiro ao mesmo tempo clássico e romanesco, tratado, porém, sem grande invenção, e *Homem até o fim* [*The Kentuckian*, 1955], de Burt Lancaster, que entediou o Festival de Veneza. Vejo, no fundo, apenas um cinemascope onde o formato tenha realmente acrescentado algo importante à *mise-en-scène*: *O rio das almas perdidas* [*River of No Return*, 1954], de Otto Preminger, com fotografia de Joseph La Shelle. Quantas vezes, no entanto, lemos (ou nós mesmos escrevemos) que, se o alargamento da tela não se impunha em outra parte, o novo formato ia dar pelo menos um segundo impulso ao *western*, cujos grandes espaços e as cavalgadas pedem a horizontal. Essa dedução era verossímil demais para ser verdadeira. As ilustrações mais convincentes do cinemascope nos foram dadas por filmes psicológicos (*Vidas amargas* [*East of Eden*, de Elia Kazan, 1955], por exemplo). Eu não chegaria a sustentar paradoxalmente que a tela larga não convém ao *western*, tampouco que ela não lhe acrescentou nada,[1] mas me parece pelo menos ser ponto pacífico que o cinemascope não renovara nada de decisivo nesse campo. Em formato standard, em *vistavision* ou em tela bem larga, o *western* continuará sendo o *western* tal como desejamos que nossos filhos ainda venham a conhecê-lo.

UM *WESTERN* EXEMPLAR: *SETE HOMENS SEM DESTINO*

Esta é uma oportunidade para aplicar o que escrevi sobre a política dos autores.[2] Minha admiração por *Sete homens sem destino* [*Seven Men from Now*, 1956] não me levará a concluir que Budd Boetticher é o maior diretor de *western* – embora não exclua tal hipótese –, mas somente que seu filme talvez seja o melhor *western* que vi depois da guerra. Só a lembrança de *O preço de um homem* e *Rastros de ódio* [*The Searchers*, de John Ford, 1956] me leva a ser um pouco reticente. Com certeza é mesmo difícil discernir entre as qualidades desse filme excepcional, entre as que vêm especificamente da *mise-en-scène*, e as

1 Ficamos tranquilizados com *Um certo capitão Lockhart* [*The Man from Laramie*, 1955], no qual Anthony Mann não emprega o cinemascope enquanto formato novo, e sim como extensão do espaço em torno do homem.

2 Texto publicado originalmente em *Cahiers du Cinéma*, n. 74, ago.-set. 1957, pp. 45-48.

que devem ser atribuídas ao roteiro e a um diálogo fascinante, sem falar, é claro, das virtudes anônimas da tradição que só pedem para se expandir quando as condições de produção não as contrariam. Confesso só ter, infelizmente, uma vaga lembrança dos outros *westerns* de Boetticher para saber qual é a parte, no êxito deste, das circunstâncias ou dos acasos, parte que quase não existe, devo admitir, em um Anthony Mann. Seja lá como for, e mesmo que *Sete homens sem destino* seja o resultado de uma conjuntura excepcional, não deixo de considerá-lo um dos êxitos exemplares do *western* contemporâneo.

Que o leitor me desculpe se não pode verificar o que digo, sei que falo de uma obra que ele provavelmente não verá. Assim decidem os distribuidores. *Sete homens sem destino* só foi apresentado em versão original, em exclusividade de baixa temporada, numa pequena sala dos Champs-Élysées. Se o filme não foi dublado, vocês não o encontrarão nos bairros. Situação simétrica à de outra obra-prima sacrificada, *Rastros de ódio*, apresentada apenas em versão dublada em pleno verão.

É que o *western* continua sendo o gênero menos compreendido. Para o produtor e o distribuidor, o *western* não passa de um filme infantil e popular fadado a acabar na televisão, ou em uma superprodução ambiciosa com grandes estrelas. Apenas a bilheteria dos intérpretes ou do diretor justifica o esforço de publicidade e de distribuição. Entre os dois, fica-se ao deus-dará e ninguém – e, é preciso dizer, nem mesmo o crítico ou o distribuidor – faz a diferença sensível entre os filmes produzidos com a marca *western*. Foi assim que *Os brutos também amam*, superprodução ambiciosa da Paramount para o jubileu cinematográfico de Zukor, foi saudada como obra-prima e que *Sete homens sem destino*, muito superior ao filme de Stevens, passará despercebido e reintegrará provavelmente as gavetas da Warner, de onde será tirado apenas para tapar algum buraco.

O problema fundamental do *western* contemporâneo está sem dúvida no dilema da inteligência e da ingenuidade. Hoje, o *western* só pode, no mais das vezes, continuar a ser simples e, conforme a tradição, vulgar e idiota. Toda uma produção de segunda categoria persiste nessas bases. É que, desde Thomas Ince e William Hart, o cinema evoluiu. Gênero convencional e simplista em seus dados primitivos, o *western* deve, no entanto, tornar-se adulto e ficar inteligente se quiser se situar no mesmo plano que os filmes dignos de serem criticados. Assim apareceram os *westerns* psicológicos, com tese social ou mais ou menos filosófica, os *westerns* com uma significação. O cúmulo dessa evolução é justamente representado por *Os brutos também amam*, *western* em segundo grau, no qual a mitologia do gênero é conscientemente tratada como tema do filme. Como a beleza do *western* é proveniente da espontaneidade e da perfeita inconsciência da mitologia dissolvida nele, como o sal no mar, essa destilação laboriosa é uma operação contra a natureza, que destrói o que revela.

Mas será que ainda podemos seguir diretamente o estilo de Thomas Ince, ignorando quarenta anos da evolução cinematográfica? É evidente que não. *No tempo das diligências* ilustra sem dúvida o limite extremo de um equilíbrio ainda clássico entre as regras primitivas, a inteligência do roteiro e o esteticismo da forma. Depois dele, temos o formalismo barroco ou o intelectualismo dos símbolos, temos *Matar ou morrer*. Somente Anthony Mann parece ter sabido encontrar a naturalidade através da sinceridade, porém, mais do que seus roteiros, é sua *mise-en-scène* que faz com que seus *westerns* sejam os mais puros do pós-guerra. Ora, apesar da política dos autores, o roteiro também é um elemento constitutivo do *western*, tanto quanto o bom emprego do horizonte e o lirismo da paisagem. Aliás, minha admiração por Anthony Mann foi sempre um pouco perturbada pelas imperfeições que ele tolerava em suas adaptações.

Por isso, o primeiro encantamento que temos com *Sete homens sem destino* vem da perfeição de um roteiro que realiza a proeza de nos surpreender continuamente a partir da trama rigorosamente clássica. Nada de símbolos, nem de segundas intenções filosóficas, nem sombra de psicologia, nada senão personagens ultraconvencionais com funções arquiconhecidas, mas uma organização extraordinariamente engenhosa e, sobretudo, uma invenção constante quanto aos detalhes capazes de renovar o interesse das situações. O herói do filme, Randolph Scott, é um xerife em perseguição a sete bandidos que mataram sua mulher roubando os cofres da Wells Fargo. Trata-se de capturá-los atravessando o deserto antes que cruzem a fronteira com o dinheiro roubado. Outro homem fica logo interessado em ajudá-lo, mas por um motivo bem diferente. Quando os bandidos estiverem mortos, talvez ele possa apropriar-se dos 20 mil dólares. Talvez, se não for impedido pelo xerife; caso contrário, será preciso matar mais um homem. Desse modo a linha dramática é claramente apresentada. O xerife age por vingança, seu companheiro por interesse, no final, o ajuste de contas será entre eles. A história poderia criar um *western* chato e banal se o roteiro não fosse construído com uma série de surpresas que não vou contar para não tirar o prazer do leitor, se tiver a sorte de ver o filme. No entanto, mais ainda que a invenção das peripécias, o que me parece mais notável é o humor com que são tratadas. Assim, por exemplo, nunca vemos o xerife atirar, como se ele atirasse rápido demais para que a câmera tivesse tempo de fazer o contracampo. A mesma vontade de humor justifica também, certamente, os trajes bonitos ou provocantes demais da heroína ou, ainda, as elipses inesperadas da decupagem dramática. O mais admirável, porém, é que o humor aqui não vai de modo algum de encontro à emoção e ainda menos à admiração. Não há nada de paródico. Ele supõe apenas que o diretor tenha consciência e compreenda bem o motor que ele põe em movimento, e isso sem qualquer menosprezo ou condescendência. O humor não nasce de um sentimento de superioridade, e

Sete homens sem destino, de Budd Boetticher.

sim, muito pelo contrário, de uma superabundância de admiração. Quando amamos a tal ponto os heróis que animamos e as situações que inventamos, então e somente então podemos tomar uma distância humorística deles, que multiplica a admiração pela lucidez. Tal ironia não diminui os personagens, mas permite que a ingenuidade deles coexista com a inteligência. Esse é, com efeito, o *western* mais inteligente que conheço, mas também o menos intelectual, o mais refinado e o menos esteticista, o mais simples e o mais belo.

Essa dialética paradoxal foi possível porque Boetticher e seu roteirista não tiveram uma atitude paternalista para com o tema, nem quiseram "enriquecê-lo" com contribuições psicológicas, mas simplesmente levaram sua lógica até o fim e tiraram todos os efeitos da perfeição das situações. A emoção nasce das relações mais abstratas e da beleza mais concreta.

O realismo, tão imperativo nos *westerns* históricos ou psicológicos, não tem mais sentido aqui do que nos filmes da "The Triangle", nos quais um esplendor específico surge antes da superposição da extrema convenção e do extremo realismo. Boetticher soube se servir prodigiosamente da paisagem, da matéria variada da terra, do grão e da forma dos rochedos. Também acho que a fotogenia do cavalo há muito tempo não tinha sido tão bem explorada. Por exemplo, na extraordinária cena do banho de Janet Gaynor, em que o pudor inerente ao *western* é levado, com humor, tão longe que só é mostrado o movimento da água nos bambus, enquanto a cinquenta metros dali Randolph Scott atrela os cavalos. É difícil imaginar a um só tempo mais abstração e mais transferência no erotismo. Penso também na crina branca do cavalo do xerife e em seu grande olho amarelo. Saber usar tais detalhes é seguramente mais importante no *western* do que saber executar uma batalha com cem índios.

É preciso, com efeito, realçar o uso totalmente insólito da cor nesse filme. Favorecidas, é verdade, por um procedimento cujas características ignoro, as cores de *Sete homens sem destino* são uniformemente transpostas numa tonalidade aguada que lembra, por sua transparência e suas superfícies de cores, as antigas cores dos filmes pintados à mão. É como se as convenções da cor viessem assim salientar as da ação.

Há, enfim, Randolph Scott, cujo rosto lembra irresistivelmente o de William Hart até na sublime inexpressividade dos olhos azuis. Não há nenhum jogo de fisionomia, nem sombra de pensamento ou de sentimento, sem que tal impassibilidade, é óbvio, tenha algo a ver com a interioridade moderna de um Marlon Brando. Esse rosto não traduz nada, pois não há nada para ser traduzido. Todos os móveis da ação são definidos aqui pelos empregos e pelas circunstâncias. Até o amor de Randolph por Janet Gaynor, do qual sabemos exatamente quando nasceu (no momento do banho) e como evoluiu, sem que em momento algum o rosto do herói traduzisse um sentimento. Mas ele está inscrito na combinação dos acontecimentos como o destino na conjuntura dos astros, de maneira necessária e objetiva. Qualquer expressão subjetiva teria então a vulgaridade de um pleonasmo. Não é por isso que nos ligamos menos aos personagens, muito pelo contrário: a existência deles é mais plena por não dever nada às incertezas e às ambiguidades da psicologia, e quando, no final do filme, Randolph Scott e Lee Marvin se encontram cara a cara, o dilaceramento ao qual sabemos estar condenados é emocionante e belo como uma tragédia.

Desse modo, é caminhando que o movimento fica provado. O *western* não está condenado a se justificar pelo intelectualismo ou pela espetacularidade. A inteligência que exigimos hoje pode servir para refinar as estruturas primitivas do *western* e não para meditar sobre elas ou desviá-las em prol de interesses alheios à essência do gênero.

À MARGEM DE *L'ÉROTISME AU CINÉMA*

Não ocorreria a ninguém escrever um livro sobre o erotismo no teatro.[1] Não que o tema, a rigor, não se preste a reflexões, mas porque elas seriam exclusivamente negativas.

1 Texto publicado originalmente em *Cahiers du Cinéma*, t. XII, n. 70, abr. 1957, pp. 27-31. Esta tradução foi feita por Hugo Mader para a coletânea *A experiência do cinema*, organizada por Ismail Xavier (Rio de Janeiro: Graal/Embrafilme, 1983).

Já não acontece o mesmo, é verdade, com o romance, visto que todo um setor não negligenciável da literatura funda-se mais ou menos expressamente no erotismo. Mas é só um setor, e a existência de um "inferno" na Biblioteca Nacional concretiza essa particularidade. É verdade que o erotismo tende a desempenhar um papel cada vez mais importante na literatura moderna e que ele tomou conta dos romances, até mesmo dos populares. Sem contar, porém, que decerto se teria de atribuir ao cinema uma grande parte nessa difusão do erotismo, este ainda continua subordinado a noções morais mais gerais que justamente tornam problemática a sua extensão. Malraux, sem dúvida o romancista contemporâneo que mais claramente propôs uma ética do amor fundada no erotismo, também ilustra perfeitamente o caráter moderno, histórico e por conseguinte relativo de tal opção. O erotismo tende, em suma, a desempenhar em nossa literatura um papel comparável ao do amor cortês na literatura medieval. Por mais influente que seja o seu mito, contudo, e a despeito do futuro que lhe antecipemos, torna-se evidente que nada de específico o prende à literatura romanesca na qual ele se manifesta. Mesmo a pintura, em que a representação do corpo humano bem poderia ter desempenhado um papel determinante nesse sentido, apenas em termos acidentais e acessórios pode ser considerada erótica. Desenhos, gravuras, estampas ou pinturas libertinas constituem um gênero, uma variedade, tal qual a libertinagem literária. Poder-se-ia estudar o nu nas artes plásticas e então não haveria como ignorar a tradução por seu intermédio de sentimentos eróticos, mas estes, uma vez mais, continuariam sendo um fenômeno secundário e acessório.

Do cinema pois, e só dele, é que se pode dizer que o erotismo aparece como um projeto e um conteúdo fundamental. De modo algum único, evidentemente, já que muitos filmes, e não dos menores, nada lhe devem, mas ainda assim um conteúdo maior, específico e talvez mesmo essencial.

Lo Duca[2] tem razão, pois, ao ver no fenômeno uma constante do cinema: "Há meio século o pano das telas porta em filigrana um motivo fundamental: o erotismo...". Entretanto, importa saber se a onipresença do erotismo, conquanto generalizada, não seria um fenômeno acidental, resultado da livre concorrência capitalista entre a oferta e a procura. Tratando-se de atrair a clientela, os produtores teriam naturalmente recorrido ao tropismo mais eficaz: o sexo. Em favor desse argumento se poderia aduzir o fato de que o cinema soviético é de longe o menos erótico do mundo. O exemplo certamente mereceria reflexão, mas não parece decisivo, pois antes de mais nada seria preciso examinar os fatores culturais, étnicos, religiosos e sociológicos que concorreram para esse caso e, sobretudo, indagar se o puritanismo dos filmes soviéticos não seria um fenômeno artificial e passageiro, muito mais fortuito que o inflacionismo capitalista. O recente *O quadragésimo primeiro* [*Sorok pervü*, de Grigori Tchukhraim, 1956] abre-nos, desse ponto de vista, muitos horizontes.

Lo Duca parece enxergar a fonte do erotismo cinematográfico nos traços comuns ao espetáculo cinematográfico e ao sonho: "O cinema está próximo do sonho, cujas imagens acromáticas são como as do filme, o que em parte explica a menor intensidade erótica do cinema em cores, que de algum modo escapa às regras do mundo onírico".

Não pretendo polemizar com nosso amigo, a não ser quanto ao pormenor. Não sei de onde se originou o sólido preconceito segundo o qual jamais se sonha em cores! Não pode ser que eu seja o único a desfrutar desse privilégio! Cheguei, além do mais, a averiguar entre os meus próximos. Com efeito, existem sonhos em preto e branco e sonhos coloridos, como no cinema, conforme o processo. Quando muito, concordarei com Lo Duca que a produção cinematográfica em cores já ul-

2 Giuseppe Lo Duca, *L'Érotisme au cinéma*. Paris: Jean-Jacques Pauvert, 1956.

trapassou o estágio dos sonhos em tecnicolor. Mas o que não posso mesmo é segui-lo na sua incompreensível depreciação do erotismo colorido. Enfim, deixemos essas divergências por conta das pequenas perversões individuais e não nos detenhamos nelas. O essencial está no onirismo do cinema ou, se se preferir, da imagem animada.

Se a hipótese for exata – e creio que é, ao menos em parte –, a psicologia do espectador de cinema tenderia então a se identificar com a do indivíduo que sonha. Ora, sabemos muito bem que todo sonho é, em última análise, erótico.

Mas também sabemos que a censura que os rege é infinitamente mais poderosa que todas as Anastácias do mundo. O superego de cada um de nós é um Mr. Hays que se ignora.[3] Daí todo o extraordinário repertório de símbolos gerais ou particulares encarregados de camuflar ao nosso próprio espírito os impossíveis enredos dos nossos sonhos.

Assim, a analogia entre o sonho e o cinema deve, a meu ver, ser levada ainda mais longe. Ela reside não menos naquilo que desejaríamos profundamente ver na tela do que naquilo que não se poderia mostrar nela. É erroneamente que se assimila a palavra sonho a não sei que liberdade anárquica da imaginação. De fato, nada é mais predeterminado e censurado do que o sonho. É verdade, como lembram a propósito os surrealistas, que não o é absolutamente pela razão. Também é verdade que o sonho só se define negativamente pela censura, quando sua realidade positiva consiste, pelo contrário, na irresistível transgressão das proibições do superego. Tampouco me escapa a diferença de natureza entre a censura cinematográfica,

3 Anastácia, aqui, personifica a censura, representada na figura de uma velha senhora com uma tesoura nas mãos. Mr. Will Hays, figura célebre da indústria de cinema norte-americana, que dá nome ao protocolo de autocensura de Hollywood – o código Hays, vigente na prática dos anos 1920 aos anos 1950. [N. E.]

de essência social e jurídica, e a censura onírica; apenas constato que a função da censura é essencial tanto ao sonho como ao cinema. Função essa dialeticamente constitutiva de ambos.

Confesso ser isso o que me parece faltar não apenas à análise preliminar de Lo Duca, mas sobretudo ao farto conjunto de ilustrações, as quais constituem em todo caso uma documentação duplamente inestimável.

Não que o autor ignore tal papel excitante que podem desempenhar as proibições formais da censura, longe disso, mas é que ele parece ver nelas tão só o pior dos males, quando, afinal de contas, o espírito que presidiu à seleção das fotografias demonstra a tese inversa. Tratava-se de mostrar o que a censura suprime habitualmente dos filmes, de preferência aquilo que ela deixa passar. Não nego em absoluto o interesse, sobretudo o charme, dessa documentação, mas se é a Marilyn Monroe, por exemplo, acho que a imagem que se impôs não foi a do calendário, em que ela posa nua (já que esse documento extracinematográfico é anterior ao sucesso da vedete e não poderia ser considerado uma extensão do seu sex appeal na tela), mas a famosa cena de *O pecado mora ao lado* [*The Seven Year Itch*, de Billy Wilder, 1955], em que deixa a corrente de ar do metrô levantar-lhe a saia. Essa ideia genial só poderia ter nascido no contexto de um cinema dono de uma longa, rica e bizantina cultura da censura. Tais achados pressupõem um extraordinário refinamento da imaginação, adquirido na luta contra a rematada estupidez de um código puritano. O fato é que Hollywood, apesar e por causa das proibições que nela vigoram, continua sendo a capital do erotismo cinematográfico.

Entretanto, não me obriguem a dizer que o erotismo autêntico teria, para aflorar na tela, que burlar um código oficial de censura. É indubitável que as vantagens obtidas por meio da transgressão sub-reptícia podem ser muito inferiores aos prejuízos incorridos. É que os tabus morais e sociais dos censores configuram uma ordenação demasiada estúpida e arbitrária

Marilyn Monroe e Tom Ewell em *O pecado mora ao lado*, de Billy Wilder.

para canalizar convenientemente a imaginação. Benéficos na comédia ou no filme-balé, por exemplo, eles constituem um empecilho estúpido e incontornável nos gêneros realistas.

Em todo caso, a única censura decisiva da qual o cinema não pode prescindir é aquela constituída pela própria imagem, sendo em última análise em relação a ela e somente a ela que seria preciso tentar definir uma psicologia e uma estética da censura erótica.

Não tenho certamente a ambição de esboçar aqui sequer suas linhas gerais, mas tão somente propor uma série de reflexões cujo encadeamento pode indicar uma das direções possíveis a serem exploradas.

Faço questão, antes de mais nada, de restituir o essencial do mérito que possam ter essas sugestões a quem de direito, já que elas procedem de uma observação que me fez recentemente Domarchi e cuja pertinência me parece extraordinariamente fecunda.

Domarchi, pois, que não é tido por carola, dizia-me que as cenas de orgia no cinema – ou, mais genericamente, toda cena erótica incompatível com a impassibilidade dos atores – sempre o irritavam. Em outros termos, parecia-lhe que as cenas eróticas deviam ser interpretadas como as outras, e que a emoção sexual concreta dos parceiros diante da câmera contradizia as exigências da arte. Essa austeridade pode surpreender à primeira vista, mas ela se apoia num argumento irrefutável e que não é em absoluto de ordem moral. Se me mostram na tela um homem e uma mulher em trajes e posturas tais que seja inverossímil que no mínimo as primícias da consumação sexual não tenham acompanhado a ação, tenho o direito de exigir, num filme policial, que se mate a vítima de verdade ou que pelo menos a firam com maior ou menor gravidade. Ora, essa hipótese não é nada absurda, já que não faz tanto tempo assim que o assassinato deixou de ser um espetáculo. A execução na Place de Grève não era outra coisa, e para os romanos os jogos mortais do circo eram o equivalente a uma orgia. Lembro-me de ter escrito certa vez, a propósito de uma célebre sequência de cinejornal em que se viam "espiões comunistas" sendo executados no meio da rua, em Xangai, por oficiais de Chiang Kai-shek, lembro-me, digo, de ter observado que a obscenidade da imagem era da mesma ordem que a de uma fita pornográfica. Uma pornografia ontológica. A morte é aqui o equivalente negativo do gozo sexual, que não é por menos qualificado de *petite mort* [pequena morte].

Pois o teatro não tolera nada semelhante. Tudo o que no palco toca ao amor físico decorre do paradoxo do comediante. Ninguém jamais se sentiu excitado no Palais Royal, nem no palco nem na plateia. É verdade que o striptease renova a questão, mas há de se convir que ele não depende do teatro embora seja um espetáculo, sendo essencial notar que nele é a própria mulher quem se despe. Não poderia sê-lo por um parceiro, sob pena de provocar o ciúme de todos os machos da sala. Na realidade, o striptease funda-se na polarização e na excitação do desejo dos espectadores, cada qual possuindo virtualmente a mulher que finge se oferecer, mas se um deles se atirasse ao palco seria linchado, pois seu desejo entraria em concorrência e em oposição com o dos demais (a não ser que descambe para a orgia e o voyeurismo, que afinal se ligam a mecanismos mentais outros).

No cinema, pelo contrário, a mulher, mesmo nua, pode ser abordada por seu parceiro, expressamente desejada e de fato acariciada, pois, diferentemente do teatro – lugar concreto de uma representação fundada sobre a consciência e a oposição –, o cinema desenrola-se num espaço imaginário que demanda a participação e a identificação. Conquistando a mulher, o ator me satisfaz por procuração. Sua sedução, sua beleza, sua audácia não entram em concorrência com meus desejos, e sim os realizam.

Entretanto, se nos limitarmos tão somente a uma psicologia desse tipo, o cinema idealizaria o filme pornográfico. É bastante evidente, pelo contrário, que, se desejamos permanecer no plano da arte, devemos nos ater ao imaginário. Devo considerar o que se passa na tela como uma simples história, uma evocação que jamais se passa no plano da realidade, a não ser que me torne o cúmplice retardatário de um ato ou, pelo menos, de uma emoção, cuja realização exige o segredo.

O que significa que o cinema pode dizer tudo, mas não de forma alguma tudo mostrar. Não há situações sexuais, morais ou não, escandalosas ou banais, normais ou patológicas, cuja expressão na tela seja proibida *a priori*, com a condição porém de se recorrer às possibilidades de abstração da linguagem cinematográfica, de modo que a imagem jamais assuma valor documental.

Eis por que, e decididamente, pensando bem, *E Deus criou a mulher* [*Et Dieu... créa la femme*, de Roger Vadim, 1956] parece-me, a despeito das qualidades que lhe reconheço, um filme em parte detestável.

Expus minha tese desenvolvendo a observação de Domarchi. Mas não posso deixar de confessar agora meu embaraço diante das objeções que surgem. São muitas.

Primeiro, não posso esconder de mim mesmo que assim fazendo descarto sem mais boa parte do cinema sueco contemporâneo. Vale notar, entretanto, que as obras-primas do erotismo raramente são atingidas por esta crítica. O próprio Stroheim parece-me escapar dela... Sternberg também.

Mas o que me incomoda mais na bela lógica do meu raciocínio é a consciência dos seus limites. Por que me deter nos atores e não questionar também o espectador? Se a transmutação estética é perfeita, este último deveria permanecer tão impassível quanto os artistas. *O beijo*, de Rodin, não sugere qualquer pensamento libidinoso, apesar do seu realismo.

Afinal, a distinção entre imagem literária e imagem cinematográfica não será falaciosa? Atribuir a esta última uma essência diversa porque ela se realiza fotograficamente implicaria muitas consequências estéticas que não tenciono endossar. Se o postulado domarchiano é correto, ele deveria também se aplicar, com correções, ao romance. Domarchi deveria sentir-se incomodado toda vez que um romancista descreve atos que ele não chegaria a imaginar com a "cabeça" totalmente fria. Será assim a situação do escritor tão diferente daquela do cineasta e de seus atores? É que nessa matéria a separação entre imaginação e ato é razoavelmente incerta, se não arbitrária. Conceder ao romance o privilégio de tudo evocar e recusar ao cinema, que lhe é tão próximo, o direito de tudo mostrar é uma contradição crítica que verifico sem ultrapassar... É o que deixarei aos cuidados do leitor.

JEAN GABIN E SEU DESTINO

Escrevemos antes que a estrela de cinema não era apenas um comediante ou um ator particularmente querido do público, mas um herói de lenda ou de tragédia, um "destino" com o qual roteirista e diretores de cinema, mesmo que involuntariamente, têm que se conformar. Caso contrário o encanto entre o ator e o público se quebraria.[1] A variedade das histórias que nos contam e que, a cada vez, parece nos surpreender agradavelmente pela novidade não deve nos enganar. O que procuramos, inconscientemente, na renovação das aventuras é a confirmação de um destino, profundo e essencial. Isso é evidente em Carlitos, por exemplo, mas é interessante ver sua ilustração mais secreta e mais sutil em uma estrela como Jean Gabin.

Quase todos os filmes de Gabin – ao menos de *A besta humana* a *Três dias de amor* [*La Mura di Malapga*, de René Clément, 1949] – acabam mal. Quase sempre com uma morte violenta do herói (que parece ser, aliás, um suicídio mais ou menos direto). Não é estranho que a lei comercial do *happy end*, que leva tantos produtores a disfarçar os filmes "tristes" com um final artificial, como o das comédias de Molière, não vale precisamente para um dos atores mais populares e mais simpáticos, a quem deveríamos sempre desejar que fosse feliz, se casasse e tivesse muitos filhos?

Mas será que vocês veem Gabin como um futuro pai de família? Será que alguém pode imaginar que, no final de *Cais das sombras*, ele consiga arrancar, *in extremis*, Michèle Morgan das garras de Michel Simon e de Pierre Brasseur e embarcar

1 Texto publicado originalmente em *Radio-Cinéma-Télévision*, 01/10/1950.

Jean Gabin e Michèle Morgan em *Cais das sombras*, de Marcel Carné.

com ela rumo ao futuro e aos Estados Unidos; ou que, recuperando o bom senso realista, ele prefira, quando nascer o dia em *Trágico amanhecer*, se entregar à polícia com a esperança de uma provável absolvição?

De jeito nenhum. O público, que engole muitos outros sapos, sentiria, sem dúvida alguma e com razão, que estão zombando dele caso os roteiristas lhe apresentassem um final feliz para Jean Gabin.

———

Prova do absurdo: deixem que Luis Mariano ou Tino Rossi morram da mesma maneira!

Como explicar esse paradoxo, que é ainda mais flagrante porque viola uma das leis sacrossantas do cinema? A explicação é que Gabin, nos referidos filmes, não interpreta uma história entre outras, interpreta, sim, sempre a mesma história: a sua; e ela só pode acabar mal, como a de Édipo ou de Fedra. Gabin é o herói trágico do cinema contemporâneo. O cinema, a cada novo filme, dá corda na "máquina infernal" de seu destino, como o operário de *Trágico amanhecer*, naquela, como em todas as outras noites, dá corda no despertador cujo alarme irônico e cruel tocará de madrugada, na hora de sua morte.

———

Seria fácil mostrar como, sob o manto de uma diversidade engenhosa, as engrenagens essenciais do mecanismo permanecem idênticas a elas mesmas. Vamos nos limitar, na falta de espaço, a um exemplo: contavam, antes da guerra, que, antes de assinar um contrato de filme, Gabin exigia que se previsse, no roteiro, a grande cena do acesso de fúria em que ele é excelente. Capricho de estrela, ator canastrão que faz questão de mostrar suas proezas? Talvez, mas não é muito mais verossímil que ele tenha sentido, através da vaidade de ator, que essa cena lhe era essencial e que se privar dela seria trair seu personagem? De fato, é quase sempre em um acesso de fúria que Gabin causa sua desgraça, que arma, com as próprias mãos, a armadilha da fatalidade que o levará à morte. Ora, não vamos esquecer que, na tragédia e na epopeia antigas, a fúria não era um estado psicológico que pedia um banho frio ou um sedativo, mas um estado secundário, uma possessão sagrada, por onde o destino entrava. Assim, em um acesso de fúria, o próprio Édipo criou sua desgraça ao matar na estrada de Tebas um carreteiro (seu pai) que ele não reconheceu. Os deuses modernos que reinam sobre Tebas suburbana com seu

Olimpo de fábricas e seus monstros de aço esperam, também eles, Gabin na encruzilhada da fatalidade.

É verdade que o que acabo de escrever vale principalmente para o Gabin de antes da guerra, o de *A besta humana* e de *Trágico amanhecer*. Desde então, ele mudou, envelheceu, seus cabelos louros estão brancos, seu rosto, inchado. No cinema, dizíamos, não é o destino que tem uma face, mas é a face que revela seu destino. Gabin não podia continuar idêntico a si mesmo, mas também não podia escapar de uma mitologia tão solidamente estabelecida.

É significativo que Aurenche e Bost, em *Três dias de amor*, tenham sucedido a Jeanson e a Prévert. Nós nos lembramos da última imagem de *Império do vício* [*Pépé le Moko*, de Julien Duvivier, 1937]: Gabin morrendo agarrado às grades do porto de Argel e vendo o navio de suas esperanças partir. O filme de René Clément começa onde termina o de Duvivier. "Suponhamos que as legendas dissessem que Gabin tinha tido sorte: pôde embarcar e está do outro lado das grades." O filme não é outra coisa que a volta de Gabin para seu destino, a renúncia quase voluntária do amor e da felicidade, a confissão de que uma dor de dente e os deuses, no final das contas, são mais fortes.

Claro, em *Paixão abrasadora* [*La Marie du port*, de Marcel Carné, 1950], o rigor do destino se ameniza, Gabin volta a ser ator. Pela primeira vez, ele se casa (mas será mais feliz?). No entanto, Marcel Carné não conseguiu escapar ao antigo mito. Gabin é rico, "foi bem-sucedido", mas ao longo de todo o filme se fala de um barco em doca seca, de um arrastão que nunca parte e está ali como testemunha do antigo sonho que Gabin nunca realizou: o de uma possível fuga, de uma partida libertadora. Assim, a duvidosa "felicidade", o êxito, mais material do que moral, de Gabin não passam de uma confissão de fracasso, recompensa irrisória de uma renúncia: os deuses são clementes com aqueles que deixam de ser heróis.

Restaria ao sociólogo e ao moralista (especialmente ao moralista cristão e, por que não, ao teólogo?) refletir sobre o significado profundo de uma mitologia em que, através da popularidade de um ator como Gabin, milhões de nossos contemporâneos se reconhecem. Talvez um mundo sem Deus volte a ser um mundo dos deuses e de sua fatalidade.

MORTE DE HUMPHREY BOGART

Quem não está de luto pela morte de Humphrey Bogart, morto aos 56 anos, devido a um câncer no esôfago e a meio milhão de uísques?[1] O desaparecimento de James Dean comoveu, especialmente, as moças com menos de vinte anos; o de Boggy afetou seus pais ou, ao menos, seus irmãos mais velhos e o luto foi principalmente dos homens. Mais sedutor do que atraente, Bogart agradava às mulheres em seus filmes; para o espectador, parece-me que ele foi mais o herói com quem as pessoas se identificam do que o herói que é amado. As mulheres podem ter saudades dele, mas conheço homens que chorariam por ele, não fosse a inadequação do sentimento no túmulo desse durão. Nem flores, nem coroas.

Chego um pouco tarde para fazer minha oração fúnebre. Já se escreveu muito sobre Bogart, sobre sua pessoa e seu mito. Mas ninguém fez isso melhor do que Robert Lachenay, já há mais de um ano[2] cujas linhas premonitórias não posso deixar

1 Texto publicado originalmente em *Cahiers du Cinéma*, t, XII, n. 68, fev. 1957, pp. 2-7.

2 *Cahiers du Cinéma*, t. IX, n. 52, nov. 1955, pp. 30-37.

de citar: "Cada início de frase revela uma arcada dentária rebelde. A contração do maxilar evoca, irresistivelmente, o ricto de um cadáver alegre, a expressão final de um homem triste que desmaiaria sorrindo. Sorriso da morte".

Fica claro, agora, que ninguém mais do que Bogart encarnou, se ouso dizer, a imanência da morte, como também sua iminência. Não tanto, aliás, da morte que se dá e se recebe, mas a do cadáver que recebeu indulto e está em cada um de nós. E, se sua morte nos toca de tão perto, tão intimamente, é porque a razão de ser de sua vida era, de certo modo, sobreviver. Nele o triunfo da morte é duplo, pois é vitorioso menos na vida do que na resistência à morte. Talvez me compreendam melhor se eu opuser seu personagem ao de Jean Gabin (ao qual poderíamos, por muitos outros aspectos, aliás, compará-lo). Ambos são heróis da tragédia cinematográfica moderna, mas com Gabin (falo, naturalmente, do Gabin de *Trágico amanhecer* ou de *Império do vício*) a morte está, no final das contas, no fim da aventura, esperando implacavelmente o encontro. O destino de Gabin é ser enganado pela vida. Mas Bogart é o homem de depois do destino. Quando ele entra no filme já vem surgindo a pálida aurora do dia seguinte, irrisoriamente vitorioso da luta macabra com o anjo, com o rosto marcado pelo que viu e com o andar pesado por tudo o que sabe. Como venceu dez vezes a morte, sem dúvida sobreviverá mais uma vez para nós.

O refinamento do personagem de Bogart com a progressiva decrepitude não é um motivo menor de admiração. Esse durão nunca brilhou nas telas pela força física ou pela agilidade acrobática. Nem Gary Cooper, nem Douglas Fairbanks! Ele deve seu sucesso como gângster ou como detetive, antes de tudo, à sua capacidade de levar um soco, e também à sua perspicácia. A eficácia de seu soco mostra menos sua força do que seu senso de reação imediata. O soco é bem colocado, é claro, mas, principalmente, é dado no momento certo. Ele bate pouco, mas sempre surpreende o adversário. E há o revólver, que em suas mãos se torna uma arma quase intelectual, um argumento desconcertante. O que quero dizer, porém, é que os visíveis estigmas que marcaram cada vez mais o personagem nos últimos dez anos só salientavam uma fraqueza congênita. Ao ficar cada vez mais parecido com sua morte, Bogart aperfeiçoava seu próprio retrato. Sem dúvida, a admiração pela genialidade desse ator que soube nos fazer amar e admirar nele a própria imagem da decomposição nunca será suficiente. Como se cada vez um pouco mais ferido por todos os maus golpes recebidos nos filmes anteriores, ele se tornou, em cores, o ser extraordinário que arrota, cospe os dentes, amarelado, bom para as sanguessugas dos pântanos, e que, entretanto, levará o *The African Queen* [de John Huston, 1951] a porto seguro. E lembrem-se daquele rosto deteriorado testemunhando nos processos dos oficiais do *Caine* [*The Caine Mutiny*, de Edward Dmytryk, 1954]. Era visível que a morte já não conseguia, havia muito tempo, atingir o lado de fora do ser que há muito tempo a tinha interiorizado.

O caráter "moderno" do mito Bogart foi, com razão, muitas vezes salientado, e J. P. Vivet tem duplamente razão de utilizar o adjetivo no sentido baudelairiano, já que admiramos no herói de *A condessa descalça* [*The Barefoot Contessa*, de Joseph L. Mankiewicz, 1954] a eminente dignidade de nossa degradação. Queria observar, porém, que a essa modernidade de longo alcance que dá ao personagem de Bogart sua poesia profunda e, sem dúvida, justifica sua entrada na lenda responde, na escala de nossa geração, uma modernidade mais precisa. Bogart é, tipicamente, o ator-mito da guerra e do pós-guerra. Ou seja, dos anos 1940 a 1955. É verdade, sua filmografia contém uns 75 filmes desde 1930, dos quais uns quarenta anteriores a *Último refúgio* [*High Sierra*, de Raoul Walsh, 1941] e *Relíquia macabra* (*O falcão maltês*) [*The Maltese Falcon*, de John Huston, 1941]. Mas neles ele só interpreta papéis secundários e, indiscutivelmente, seu personagem surgiu com o chamado filme de crime *noir*, nos quais ele encarnará o herói ambíguo. Para nós, em todo o caso, foi a partir da guerra, e especialmente nos filmes de Huston, que Bogart conquistou sua popularidade. Ora, é sabido, por outro lado, que os anos 1940-41 marcam a segunda grande etapa da evolução do filme falado americano, e 1941 é também o ano de *Cidadão Kane*. Deve haver, portanto, alguma harmonia secreta na coincidência desses acontecimentos: o fim do período anterior à guerra, o advento de um determinado estilo romanesco na escritura cinematográfica e o triunfo, através de Bogart, da interiorização e da ambiguidade. Vemos, em todo o caso, em que Bogart difere dos heróis do período anterior à guerra, dos quais Gary Cooper poderia ser o protótipo: belo, forte, generoso, exprimindo muito mais o otimismo e a eficácia de uma civilização do que sua inquietação. Mesmo os gângsteres são do tipo conquistador e ativista, herói de *western* deturpado, forma negativa da audácia sagaz. Talvez apenas Georges Raft deixe entrever aquela introversão, fonte de ambiguidade, que o herói de *À beira do abismo* [*The Big Sleep*, de Howard Hawks, 1946] levará ao sublime. Em *Paixões em fúria* [*Key Largo*, de John Huston, 1948], Bogart supera Robinson, último gângster do período anterior à guerra; com essa vitória, algo da literatura americana provavelmente penetra em Hollywood. Não pelo intermédio ardiloso de roteiros, e sim pelo estilo humano do personagem. Bogart talvez seja, no cinema, a primeira ilustração da "idade do romance americano".

Que não se confunda a interioridade da interpretação de Bogart com a desenvolvida pela escola de Elia Kazan e que Marlon Brando, antes de James Dean, fez entrar em moda. Eles só têm em comum a reação contra a interpretação de tipo psicológico; mais taciturno, como Brando, ou exuberante, como James Dean, o estilo Kazan está fundado sobre um postulado de espontaneidade anti-intelectual. O comportamento dos atores pretende ser imprevisível, pois já não traduz a lógica pro-

O tesouro da Sierra Madre, de John Huston.

funda dos sentimentos, mas exterioriza impulsos imediatos cuja relação com a vida interior poderia ser diretamente lida. O segredo de Bogart é diferente. Com certeza é de Conrad o silêncio cauteloso, a fleuma de quem conhece os perigos das revelações intempestivas, mas, sobretudo, a insondável vaidade dessas sinceridades epidérmicas. Desconfiança e cansaço, sabedoria e ceticismo, Boggy é um estoico.

Admiro particularmente em seu sucesso o fato de, em última análise, ele não ter dependido em nada do caráter dos personagens que encarnou. Na verdade, nem todos são simpáticos. Temos que admitir que a ambiguidade moral de Sam Spade, de *Relíquia macabra*, ou de Philip Marlowe, de *À beira do abismo*, leva vantagem em nossa estima, mas como defender o miserável crápula de *O tesouro da Sierra Madre* [*The Treasure of the Sierra Madre*, de John Huston, 1948] ou o sinistro comandante de *A nave da revolta* [*The Caine Mutiny*, de Edward Dmytryk, 1954]? Para alguns papéis de justiceiro ou de impassível cavaleiro de uma nobre causa, há, sem dúvida, proezas menos recomendáveis, quando não francamente odiosas. A permanência do personagem situa-se, portanto, para além de seus papéis, o que não é o caso de um Gabin, por exemplo, e tampouco podia ser o de um James Dean. Dificilmente podemos imaginar Gary Cooper pretendendo interpretar crápulas. A ambiguidade particular dos papéis que levaram Bogart a ter sucesso no filme *noir* está, portanto, em sua filmografia. As contradições morais se encontram tanto nos próprios papéis quanto na permanência paradoxal do personagem entre duas ocupações aparentemente incompatíveis.

Mas não é essa a prova de que nossa simpatia se dirigia, para além das biografias imaginárias e das virtudes morais ou da ausência delas, para alguma sabedoria mais profunda, para certa maneira de aceitar a condição humana que podem ser compartilhadas tanto pelo canalha quanto pelo homem honesto, tanto pelo fracassado quanto pelo herói? O homem bogartiano não se define por seu respeito acidental ou por seu desprezo pelas virtudes burguesas, por sua coragem ou covardia, mas, antes de tudo, por essa maturidade existencial que aos poucos transforma a vida em uma ironia tenaz em detrimento da morte.

O REALISMO CINEMATOGRÁFICO E A ESCOLA ITALIANA DA LIBERAÇÃO

A importância histórica do filme de Rossellini, *Paisà* foi com razão comparada com a de várias obras-primas clássicas do cinema.[1] Georges Sadoul não hesitou em evocar *Nosferatu*, *Os Nibelungos* ou *Ouro e maldição*. Concordo inteiramente com esse elogio, embora a referência ao expressionismo alemão só corresponda, naturalmente, a uma ordem de grandeza e não à natureza profunda das estéticas em causa. Poderia ser evocado com mais justeza o aparecimento de *O encouraçado Potemkin*, em 1925. Repetidas vezes se opôs, aliás, o realismo dos filmes italianos atuais ao esteticismo da produção americana e parcialmente da francesa. Não foi, em princípio, pela vontade de realismo que os filmes russos de Eisenstein, Pudóvkin ou Dovjenko tornaram-se revolucionários em arte como em política, opondo-se a um só tempo ao esteticismo expressionista alemão e à insossa idolatria da estrela hollywoodiana? Como *Potemkin*, *Paisà*, *Vítimas da tormenta* [*Sciuscià*, de Vittorio De Sica, 1946], *Roma, cidade aberta* [*Roma, città aperta*, de Roberto Rossellini, 1945] realizam uma nova fase da já tradicional oposição do realismo e do esteticismo na tela. A história, porém, não se repete; o que importa ressaltar é a forma particular que esse conflito estético tomou hoje, as novas soluções às quais o realismo italiano deve, em 1947, sua vitória.

1 Texto publicado originalmente em *Esprit*, ano 10, jan. 1948, pp. 58-83.

OS PRECURSORES

Diante da originalidade da produção italiana e no entusiasmo provocado pela surpresa, talvez tenhamos negligenciado aprofundar as causas de tal renascimento, preferindo ver nele alguma geração espontânea procedente, como um enxame de abelhas, dos cadáveres pútridos do fascismo e da guerra. Não há dúvida de que a Liberação e as formas sociais, morais e econômicas que ela tomou na Itália desempenharam um papel determinante na produção cinematográfica. Teremos ocasião de retomar esse ponto. Mas somente a ignorância em que nos encontramos do cinema italiano pôde nos dar a atraente ilusão do milagre que não fora preparado.

É bem possível que a Itália seja hoje o país onde a inteligência cinematográfica é a mais aguda, se julgarmos pela importância e pela qualidade da edição cinematográfica. O Centro Experimental do Cinema de Roma precedeu em vários anos nosso Institut des Hautes Études Cinématographiques (Idhec); sobretudo, as especulações intelectuais não deixam, como aqui, de ter efeito sobre a realização. A separação radical entre a crítica e a *mise-en-scène* já não existe no cinema italiano, como não existe aqui em literatura.

Aliás, o fascismo, que, diferentemente do nazismo, deixou subsistir um determinado pluralismo artístico, interessou-se especialmente pelo cinema. Podemos fazer todas as restrições que quisermos sobre as relações do Festival de Veneza com os interesses públicos do Duce, mas não poderíamos contestar que a ideia do Festival Internacional tenha aberto, desde então, seu caminho e hoje podemos medir seu prestígio vendo a disputa de quatro ou cinco nações da Europa por seus despojos. O capitalismo e o dirigismo fascistas serviram pelo menos para equipar a Itália com estúdios modernos. Se eles produziram filmes ineptos, melodramáticos e munificentes, não impediram, contudo, alguns homens inteligentes (e bastante hábeis para filmar roteiros de atualidade sem se subordinar ao regime) de realizar obras de valor que prefiguram suas obras atuais. Se não tivéssemos, durante a guerra, e por razões óbvias, tomado partido, filmes como *Uomini sul fondo* [de Francesco De Robertis, 1941] ou *La nave bianca* [A nave branca, 1941], de Rossellini, teriam chamado um pouco mais nossa atenção. Aliás, até quando a tolice capitalista ou politiqueira limita ao máximo a produção comercial, a inteligência, a cultura e a pesquisa experimental refugiam-se na edição, nos congressos de cinemateca e na realização de curtas-metragens. Alberto Lattuada, diretor de *O bandido* [*Il bandito*, 1946], então diretor da cinemateca de Milão, quase foi preso por ter ousado apresentar a versão integral de *A grande ilusão*, em 1941.[2]

A história do cinema italiano é, além disso, mal conhecida. Limitamo-nos a *Cabiria* [de Giovanni Pastrone, 1914] e a *Quo Vadis?* [de Mervin Le Roy e Anthony Mann, 1951], achando no recente e memorável *A coroa de ferro* [*La corona di ferro*, de Alessandro Blasetti, 1941] uma confirmação suficiente da perenidade das pretensas características nacionais do filme transalpino: gosto e mau gosto do cenário, idolatria da estrela, ênfase pueril da interpretação, hipertrofia da *mise-en-scène*, intrusão do aparelho tradicional do *bel canto* e da ópera, roteiros convencionais influenciados pelo drama, o melodrama romântico e a canção de gesta para folhetins. É verdade que muitas produções italianas esforçam-se para confirmar tal caricatura, que muitos dos melhores diretores renderam-se (nem sempre sem ironia) às exigências comerciais. Mas as superproduções de 100 milhões de liras, do tipo *Cipião, o africano* [*Scipione l'africano*, de Carmine Gallone, 1937], eram seguramente as primeiras a serem exportadas. Existia, no entanto, outro veio artístico praticamente reservado ao mercado nacional. Hoje,

2 A influência de Jean Renoir sobre o cinema italiano é capital e decisiva. Ela só se iguala à de René Clair.

quando a carga dos elefantes de Cipião não passa de um rufar ao longe, podemos escutar um pouco melhor o ruído secreto, mas delicioso, feito por *O coração manda* [*Quattro passi fra le nuvole*, de Alessandro Blasetti, 1942].

O leitor, ao menos aquele que viu o último filme, ficará provavelmente tão surpreso quanto nós mesmos ao saber que essa comédia, de uma sensibilidade sutil, cheia de poesia e cujo realismo social sem ser pesado se aproxima diretamente do cinema italiano recente, foi realizada em 1942, dois anos depois do famoso *A coroa de ferro* e pelo mesmo diretor: Blasetti, a quem devemos igualmente, mais ou menos da mesma época, *Romântico aventureiro* [*Un'avventura di Salvator Rosa*, 1939] e, bem recentemente, *Um dia na vida* [*Un giorno nella vita*, 1946]. Diretores como Vittorio De Sica, o autor do admirável *Vítimas da tormenta*, sempre se dedicaram a fazer comédias bem humanas, cheias de sensibilidade e de realismo, entre as quais, em 1944: *A culpa dos pais* [*I bambini ci guardano*]. Um Camerini produziu em 1932 *Gli Uomini, che mascalzoni*...[Os homens, que malandros], cuja ação se passa, como a de *Roma, cidade aberta*, nas ruas da capital, e *Piccolo mondo antico* [Pequeno mundo antigo, de Mario Soldati, 1941] não era menos tipicamente italiano.

Não há, aliás, tantos nomes novos assim na *mise-en-scène* italiana atual. Os mais jovens, como Rossellini, começaram a filmar no início da guerra. Os antigos, como Blasetti ou Mario Soldati, já eram conhecidos desde os primeiros anos do cinema falado.

De excesso em excesso, porém, não se deveria concluir daí que a "nova" escola italiana não existe. A tendência realista, o intimismo satírico e social, o verismo sensível e poético não foram até o início da guerra senão qualidades menores, modestas violetas ao pé de sequoias da *mise-en-scène*. Parece que, entretanto, desde o início da guerra, essa floresta de papelão começava a clarear. Já em *A coroa de ferro* o gênero parece parodiar a si mesmo. Rossellini, Lattuada, Blasetti já se esforçam em direção a um realismo de classe internacional. Caberá, no entanto, à Liberação dar vazão, de modo tão pleno, a essas vontades estéticas, permitir sua expansão em condições novas que não deixarão de modificar sensivelmente seu sentido e seu alcance.

A LIBERAÇÃO, RUPTURA E RENASCIMENTO

Vários dos elementos da jovem escola italiana preexistiam, portanto, à Liberação: homens, técnicas e tendências estéticas. Mas a conjuntura histórica, social e econômica precipitou repentinamente uma síntese na qual se introduziam, aliás, elementos originais.

A Resistência e a Liberação forneceram os principais temas desses dois últimos anos. Mas, diferentemente dos filmes franceses, para não dizer europeus, os filmes italianos não se limitam a pintar ações de resistência propriamente dita. Na França, a Resistência logo virou lenda; por mais próxima que estivesse no tempo, ela não era, no dia seguinte à Liberação, mais que história. Com a partida dos alemães, a vida recomeçava. Na Itália, ao contrário, a Liberação não significou volta a uma liberdade anterior bem próxima, mas revolução política, ocupação aliada, desorganização econômica e social. Enfim, a Liberação se deu lentamente, ao longo de meses intermináveis. Ela afetou profundamente a vida econômica, social e moral do país. De maneira que, na Itália, Resistência e Liberação não são de modo algum, como a revolta de Paris, simples palavras históricas. Rossellini filmou *Paisà* numa época em que o roteiro ainda era atual. *O bandido* mostra como a prostituição e o mercado negro se desenvolveram na retaguarda do exército, como a decepção e o desemprego conduzem um prisioneiro libertado ao gangsterismo. Com exceção de alguns filmes que são incontestavelmente de "Resistência", como *Viver em paz*

[*Vivere in pace*, de Luigi Zampa, 1947] ou *Il sole sorge ancora* [O sol ainda se levanta, de Aldo Vergano, 1946], o cinema italiano caracteriza-se principalmente por sua adesão à atualidade. A crítica francesa não deixou de ressaltar, o elogiando ou condenando, mas sempre com um espanto solene, as poucas alusões precisas ao pós-guerra com as quais Marcel Carné quis marcar seu último filme. Se o diretor e o roteirista se empenharam tanto para fazer com que compreendêssemos isso, foi porque dezenove em cada vinte filmes franceses não podem se situar nos últimos dez anos. Os filmes italianos, ao contrário, mesmo quando o essencial do roteiro é independente da atualidade, são, antes de tudo, reportagens reconstituídas. A ação não poderia se desenrolar num contexto social qualquer, historicamente neutro, quase abstrato como os cenários de tragédia, tal como acontece, no mais das vezes, em graus diversos, no cinema americano, francês ou inglês.

A consequência é que os filmes italianos têm um valor documentário excepcional, impossível de ser separado do roteiro sem levar com ele todo o terreno social no qual ele se enraizou.

Essa perfeita e natural aderência à atualidade se explica e se justifica interiormente por uma adesão espiritual à época. A história italiana recente é sem dúvida irreversível. A guerra não é ressentida ali como um parêntese, mas como uma conclusão: o fim de uma época. Em certo sentido a Itália só tem três anos. Mas a mesma causa podia ter produzido outros efeitos. O que não deixa de ser admirável e assegura para o cinema italiano uma audiência moral bem ampla nas nações ocidentais é o sentido que essa pintura da atualidade ganha ali. Em um mundo que já estava e continua ainda obcecado pelo terror e pelo ódio, onde a realidade quase nunca é amada por ela mesma, mas somente recusada ou defendida como algo político, *o cinema italiano é certamente o único que salva, no próprio interior da época que ele pinta, um humanismo revolucionário*.

Os filmes italianos recentes são pelo menos pré-revolucionários: todos recusam, implícita ou explicitamente, pelo humor, pela sátira ou pela poesia, a realidade social da qual se servem, mas sabem, até nas tomadas de posição mais claras, nunca tratar tal realidade como um meio. Condená-la não obriga a agir de má-fé. Eles não esquecem que, antes de ser condenável, o mundo *é* simplesmente mundo. Pode parecer bobagem e talvez seja tão ingênuo quanto o elogio que Beaumarchais fazia das lágrimas do melodrama, mas digam-me se, ao sair de um filme italiano, vocês não se sentem melhor, se não têm vontade de mudar a ordem das coisas, mas, de preferência, persuadindo os homens, ao menos aqueles que podem ser persuadidos de que somente a cegueira, o preconceito ou a má sorte levaram a fazer mal a seus semelhantes.

Por isso os roteiros de muitos filmes italianos, quando lemos seus resumos, não resistem ao ridículo. Reduzidos à intriga, eles não passam, no mais das vezes, de melodramas moralizantes. No filme, porém, os personagens existem com uma verdade perturbadora. Nenhum deles é reduzido ao estado de coisa ou de símbolo, o que permitiria odiá-los confortavelmente, sem ter que ultrapassar, de antemão, o equívoco de sua humanidade.

Eu veria tranquilamente no humanismo dos filmes italianos atuais seu principal mérito quanto ao fundo.[3]

3 Não escondo a parte de habilidade política mais ou menos consciente que provavelmente está por trás dessa generosidade comunicativa. É possível que amanhã o vigário de *Roma, cidade aberta* não se entenda tão bem com o ex-resistente comunista. É possível que o cinema italiano logo se torne, ele também, político e guerrilheiro. É possível que em tudo isso haja algumas meias verdades. Pró-americano com bastante habilidade, *Paisà* foi realizado por democratas cristãos e por comunistas. Tirar de uma obra o que ali se encontra não é se iludir, mas ser inteligente. No momento, o cinema italiano é muito menos político do que sociológico. Quero dizer

Eles nos permitem saborear, quando talvez já foi-se o tempo para isso, um certo tom revolucionário do qual o terror ainda parece excluído.

O AMÁLGAMA DOS INTÉRPRETES

O que a princípio tocou naturalmente o público foi a excelência dos intérpretes. Com *Roma, cidade aberta*, o cinema mundial enriqueceu-se com uma atriz de primeira ordem. Anna Magnani, a inesquecível moça grávida, Fabrizzi, o padre, Pagliero, o membro da resistência, e outros não têm dificuldades em igualar em nossa memória as criações mais comoventes do cinema. As reportagens e as informações da grande imprensa trataram de nos dizer que *Vítimas da tormenta* havia sido realizado com autênticos meninos de rua, que Rossellini filmava com uma figuração ocasional escolhida nos próprios lugares da ação, que a heroína na primeira história de *Paisà* era uma menina analfa-

que realidades sociais tão concretas quanto a miséria, o mercado negro, a administração, a prostituição, o desemprego ainda não parecem ter cedido o lugar na consciência do público aos valores *a priori* da política. Os filmes italianos quase não nos informam sobre o partido ao qual pertence o diretor, tampouco sobre aquele que ele pretende adular. Tal estado de fato se deve, provavelmente, ao temperamento étnico, mas também à situação política italiana e ao estilo do Partido Comunista na península.

Independentemente da conjuntura política, esse humanismo revolucionário tem igualmente suas origens numa certa consideração pelo indivíduo, a massa é apenas raramente considerada como uma força social positiva. Quando é evocada, é, em geral, para mostrar seu caráter destruidor e negativo em relação ao herói: o tema do homem na multidão. Desse ponto de vista, o último grande filme italiano, *Trágica perseguição* [*Caccia tragica*, de Giuseppe De Santis, 1947] e *Il sole sorge ancora* são duas exceções significativas que marcam talvez uma nova tendência.

O diretor Giuseppe De Santis (que fez muito como assistente em *Il sole sorge ancora*) é o único que faz de um grupo de homens, de uma coletividade, um dos protagonistas do drama.

beta encontrada no cais. Quanto a Anna Magnani, ela era, sem dúvida, uma profissional, mas que vinha do *café-concert*; e Maria Michi era apenas uma lanterninha de cinema.

Se esse recrutamento de intérpretes opõem-se aos hábitos do cinema, isso não constitui, entretanto, um método novo. Ao contrário, sua constância em todas as formas "realistas" do cinema, desde, pode-se dizer, Louis Lumière, permite ver nele uma lei propriamente cinematográfica que a escola italiana apenas confirma e permite formular com segurança. Antigamente admirava-se também, no cinema russo, sua decisão de recorrer a atores não profissionais, a quem se pedia para desempenhar na tela o papel de sua vida cotidiana. Na realidade, foi criada em torno do cinema russo uma lenda. A influência do teatro foi bem grande sobre certas escolas soviéticas e, se os primeiros filmes de Eisenstein não têm atores, uma obra tão realista como *Putovka v Jizn* [No caminho da vida, de Nikolai Ekk, 1931] foi representada por profissionais do teatro e, desde então, a interpretação dos filmes soviéticos tornou-se novamente profissional como em todos os outros lugares. Nenhuma grande escola cinematográfica entre 1925 e o cinema italiano atual reivindicará a ausência de atores, mas de vez em quando um filme fora de série lembrará seu interesse. Sempre será, precisamente, uma obra próxima da reportagem social. Citemos duas: *Sierra de Terruel* (*L'Espoir*) e *A última porta* [*Die letzate Chance*, de Leopold Lindtberg, 1945]. Em torno delas também foi criada uma lenda. Os heróis do filme de Malraux não são todos atores ocasionais provisoriamente encarregados de desempenhar o personagem de sua vida cotidiana. É o caso para muitos deles, mas não para os principais. O camponês, em particular, era um ator cômico bem conhecido em Madri. Quanto a *A última porta*, se os soldados aliados são autênticos aviadores que caíram no céu suíço, a mulher judia, por exemplo, é uma atriz de teatro. Seria preciso se referir a filmes como *Tabu* para não encontrar nenhum ator profissional, mas trata-se ali, como nos filmes infantis, de um gênero bem particular, em que o ator profissional é quase inconcebível. Mais recentemente, Georges Rouquier, em *Farrebique ou Les Quatre saisons* [Farrebique ou As quatro estações, 1946], levou o procedimentos às últimas consequências. Mesmo ressaltando seu sucesso, notemos que ele é quase único e que os problemas do filme camponês não são, quanto à interpretação, tão diferentes dos problemas do filme exótico. Mais que um exemplo a ser imitado, *Farrebique* é um caso limite que não enfraquece em nada a regra a que chamarei de lei do amálgama. Não é a ausência de atores profissionais que pode caracterizar historicamente o realismo social no cinema, tampouco, mais precisamente, a escola italiana atual, mas a negação do princípio da estrela e a utilização indiferente de atores profissionais e atores ocasionais. O que importa é não colocar o profissional em seu lugar habitual: a relação que ele entretém com seu personagem não deve ser sobrecarregada para o público com nenhuma ideia *a priori*. É significativo que o camponês de *L'Espoir* tenha sido um ator cômico de teatro, Anna Magnani, uma cantora realista e Fabrizzi, um palhaço de vaudevile. A profissão não é apenas uma contraindicação, muito pelo contrário; mas ela se reduz a uma agilidade útil que ajuda o ator a obedecer às exigências da *mise-en-scène* e a penetrar melhor em seu personagem. Os não profissionais são naturalmente escolhidos por sua adequação ao papel que devem desempenhar: conformidade física ou biográfica. Quando o amálgama tem êxito – a experiência mostra, porém, que isso só pode acontecer se certas condições, de certo modo "morais", do roteiro forem reunidas –, obtemos, precisamente, essa extraordinária impressão de verdade dos filmes italianos atuais. Parece que a adesão comum deles a um roteiro, que sentem profundamente, e que exige deles o mínimo de mentira dramática, esteja na origem de uma espécie de osmose entre os intérpretes. A ingenuidade técnica de alguns se beneficia da experiência profissional dos outros, enquanto estes aproveitam a autenticidade geral.

Se, porém, um método tão proveitoso para a arte cinematográfica só foi empregado esporadicamente, foi porque, infelizmente, ele continha em si mesmo seu princípio de destruição. O equilíbrio químico do amálgama é necessariamente instável, ele evolui fatalmente até reconstituir o dilema estético que havia provisoriamente resolvido: sujeição da estrela e documentário sem ator. Essa desintegração pode ser apreendida com mais clareza e rapidez nos filmes infantis ou de indígenas: a pequena Rari, de *Tabu*, acabou, parece, prostituta na Polônia, e sabemos o que acontece com as crianças que logo após o primeiro filme viram estrelas. No melhor dos casos elas se tornam jovens atores prodígio, mas isso é outra coisa. Como a inexperiência e a ingenuidade são fatores indispensáveis, elas, evidentemente, não resistem ao uso. Não podemos imaginar a "família Farrebique" em meia dúzia de filmes e finalmente contratada por Hollywood. Quanto aos atores profissionais, que entretanto não são estrelas, o processo de destruição é um pouco diferente. É o público que o provoca. Se a estrela consagrada está sempre ligada a seu personagem, o sucesso de um filme pode também confirmar o ator no papel que ele desempenha. Os produtores ficam bem felizes em reeditar um primeiro sucesso, adiantando-se ao gosto bem conhecido do público de reencontrar seus atores prediletos em funções habituais. E, mesmo se o ator for inteligente o bastante para evitar se deixar aprisionar num papel, seu rosto, certas constâncias de sua interpretação, ao se tornarem familiares, impedirão a fixação do amálgama com intérpretes não profissionais.

ESTETICISMO, REALISMO E REALIDADE

Atualidade do roteiro, verdade do ator são, entretanto, apenas a matéria-prima da estética do filme italiano.

Devemos desconfiar da oposição entre o refinamento estético e não sei que crueza, que eficácia imediata de um realismo que se contentaria em mostrar a realidade. A meu ver, o maior mérito do cinema italiano foi ter lembrado uma vez mais que não há "realismo" em arte que não seja, em princípio, profundamente "estético". Já pressentíamos isso, mas, os ecos da acusação de bruxaria que alguns fazem hoje contra artistas suspeitos de um pacto com o diabo da arte pela arte, nos levavam a esquecê-lo. Em arte, tanto o real como o imaginário pertencem apenas ao artista, a carne e o sangue da realidade não são mais fáceis de cair nas malhas da literatura ou do cinema do que as fantasias mais gratuitas da imaginação. Em outras palavras, embora a invenção e a complexidade das formas não incidam sobre o conteúdo da obra, ainda assim elas influem na eficácia dos meios. Foi por tê-lo esquecido um pouco demais que o cinema soviético passou vinte anos do primeiro para o último lugar das grandes produções nacionais. Se *Potemkin* pôde subverter o cinema, não foi apenas por causa de sua mensagem política, tampouco por ter substituído o cenário dos estúdios pelos cenários reais e a estrela pela multidão anônima, mas porque Eisenstein era o maior teórico da montagem de seu tempo, porque ele trabalhava com Tissé, o melhor câmera do mundo, porque a Rússia era o centro do pensamento cinematográfico, em suma, porque os filmes "realistas" que ela produzia continham mais ciência estética que os cenários, as iluminações e a interpretação das obras mais artificiais do expressionismo alemão.

É o que acontece hoje com o cinema italiano. Seu realismo não acarreta, de modo algum, uma regressão estética, e sim, ao contrário, um progresso da expressão, uma evolução conquistadora da linguagem cinematográfica, uma extensão de sua estilística.

———

Em primeiro lugar, é preciso ver como está hoje o cinema em relação a isso. Desde o fim da heresia expressionista e principalmente desde o cinema falado, podemos considerar que o cinema tendeu continuamente para o realismo. Entendamos *grosso modo* que ele quer dar ao espectador uma ilusão tão perfeita quanto possível da realidade, compatível com as exigências lógicas da narrativa cinematográfica e com os limites atuais da técnica. Com isso, o cinema opõe-se claramente à poesia, à pintura, ao teatro e se aproxima cada vez mais do romance. Não me proponho aqui a justificar pelas causas técnicas, psicológicas e econômicas esse projeto estético fundamental do cinema moderno. Que me desculpem se o afirmo desta vez como um fato consumado, sem antes julgar a questão intrínseca dessa evolução e tampouco seu caráter definitivo. Mas o realismo em arte só poderia, é evidente, proceder de artifícios. Toda estética escolhe forçosamente entre o que vale ser salvo, perdido e recusado, mas, quando se propõe essencialmente, como faz o cinema, a criar a ilusão do real, tal escolha constitui sua contradição fundamental, a um só tempo inaceitável e necessária. Necessária, já que a arte só existe através dessa escolha. Sem ela, supondo que o cinema total fosse desde hoje tecnicamente possível, retornaríamos pura e simplesmente à realidade. Inaceitável, já que ela se faz em definitivo à custa dessa realidade que o cinema se propõe a restituir integralmente. Por isso, seria vão rebelar-se contra qualquer progresso técnico novo que tivesse por objeto aumentar o realismo do cinema: som, cor, relevo. De fato, "a arte" cinematográfica se nutre com essa contradição, ela utiliza o quanto pode as possibilidades de abstração e de símbolo que os limites temporais da tela lhe oferecem. Mas essa utilização do resíduo de convenções abandonado pela técnica pode ser feita em prol ou em detrimento do realismo, ela pode aumentar ou neutralizar a eficácia dos elementos de realidade capturados pela câmera. Podemos classificar, se não hierarquizar, os estilos cinematográficos em função do ganho de realidade que eles representam. Chamaremos, portanto, de *realista* todo sistema de expressão, todo procedimento narrativo propenso a fazer com que haja mais realidade na tela. "Realidade" não deve ser naturalmente entendida em termos quantitativos. Um mesmo acontecimento, um mesmo objeto pode ter várias representações diferentes. Cada uma delas abandona e salva algumas das qualidades que fazem com que reconheçamos o objeto na tela, cada uma delas introduz com fins didáticos ou estéticos abstrações mais ou menos corrosivas que não deixam subsistir tudo do original. Ao fim dessa química inevitável e necessária, a realidade inicial foi substituída por uma ilusão de realidade feita de um complexo de abstração (o preto e branco, a superfície plana), de convenções (as leis da montagem, por exemplo) e de realidade autêntica. É uma ilusão necessária, mas ela acarreta rapidamente a perda de consciência da própria realidade, que é identificada, na mente do espectador, com sua representação cinematográfica. Quanto ao cineasta, a partir do momento em que obteve essa cumplicidade inconsciente do público, é grande sua tentação de negligenciar cada vez mais a realidade. Com uma ajudinha do hábito e da preguiça, ele mesmo já não consegue distinguir claramente onde começam e onde terminam suas mentiras. Não teria cabimento acusá-lo de mentir, já que a mentira constitui sua arte, mas apenas de não mais dominá-la, de ser sua própria vítima e de impedir qualquer nova conquista sobre a realidade.

DE *CIDADÃO KANE* A *FARREBIQUE*

Os últimos anos fizeram evoluir enormemente a estética do cinema em direção ao realismo. Desse ponto de vista, os dois eventos que marcam incontestavelmente a história do cinema desde 1940 são: *Cidadão Kane* e *Paisà*. Ambos fazem com que o realismo tenha um progresso decisivo, mas por vias bem diferentes. Se evoco o filme de Orson Welles antes de analisar a estilística dos filmes italianos, é porque ele permitirá situar melhor o sentido desta. Orson Welles restituiu à ilusão cinematográfica uma qualidade fundamental do real: sua continuidade. A decupagem clássica, decorrente de Griffith, decompunha a realidade em planos sucessivos, que não eram senão uma sequência de pontos de vista, lógicos ou subjetivos, sobre o acontecimento. Um personagem, trancado num quarto, espera que seu carrasco venha a seu encontro. Ele fixa angustiadamente a porta. No momento em que o carrasco vai entrar, o diretor não deixará de fazer um close da maçaneta da porta girando devagar; esse close é psicologicamente justificado pela extrema atenção da vítima ao sinal de sua aflição. É a sequência de planos, análise convencional de uma realidade contínua, que constitui propriamente a linguagem cinematográfica.

A decupagem introduz, portanto, uma abstração evidente na realidade. Como estamos perfeitamente acostumados a isso, a abstração já não é sentida como tal. Toda revolução introduzida por Orson Welles parte da utilização sistemática de uma profundidade de campo inusitada. Enquanto a objetiva da câmera clássica focaliza sucessivamente diferentes lugares da cena, a de Orson Welles abrange com a mesma clareza todo o campo visual que se acha ao mesmo tempo no campo dramático. Não é mais a decupagem que escolhe para nós a coisa que deve ser vista, lhe conferindo com isso uma *significação a priori*, é a mente do espectador que se vê obrigada a discernir, no espaço do paralelepípedo de realidade contínua que tem a tela como seção, o espectro dramático particular da cena. É, portanto, à utilização inteligente de um progresso preciso que *Cidadão Kane* deve seu realismo. Graças à profundidade do campo da objetiva, Orson Welles restituiu à realidade sua continuidade sensível.

Podemos ver com que elementos da realidade o cinema se enriqueceu, mas, de outros pontos de vista, é evidente que ele se afastou da realidade, ou, pelo menos, não se aproximou mais dela do que a estética clássica. Proibindo-se, pela complexidade de sua técnica, de recorrer em particular à realidade bruta – ao cenário natural, à filmagem externa,[4] à iluminação solar, à interpretação não profissional –, Orson Welles renuncia ao mesmo tempo às qualidades absolutamente inimitáveis do documento autêntico e que, também fazendo parte da realidade, podem, elas também, fundar um "realismo". Se quisermos, do lado oposto de *Cidadão Kane* situaríamos *Farrebique*, onde a vontade sistemática de só utilizar uma matéria-prima natural levou Rouquier a perder terreno precisamente no campo da perfeição técnica.

Assim, a mais realista de todas as artes partilha, contudo, a sina comum. Ela não pode apreender a realidade inteira, que lhe escapa necessariamente por algum lado. Um progresso técnico pode, sem dúvida, quando seu emprego é bom, apertar as malhas da rede, mas é sempre preciso escolher mais ou menos entre esta ou aquela realidade. Isso acontece um pouco com a câmera, como com a sensibilidade da retina. Não são as mesmas terminações nervosas que registram a cor e a inten-

4 As coisas se complicam quando se trata de um cenário urbano. Os italianos levam nisso uma vantagem incontestável: a cidade italiana, seja ela antiga ou moderna, é prodigiosamente fotogênica. Desde a Antiguidade o urbanista italiano sempre foi teatral e decorativo. A vida urbana é um espetáculo, uma commedia dell'arte que os italianos dão a si mesmos. E mesmo nos bairros mais miseráveis a espécie de agregação coralina das casas constitui, graças aos terraços e às varandas, eminentes possibilidades espetaculares. O pátio é um cenário elisabetano onde o espetáculo é visto de baixo, onde são os espectadores das varandas que representam a comédia. Foi apresentado em Veneza um documentário poético constituído exclusivamente de uma montagem de fotos de pátios. O que dizer, então, quando as fachadas teatrais dos palácios combinam seus efeitos de ópera com a arquitetura de comédia das casas miseráveis? Acrescente-se a isso o sol e a ausência de nuvens (inimigo número 1 das tomadas em externa) e vocês terão a explicação da superioridade do filme italiano para as externas urbanas.

sidade luminosa, a densidade de uma estando comumente em função inversa à da outra; os animais que distinguem perfeitamente, à noite, a forma de sua presa são quase cegos à cor.

Entre os realismos opostos, mas igualmente puros, de *Farrebique* e de *Cidadão Kane*, numerosas alianças são possíveis. Aliás, a margem de perda do real implicada em qualquer tomada de posição "realista" permite muitas vezes ao artista multiplicar, graças às convenções estéticas que ele pode introduzir no lugar que ficou vago, a eficácia da realidade escolhida. O cinema italiano recente é um exemplo notável disso. Por falta de equipamento técnico, os diretores foram obrigados a gravar posteriormente o som e o diálogo: perda de realismo. Livres, porém, para brincar com a câmera sem relação com o microfone, eles aproveitaram para estender seu campo de ação e sua mobilidade, de onde veio o acréscimo imediato do coeficiente de realidade.

Os aperfeiçoamentos técnicos que permitirão conquistar outras propriedades do real: cor e relevo, por exemplo, só poderão, aliás, aumentar o afastamento dos dois polos realistas que hoje se situam muito bem em torno de *Farrebique* e de *Cidadão Kane*. As qualidades das filmagens em estúdio serão, com efeito, cada vez mais tributárias de um aparato complexo, delicado e atravancador. Será sempre preciso sacrificar alguma coisa da realidade à realidade.

PAISÀ

Como situar o filme italiano no espectro do realismo? Depois de ter tentado delimitar a geografia desse cinema tão penetrante na descrição social, tão minucioso e tão perspicaz na escolha do detalhe verdadeiro e significativo, resta-nos ainda compreender sua geologia estética.

Seria obviamente ilusório pretender reduzir toda a produção italiana recente a alguns traços comuns bem característicos e indiferentemente aplicáveis a todos os diretores. Tentaremos apenas destacar as características mais geralmente aplicáveis, reservando-nos, porém, em último caso, a restringir nossa ambição às obras mais significativas. Já que precisaremos também fazer uma escolha, digamos logo que disporemos implicitamente os principais filmes italianos em círculo concêntrico de interesse decrescente em torno de *Paisà*, pois é o filme de Rossellini que tem mais segredos estéticos.

A TÉCNICA DA NARRATIVA

Como no romance, é principalmente a partir da técnica da narrativa que a estética implícita da obra cinematográfica pode se revelar. O filme sempre se apresenta como uma sucessão de fragmentos de realidade na imagem, num plano retangular de proporções dadas, a ordem e a duração de visão determinando o "sentido". O objetivismo do romance moderno, reduzindo ao mínimo o aspecto propriamente gramatical da estilística,[5] revelou a essência mais secreta do estilo. Certas qualidades da língua de Faulkner, de Hemingway ou de Malraux com certeza não poderiam entrar numa tradução, porém, o essencial do estilo deles nada sofre com isso, pois neles "o estilo" se identifica quase que totalmente com a técnica da narrativa. Ele não é senão a colocação no tempo de fragmentos de realidade. O estilo torna-se a dinâmica interna da narrativa, é um pouco como a energia em relação à matéria ou, se quisermos, como a física específica da obra; é ele quem dispõe uma realidade fragmentada sobre o espectro estético da narrativa, quem polariza a limalha dos fatos sem modificar a composição química deles. Um Faulkner, um Malraux, um Dos Passos têm seu universo

5 No caso de *O estrangeiro*, de Camus, por exemplo, Sartre mostrou as relações metafísicas do autor com o emprego repetido do pretérito perfeito, tempo de uma eminente pobreza modal.

pessoal que se define evidentemente pela natureza dos fatos narrados, mas também pela lei de gravitação que os mantém suspensos fora do caos. Será, portanto, propício definir o estilo italiano a partir do roteiro, de sua gênese e das formas de exposição que ele determina.

A visão de alguns filmes italianos bastaria, se não tivéssemos, além disso, o testemunho de seus autores, para nos convencer da parte que cabe à improvisação. Sobretudo desde o cinema falado, um filme exige um trabalho complexo demais, põe em jogo muito dinheiro para admitir a menor hesitação no meio do caminho. Pode-se dizer que no primeiro dia de filmagem o filme já está virtualmente realizado na decupagem, que prevê tudo. As condições materiais da realização na Itália, logo após a Liberação, a natureza dos temas tratados e provavelmente alguma genialidade étnica liberaram os diretores dessas sujeições. Rossellini partiu com sua câmera, película e esboços de roteiros que modificou a bel-prazer de sua inspiração, meios materiais ou humanos, natureza, paisagens... Era assim que Feuillade procurava, nas ruas de Paris, uma sequência para *Os vampiros* ou para *Fantômas*, à qual ele não ficava menos preso do que os espectadores que tinham sido deixados ofegantes de inquietação na semana precedente. Certamente a margem de improvisação pode ser maior ou menor. Reduzida no mais das vezes ao detalhe, ela é suficiente, contudo, para dar à narrativa um andamento e um tom bem diferente daquele que conhecemos comumente na tela. É claro que o roteiro de *O coração manda* é tão bem traçado quanto o de uma comédia americana, mas eu apostaria de bom grado que um terço dos planos não estava rigorosamente previsto. O roteiro de *Vítimas da tormenta* não parece submetido a uma necessidade dramática muito rigorosa, e o filme termina com uma situação que podia muito bem não ter sido a última. O filminho encantador de Marcello Pagliero, *Roma, città libera* [Roma, cidade livre, 1946], se diverte em criar e desfazer mal-entendidos que sem dúvida poderiam ser entrelaçados de outra maneira. Infelizmente, os demônios do melodrama, aos quais os cineastas italianos nunca podem resistir por completo, ganham aqui e ali a partida, introduzindo então uma necessidade dramática com efeitos rigorosamente previsíveis. Mas essa é uma outra história. O que conta é o movimento criador, a gênese bem particular das situações. A necessidade da narrativa é mais biológica do que dramática. Ela brota e cresce com a verossimilhança e a liberdade da vida.[6] Não se deve deduzir daí que tal método é *a priori* menos estético do que a previsão lenta e meticulosa. Mas o preconceito segundo o qual o tempo, o dinheiro e os meios valem por si só é tão tenaz que nos esquecemos de reportá-los à obra e ao artista... Van Gogh refazia, rapidamente, dez vezes o mesmo quadro, enquanto Cézanne os retomava anos a fio. Certos gêneros exigem que se trabalhe com velocidade, que se opere no calor da hora. O cirurgião, no entanto, deve ter mais segurança e precisão. Só assim o cinema italiano possui esse ar de reportagem, essa naturalidade mais próxima da narrativa oral do que da escritura, do croqui que da pintura. Era preciso ter o desembaraço e a segurança

6 Quase todos os créditos dos filmes italianos têm na rubrica "roteiro" uns dez nomes. Não se deve levar essa imponente colaboração muito a sério. Ela tem por objetivo, em primeiro lugar, dar ao produtor garantias ingenuamente políticas: ali se encontram regularmente o nome de um democrata cristão e o de um comunista (como no filme, um marxista e um vigário). O terceiro corroteirista é reputado por saber construir uma história, o quarto por encontrar *gags*, o quinto porque faz bons diálogos, o sexto "porque tem o senso da vida" etc. O resultado não é nem melhor nem pior do que se houvesse apenas um roteirista. Mas a concepção do roteiro italiano se aplica bem a essa paternidade coletiva, onde cada um traz uma ideia sem que o diretor do filme se sinta finalmente obrigado a segui-la. Mais do que do trabalho em série dos roteiristas americanos, seria preciso aproximar tal interdependência da improvisação da commedia dell'arte ou até mesmo do *hot jazz*.

do olho de Rossellini, de Lattuada, de Vergano e de De Santis. A câmera deles possui um tato cinematográfico bem perspicaz, antenas maravilhosamente sensíveis, que lhe permitem apreender num lance de olhos o que é preciso, como é preciso. Em *O bandido*, o prisioneiro descobre, ao voltar da Alemanha, que sua casa foi destruída. Do conjunto de imóveis, resta apenas um monte de pedras rodeado de paredes em ruínas. A câmera nos mostra o rosto do homem, depois, seguindo o movimento de seus olhos, faz uma longa panorâmica de 360 graus que nos revela o espetáculo. Essa panorâmica é duplamente original: 1) no início, ficamos exteriores ao ator, pois o olhamos por intermédio da câmera, mas durante a panorâmica identificamo-nos naturalmente com ele, a ponto de ficarmos surpresos quando, terminados os 360 graus, redescobrimos um rosto tomado de horror; 2) a velocidade da panorâmica subjetiva é variável. Ela começa deslizando longamente e depois quase para, contempla devagar as paredes deterioradas e queimadas no próprio ritmo do olhar do homem, como que movida diretamente por sua atenção.

Tive que me estender nesse pequeno exemplo para não me restringir a afirmar abstratamente o que chamo, quase no sentido psicológico da palavra, de "tato" cinematográfico. Esse plano se aproxima, em seu dinamismo, ao movimento da mão que desenha um croqui; deixando brancos, esboçando aqui, ali, cercando e examinando o objeto. Penso na câmera lenta no documentário sobre Matisse que nos revela, embaixo do arabesco contínuo e uniforme do traço, as hesitações variáveis da mão. Em tal decupagem o movimento da câmera é muito importante. Ela deve estar pronta a se mover e a se imobilizar. Travellings e panorâmicas não têm o caráter quase divino que a grua americana lhes atribuía em Hollywood. Quase tudo é feito na altura dos olhos ou a partir de pontos de vista concretos, como são um telhado ou uma janela. Toda a inesquecível poesia do passeio das crianças no cavalo branco em *Vítimas da tormenta* se reduz tecnicamente a um ângulo de tomada em *contra-plongée*, que dá aos cavaleiros e à cavalgadura a perspectiva de uma estátua equestre. Christian-Jaque teve muito mais dificuldade com seu cavalo fantasma em *Sortilégios* [*Sortilèges*, 1945]. Tanta virtuosidade cinematográfica não impedia sua égua de ter o prosaísmo de um velho cavalo de fiacre. A câmera italiana conserva alguma coisa do humanismo da Bel-Howell de reportagem, inseparável da mão e do olho, quase identificada com o homem, regulada prontamente para sua atenção.

Quanto à fotografia, é óbvio que a iluminação só terá um papel expressivo reduzido. Em primeiro lugar, porque seria preciso estar no estúdio e a maioria das tomadas é feita em externa ou em cenário real; além disso, porque o estilo de reportagem se identifica para nós com o aspecto acinzentado dos noticiários. Seria um contrassenso cuidar ou melhorar excessivamente a qualidade plástica do estilo.

Tal como tentamos descrevê-lo até agora, o estilo dos filmes italianos pareceria aparentado, com mais ou menos destreza, controle e sensibilidade, ao de um jornalismo meio literário, ao de uma arte hábil, viva, simpática, até mesmo comovente, mas, em seu princípio, menor. É às vezes o caso, ainda que se possa colocar o gênero bem alto na hierarquia estética. Seria injusto e errôneo ver aí a melhor realização dessa técnica. Do mesmo modo que em literatura a reportagem e sua ética da objetividade (mas talvez fosse melhor dizer da exterioridade) estabeleceram apenas as bases de uma nova estética do romance,[7] a técnica dos cineastas italianos culmina,

7 Não vou enveredar aqui na polêmica histórica sobre as origens ou as prefigurações do romance de reportagem no século XIX. Em Stendhal ou nos naturalistas, ainda se trata, mais do que de objetividade propriamente dita, de franqueza, de audácia, de perspicácia na observação. Os próprios fatos ainda não tinham essa espécie de autonomia ontológica que faz deles uma sucessão de mônadas fechadas, estritamente limitadas por sua aparência.

nos melhores filmes, e particularmente em *Paisà*, numa estética da narrativa igualmente complexa e original.

Em primeiro lugar, *Paisà* é, sem dúvida, o primeiro filme que equivale rigorosamente a uma antologia de contos. Só conhecíamos o filme de esquetes, gênero, se o for, bastardo e falso. Rossellini nos conta sucessivamente seis histórias da Liberação italiana. Elas só têm em comum esse elemento histórico. Três delas, a primeira, a quarta e a última, se vinculam à Resistência, as outras são episódios divertidos, patéticos ou trágicos, à margem do avanço aliado. A prostituição, o mercado negro, a vida de um convento franciscano fornecem indiferentemente sua matéria. Não há qualquer outra progressão, a não ser a disposição das histórias em ordem cronológica a partir de um desembarque dos aliados na Sicília. O fundo social, histórico e humano das seis histórias lhes confere, porém, uma unidade mais do que suficiente para fazer delas uma obra perfeitamente homogênea em sua diversidade. Mas, sobretudo, a duração de cada história, a estrutura, sua matéria, sua duração estética nos dão pela primeira vez a impressão exata de um conto. O episódio de Nápoles, no qual vemos um garoto especialista do mercado negro vender roupas de um negro bêbado, é um admirável conto "de" Saroyan. Outro evoca Steinbeck, outro Hemingway, outro (o primeiro) Faulkner. Não me refiro apenas ao tom ou ao tema, mas, de modo mais profundo, ao estilo. Infelizmente, não podemos citar entre aspas uma sequência de filme como um parágrafo, e sua descrição literária fica necessariamente incompleta. Eis, no entanto, um episódio do último conto (que me faz pensar ora em Hemingway, ora em Faulkner): 1) um pequeno grupo de guerrilheiros italianos e soldados aliados foi abastecido com víveres por uma família de pescadores que vive numa espécie de fazenda, isolada em pleno pântano do delta do Pó. Dão-lhes uma cesta de enguias e eles vão embora; uma patrulha alemã percebe mais tarde o ocorrido e executa todos os habitantes da fazenda; 2) ao cair da tarde, o oficial americano e um guerrilheiro caminham em algum lugar do pântano. Ouve-se ao longe um fuzilamento. Um diálogo elíptico dá a entender que os alemães fuzilaram os pescadores; 3) homens e mulheres estendidos mortos em frente da cabana, um bebê quase nu chora sem parar no crepúsculo. Mesmo tão sucintamente descrito, esse fragmento de narrativa permite apreciar imensas elipses, ou, melhor dizendo, lacunas. Uma ação bastante complexa fica reduzida a três ou quatro pequenos fragmentos, por si só já elípticos em relação à realidade que revelam. Passemos pelo primeiro, puramente descritivo. No segundo, o acontecimento só nos é comunicado por aquilo que os guerrilheiros podem saber dele: tiros ao longe. O terceiro é apresentado independentemente da presença dos guerrilheiros. Não é sequer certo que a cena tenha alguma testemunha. Uma criança chora no meio de seus pais mortos: é isso, é um fato. Como os alemães ficaram sabendo da culpa dos camponeses? Por que a criança está ainda viva? Isso não é problema do filme. Entretanto, toda uma série de acontecimentos foram se encadeando até chegar a esse resultado. Normalmente, sem dúvida, o cineasta não mostra tudo – aliás, isso é impossível –, mas sua escolha e suas omissões tendem, contudo, a reconstituir um processo lógico no qual a mente passa sem dificuldades das causas aos efeitos. A técnica de Rossellini conserva seguramente certa inteligibilidade no que diz respeito à sucessão dos fatos, mas estes não se engatam uns nos outros como os elos de uma cadeia. A mente deve saltar de um fato para o outro, como se salta de pedra em pedra para atravessar um riacho. Acontece de o pé hesitar na escolha entre dois rochedos, ou de não acertar uma pedra ou de deslizar sobre uma delas. Assim faz nossa mente. É que está na essência das pedras não permitir aos viajantes atravessar os riachos sem molhar os pés, como tampouco o formato do melão serve para facilitar a divisão justa pelo *pater familias.* Fatos são fatos, nossa imaginação os utiliza, mas, *a priori,* eles não têm por função servi-la. Na decupagem cinematográfica habitual (segundo um processo semelhante ao da narrativa romanesca clássica), o fato é atacado pela câmera, dividido, analisado, reconstituído; sem dúvida ele não perde tudo de sua natureza de fato, mas esta fica revestida de abstração como a argila de um tijolo pela parede ainda ausente que multiplicará seu paralelepípedo. Os fatos, em Rossellini, ganham um sentido, mas não à maneira de um instrumento, cuja função determinou, de antemão, a forma. Os fatos se seguem e a mente é forçada a perceber que eles se assemelham, e, assemelhando-se, acabam significando alguma coisa que estava em cada um deles e que é, se se quiser, a moral da história. Uma moral à qual a mente não pode precisamente escapar, pois ela vem da própria realidade. No episódio "de Florença", uma mulher atravessa a cidade, ainda ocupada pelos alemães e por grupos fascistas, para tentar encontrar um chefe dos Maquis, seu noivo. Um homem, que também procura sua mulher e seu filho, a acompanha. A câmera os segue passo a passo, nos faz participar de todas as dificuldades que eles encontram, de todos os perigos, mas com uma perfeita imparcialidade na atenção que dá aos heróis da aventura e às situações que precisam atravessar. Com efeito, tudo o que acontece na Florença estremecida pela Liberação tem a mesma importância; a aventura pessoal desses dois seres insinua-se, bem ou mal, numa agitação de outras aventuras, como quando se tenta dar cotoveladas através da multidão para encontrar alguém que se perdeu. Na ocasião, vislumbramos nos olhos daqueles que dão passagem outras preocupações, outras paixões, outros perigos, perto dos quais os nossos são derrisórios. No final e por acaso, a mulher fica sabendo pela boca de um guerrilheiro ferido que a pessoa que ela procura está morta. Mas a frase que lhe revela isso não lhe é propriamente destinada, ela vem acertá-la como uma bala perdida. A pureza de linha dessa narrativa não deve nada aos procedimentos de composição clássica para uma narração desse gênero. O interesse nunca é artificialmente colocado sobre a heroína. A câmera não pretende ser psicologicamente subjetiva. Participamos ainda mais dos sentimentos dos protagonistas, pois é fácil deduzi-los e o patético não vem do fato de uma mulher ter perdido o homem que ela ama, mas da situação desse drama particular dentro de outros mil dramas, de sua solidão solidária do drama da Liberação de Florença. A câmera se limitou a seguir como que para uma reportagem imparcial uma mulher em busca de um homem, e deixa para nós o cuidado de estar com a mulher, de compreendê-la e de sofrer com ela.

No admirável episódio final dos guerrilheiros cercados no pântano, a água lamacenta do delta do Pó, os bambus a perder de vista, grandes só o bastante para ocultar homens agachados nos pequenos barcos chatos, o barulho das ondas na madeira têm um lugar de certo modo equivalente ao dos homens. Assinalemos a esse respeito que tal participação dramática do pântano se deve em grande parte a determinadas qualidades intencionais da filmagem. De modo que a linha de horizonte fica sempre na mesma altura. Tal permanência das proporções da água e do céu ao longo de todos os planos manifesta uma das características essenciais dessa paisagem. Ela é o equivalente exato, nas condições impostas pela tela, da impressão subjetiva que podem sentir os homens que vivem entre o céu e a água e cuja vida depende constantemente de um ínfimo deslocamento angular em relação ao horizonte. Vemos com esse exemplo o quanto a câmera em externa dispõe ainda de sutilezas de expressão quando é manejada por um câmera como o de *Paisà*.

A unidade da narrativa cinematográfica em *Paisà* não é o "plano", ponto de vista abstrato sobre a realidade que se analisa, mas o "fato". Fragmento de realidade bruta, por si só múltiplo e equívoco, cujo "sentido" sobressai somente *a posteriori*, graças a outros "fatos" entre os quais a mente estabelece relações. Sem dúvida o diretor escolheu esses "fatos", mas respeitando sua integridade de "fato". O close da maçaneta da porta, ao qual há pouco fiz alusão, era menos um fato que um signo isolado *a priori* pela câmera, que não tinha mais independência semântica que uma preposição numa frase. É o contrário do pântano ou da morte dos camponeses.

Mas a natureza da "imagem-fato" não é apenas entreter com outras "imagens-fatos" as relações inventadas pela mente. Estas são, de certo modo, propriedades centrífugas da imagem, as que permitem constituir a narrativa. Considerada por si só, cada imagem sendo apenas um fragmento de realidade anterior ao sentido, toda a superfície da tela deve apresentar uma mesma densidade concreta. É ainda o contrário da *mise-en-scène* do tipo "maçaneta de porta", no qual a cor da laca, a espessura da sujeira na madeira na altura da mão, o brilho do metal, a deterioração da lingueta são outros tantos fatos perfeitamente inúteis, parasitas concretos da abstração que seria preferível eliminar.

Em *Paisà* (e lembro que aqui entendo, em graus diversos, a maioria dos filmes italianos), o close da maçaneta de porta seria substituído pela "imagem-fato" de uma porta cujas características concretas seriam igualmente aparentes. Pelo mesmo motivo o comportamento dos atores procurará nunca dissociar a interpretação deles do cenário ou da interpretação dos outros personagens. O próprio homem não é senão um fato entre outros, ao qual nenhuma importância privilegiada poderia ser dada *a priori*. Por isso, os cineastas italianos são os únicos que conseguem fazer boas cenas de ônibus, de caminhão ou de vagão, precisamente porque elas reúnem uma densidade particular do cenário e dos homens, e porque sabem descrever ali uma ação sem dissociá-la de seu contexto material e sem encobrir a singularidade humana na qual ela está imbricada; a sutileza e a agilidade dos movimentos da câmera deles nesses espaços estreitos e atravancados, a naturalidade do comportamento de todos os personagens que entram no campo fazem de tais cenas a fina flor, por excelência, do cinema italiano.

O REALISMO DO CINEMA ITALIANO E A TÉCNICA DO ROMANCE AMERICANO

Receio que a ausência de documentos cinematográficos tenha prejudicado a clareza destas linhas. Se, no entanto, meus passos puderam ser seguidos até aqui, o leitor deve ter notado que fui levado a caracterizar quase nos mesmos termos o estilo de Rossellini em *Paisà* e o de Orson Welles em *Cidadão Kane*. Por vias técnicas diametralmente opostas, ambos chegam, no entanto, a uma "decupagem" que respeita, mais ou menos da mesma maneira, a realidade: tanto a profundidade de campo de Orson Welles como a escolha realista de Rossellini. Tanto num quanto noutro encontramos a mesma dependência do ator em relação ao cenário, o mesmo realismo de interpretação imposto a todos os personagens no campo, qualquer que seja a "importância" dramática deles. Melhor ainda: com modalidades de estilo evidentemente bem diferentes, a própria narrativa ordena-se, no fundo, da mesma maneira em *Cidadão Kane* e em *Paisà*. Isso porque, numa independência técnica total, na ausência evidente de qualquer influência direta, através de temperamentos que não poderíamos imaginar menos compatíveis, Rossellini e Orson Welles perseguiram, no fundo, o mesmo propósito estético essencial, eles têm a mesma concepção estética do "realismo".

Pude comparar, de passagem, a narrativa de *Paisà* ao de certos romancistas e contistas modernos. As relações da técnica de Orson Welles com a do romance americano (e particularmente a de Dos Passos) são, por outro lado, bem evidentes para que eu me permita expor agora minha tese. A estética do cinema italiano, pelo menos em suas partes mais elaboradas e em diretores tão conscientes de seus meios quanto Rossellini, não é senão o equivalente cinematográfico do romance americano.

Que fique bem entendido que se trata aqui de algo muito diferente de uma adaptação banal. Hollywood não se cansa de "adaptar" os romances americanos para a tela. Sabemos o que

Sam Wood fez de *Por quem os sinos dobram*. É que ele só procura, no fundo, restituir uma trama. Se fosse fiel ao livro frase por frase, ainda assim não teria transcrito estritamente nada do livro para a tela. Podemos contar nos dedos das duas mãos os filmes americanos que souberam fazer passar em imagem alguma coisa do estilo dos romancistas, ou seja, da própria estrutura da narrativa, da lei de gravitação que rege a organização dos fatos em Faulkner, Hemingway ou Dos Passos. Foi preciso esperar Orson Welles para vislumbrar o que podia ser o cinema do romance americano.[8]

Ora, enquanto Hollywood multiplica as adaptações de best-sellers afastando-se cada vez mais do sentido dessa literatura, é na Itália que se realiza, naturalmente, e com uma facilidade que exclui qualquer ideia de cópia consciente e voluntária, com base em roteiros totalmente originais, o cinema da literatura americana. Sem dúvida, não se deve deixar de lado na conjuntura a popularidade dos romancistas americanos na Itália, onde suas obras foram traduzidas e assimiladas bem antes do que na França, onde é notória, por exemplo, a influência de um Saroyan sobre um Vittorini. Porém, mais que essas relações duvidosas de causa e efeito, prefiro invocar a excepcional afinidade das duas civilizações, tal como foi revelada pela ocupação aliada. O "G.I." [soldado americano] se sentiu logo em casa na Itália e o *Paisà* [camponês] sentiu com o "G.I.", branco ou negro, uma familiaridade imediata. A proliferação do mercado negro e da prostituição no Exército americano não é o menor exemplo que prova a simbiose das duas

8 Entretanto, várias vezes o cinema passou bem perto de tais verdades, em Feuillade, por exemplo, ou com Stroheim. Mais próximo de nós, Malraux compreendeu claramente os equivalentes entre um determinado estilo de romance e a narrativa cinematográfica. Enfim, por instinto e genialidade, Renoir já aplicou em *A regra do jogo* o essencial dos princípios da profundidade de campo e da *mise-en-scène* simultânea para todos os atores. Foi o que ele explicou em um artigo profético da revista *Point*, em 1938.

civilizações. Também não é à toa que os soldados americanos são personagens importantes na maioria dos filmes italianos recentes e que conservam seu lugar ali com uma naturalidade que já diz tudo.

Seja lá como for, no entanto, se certas vias de influência foram abertas pela literatura ou pela Ocupação, trata-se de um fenômeno que não pode ser explicado só nesse nível. O cinema americano é feito hoje na Itália, porém, nunca o cinema da península foi tão tipicamente italiano. O sistema de referência que adotei me afastou de outras aproximações ainda menos contestáveis, por exemplo, com a tradição do conto italiano, a commedia dell'arte e a técnica do afresco. Mais que uma "influência", é um acordo do cinema e da literatura, sobre os mesmos dados estéticos profundos, sobre uma concepção comum das relações da arte e da realidade. Há muito tempo o romance moderno realizou sua revolução "realista", integrou o behaviorismo, a técnica da reportagem e a ética da violência. Longe de o cinema ter exercido alguma influência sobre essa evolução, como frequentemente se acredita, um filme como *Paisà* prova, ao contrário, que ele estava uns vinte anos atrás do romance contemporâneo. É um dos grandes méritos do cinema italiano recente ter sabido encontrar para a tela os equivalentes propriamente cinematográficos da mais importante revolução literária moderna.

A TERRA TREME

O tema de *A terra treme* nada deve à guerra.[1] Trata-se de uma tentativa de revolta dos pescadores de um vilarejo siciliano contra o jugo econômico do armador local. Darei uma ideia bem exata dele definindo-o como uma espécie de "super-*Farrebique*" da navegação costeira. São muitas as analogias com o filme de Rouquier: em primeiro lugar, o realismo quase documentário e, se podemos dizer, o exotismo interno do tema, o lado geografia humana implícito (a esperança de se liberar do armador equivale para a família siciliana à "eletricidade" da família Farrebique). Embora em *A terra treme* (filme comunista) trate-se do vilarejo inteiro, é através da família, do avô aos netos, que a aventura é contada. Essa família, durante a luxuosa recepção da "Universalia" no hotel "Excelsior", de Veneza, não era tão diferente da família Farrebique deslocada para os coquetéis parisienses. Visconti também não quis recorrer à interpretação profissional, nem ao "amálgama" de Rossellini. Seus pescadores são verdadeiros pescadores escolhidos no próprio lugar da ação. Ação em termos, pois essa, como em *Farrebique*, renuncia voluntariamente às seduções dramáticas: a história se desenrola indiferente às regras do suspense; o único recurso é o de interessar-se pelas próprias coisas, como na vida. A esses aspectos, porém, mais negativos do que positivos, se restringem as semelhanças com *Farrebique*, do qual, devido a seu estilo, *A terra treme* não pode estar mais afastado.

Visconti procurou e obteve incontestavelmente uma síntese paradoxal do realismo e do esteticismo. Rouquier também, mas a transposição poética de *Farrebique* se deveu essencialmente à montagem (lembrem-se das sequências sobre o

1 Texto publicado originalmente em *Esprit*, ano 17, dez. 1948, pp. 901-10.

inverno e a primavera); a de Visconti, ao contrário, não recorreu de modo algum aos efeitos de aproximação das imagens. Cada uma delas contém em si seu sentido e o exprime totalmente. Por isso também *A terra treme* só pode ser parcialmente comparado ao cinema soviético dos anos 1925-30, no qual a montagem era essencial. Acrescentemos a isso que também não é graças ao simbolismo da imagem que descobrimos o sentido, esse simbolismo ao qual Eisenstein (e Rouquier) recorreram constantemente. A estética da imagem é sempre rigorosamente plástica; ela evita qualquer transposição épica. A frota de barcos que saem do porto pode ser de uma beleza estonteante: e, no entanto, ela é apenas a frota do vilarejo, e não, como em *O encouraçado Potemkin*, o *entusiasmo* e a *adesão* da população de Odessa que envia seus barcos de pesca para levar víveres aos rebeldes. Mas, dirão, onde pode a arte se refugiar depois de um postulado tão asceticamente realista? Em qualquer outra parte. Em primeiro lugar, na qualidade fotográfica. Nosso compatriota Aldo, que antes disso não fez nada de importante e quase que só era conhecido como fotógrafo de estúdio, conseguiu um estilo de imagem profundamente original, e cujo equivalente só vejo nos curtas-metragens suecos de Arne Sucksdorf. Permito-me lembrar, para abreviar minha explicação, que no artigo sobre a escola italiana da Liberação,[2] havia estudado alguns aspectos do realismo cinematográfico atual e fui levado a ver em *Farrebique* e *Cidadão Kane* os dois polos das técnicas realistas. O primeiro alcança a realidade no objeto, o outro, nas estruturas de sua representação. Em *Farrebique* tudo é verdade; em *Kane* tudo é reconstituído em estúdio, e isso porque a profundidade de campo e a rigorosa composição da imagem não poderiam ser obtidas em externa. Entre os dois, *Paisà* se aparentaria mais com *Farrebique* pela

2 Ver o texto "O realismo cinematográfico e a escola italiana da Liberação", *supra*, pp. 305-34.

imagem, a estética realista introduzindo-se entre os blocos de realidade, graças a uma concepção particular da narrativa. As imagens de *A terra treme* realizam o paradoxo e a proeza de integrar ao realismo documentário de *Farrebique* o realismo estético de *Cidadão Kane*. Se não de maneira absoluta, ao menos pela primeira vez com essa consciência sistemática, a profundidade de campo é utilizada fora do estúdio, tanto nas externas ao ar livre, debaixo de chuva e até mesmo em plena noite, como também no interior, nos cenários reais das casas dos pescadores. Não posso insistir sobre a proeza técnica que isso representa, mas gostaria de frisar que a profundidade de campo levou naturalmente Visconti (como Welles) não somente a renunciar à montagem, mas literalmente a reinventar a decupagem. Seus "planos", se ainda se pode falar de planos, são de uma duração desmedida, no mais das vezes três ou quatro minutos; neles desenrolam-se naturalmente várias ações ao mesmo tempo. Visconti parece ter desejado também construir sua imagem sobre o evento de maneira sistemática. Um pescador enrola um cigarro? Nenhuma elipse nos será concedida, veremos toda a operação. Esta não será reduzida à sua significação dramática ou simbólica, como normalmente a montagem faz. Os planos são com frequência fixos, deixando homens e coisas entrarem no quadro e se situarem nele, mas Visconti faz também uma panorâmica bem particular, deslocando-se bem devagar num setor bem extenso. É o único movimento de câmera que ele se permite, excluindo os travellings e, naturalmente, ângulos anormais.

A sobriedade inverossímil dessa decupagem só é suportada graças ao extraordinário equilíbrio plástico, do qual só poderíamos ter uma ideia se víssemos uma reprodução fotográfica. E isso ocorre também porque, para além da pura composição móvel da imagem, os cineastas dão mostras de uma ciência íntima de sua matéria. Principalmente os interiores, que até o presente momento escaparam ao cinema. Eu me explico. As dificuldades de iluminação e de filmagem tornavam o cenário natural quase inutilizável no interior. Algumas vezes se conseguiu, mas em geral com um rendimento estético bem inferior àquele que se podia obter em externa. Pela primeira vez aqui, todo um filme, diante do estilo da decupagem, da interpretação dos atores e da reprodução fotográfica, é igual *intra* e *extra muros*. Visconti estava à altura da novidade dessa conquista. Apesar da pobreza e até mesmo por causa da banalidade da casa dos pescadores, surge dali uma extraordinária poesia, a um só tempo íntima e social.

O que merece, porém, mais admiração é a mestria com que Visconti dirigiu seus intérpretes. Não é a primeira vez que o cinema utiliza atores não profissionais, mas até então, com exceção talvez nos filmes exóticos, nos quais o problema é bem particular, eles nunca tinham sido tão perfeitamente integrados aos elementos mais estéticos do filme. Rouquier não conseguiu dirigir sua família sem que a presença da câmera fosse notada. O incômodo, o riso contido, a falta de jeito são camuflados com habilidade pela montagem, que corta a tempo a réplica. Aqui, o ator fica às vezes durante vários minutos no campo, fala, desloca-se, age com naturalidade, e mais, com uma graça inimaginável. Visconti vem do teatro; ele soube comunicar a seus intérpretes, para além da naturalidade, a estilização do gesto, que é o ápice da profissão do ator. Ficamos confusos. Se os júris de festivais não fossem o que são, o prêmio de melhor interpretação deveria ter sido atribuído, em Veneza, anonimamente, aos pescadores de *A terra treme*.

———

Vemos que, com Visconti, o neorrealismo italiano de 1946 fica, em mais de um ponto, ultrapassado. As hierarquias em arte são bastante vãs, mas o cinema é jovem demais, inseparável demais de sua evolução, para se permitir a repetição por muito tempo: cinco anos valem para o cinema uma geração literária. Visconti tem o mérito de integrar dialeticamente as aquisições do cinema italiano recente com uma estética mais extensa, mais elaborada, em que o próprio termo de realismo já não tem muito sentido. Não dizemos que *A terra treme* é superior a *Paisà* ou a *Trágica perseguição*, mas somente que ele tem ao menos o mérito de ultrapassá-los historicamente. Vendo os melhores filmes italianos de 1948, tínhamos a sensação de uma repetição que iria fatalmente se esgotar.

A terra treme é a única abertura estética original, carregada, portanto, pelo menos em hipótese, de esperança.

Será que isso significa que essa esperança se realizará? Infelizmente não tenho certeza, pois *A terra treme* contradiz, contudo, alguns princípios cinematográficos que, mais tarde, Visconti terá que sobrepujar de maneira mais convincente. Em particular, sua vontade de não sacrificar nada às categorias dramáticas tem como consequência manifesta e maciça... entediar o público. O filme dura mais de três horas e a ação é extremamente reduzida. Se acrescentarmos a isso que é falado em dialeto siciliano, sem legenda possível por causa do estilo fotográfico da imagem, e que os próprios italianos não compreendem uma palavra, vemos que se trata de um espetáculo no mínimo austero, com muito pouco valor comercial. Concordo que um semimecenato da firma "Universalia", completado com a enorme fortuna pessoal de Luchino Visconti, permita terminar a trilogia planejada (da qual *A terra treme* é apenas o primeiro episódio): teremos, no melhor dos casos, uma espécie de monstro cinematográfico, cujo tema eminentemente social e político será, no entanto, inacessível ao grande público. No cinema, o assentimento universal não é um critério necessário para todas as obras, com a condição de que a causa da incompreensão do público possa ser finalmente compensada por outras. Em outros termos, a obscuridade ou o esoterismo não devem ser essenciais. É necessário que a estética de *A terra treme* possa ser utilizada para fins dramáticos, para que sirva à evolução do cinema. Caso contrário, não passa de um esplêndido beco sem saída.

Resta também, e isso me inquieta um pouco mais quanto ao que devemos esperar do próprio Visconti, uma tendência perigosa ao esteticismo. Esse grande aristocrata, artista até o último fio de cabelo, faz um comunismo – se ouso dizer – sintético.

Falta entusiasmo a *A terra treme*. Imaginamos os grandes pintores da Renascença, capazes de executar, sem se fazer violência, os afrescos religiosos mais admiráveis apesar de sua profunda indiferença ao cristianismo. Não estou julgando a sinceridade do comunismo de Visconti. Mas o que é a sinceridade? Não se trata, é óbvio, de paternalismo para com o proletariado, – o paternalismo vem de uma sociologia burguesa e Visconti é um aristocrata –, mas talvez de uma espécie de participação estética na história. Seja lá como for, estamos bem longe da convicção comunicativa de *O encouraçado Potemkin* ou de *Konets Sankt-Peterburga* ou até mesmo, num tema idêntico, de *Piscator*. O filme possui, com certeza, um valor de propaganda, mas objetivo, com um vigor documental que não tem o apoio de nenhuma eloquência afetiva. Vemos que Visconti o quis assim e sua decisão não deixa, em princípio, de nos seduzir. Não é certo, porém, que essa opinião possa ser defendida, pelo menos no cinema. Esperamos que a continuação dessa obra demonstre isso. O que só ocorrerá se ela não cair para onde parece que já tende perigosamente.

LADRÕES DE BICICLETA

O que hoje me parece mais surpreendente na produção italiana é que ela parece sair do impasse estético para onde se podia crer que o "neorrealismo" a conduzia.[1] Passado o deslumbramento de 1946 e 1947, receávamos que essa reação útil e inteligente contra a estética italiana da grande *mise-en-scène* e, aliás, geralmente, contra o esteticismo técnico de que padecia o cinema do mundo inteiro, não pudesse ultrapassar o interesse de uma espécie de superdocumentário, ou de reportagens romanceadas. Vimo-nos constatando que o sucesso de *Roma, cidade aberta*, de *Paisà* ou de *Vítimas da tormenta* era inseparável de certa conjuntura histórica, que ele participava do próprio sentido da Liberação e que sua técnica era, de certo modo, enaltecida pelo valor revolucionário do tema. Como certos livros de Malraux ou de Hemingway encontram numa espécie de cristalização do estilo jornalístico a forma da narrativa mais apropriada à tragédia da atualidade, os filmes de Rossellini ou de De Sica devem apenas a um acordo acidental da forma com a matéria o fato de serem obras maiores, "obras-primas". Mas, já que a novidade e, sobretudo, o tempero dessa técnica insossa esgotaram seu efeito de surpresa, o que resta do "neorrealismo" italiano, a partir do momento em que, pela força das coisas, ele tem que retomar temas tradicionais: policiais, psicológicos ou inclusive de costumes? Vá lá ainda pela câmera na rua, mas será que a admirável interpretação não profissional não se condena por si só, à medida que as revelações vêm engordar o rol das estrelas internacionais? E então desandam a genera-

1 Texto publicado originalmente em *Esprit*, ano 17, nov. 1949, pp. 820-32.

lizar tal pessimismo estético: "realismo" não pode ter em arte senão uma posição dialética, ele é mais uma reação que uma verdade. Resta em seguida integrá-lo à estética que ele, assim, teria vindo verificar. Os italianos não foram, aliás, os últimos a falar mal do "neorrealismo". Creio que não há nenhum diretor italiano, inclusive os mais "neorrealistas", que não assegure com firmeza que é preciso sair dele.

Por isso o crítico francês sente-se tomado de escrúpulos – visto que o famoso neorrealismo deu logo sinais visíveis de exaustão. Comédias, bem divertidas, aliás, vieram se aproveitar, com uma visível facilidade, da fórmula de *O coração manda* ou de *Viver em paz*. Mas o pior de tudo foi o aparecimento de uma espécie de superprodução "neorrealista", em que a busca do cenário verdadeiro, da ação de costumes, da pintura do meio popular, do plano de fundo "social", tornava-se um estereótipo acadêmico, e por isso muito mais detestável que os elefantes de *Cipião, o africano*. Pois é óbvio que um filme "neorrealista" pode ter todos os defeitos, menos o de ser acadêmico. Assim, este ano, em Veneza, *Patto col diavolo* [Pacto com o diabo, 1950], de Luigi Chiarini, melodrama lúgubre de amor camponês, tentava visivelmente encontrar numa história de conflito entre pastores e lenhadores um álibi no gosto em voga. Embora tenha sido bem-sucedido sob alguns pontos de vista, *Em nome da lei* [*In nome della legge*, de Pietro Germi, 1949], que os italianos tentaram pôr à frente em Knokke-le--Zoute, não escapa completamente às mesmas críticas. Notaremos, além disso, com esses dois exemplos, que agora o neorrealismo se orienta muito para o problema rural, talvez por prudência em relação ao sucesso do neorrealismo urbano. Às "cidades abertas" se sucedem os campos fechados.

Seja lá como for, as esperanças que havíamos posto na nova escola italiana começavam a se transformar em inquietação, ou até mesmo em ceticismo. Ainda mais que a própria estética do neorrealismo o proíbe por essência de se repetir ou plagiar, como, a rigor, é possível e às vezes mesmo normal em certos gêneros tradicionais (o policial, o *western*, o filme de atmosfera etc). Já começávamos a nos voltar para a Inglaterra, cujo renascimento cinematográfico é igualmente, em parte, fruto do neorrealismo: o da escola dos documentaristas que, antes e durante a guerra, aprofundaram os recursos oferecidos pelas realidades sociais e técnicas. É provável que um filme como *Desencanto* [*Brief Encounter*, de David Lean, 1945] tivesse sido impossível sem o trabalho de dez anos de Grierson, Cavalcanti ou Rotha. Os ingleses, porém, em vez de romper com a técnica e a história do cinema europeu e americano, souberam integrar ao esteticismo mais refinado as aquisições de um determinado realismo. Não há nada mais construído, mais preparado, do que *Desencanto*, nada menos concebível sem os recursos mais modernos do estúdio, sem atores hábeis e consagrados; será que podemos imaginar, no entanto, pintura mais realista dos costumes e da psicologia inglesa? É certo que David Lean nada ganhou fazendo este ano uma espécie de novo *Desencanto*: *A história de uma mulher* [*The Passionate Friends*, 1949] (apresentado no festival de Cannes). Mas é a repetição do tema que merece recriminação, não a da técnica, que podia ser reutilizada indefinidamente.[2]

———

2 Este parágrafo, em honra do cinema inglês, mas não em honra do autor, é mantido aqui como testemunho das ilusões críticas que não fui o único a ter sobre o cinema inglês do pós-guerra. *Desencanto* causou naquela época quase tanta impressão quanto *Roma, cidade aberta*. O tempo encarregou-se de mostrar qual dos dois teria um verdadeiro futuro cinematográfico. Além disso, o filme de Noel Coward e David Lean não devia grande coisa à escola documentária de Grierson. [Nota de André Bazin posterior ao artigo, provavelmente de 1956.]

Será que me transformei em advogado do diabo? Pois, agora posso confessar, minhas dúvidas sobre o cinema italiano nunca foram tão longe, mas é verdade que todos os argumentos que invoquei foram invocados por entendidos no assunto – principalmente na Itália – e que, infelizmente, não deixam de ser verossímeis. É verdade, também, que muitas vezes eles me perturbaram e que subscrevo vários deles.

Existe, porém, *Ladrões de bicicleta* e dois outros filmes, que em breve, espero, conheceremos na França. Pois, com *Ladrões de bicicleta*, De Sica conseguiu sair do impasse e justificar novamente toda a estética do neorrealismo.

Neorrealista, *Ladrões de bicicleta* o é conforme todos os princípios que podemos tirar dos melhores filmes italianos desde 1946. História "popular" e até mesmo populista: um incidente da vida cotidiana de um operário. E de modo algum um desses acontecimentos extraordinários como os que acontecem com os operários predestinados à maneira de Gabin. Nada de crime passional, de coincidência policial grandiosa, que só fazem transpor para o exotismo popular proletário os grandes debates trágicos reservados antigamente aos familiares do Olimpo. Realmente um incidente insignificante, banal mesmo: um operário passa um dia inteiro procurando em vão, em Roma, a bicicleta que lhe roubaram. A bicicleta era seu instrumento de trabalho e, se não a encontrar, ele ficará sem dúvida desempregado. De noitinha, depois de horas de caminhadas inúteis, ele tenta roubar uma bicicleta, mas, quando é pego, e depois solto, está tão pobre como antes, mas, além disso, tem ainda a vergonha de ter se rebaixado ao nível de seu ladrão.

Vemos que não há nem material para um *fait divers*: toda essa história não merecia duas linhas na rubrica dos cachorros atropelados. Devemos evitar a confusão com a tragédia realista do tipo da de Prévert ou de James Cain, onde o *fait divers* inicial é, na verdade, uma verdadeira máquina infernal deixada pelos deuses entre as pedras da estrada. O evento não possui nele mesmo qualquer força dramática própria. Ele só ganha sentido em função da conjuntura social (e não psicológica ou estética) da vítima. Não passaria de um infortúnio banal sem o espectro do desemprego que o situa na sociedade italiana de 1948. Do mesmo modo, a escolha da bicicleta como objeto-chave do drama é característica a um só tempo dos costumes urbanos italianos e de uma época em que os meios de transporte mecânicos são ainda raros e onerosos. Não vamos insistir: outros cem detalhes significativos multiplicam as anastomoses do roteiro à atualidade, situam-no como um evento da história política e social, em tal lugar, em tal ano.

A técnica da *mise-en-scène* também satisfaz as exigências mais rigorosas do neorrealismo italiano. Nenhuma cena de estúdio. Tudo foi filmado na rua. Quanto aos intérpretes, nenhum deles tinha a menor experiência de teatro ou de cinema. O operário vem da Breda, o garoto foi descoberto na rua entre os curiosos, a mulher é jornalista.

São estes os dados do problema. Vemos que eles não parecem renovar em nada o neorrealismo de *O coração manda*, de *Viver em paz* ou de *Vítimas da tormenta*. *A priori*, tínhamos motivos particulares para desconfiar. Esse lado sórdido da história rumava para o que havia de mais contestável na história italiana: um certo miserabilismo e a busca sistemática do detalhe sujo.

Se *Ladrões de bicicleta* é uma pura obra-prima comparável, a rigor, a *Paisà*, isso se deve a motivos bem precisos que não aparecem no mero resumo do roteiro, tampouco na exposição superficial da técnica da *mise-en-scène*.

Em primeiro lugar, o roteiro é de uma habilidade diabólica, já que dispõe, a partir do álibi da atualidade social, de vários sistemas de coordenadas dramáticas que o sustentam em torno dos sentidos. *Ladrões de bicicleta* é com certeza o único filme comunista válido dos últimos dez anos, precisamente porque tem sentido mesmo se fizermos abstração de sua significação social. Sua mensagem social não é destacada, ela permanece imanente ao evento, mas é tão clara que ninguém pode ignorá-la e menos ainda recusá-la, já que nunca é explicitada como mensagem. A tese implicada é de uma simplicidade maravilhosa e atroz: no mundo onde vive o operário, os pobres, para subsistir, *devem roubar uns aos outros*. Essa tese, porém, nunca é apresentada como tal, o encadeamento dos eventos é sempre de uma verossimilhança a um só tempo rigorosa e anedótica. No fundo, na metade do filme, o operário poderia encontrar sua bicicleta; só que não haveria filme. (Desculpem o incômodo, diria o diretor, pensamos que ele não a encontraria, mas, já que encontrou, ficou tudo bem, melhor para ele, a sessão terminou, podem acender as luzes da sala.) Em outros termos, um filme de propaganda procuraria nos *demonstrar* que o operário *não pode* encontrar a bicicleta e que é necessariamente pego no círculo infernal de sua pobreza. De Sica se limita a nos *mostrar* que o operário *pode não* encontrar sua bicicleta e que por isso vai sem dúvida ficar novamente desempregado. Quem não vê, porém, que é o caráter acidental do roteiro que cria a necessidade da tese, ao passo que a menor dúvida sobre a necessidade dos eventos num roteiro de propaganda tornaria a tese hipotética.

Mas se só nos resta deduzir do infortúnio do operário a condenação de um determinado tipo de relação entre o homem e seu trabalho, nem por isso o filme reduz os acontecimentos e os seres a um maniqueísmo econômico ou político. Ele evita deturpar a realidade, não apenas dispondo na sucessão dos fatos uma cronologia acidental e como que anedótica, mas tratando cada um deles em sua integridade fenomenal. Que o garoto, no meio da perseguição, tenha de repente vontade de fazer xixi: ele faz. Que uma chuva obrigue o pai e o filho a se esconder debaixo de uma porta de cocheira, e é preciso que nós, como eles, renunciemos à busca para esperar o fim da tempestade. Os acontecimentos não são essencialmente signos de alguma coisa, de uma verdade de que seria preciso nos convencer, eles conservam todo o seu peso, toda a sua singularidade, toda a sua ambiguidade de fato. De modo que, se você não tem olhos para ver, pode atribuir tranquilamente suas consequências à má sorte e ao acaso. É o que acontece com os seres. O operário está tão sem defesa e isolado no sindicato quanto na rua, ou até mesmo nessa inenarrável cena de quacres católicos, onde ele mais tarde se perderá, porque o sindicato não é feito para encontrar bicicletas, mas para modificar o mundo onde a perda de uma bicicleta condena o homem à miséria. Por isso, o operário não veio se queixar "sindicalmente", mas encontrar seus companheiros que poderão ajudá-lo a achar o objeto roubado. Desse modo, uma reunião de proletários sindicalizados não se comporta de modo diferente de um bando de burgueses paternalistas em relação a um operário infeliz. Nesse infortúnio privado, o colador de cartazes fica tão sozinho (fora os companheiros, mas os companheiros são um caso privado) no sindicato quanto na Igreja. Mas tal similitude é de uma habilidade suprema, pois faz surgir um contraste. A indiferença do sindicato é normal e justificada, pois os sindicatos trabalham pela justiça e não pela caridade. Mas o paternalismo importuno dos quacres católicos é intolerável, pois sua "caridade" é cega à tragédia individual, e não faz nada para mudar realmente o mundo que a motiva. A melhor cena, sob esse aspecto, é a da tempestade debaixo do alpendre, quando um bando de seminaristas austríacos se lança sobre o operário e seu filho. Não temos nenhum motivo válido para criticá-los por serem tão tagarelas e, além disso, falar alemão. Porém, era difícil criar uma situação *objetivamente* mais anticlerical.

Como podemos ver – e eu poderia encontrar outros vinte exemplos –, os acontecimentos e os seres nunca são solicitados num sentido de uma tese social. A tese, porém, aparece pronta e ainda mais irrefutável por nos ser dada somente em acréscimo. É nossa mente que a desvela e constrói, não o filme. De Sica ganha sempre o jogo no qual... não apostou.

Essa técnica não é absolutamente nova nos filmes italianos e insistimos muito sobre seu valor, aqui mesmo, a propósito de *Paisà* e, mais recentemente, de *Alemanha, ano zero*,[3] mas estes dois últimos filmes ressaltavam os temas da resistência ou da guerra. *Ladrões de bicicleta* é o primeiro exemplo decisivo da conversão possível desse "objetivismo" em temas intermutáveis. De Sica e Zavattini fizeram o neorrealismo passar da Resistência à Revolução.

———

Assim, a tese do filme se eclipsa atrás de uma realidade social perfeitamente objetiva, mas esta passa, por sua vez, para o plano de fundo do drama moral e psicológico que, por si só, bastaria para justificar o filme. O achado da criança é um toque de gênio, e não sabemos em definitivo se vem do roteiro ou da *mise-en-scène*, pois aqui essa distinção não tem sentido. É a criança que dá à aventura do operário sua dimensão ética e cria uma perspectiva moral individual nesse drama que poderia ser apenas social. Suprima-a e a história permanece sensivelmente idêntica; a prova disso é que ela seria resumida da mesma maneira. O garoto se limita, com efeito, a seguir o pai, caminhando apressadamente a seu lado. Ele é, porém, a testemunha íntima, o coro particular ligado à sua tragédia. Foi de uma habilidade suprema o fato de ter praticamente evitado o papel da mulher para encarnar o caráter privado do drama da criança. A cumplicidade que se estabelece entre pai e filho é de uma sutileza que penetra até as raízes da vida moral. É a admiração que a criança como tal tem pelo pai, e a consciência que este tem dela, que conferem no final do filme sua grandeza trágica. A vergonha social do operário desmasca-

3 Cf. "Cinéma et Sociologie", in *Qu'est-ce que le cinéma?*, v. 3. Paris: Éditions du Cerf, 1961, p. 29.

Ladrões de bicicleta, de Vittorio De Sica.

rado e esbofeteado em plena rua não é nada perto daquela de ter tido seu filho por testemunha. Quando tem a tentação de roubar uma bicicleta, a presença silenciosa do menino, que adivinha o pensamento de seu pai, é de uma crueldade quase obscena. Sua tentativa de se livrar dele mandando-o tomar o bonde é o equivalente do que acontece em apartamentos pequenos demais, quando se manda a criança ir esperar uma hora no corredor. É preciso remontar aos melhores filmes de Carlitos para encontrar situações de uma profundidade mais comovente em sua concisão. A esse respeito, o gesto final da criança, que dá novamente a mão ao pai, foi frequentemente mal interpretado. Seria indigno por parte do filme ver nisso uma concessão à sensibilidade do público. Se De Sica oferece tal satisfação aos espectadores, é porque ela faz parte da lógica do drama. A aventura marcara uma etapa decisiva nas relações entre o pai e o filho, algo como a puberdade. O homem até então era um deus para o filho; as relações deles estavam sob o signo da admiração. Elas foram comprometidas pelo gesto do pai. As lágrimas que eles derramam enquanto caminham lado a lado, os braços pendentes são o desespero de um paraíso perdido. A criança, porém, retorna ao pai através de sua degradação, agora ela o amará como um homem, com sua vergonha. A mão que escorrega na sua mão não é sinal de perdão, nem de consolo pueril, e sim o gesto mais grave que pode marcar a relação entre pai e filho: o gesto que os torna iguais.

Seria, sem dúvida, demorado enumerar apenas as múltiplas funções secundárias do menino no filme, tanto no que toca à construção da história quanto à própria *mise-en-scène*. Entretanto, é preciso ao menos frisar a mudança de tom (quase no sentido musical do termo) que sua presença introduz no meio do filme. O perambular do menino e do operário nos conduz, com efeito, do plano social e econômico ao da vida privada, e o falso afogamento do garoto, fazendo o pai tomar repentinamente consciência da relativa insignificância de seu infortúnio, cria, no âmago da história, uma espécie de oásis dramático (a cena do restaurante), oásis naturalmente ilusório, pois a realidade de tal felicidade íntima depende definitivamente da famosa bicicleta. Assim, a criança constitui uma espécie de reserva dramática que, dependendo do caso, serve de contraponto, de acompanhamento, ou passa, ao contrário, para o primeiro plano melódico. Essa função interior à história é, aliás, perfeitamente sensível na orquestração da caminhada do garoto e do homem. De Sica, antes de se decidir por essa criança, não fez testes de interpretação, mas só de caminhada. Ele queria, ao lado do andar pesado do homem, os passinhos rápidos do garoto, a harmonia desse desacordo tendo por si só uma importância capital para a inteligência de toda a *mise-en-scène*. Não seria exagero dizer que *Ladrões de bicicleta* é a história da caminhada pelas ruas de Roma de um pai e de seu filho. Que o garoto fique na frente, ao lado ou, ao contrário, como no emburramento depois do tabefe, a uma distância vingativa, o fato nunca é insignificante. Ele é, ao contrário, a fenomenologia do roteiro.

———

É difícil imaginar De Sica recorrendo a atores conhecidos para conseguir esse resultado tão feliz da dupla do operário e seu filho.

A ausência de atores profissionais não é uma novidade, mas nisso também *Ladrões de bicicleta* vai além dos filmes anteriores. A virgindade cinematográfica dos intérpretes já não depende da proeza, da sorte ou de uma espécie de conjunção feliz entre o tema, a época e o povo. É até mesmo provável que se tenha dado uma importância excessiva ao fator étnico. É certo que os italianos são, junto com os russos, o povo mais naturalmente teatral. O menor menino de rua se iguala a Jackie Coogan e a vida cotidiana é uma perpétua commedia dell'arte; porém, parece-me dificilmente verossímil que esses dons de atores sejam igualmente partilhados entre os milaneses, os napolitanos e os camponeses do Pó ou os pescadores da Sicília. Além das diferenças de raça, bastariam os contrastes históricos, linguísticos, econômicos e sociais para comprometer essa tese, se quiséssemos atribuir unicamente às qualidades étnicas a naturalidade dos intérpretes italianos. É inconcebível que filmes tão diferentes no tema, no tom, no estilo, na técnica quanto *Paisà*, *Ladrões de bicicleta*, *A terra treme* e mesmo *Céu sobre o pântano* [*Cielo sulla palude*, de Augusto Genina, 1949] tenham em comum essa qualidade suprema da interpretação. Poderíamos até admitir que o italiano da cidade tenha particularmente mais talento para a afetação espontânea, mas os camponeses de *Céu sobre o pântano* são verdadeiros homens das cavernas ao lado dos habitantes de *Farrebique*. Basta a evocação do filme de Rouquier a propósito do de Genina para relegar – pelo menos desse ponto de vista – a experiência do francês à categoria de uma tocante tentativa de apadrinhamento. A metade dos diálogos de *Farrebique* é em voz off, porque ele não conseguiu impedir os camponeses de rir durante uma réplica um pouco longa. Genina em *Céu sobre o pântano*, Visconti em *A terra treme*, dirigindo dezenas de camponeses ou de pescadores, confiam-lhes papéis de uma complexidade psicológica extrema, fazem com que digam textos longuíssimos, no decorrer de cenas em que a câmera perscruta tão implacavelmente um rosto quanto em um estúdio americano. Ora, dizer que esses atores são bons ou perfeitos é pouco: eles suprimem a própria ideia de atores, de interpretação, de personagem. Cinema sem atores? Sem dúvida! Mas o primeiro sentido da fórmula fica ultrapassado, seria preciso falar de um cinema sem interpretação, de um cinema em que está fora de questão que um figurante interprete mais ou menos bem, de tanto que o homem se identificou com seu personagem.

Não nos afastamos, apesar das aparências, de *Ladrões de bicicleta*. De Sica procurou por muito tempo seus intérpretes e os escolheu em função de características precisas. A nobreza natural, essa pureza popular do rosto e do andar... Hesitou meses entre um ou outro, fez centenas de tentativas para finalmente decidir, num segundo, por intuição, diante de uma silhueta encontrada numa esquina. Mas não há qualquer milagre nisso. Não é a singular excelência desse operário e desse garoto que explica a qualidade da interpretação deles, e sim todo o sistema estético no qual eles vieram a se inserir. De Sica, ao procurar um produtor, acabou encontrando-o, com a condição de que o personagem do operário fosse interpretado por Cary Grant. Basta colocar o problema nesses termos para fazer aparecer um despropósito. Cary Grant, com efeito, é excelente nesse tipo de papel, mas fica claro que aqui não se trata precisamente de desempenhar um papel, e sim de suprimir essa ideia. O operário tinha que ser a um só tempo tão perfeito, anônimo e objetivo quanto sua bicicleta.

Tal concepção do ator não é menos "artística" do que a outra. A interpretação do operário implica tantos dotes físicos, inteligência, compreensão das diretivas do diretor quanto a de um ator consagrado. Até então os filmes total ou parcialmente sem atores (por exemplo, *Tabu*, *Que viva México!* [*Thunder Over Mexico*, de Serguei Eisenstein, 1933], *A mãe* [*Mat*, de Vsevolod Pudóvkin, 1926]) apresentavam-se antes como êxitos excepcionais ou restritos a algum gênero preciso. Nada impede, em contrapartida, De Sica (a não ser uma sábia prudência) de fazer cinquenta filmes como *Ladrões de bicicleta*. É sabido, desde então, que a ausência de atores profissionais não envolve necessariamente nenhuma limitação na escolha dos temas. O cinema anônimo conquistou definitivamente sua existência estética. O que não quer dizer de modo algum que o cinema do futuro não deva ter atores – De Sica é o primeiro a negar isso, ele que, aliás, é um dos maiores atores do mundo –, mas simplesmente que certos temas tratados em determinado estilo não podem mais ser feitos com atores profissionais, e que o cinema italiano impôs definitivamente essas condições de trabalho tão simplesmente quanto o cenário verdadeiro. É essa passagem da proeza admirável, mas talvez precária, a uma técnica precisa e infalível que marca uma fase de crescimento decisivo do "neorrealismo" italiano.

———

Ao desaparecimento da noção de ator na transparência de uma perfeição aparentemente natural como a própria vida responde o desaparecimento da *mise-en-scène*. Entendamo-nos: o filme de De Sica teve uma preparação demorada e tudo foi tão minuciosamente previsto quanto numa superprodução de estúdio (o que, aliás, permitiu as improvisações de última hora), mas não me lembro de um só plano no qual um efeito dramático viesse da "decupagem" propriamente dita. Esta parece ser tão neutra quanto num filme de Carlitos. Entretanto, se analisarmos o filme, descobriremos um número e uma nomenclatura de planos que não distinguem sensivelmente *Ladrões de bicicleta* de um filme comum. Mas a escolha deles tende apenas para uma valorização mais límpida do evento, com o mínimo de índice de refringência pelo estilo. Essa objetividade é bem diferente da de Rossellini em *Paisà*, mas se inscreve na mesma estética. Poderíamos aproximá-la daquilo que Gide e sobretudo Martin du Gard dizem da prosa romanesca: que ela deve tender para a transparência mais neutra possível. Como o desaparecimento do ator é o resultado de uma superação do estilo da interpretação, o desaparecimento da *mise-en-scène* é igualmente fruto de um progresso dialético no estilo da narrativa. Se o evento basta a si mesmo sem que o diretor tenha necessidade de esclarecê-lo com ângulos ou arbitrariedades da câmera, é porque conseguiu chegar àquela luminosidade perfeita que permite à arte desmascarar uma natureza que afinal se parece com ela. Por isso a impressão que nos deixa *Ladrões de bicicleta* é constantemente a da verdade.

———

Se a suprema naturalidade, esse sentimento de acontecimentos observados por acaso horas a fio, é o resultado de todo um sistema estético presente (embora invisível), isso se deve, definitivamente, a concepção preliminar do roteiro. Desaparecimento do ator, desaparecimento da *mise-en-scène*? Sem dúvida, mas porque, no princípio de *Ladrões de bicicleta*, havia, antes de tudo, o desaparecimento da história.

A frase é ambígua. Há com certeza uma história, mas sua natureza é diferente daquelas que vemos normalmente nas telas; e foi por isso mesmo que De Sica não encontrou nenhum produtor. Quando Roger Leenhardt, numa fórmula crítica profética, perguntava naquela época "se o cinema era um espetáculo", ele queria opor o cinema dramático a uma estrutura romanesca da narrativa cinematográfica. O primeiro toma emprestado do teatro suas forças escondidas: sua trama, por mais que seja concebida para a tela, é sempre a justificativa de uma ação idêntica, em sua essência, à ação teatral clássica. Nesse caso o filme é um espetáculo, como a representação no palco. Mas, por outro lado, por seu realismo e pela igualdade que ele concede ao homem e à natureza, o cinema se aparenta esteticamente ao romance.

Sem nos estendermos sobre uma teoria, sempre contestável, aliás, do romance, digamos *grosso modo* que a narativa romanesca, ou o que se aparenta a ela, se opõe ao teatro pela primazia do acontecimento sobre a ação, da sucessão sobre a causalidade, da inteligência sobre a vontade. Se quisermos, a conjunção teatral é o "portanto", a partícula romanesca o "então". Talvez essa definição escandalosamente aproximativa esteja certa pelo seguinte: ela caracteriza bastante bem os dois movimentos de pensamento do leitor e do espectador. Proust pode nos prostrar com uma *madeleine*, mas o autor dramático fracassa se cada uma de suas réplicas não mantiver aceso nosso interesse pela réplica seguinte. Por isso o romance pode se fechar e voltar a se abrir, enquanto a peça é indivisível. A unidade temporal do espetáculo faz parte de sua essência. Enquanto realiza as condições físicas do espetáculo, o cinema não parece poder escapar a suas leis psicológicas, mas ele dispõe também de todos os recursos do romance. Com isso o cinema é, sem dúvida, congenitamente híbrido: ele contém uma contradição. Ora, é evidente que a via progressiva do cinema se dirige para o aprofundamento de suas virtualidades romanescas. Não que sejamos contra o teatro filmado, mas convenhamos que, se a tela pode, em certas condições, desenvolver e como que desdobrar o teatro, é necessariamente em detrimento de certos valores especificamente cênicos e, em primeiro lugar, da presença física do ator. Em contrapartida, o romance não tem (ao menos idealmente) nada a perder no cinema. Podemos conceber o filme como um super-romance cuja forma escrita não seria senão uma versão enfraquecida e provisória.

———

Posto isto de modo por demais breve, o que acontece, nas condições atuais, no espetáculo cinematográfico? É praticamente impossível ignorar na tela as exigências espetaculares e teatrais. Resta saber como resolver a contradição.

Constatemos, em primeiro lugar, que o cinema italiano atual é o único no mundo a ter a coragem de abandonar deliberadamente os imperativos espetaculares. *A terra treme* e *Céu sobre o pântano* são filmes sem "ação", cujo desenrolar (de uma tonalidade um pouco épica) não faz nenhuma concessão à tensão dramática. Os acontecimentos surgem quando têm de surgir, uns após os outros, mas cada um deles tem o mesmo peso. Se alguns são mais carregados de sentido, só o sabemos *a posteriori*. Cabe a nós substituir mentalmente o "então" pelo "portanto". *A terra treme*, principalmente, nesse sentido, é um filme "maldito", quase inexplorável no circuito comercial, a não ser depois de mutilações que o tornem irreconhecível.

É esse o mérito de De Sica e de Zavattini. Seu *Ladrões de bicicleta* é construído como uma tragédia, com cal e pedra. Não há imagem que não seja carregada de uma força dramática extrema, mas não há nenhuma pela qual não pudéssemos nos interessar independentemente da sequência dramática. O filme se desenrola no plano do acidental puro: a chuva, os seminaristas, os quacres católicos, o restaurante... Todos esses acontecimentos, parece, são intermutáveis, não parecem ser organizados por nenhuma vontade segundo um espectro dramático. A cena no bairro dos ladrões é significativa. Não temos sequer certeza de que o cara perseguido pelo operário seja mesmo o ladrão da bicicleta, e nunca saberemos se sua crise de epilepsia foi simulada ou verídica. Enquanto "ação", esse episódio seria um disparate, já que não leva a lugar algum, caso seu interesse romanesco, seu valor de fato, não lhe restituísse *adicionalmente* um sentido dramático.

É, com efeito, que a ação se constitui, além e paralelamente, não tanto como uma tensão, mas pela "soma" dos eventos. Espetáculo, se quisermos – e que espetáculo! –, contudo, *Ladrões de bicicleta* já não depende em nada das matemáticas elementares do drama, a ação não preexiste a ele como uma essência, ela decorre da existência preliminar da narrativa, ela é a "integral" da realidade. O êxito supremo de De Sica, do qual outros só conseguiram chegar mais ou menos perto, é ter sabido encontrar a dialética cinematográfica capaz de ultrapassar a contradição da ação espetacular e do acontecimento. Com isso, *Ladrões de bicicleta* é um dos primeiros exemplos de cinema puro. Não há mais atores, não há mais história, não há mais *mise-en-scène*, vale dizer, enfim, na ilusão estética perfeita da realidade: não há mais cinema.

DUE SOLDI DI SPERANZA

Do neorrealismo, a crítica italiana dizia que ele não existia, a francesa, que não duraria.[1] Os únicos que reivindicaram o qualificativo, sem se envergonhar, e em sentidos diferentes, foram Zavattini e Rossellini. Para aborrecer qualquer outro cineasta italiano, basta parabenizá-lo por sua contribuição ao neorrealismo. Os italianos ficam mais irritados do que encantados com o sucesso que têm sob essa etiqueta genérica. Cada

1 Texto publicado originalmente em *France-Observateur*, jul. 1952.

um, portanto, se defende como pode do aspecto unificador do termo. Podemos ver nessa desconfiança duas causas, provavelmente interligadas. A primeira, psicológica, é compreensível: é a irritação de qualquer artista consciente de sua singularidade sobre a qual a crítica lança classificações históricas. O neorrealismo põe tudo no mesmo saco.

Há, é claro, tanta diferença entre Lattuada, Visconti e De Sica quanto entre Carné, Renoir e Becker, por exemplo. Ora, com o qualificativo de neorrealismo, parece que a crítica dava frequentemente a entender que o cinema italiano existia como movimento, como genialidade coletiva, mais do que através de individualidades que o compunham. A reação destas é compreensível.

No entanto, mais ainda do que essas reações naturais de amor-próprio artístico, parece-me decisivo o preconceito desfavorável contra o "realismo". O maravilhamento pelo neorrealismo elogiou, antes de tudo, o que havia nele de documentário, seu senso da realidade social; em suma, tudo o que o aproximava da reportagem. Com razão, os cineastas italianos achavam esses elogios perigosos. O prestígio do documentário só poderia ser acidental e menor. Passado o efeito de exotismo, por um lado, e, por outro, o preconceito favorável proveniente da guerra em relação ao documentário autêntico, a voga do cinema italiano, se fosse fundada apenas sobre o realismo, não resistiria ao uso. A arte se propõe a ir além da realidade, não a reproduzi-la. O cinema ainda mais, devido a seu realismo técnico. Os diretores de cinema italianos se debatem, portanto, como o diabo, quando a crítica quer pendurar em seu pescoço essa pedra de moinho.

Do lado francês, muitos ficaram pasmos, como diante de uma espécie de milagre, com o sucesso da produção italiana dos anos 1946 e 1947, ou ao menos com o extraordinário resultado de uma conjuntura favorável, mas precária, com a súbita fecundação pela Liberação de uma tendência antiga e menor do cinema italiano. Mas essa luz inesperada foi igual à das estrelas novas, cujo brilho não dura. Assim, um cinema que priorizava a matéria em detrimento do tema, o pitoresco em detrimento da narrativa, que pretendia, em suma, renunciar à imaginação em prol da realidade, esse cinema, mais cedo ou mais tarde, entraria nos eixos.

Ladrões de bicicleta foi a primeira obra-prima cuja existência provava, por um lado, que o neorrealismo podia muito bem prescindir dos temas da Liberação, que não estava, no que se refere ao tema, ligado à guerra ou a suas sequelas, e, por outro lado, que a ausência de "história", de enredo, de acontecimentos não era de modo algum uma inferioridade em relação às estruturas clássicas do relato cinematográfico. O filme de De Sica e de Zavattini tem, ao mesmo tempo, a liberdade acidental da vida vista por uma janela e o vigor de uma tragédia antiga.

A qualquer um que ainda duvidasse do vigor e do futuro do neorrealismo, *Due soldi di speranza* [Dois vinténs de esperança, 1952], de Renato Castellani, que ganhou este ano o Grande Prêmio do Festival de Cannes, contraporia um novo argumento sem réplica. Essa pura obra-prima, embora completamente diferente de *Ladrões de bicicleta*, prova, mais uma vez, que o cinema italiano soube inventar uma nova relação entre a vocação realista do cinema e as eternas exigências da poesia dramática.

Due soldi di speranza é Romeu desempregado. Ele se chama Antonio, acabou seu serviço militar e volta para seu vilarejo para encontrar a mãe e as irmãs mais novas na mesma miséria em que as deixou. Ele tem muita energia e procura desesperadamente um trabalho. Mas a vida é dura e o desemprego é a sina de muitos homens de sua idade. Como está pronto para qualquer coisa e não reclama de tarefa ingrata, de vez em quando encontrará trabalho, quase sempre provisório, às vezes com alguma chance de durar.

Mas há Julieta. Ela se chama Carmela, tem quinze ou dezesseis anos e é a filha do honrado fabricante de fogos de artifício que não quer ouvir falar de um genro em má situação. Na verdade, Antonio tem apenas uma leve quedinha por essa garota apaixonada que o regimento lhe fizera esquecer. Ele faz de tudo para se livrar dela, pois, por ora, já tem preocupação demais com sua insaciável família. Mas Carmela insiste, com uma paciência e astúcia incríveis, procura todas as oportunidades para provocar Antonio e comprometê-lo com ela aos olhos do vilarejo e de seus pais. Suas tramoias, principalmente, levam Antonio a perder os empregos que conseguiu com dificuldade, entre outros uma colocação rara de doador de sangue particular para o filho anêmico de uma burguesa napolitana. Assim, não só Antonio não tem a menor vontade de ficar com Carmela como as assiduidades indiscretas desta comprometem cada vez mais o casamento com que ela tanto sonha, já que, sem trabalho, ele não pode sequer pensar em fundar um lar.

Entretanto, a tragédia amorosa de Carmela chega a resultados paradoxais. Com tantos motivos para detestar Julieta, Romeu acaba unido a ela. Não será dito que ele deixará sua vida ser envenenada a esse ponto por uma garota que ele não ama. Com tantos aborrecimentos, é melhor mesmo casá-los, mas o pai, fabricante de fogos de artifício, recusa sua bênção; ele acusa Antonio de querer entrar para uma família honrável e relativamente bem de vida. Antonio, com a dignidade ferida, despe Carmela em plena praça do vilarejo; ele a tomará completamente nua, como veio ao mundo, e, como dote, os dois vinténs de esperança que permitem às pessoas viverem.

Essa história não tem, como a de Romeu e Julieta, um fim trágico, mas não podemos deixar de lembrar do amor deles, não apenas por certas analogias precisas, como as antipatias familiares, mas, principalmente, pela extraordinária poesia, pela fantasia bem shakespeariana dos sentimentos e paixões.

Vemos perfeitamente nesse maravilhoso filme por que e como o neorrealismo venceu sua contradição estética. Essa etiqueta irrita Castellani e, no entanto, seu filme responde de modo exato aos cânones do neorrealismo: é uma prodigiosa reportagem sobre o desemprego rural na Itália contemporânea e, mais precisamente, na região do Vesúvio. Naturalmente, todos esses personagens são nativos (em particular a mãe de Antonio, a extraordinária comadre desdentada, espalhafatosa e gentilmente matreira). A técnica de construção do roteiro é típica. Os episódios se sucedem sem razão, ou, ao menos, sem necessidade dramática. O relato é rapsódico, o filme poderia durar mais duas horas sem que seu equilíbrio fosse minimamente afetado. Isso porque os acontecimentos não marcam uma estrutura dramática *a priori*: eles se encadeiam acidentalmente, como a própria realidade. É óbvio, entretanto, que essa realidade é a realidade da própria poesia e as necessidades dramáticas são substituídas pelas harmonias mais secretas e mais frouxas do conto. Entendo "conto" no sentido oriental. Castellani realiza assim, perfeitamente, o paradoxo de nos oferecer uma das mais belas, mais puras histórias de amor do cinema, e essa história, que lembra Marivaux e Shakespeare, é, ao mesmo tempo, o retrato mais preciso, a acusação mais implacável da miséria rural italiana em 1951.

DE SICA DIRETOR

Devo confessar ao leitor que o escrúpulo paralisa minha pena de escrever, diante de tantos motivos imperativos que deveriam me proibir de apresentar De Sica.[1]

1 Texto de 1952 publicado originalmente em italiano (Parma: Guanda, 1953). (A presente tradução foi feita a partir de sua versão francesa. [N.T.])

Em primeiro lugar, porque há muita presunção por parte de um francês querer ensinar aos italianos alguma coisa sobre seu cinema em geral e, em particular, sobre aquele que talvez seja seu maior diretor, mas, principalmente, porque a essa inquietação teórica preliminar se acrescentam, nesse caso, algumas outras objeções particulares. Quando, imprudentemente, tive a honra de aceitar apresentar aqui De Sica, tinha sobretudo em mente minha admiração por *Ladrões de bicicleta* e ainda não conhecia *Milagre em Milão* [*Miracolo a Milano*, 1951]. Havíamos, sem dúvida, visto na França *Vítimas da tormenta* e *A culpa dos pais*, porém, por mais bonito que seja *Vítimas da tormenta*, filme que nos revelou o talento de De Sica, ainda há nele, ao lado de achados sublimes, algumas hesitações de aprendizagem. O roteiro cai às vezes na tentação do melodrama e a *mise-en-scène* tem uma eloquência poética, um lirismo que De Sica hoje parece evitar. Em suma, o estilo pessoal do diretor ainda estava sendo buscado. A mestria total e definitiva afirma-se em *Ladrões de bicicleta*, tanto assim que esse filme parece resumir todos os esforços dos que o precederam.

Mas será que podemos julgar um diretor por um filme? Ele é uma prova suficiente da genialidade de De Sica, mas não indica necessariamente as formas que ela tomará no futuro. Como ator, De Sica não é um novato no cinema, mas devemos considerá-lo "um jovem" diretor, um cineasta de futuro. A inspiração e a estrutura de *Milagre em Milão* são bem diferentes das de *Ladrões de bicicleta*, embora haja entre os dois filmes semelhanças profundas que nos esforçaremos para compreender. Qual será o próximo filme? Será que ele não nos revelará a importância dos filões que permaneceram menores nas duas obras anteriores? Em suma, vamos, de fato, falar do estilo de um cineasta de primeira ordem com base em apenas duas de suas obras, sendo que uma delas parece, além de tudo, desmentir a orientação da outra. É pouco para quem não confunde de modo algum a atividade do crítico com a do profeta.

É fácil, para mim, explicar minha admiração por *Ladrões* e *Milagre*, mas é outra coisa pretender extrapolar dessas duas obras os traços permanentes e definitivos do talento de seu autor.

Entretanto, teria sido um prazer fazer isso a propósito de Rossellini, a partir de *Roma, cidade aberta* e de *Paisà*. O que poderíamos ter dito deles (e o que escrevemos efetivamente na França) corria fatalmente o risco de ter que ser aprimorado e corrigido pelos filmes seguintes, mas não desmentido. É que o estilo de Rossellini é de uma família estética bem diferente. Ele mostra facilmente suas leis. Corresponde a uma visão de mundo imediatamente traduzida em estrutura de *mise-en-scène*. Se quisermos, o estilo de Rossellini é, antes de tudo, um olhar, enquanto o de De Sica é, antes de tudo, uma sensibilidade. A *mise-en-scène* do primeiro apodera-se de seu objeto do exterior. Não quero de modo algum dizer, é claro, sem compreendê-lo nem senti-lo, mas que essa exterioridade traduz um aspecto ético e metafísico essencial às nossas relações com o mundo. Basta, para compreender essa afirmação, comparar o tratamento da criança em *Alemanha, ano zero* e em *Vítimas da tormenta* ou *Ladrões de bicicleta*. O amor de Rossellini por seus personagens os envolve com uma consciência desesperada da incomunicabilidade dos seres, o de De Sica, ao contrário, irradia dos próprios personagens. São o que são, porém iluminados do interior pela ternura que ele lhes dá. Daí a *mise-en-scène* de Rossellini se interpor entre sua matéria e nós, não, por certo, como um obstáculo artificial, mas como uma distância ontológica intransponível, uma enfermidade congênita do ser que se traduz esteticamente em termos de espaço, em formas e em estruturas de *mise-en-scène*. Sendo sentida como uma falta, como uma recusa, um esquivar-se das coisas, e portanto, em definitivo, como uma dor, fica mais fácil tomarmos consciência dela, mais fácil reduzi-la a um método formal. Rossellini não pode mudá-la sem, em primeiro lugar, proceder a uma revolução moral pessoal.

Em contrapartida, De Sica é daqueles diretores que parecem não ter outro propósito que o de traduzir fielmente seus roteiros, o talento deles vem do amor que têm por seu tema e de sua compreensão íntima. A *mise-en-scène* parece modelar-se por si só como a forma natural de uma matéria viva. Embora a partir de uma sensibilidade bem diferente, e com uma preocupação formal bem visível, Jacques Feyder, na França, também pertencia a essa família de cineastas cujo método parece consitir apenas em prestar honestamente serviços a seu tema. É claro que essa neutralidade, e voltarei a falar sobre isso, é ilusória, mas sua existência aparente não facilita a tarefa do crítico, ela divide a produção do cineasta em tantos casos particulares que um novo filme pode pôr tudo novamente em questão. A tentação é grande, pois, de só ver profissionalismo lá onde se procura um estilo, só a generosa humildade de um técnico hábil diante das exigências do tema, em vez da marca criadora de um verdadeiro autor.

A *mise-en-scène* de um filme de Rossellini pode ser facilmente *deduzida* das imagens, enquanto De Sica nos obriga a induzi-la de uma narrativa visual que parece não comportar nenhuma.

Enfim e sobretudo, o caso de De Sica é até aqui inseparável da colaboração de Zavattini, mais ainda, sem dúvida, que o de Marcel Carné e Jacques Prévert, na França. É bem provável que a história do cinema não tenha um exemplo mais perfeito de simbiose entre o roteirista e o diretor. O fato de Zavattini ter trabalhado em muitos outros filmes (enquanto Prévert só escreveu poucos roteiros além dos que criou para Carné) não facilita as coisas, muito pelo contrário; no máximo, permiti deduzir que De Sica é o cineasta ideal de Zavattini, o que o compreende melhor e mais intimamente. Temos exemplos de Zavattini sem De Sica, mas não de De Sica sem Zavattini. É, portanto, bem arbitrário querer distinguir o que pertence propriamente a De Sica, ainda mais que acabamos de constatar sua humildade, ao menos aparente, diante das exigências do roteiro.

Por isso devemos renunciar a separar contra a natureza o que o talento uniu tão intimamente. Que De Sica e Zavattini nos perdoem, e de antemão também o leitor, a quem meus casos de consciência não interessam e que esperam que eu enfim me decida. Que fique, no entanto, bem claro, para a tranquilidade de minha consciência, que só pretendo fazer algumas abordagens críticas, que certamente serão questionadas no futuro, e que não passam de um testemunho pessoal de um crítico francês, em 1951, sobre uma obra cheia de promessas e cujas qualidades são particularmente rebeldes à análise estética. Essa profissão de humildade não é de modo algum uma precaução oratória ou uma fórmula de retórica. Peço-lhes insistentemente que acreditem que ela seja, antes de tudo, a medida de minha admiração.

———

É graças a poesia que o realismo de De Sica ganha seu sentido, pois há em arte, no princípio de todo realismo, um paradoxo estético a ser resolvido. A reprodução fiel da realidade não é arte. Estão sempre nos dizendo que arte é escolha e interpretação. Por isso, até agora, as tendências "realistas" no cinema, como nas outras artes, consistiam apenas em introduzir mais realidade na obra; tal suplemento de realidade, porém, não passava de um meio – mais ou menos eficaz – de servir a um propósito perfeitamente abstrato: dramático, moral ou ideológico. Na França, o "naturalismo" corresponde precisamente à multiplicação dos romances e das peças de tese. A originalidade do neorrealismo italiano em relação às principais escolas realistas anteriores e à escola soviética é não subordinar a realidade a nenhum ponto de vista *a priori*. Até mesmo a teoria do Kino-glaz, de Dziga Vertov, só utilizava a realidade bruta das atualidades para ordená-la sobre o espectro dialético da montagem. De outro ponto de vista, o teatro, até mesmo realista, dispõe da realidade em função das estruturas dramáticas e espetaculares. Seja para servir aos interesses da tese ideológica, da ideia moral ou da ação dramática, o realismo subordina seus empréstimos à realidade a exigências transcendentes. O neorrealismo só conhece a imanência. É unicamente do aspecto, da pura aparência dos seres e do mundo que ele pretende deduzir, *a posteriori*, os ensinamentos neles contidos. Ele é uma fenomenologia.

No plano dos meios de expressão, o neorrealismo vai, portanto, de encontro às categorias tradicionais do espetáculo; em primeiro lugar, quanto à interpretação. Em sua concepção clássica que procede do teatro, o ator expressa alguma coisa, um sentimento, uma paixão, um desejo, uma ideia. Com sua atitude e sua mímica, ele permite aos espectadores ler sobre seu rosto como num livro aberto. Nessa perspectiva, fica combinado implicitamente entre o espectador e o ator que as mesmas causas psicológicas produzem o mesmo efeito físico, e que se pode sem ambiguidade remontar de um ao outro. É propriamente o que se chama "a interpretação".

Daí resultam as estruturas de *mise-en-scène*: o cenário, a luz, o ângulo e o enquadramento da filmagem serão, à imagem do comportamento do ator, mais ou menos expressionistas. Elas contribuem para confirmar o sentido da ação. Enfim, a decomposição da cena em planos e a montagem destes equivalem a um expressionismo no tempo, a uma recomposição do acontecimento segundo uma duração artificial e abstrata: a duração dramática. Todos esses dados gerais do espetáculo cinematográfico serão questionados pelo neorrealismo.

Em primeiro lugar, os da interpretação. Ele pede ao intérprete para *ser* antes de expressar. Tal exigência não implica necessariamente a renúncia ao ator profissional, mas é normal que ela tenda a substituí-lo pelo homem da rua, escolhido unicamente por seu comportamento geral, sua ignorância da técnica teatral sendo menos uma condição necessária que uma garantia contra o expressionismo da "interpretação". Para De Sica, Bruno era uma silhueta, um rosto, um andar.

Os dados do cenário e da filmagem. O cenário natural é para o cenário construído o que o ator amador é para o profissional. Ele tem, por outro lado, como consequência, suprimir, ao menos parcialmente, as possibilidades de composição plástica pela luz artificial que os estúdios permitem.

Mas talvez a estrutura do relato seja a mais radicalmente subvertida. Ela tem o dever de respeitar a verdadeira duração do acontecimento. Os cortes que a lógica exige só poderiam ser, no máximo, descritivos; a decupagem não deve de maneira alguma acrescentar algo à realidade que subsiste. Se ela participa do sentido do filme, como em Rossellini, é porque os vazios, os brancos, as partes do acontecimento que nos deixam ignorar são eles próprios de uma natureza concreta: pedras que faltam no edifício. Como na vida, não sabemos tudo o que acontece aos outros. A elipse na montagem clássica é um efeito de estilo; em Rossellini, ela é uma lacuna da realidade, ou antes, do conhecimento que temos dela e que, por natureza, é limitado.

Assim, o neorrealismo é uma posição ontológica antes de ser estética. Por isso, a aplicação de seus atributos técnicos como uma receita não o reconstitui necessariamente. Como a rápida decadência do neorrealismo americano o prova. E, mesmo na Itália, falta muito para que todos os filmes sem atores, inspirados num *fait divers* e rodados em externas, valham mais que os melodramas tradicionais e espetaculares. Em contrapartida, é lícito chamar de neorrealismo um filme como *Crimes d'alma* [*Cronaca di un amore*, 1950], de Michelangelo Antonioni, pois, apesar dos atores profissionais, da arbitrariedade policial do enredo, de certos cenários luxuosos e dos trajes barrocos da heroína, o cineasta não recorre a um expressionismo exterior aos personagens, ele funda todos os seus efeitos sobre a maneira de existir, de chorar, de andar e de rir deles. São prisioneiros no dédalo da trama como os ratos de laboratório que são obrigados a passar por um labirinto.

Suponho que a isso vão opor a diversidade dos estilos nos melhores cineastas italianos. E sei o quanto o termo neorrealismo lhes desagrada. Zavattini é o único que conheço que não tem vergonha de confessar ser neorrealista. A maioria contesta a existência de uma escola realista italiana que os englobe todos. Mas isso é um reflexo de criador em relação aos críticos. Como artista, o diretor tem mais consciência de suas diferenças do que de seus traços comuns. O termo neorrealista foi jogado como uma rede sobre o cinema italiano do pós-guerra, todos procuram rasgar por sua conta as malhas onde se pretende prendê-los. Mas, apesar dessa reação normal, que tem a vantagem de nos fazer refletir cada vez sobre uma classificação crítica por demais cômoda, penso que há boas razões para mantê-la, ainda que fosse contra os próprios interessados.

Com certeza a definição sucinta que acabei de dar do neorrealismo pode parecer superficialmente desmentida pela obra de um Lattuada, de visão calculista, sutilmente arquitetural, pela exuberância barroca, a eloquência romântica de um De Santis, pelo sentido teatral refinado de um Visconti, que compõe a realidade mais vulgar como uma *mise-en-scène* de ópera ou de tragédia clássica. Tais epítetos são sumários e contestáveis, mas em nome de outros epítetos possíveis, que confirmariam, por conseguinte, a existência das diferenças formais, das oposições de estilo. Esses três diretores são tão diferentes uns dos outros quanto de De Sica. E, no entanto, o parentesco comum deles fica evidente se olharmos um pouco mais de cima e principalmente se, abandonando a comparação entre esses cineastas, nos referirmos aos cinemas americano, francês ou soviético.

Acontece que o neorrealismo não existe fatalmente em estado puro, e podemos conceber sua combinação com outras tendências estéticas. Os biólogos, porém, distinguem, nas características hereditárias recebidas de parentes dissemelhantes, certos fatores ditos dominantes. É o que ocorre com o neorrealismo. A teatralidade exacerbada de um Malaparte, em *O Cristo proibido* [*Il Cristo proibito*, 1951], pode dever muito ao expressionismo alemão; mas nem por isso o filme deixa de ser neorrealista, radicalmente diferente do que foi o expressionismo realista de um Fritz Lang, por exemplo.

———

Aparentemente me afastei muito de De Sica, mas foi apenas para poder melhor situá-lo na produção italiana contemporânea. É possível que a dificuldade da abordagem crítica sobre o diretor de *Milagre em Milão* seja justamente o indício mais significativo de seu estilo. Será que a impossibilidade em que nos encontramos de analisar suas características formais não vem do fato de ele representar a expressão mais pura do neorrealismo, do fato de *Ladrões de bicicleta* ser como que o ponto zero de referência, o centro ideal em torno do qual gravitam em sua órbita particular as obras dos outros grandes diretores? Seria essa própria pureza que a tornaria indefinível, já que tem como propósito paradoxal fazer não um espetáculo que pareça real, e sim, inversamente, converter a realidade em espetáculo: um homem anda na rua e o espectador se surpreende com a beleza do homem que anda. Até maiores informações, até que seja realizado o sonho de Zavattini de filmar sem montagem noventa minutos da vida de um homem, *Ladrões de bicicleta* é, incontestavelmente, a expressão extrema do neorrealismo.[2]

Mas embora essa *mise-en-scène* tenha precisamente por objeto o negar a si mesma, embora seja perfeitamente transparente a realidade que revela, seria ingenuidade concluir daí que ela não existe. É inútil dizer que poucos filmes foram preparados de modo mais minucioso, mais meditados, mais cui-

2 Cf. nota sobre *Umberto D*, *infra*, pp. 379-81.

dadosamente elaborados, porém todo o trabalho de De Sica tende a criar a ilusão do acaso, a fazer com que a necessidade dramática tenha o caráter da contingência. Ou melhor, ele conseguiu fazer da contingência a matéria do drama. Não há nada em *Ladrões de bicicleta* que não pudesse ter acontecido de outra maneira: o operário poderia por sorte, no meio do filme, encontrar sua bicicleta, as luzes da sala seriam acesas e De Sica viria se desculpar por nos ter incomodado, mas, no final das contas, ficaríamos mesmo assim contentes pelo operário. O maravilhoso paradoxo desse filme é que ele tem o rigor da tragédia e, no entanto, tudo acontece por acaso. Mas é justamente da síntese dialética dos valores contrários da ordem artística e da desordem amorfa da realidade que ele tira sua originalidade. Não há uma imagem que não esteja carregada de sentido, que não enterre na mente a ponta aguda de uma verdade moral inesquecível, nenhuma tampouco que traia por trair a ambiguidade ontológica da realidade. Nenhum gesto, nenhum incidente, nenhum objeto é ali determinado *a priori* pela ideologia do diretor. Se eles se ordenam com clareza irrefutável no espectro da tragédia social, o fazem como os grãos de limalha no espectro do ímã: separadamente. Mas o resultado dessa arte onde nada é necessário, onde nada perdeu o caráter fortuito do acaso, é justamente o de ser duplamente convincente e demonstrativa. Pois, afinal, não é surpreendente que o romancista, o dramaturgo ou o cineasta nos façam encontrar esta ou aquela ideia: é que eles as colocaram ali de antemão, impregnaram sua matéria com elas. Ponha sal na água, faça com que a água evapore no fogo da reflexão e reencontrarão ali o sal. Mas, se a água é pega diretamente na fonte, é porque é da natureza dessa água ser salgada. Bruno, o operário, pode achar sua bicicleta como pode ganhar na loteria (até os pobres ganham na loteria), mas esse poder virtual apenas salienta ainda mais a atroz impotência do homem pobre. Se ele achasse sua bicicleta, então a enormidade da sorte condenaria ainda mais a sociedade, já que faria do retorno à ordem humana, à felicidade mais natural, uma espécie de milagre sem preço, um favor exorbitante, já que significaria a sorte de não ser ainda mais pobre.

Podemos ver o quanto esse neorrealismo está longe da concepção formal que consiste em vestir uma história com a realidade. Quanto à técnica propriamente dita, *Ladrões de bicicleta* foi, como muitos outros filmes, rodado na rua com atores não profissionais, mas seu verdadeiro mérito é bem outro: é o de não trair a essência das coisas, de deixá-las, em princípio, existir livremente por si mesmas, de amá-las em sua singularidade. Minha irmã, a realidade, diz De Sica, e a realidade gira em torno dele como os pássaros em torno do *Poverello*.[3] Outros a metem na gaiola e lhe ensinam a falar, mas De Sica conversa com ela, e é a verdadeira linguagem da realidade que percebemos, a palavra irrefutável que só o amor podia expressar.

———

Para definir De Sica é preciso, portanto, remontar à própria origem de sua arte, que é a ternura e o amor. O que *Milagre em Milão* e *Ladrões de bicicleta* têm em comum, apesar das divergências mais aparentes do que reais (que seria fácil demais enumerar), é a afeição inesgotável que o autor tem por seus personagens. É significativo que em *Milagre em Milão*, nenhum dos maus, e nenhum dos orgulhosos ou traidores, é antipático. O judas do terreno baldio que vende os casebres de seus companheiros ao vulgar Mobbi não suscita a raiva do espectador. Ele nos divertiria antes, com sua fantasia de "vilão" de melodrama, que usa desajeitadamente: é um traidor "bom". Também os novos pobres que conservam na degradação a arrogância dos bairros nobres não passam de uma variedade da fauna hu-

3 "Pobrezinho", como era conhecido São Francisco de Assis. [N.T.]

mana, e não são, portanto, excluídos da comunidade dos vagabundos, mesmo se cobram uma lira pelo pôr do sol. E é preciso amar realmente o pôr do sol para ter a ideia de cobrar o espetáculo, e para aceitar esse comércio de tolos. Podemos notar que, em *Ladrões de bicicleta*, nenhum dos personagens principais é antipático, nem o ladrão. Quando Bruno consegue enfim pôr as mãos nele, o público estaria moralmente disposto a linchá-lo (como a multidão o teria feito um pouco antes de Bruno). Mas o achado genial da cena é justamente nos obrigar a engolir a raiva assim que ela surge, e desistir de julgar como Bruno desistira de dar queixa. Os únicos personagens antipáticos de *Milagre em Milão* são Mobbi e seus companheiros, mas no fundo eles não existem realmente, e são apenas símbolos convencionais. Quando De Sica os mostra um pouco mais de perto, por pouco não sentimos surgir uma curiosidade terna por eles. "Pobres ricos", somos tentados a dizer, "como estão decepcionados". Há várias maneiras de amar, inclusive a Inquisição. As éticas e as políticas do amor estão ameaçadas pelas piores heresias. Desse ponto de vista, o ódio é muitas vezes terno. Mas a afeição que De Sica tem por suas criaturas não as faz correr nenhum risco, ela nada tem de ameaçador ou de abusivo, é uma gentileza cortês e discreta, uma generosidade liberal, e que não exige nada em troca. A caridade não tem nada a ver com isso, fosse ela pelo mais pobre ou pelo mais miserável, pois a caridade violenta a dignidade de seu objeto, domina sua consciência.

A ternura de De Sica tem uma qualidade bem particular, e por isso mesmo dificilmente se presta a qualquer generalização moral, religiosa ou política. As ambiguidades de *Milagre em Milão* e de *Ladrões de bicicleta* foram amplamente utilizadas pelos democratas cristãos ou pelos comunistas. Melhor assim: cabe às verdadeiras parábolas dar uma parte a todos. Não me parece que De Sica e Zavattini tentam dissuadir quem quer que seja. Não ousarei afirmar que a gentileza de De Sica tem mais valor "em si" que a terceira virtude teologal ou que a consciência de classe, mas vejo na modéstia de sua posição uma vantagem artística óbvia. Ela garante sua autenticidade e, ao mesmo tempo, lhe assegura sua universalidade. Essa inclinação ao amor é menos uma questão de moral que de temperamento pessoal e étnico. Uma propícia disposição natural que se desenvolveu num clima napolitano; eis o que concerne à autenticidade. Mas essas raízes psicológicas estão mais profundamente arraigadas do que as camadas de nossa consciência cultivadas pelas ideologias partidárias. Paradoxalmente, e devido à sua singular qualidade, a seu inimitável sabor, já que não foram catalogadas nos herbários dos moralistas e dos políticos, elas escapam à censura deles, e a gentileza napolitana de De Sica torna-se, graças ao cinema, a mais vasta mensagem de amor que nosso tempo teve a sorte de ouvir desde a de Chaplin. Se tivéssemos dúvida de sua importância, bastaria salientar a presteza com que a crítica partidária procurou anexá-la: que partido, com efeito, poderia deixar o amor para outro? Nossa época não tolera mais o amor livre. Mas já que todos podem reivindicar, com a mesma verossimilhança, sua propriedade, tudo isso é amor autêntico, amor ingênuo, que atravessa os muros das cidadelas ideológicas e sociais.

Rendamos graças a Zavattini e a De Sica pela ambiguidade de sua posição, e evitemos ver nisso uma habilidade intelectual, no país de Don Camillo, a preocupação totalmente negativa de dar garantias a todos para obter todos os carimbos da censura. Trata-se, ao contrário, de uma vontade positiva de poesia, o estratagema de um enamorado que se expressa através das metáforas de seu tempo, mas tomando o cuidado de escolhê-las para abrir todos os corações. Se fizeram tantas tentativas de exegese política de *Milagre em Milão*, foi porque as alegorias sociais de Zavattini não são a última instância de seu simbolismo, e porque os próprios símbolos são apenas alegoria do amor. Os psicanalistas nos ensinam que nossos sonhos são o contrário perfeito de uma livre manifestação de imagens. Se expressam algum desejo fundamental, mascarando-se de um duplo simbolismo, geral e individual, é para atravessar necessariamente o domínio do "superego". Mas essa censura não é negativa. Sem ela, sem a resistência que ela opõe à imaginação, o sonho não existiria. Só podemos considerar *Milagre em Milão* como a tradução, no plano de onirismo cinematográfico e através do simbolismo social da Itália contemporânea, do bom coração de Vittorio De Sica. Assim ficaria explicado o que há de aparentemente esquisito e inorgânico nesse filme estranho, cujas soluções de continuidade dramática e indiferença a qualquer lógica narrativa dificilmente poderiam ser compreendeendidas de outro modo.

———

Observemos, de passagem, o que o cinema deve ao amor pelas criaturas. Não conseguiríamos compreender inteiramente a arte de um Flaherty, de um Renoir, de um Vigo e, sobretudo, de um Chaplin se antes não procurássemos de que variedade particular de ternura, de que afeição sensual ou sentimental seus filmes são o espelho. Acredito que, mais do que qualquer outra arte, o cinema é a arte própria do amor. O próprio romancista, em suas relações com seus personagens, precisa mais de inteligência que de amor; sua maneira de amar é principalmente compreender. A arte de um Chaplin, transposta para a literatura, não poderia evitar um certo sentimentalismo; foi o que permitiu a um André Suarès, homem de letras por excelência, evidentemente impermeável à poesia cinematográfica, falar do "coração vil" de Carlitos; esse coração, porém, encontra no cinema a nobreza do mito. Cada arte, e cada fase da evolução de cada uma delas, tem sua escala de valores específica. A sensualidade terna e divertida de um Renoir, a outra mais dilacerante de um Vigo encontram na tela um tom e uma tônica que nenhum outro meio de expressão poderia lhes ter dado. Existe entre esses sentimentos e o cinema uma afinidade misteriosa que por vezes é negada aos maiores. Hoje, a não ser De Sica, ninguém pode reclamar a herança de Chaplin. Já observamos como, enquanto ator, há nele uma qualidade de presença, uma luz que metamorfoseia sorrateiramente o roteiro e os outros intérpretes, a ponto de não se poder pretender atuar diante de De Sica como se fosse qualquer outra pessoa atuando. Não conhecemos na França o intérprete brilhante dos filmes de Camerini. Foi preciso que ele se tornasse famoso como diretor para que seu nome fosse notado pelo público. Ele não tinha então um físico de galã, seu charme, porém, era patente, e quanto menos explicação tivesse, mais perceptível ele era. Mesmo sendo um simples ator nos filmes de outros cineastas, De Sica já é diretor, pois sua presença modifica o filme, influencia seu estilo. Um Chaplin concentra sobre si mesmo, em si mesmo, a irradiação de sua ternura, e isso faz com que a crueldade nem sempre esteja excluída de seu universo; muito pelo contrário, ela tem, com o amor, uma relação necessária e dialética, como podemos observar em *Monsieur Verdoux*. Carlitos é a própria bondade projetada no mundo. Ele está pronto para amar tudo, mas o mundo nem sempre lhe responde. Em compensação, parece que De Sica, diretor difunde em seus atores o amor potencial que possui como ator. Chaplin também escolhe seus atores com cuidado, mas é sabido que ele sempre o faz em relação a si mesmo, e para dar mais luz a seu personagem. A humanidade de Chaplin é encontrada em De Sica, mas universalmente repartida. De Sica tem o dom de comunicar uma intensidade de presença humana, uma graça desconcertante do rosto e do gesto que, em sua singularidade, testemunham irreversivelmente em favor do homem. Ricci (*Ladrões de bicicleta*), Totò (*Milagre em Milão*) e Umberto D, por mais afastados que estejam fisicamente de Chaplin e de De Sica, nos fazem contudo pensar neles.

———

Estaríamos enganados se pensássemos que o amor que De Sica tem pelo homem, e nos obriga a lhe manifestar, seja o equivalente de um otimismo. Se ninguém é realmente mau, se diante de cada homem singular somos obrigados a abandonar a acusação, como Ricci diante do ladrão, é preciso dizer então que o mal, que, no entanto, existe no mundo, não está no coração do homem, que está em algum lugar na ordem das coisas. Poderíamos dizer: na sociedade, e teríamos em parte razão. De certo modo, *Ladrões de bicicleta*, *Milagre em Milão* e *Umberto D* [1952] são requisitórios de caráter revolucionário. Sem o desemprego, a perda da bicicleta não seria uma tragédia. Mas é evidente que tal explicação política não dá conta de todo o drama. De Sica protesta contra a comparação de *Ladrões de bicicleta* com a obra de Kafka, sob pretexto de que a alienação de seu herói é social e não metafísica. É verdade, mas os mitos de Kafka não perdem nada de seu valor se os considerarmos como alegoria de certa alienação social. Não é necessário crer em um Deus cruel para sentir a culpa do senhor K. O drama, ao contrário, consiste nisso: Deus não existe, o último escritório do castelo está vazio. É essa, talvez, a tragédia específica do mundo moderno, a passagem para a transcendência de uma realidade social que dá à luz sua própria deificação. Os sofrimentos de Bruno e de Umberto D têm causas imediatas e visíveis, mas percebemos que há também um resíduo insolúvel, feito da complexidade psicológica e material das relações sociais, que nem a excelência das instituições, nem a boa vontade de nosso próximo são suficientes para fazer desaparecer. A natureza deste resíduo não é menos positiva e social, mas sua ação nasce, entretanto, de uma fatalidade absurda e imperativa. Vem daí, a meu ver, a grandeza e a riqueza do filme. Ele satisfaz duas vezes a justiça: através de uma descrição irrecusável da miséria do proletariado, mas também através do apelo implícito e constante de uma exigência humana que a sociedade, qualquer que ela seja, tem o dever de respeitar. Ele condena o mundo onde, para sobreviver, os pobres são obrigados a roubar entre si (a polícia defende muito bem os ricos), mas tal condenação necessária não é suficiente, pois não é apenas uma organização histórica dada que está em causa, ou uma conjuntura econômica particular, e sim a indiferença congênita do organismo social, enquanto tal, à aventura da felicidade individual. Ou então o paraíso terrestre estaria situado na Suécia, onde as bicicletas ficam dia e noite na rua. De Sica gosta demais dos homens, seus irmãos, para não desejar que todas as causas possíveis da miséria deles desapareçam, mas ele nos lembra também que a felicidade de cada homem é um milagre do amor, em Milão ou em outro lugar. Uma sociedade que não multiplica as ocasiões de sufocá-lo já é melhor que a que semeia o ódio, porém, nem a mais perfeita engendraria ainda o amor, que continua sendo um negócio privado, de homem para homem. Em que país seriam conservadas as tocas de coelhos em cima de um campo de petróleo? Em que outro a perda de um papel administrativo não seria tão angustiante quanto o roubo de uma bicicleta? Está na ordem da política conceber e promover as condições objetivas da felicidade individual, mas não faz parte de sua natureza respeitar suas condições subjetivas. E é aqui que o universo de De Sica esconde um certo pessimismo necessário e pelo qual nós nunca lhe seremos gratos o suficiente, porque nele reside o apelo às possibilidades do homem, o testemunho de sua última e irrefutável humanidade.

Falei do amor, poderia ter dito poesia. As duas palavras são sinônimas ou, pelo menos, complementares. A poesia não é senão uma forma ativa e criadora do amor, sua projeção sobre o universo. Embora estancada e devastada pela desordem social, a infância dos *sciuscias*[4] manteve o poder de transfor-

4 Meninos de rua que engraxavam sapatos de soldados americanos na Itália pós-guerra. Nome de um filme de De Sica. Em português *Vítimas da tormenta*. [N.T.]

mar sua miséria em sonho. Nas escolas primárias francesas ensina-se aos alunos: "Quem rouba um ovo rouba um boi". De Sica nos diz: "Quem rouba um ovo sonha com um cavalo". O poder milagroso de Totò, que lhe foi transmitido por sua avó adotiva, foi ter conservado da infância uma capacidade inesgotável de defesa poética; a *gag* que me parece mais significativa em *Milagre em Milão* é aquela na qual vemos Emma Gramatica se precipitar para o leite derramado. Qualquer outra pessoa criticaria a falta de iniciativa de Totò e limparia o leite com um pano, mas a precipitação da boa senhora não tem por objetivo senão transformar a pequena catástrofe num jogo maravilhoso, um riacho no meio de uma paisagem de seu tamanho. Até mesmo a tabuada de multiplicação, outro terror íntimo da infância, torna-se, graças à velhinha, um sonho. Totò urbanista batiza as ruas e as praças "4 × 4, 16" ou "9 × 9, 81", pois esses frios símbolos matemáticos são para ele mais bonitos que os nomes mitológicos. Mais uma vez pensamos em Carlitos; ele também deve ao espírito de infância seu extraordinário poder de transformar o mundo para um melhor uso. Quando a realidade lhe resiste, e ele não pode transformá-la materialmente, ele muda seu sentido. Assim, em *Em busca do ouro*, a dança dos pãezinhos, ou então os sapatos na marmita, com a pequena diferença de que Carlitos, sempre na defensiva, reserva esse poder de metamorfose unicamente para seu proveito, ou, no máximo, unicamente em prol da mulher que ele ama. Em Totò, ao contrário, ele irradia para os outros. Totò não pensa um só instante nas vantagens que poderia tirar da pomba, sua alegria se identifica com a que ele pode disseminar à sua volta. Quando já não pode fazer nada pelo próximo, ele ainda se transforma conforme várias imagens, ora mancando para o manco, ficando pequeno para o anão, cego para quem só tem um olho. A pomba é apenas mais uma possibilidade de realizar materialmente a poesia, pois a maioria dos homens precisa de algo que auxilie sua imaginação, mas Totò só sabe fazer alguma coisa com ela se for para o bem dos outros.

Zavattini me disse: "Sou como um pintor que diante de uma campina se pergunta por que folhinha deve começar". De Sica é o diretor ideal dessa profissão de fé. Existe a arte de pintar campinas como retângulos de cor. E também a dos autores dramáticos que dividem o tempo da vida em episódios que têm com o instante vivido a mesma relação que a folhinha tem com a campina. Para pintar cada folhinha é preciso ser o *douanier* Rousseau. No cinema é preciso ter pela criação o amor de um De Sica.

NOTA SOBRE *UMBERTO D*

Até o dia em que vi *Umberto D*, eu considerava *Ladrões de bicicleta* o limite extremo do neorrealismo quanto à concepção da narrativa. Hoje, parece-me que *Ladrões de bicicleta* ainda está longe do ideal do tema zavattiniano. Não que eu considere *Umberto D* "superior". A inegável superioridade de *Ladrões de bicicleta* continua sendo a reconciliação paradoxal de valores radicalmente contraditórios: a liberdade do fato e o rigor da narrativa. Os autores, porém, só obtiveram essa reconciliação sacrificando a própria continuidade da realidade. Em *Umberto D*, várias vezes vislumbramos o que seria um cinema verdadeiramente realista quanto ao tempo. Um cinema da "duração".

Devemos precisar que essas experiências de "tempo contínuo" não são de modo algum originais no cinema. Em *Festim diabólico*, por exemplo, Alfred Hitchcock realizou um filme de noventa minutos sem interrupção. Trata-se, porém, de uma "ação", como no teatro. O verdadeiro problema não se apresenta em relação à continuidade da película exposta, mas em relação à estrutura temporal do acontecimento.

Se *Festim diabólico* pôde ser rodado sem mudanças de plano, sem que a filmagem fosse interrompida, e mesmo assim proporcionar um espetáculo dramático, foi porque os acontecimentos já estavam ordenados na obra teatral conforme um tempo artificial: o tempo do teatro (como há o da música ou o da dança).

Em pelo menos duas cenas de *Umberto D* os problemas do tema e do roteiro se apresentam de modo totalmente diferente. Trata-se ali de tornar espetacular e dramático o próprio tempo da vida, a duração natural de um ser a quem nada de particular acontece. Penso especialmente no momento em que Umberto D vai se deitar, quando ele entra no quarto e pensa que está com febre, e, sobretudo, no despertar da empregada. Essas duas sequências constituem provavelmente a performance limite de um certo cinema, no plano daquilo que poderíamos chamar de "o tema invisível", ou seja, totalmente dissolvido no fato que ele provocou, ao passo que, quando um filme é tirado de uma "história", esta permanece distinta, como um esqueleto sem músculos; podemos sempre "contar o filme".

A função do tema não é aqui menos essencial, mas faz parte de sua natureza ser totalmente reabsorvida pelo roteiro. Se quisermos, o tema existe *antes*, ele já não existe *depois*. Depois, só há o fato que ele próprio previu. Se eu quiser contar o filme a alguém que não o viu, o que faz, por exemplo, Umberto D no quarto ou Maria, a empregada, na cozinha, o que me resta para dizer? Uma poeira impalpável de gestos sem significação, em que meu interlocutor não poderá ter a menor ideia da emoção que invade o espectador. O tema foi sacrificado de antemão, como a cera perdida na fundição do bronze.

No plano do roteiro, esse tipo de tema corresponde a um roteiro inteiramente fundado no comportamento do ator. Já que o verdadeiro tempo da narrativa não é o do drama, mas a duração concreta do personagem, essa objetividade só pode se traduzir em *mise-en-scène* (roteiro e ação) através de uma subjetividade absoluta. Quero dizer que o filme se identifica absolutamente com aquilo que o ator faz, e somente com isso. O mundo exterior encontra-se reduzido ao papel acessório dessa ação pura que se basta a si mesma, como algas que, sem ar, produzem o oxigênio de que precisam. O ator que representa uma determinada ação, que "interpreta um papel", se dirige sempre em parte a si próprio, pois se refere mais ou menos a um sistema de convenções dramáticas geralmente admitidas e ensinadas nos conservatórios. Tais convenções não o ajudam em nada aqui: ele está inteiramente nas mãos do diretor nessa imitação total da vida.

É claro que *Umberto D* não é um filme perfeito como *Ladrões de bicicleta*. Mas há uma justificativa para tal diferença: sua ambição era superior. Menos perfeito no conjunto, porém, certamente, mais perfeito e mais puro em certos fragmentos: aqueles em que De Sica e Zavattini se mostram inteiramente fiéis à estética neorrealista. Por isso não se deve acusar *Umberto D* de não sei que sentimentalismo fácil, de que apelo pudico à caridade social. As qualidades e até os defeitos do filme estão além das categorias morais ou políticas. Trata-se de um "relatório" cinematográfico, de uma constatação desconcertante e irrefutável sobre a condição humana. Podemos ou não apreciar que tal relatório seja feito sobre a vida de um pequeno funcionário que vive numa pensão familiar, ou sobre a de uma jovem empregada grávida, mas é certo, em todo caso, que o que acabamos de saber sobre o velho ou sobre a menina, através de seus infortúnios acidentais, diz respeito, antes de tudo, à condição humana. Não hesitarei em afirmar que o cinema raramente foi tão longe na tomada de consciência do fato de ser homem. (E também, afinal de contas, do fato de ser cachorro.)

A literatura dramática nos deu, até agora, um conhecimento sem dúvida exato da alma humana, mas no que diz respeito ao homem ela tem quase a mesma relação que a física clássica tem com a matéria: o que os cientistas chamam de macrofísica, que só vale para os fenômenos de certa escala. E é claro que

Umberto D, de Vittorio De Sica.

o romance dividiu ao extremo esse conhecimento. A física sentimental de Proust é microscópica. Mas a matéria dessa microfísica do romance é interior: é a memória. O cinema não substitui necessariamente o romance nessa busca do homem, mas é superior a ele em pelo menos um ponto: o de apreender o homem apenas no presente. Ao "tempo perdido e reencontrado" de Marcel Proust corresponde, de certa forma, o "tempo descoberto" de Zavattini; este é, no cinema contemporâneo, algo como o Proust do presente do indicativo.

UMA GRANDE OBRA: *UMBERTO D*

Milagre em Milão só provocou discórdia;[1] a originalidade do roteiro, a mistura do fantástico e do cotidiano, o gosto de nossa época pela criptografia política tinham provocado, em torno dessa obra insólita, na ausência do entusiasmo geral que acolheu *Ladrões de bicicleta*, uma espécie de sucesso de escândalo (cujo mecanismo foi perfeitamente desmontado, com um humor implacável, por Micheline Vian, em um excelente artigo de *Les Temps Modernes*). Em torno de *Umberto D* organiza-se uma conspiração do silêncio, uma reticência amuada e ferrenha que faz com que as próprias coisas boas que se pôde escrever parecem condenar o filme a uma estima sem eco, enquanto uma espécie de rabugice surda, de desprezo (inconfesso devido ao passado glorioso dos autores), anima secretamente a hostilidade de mais de um crítico. Não haverá sequer uma polêmica *Umberto D.*

Trata-se, no entanto, de um dos filmes mais revolucionários e mais corajosos não somente do cinema italiano como também da produção europeia dos últimos dois anos, de uma pura obra-prima que a história do cinema certamente consagrará, embora, no momento, não sei que distração ou que cegueira daqueles que gostam do cinema o deixem afundar na mediocridade de uma estima reticente e ineficaz. Que o público faça fila para ver *Essas mulheres* [*Adorables Créatures*, de Christian-Jaque, 1952] ou *Fruto proibido* [*Le Fruit défendu*, de Henri Verneuil, 1952], isso se deve ao fechamento dos prostíbulos, mas, de todo modo, deve haver em Paris alguns milha-

1 Texto publicado originalmente em *France-Observateur*, out. 1952.

res de espectadores que esperam outros prazeres do cinema. Será que, para vergonha do público parisiense, *Umberto D* terá de sair de cartaz antes do tempo previsto?

A principal causa dos mal-entendidos sobre *Umberto D* está na comparação com *Ladrões de bicicleta*. Dirão, com alguma aparência de razão, que, depois do parênteses poético de *Milagre em Milão*, De Sica "volta ao neorrealismo". É verdade, mas com a condição de acrescentar que a perfeição de *Ladrões de bicicleta* era apenas um ponto de partida, e não um ponto final. Precisava-se de *Umberto D* para compreender o que, no realismo de *Ladrões de bicicleta*, constituía ainda uma concessão à dramaturgia clássica. De modo que o que decepciona em *Umberto D* é, antes de tudo, o abandono de todas as referências ao espetáculo cinematográfico tradicional.

É claro que, se retivermos apenas o tema do filme, podemos reduzi-lo às aparências de um melodrama populista com pretensões sociais, um pleito sobre a condição das classes médias: um aposentado reduzido à miséria desiste do suicídio por não conseguir um lugar para seu cachorro ou por falta de coragem para matá-lo também. Mas esse episódio final não é a conclusão patética de um encadeamento dramático dos acontecimentos. Se a ideia clássica de "construção" ainda tem aqui algum sentido, a sucessão dos fatos relatados por De Sica responde, entretanto, a uma necessidade que nada tem de dramática. Que relação causal estabelecer entre uma angina benigna que Umberto D vai tratar no hospital, o fato de ser despejado pela proprietária e sua ideia de suicídio?

Com ou sem angina, ele iria ser despejado. Um "autor dramático" teria feito da angina uma doença grave para estabelecer uma relação lógica e patética entre os dois acontecimentos. Aqui, ao contrário, a estadia no hospital quase não é justificada objetivamente pela saúde de Umberto D e, longe de contribuir para nos enternecer com sua sina, ela constitui antes um episódio alegre. E, aliás, a questão não é essa. Não é a pobreza material que desespera Umberto D, ela contribui para isso, é claro, e de maneira decisiva, mas apenas na medida em que lhe revela sua solidão. Os poucos serviços de que Umberto D precisa são o bastante para que suas raras relações se afastem dele. Quando fala da classe média, é também sua miséria secreta, seu egoísmo e falta de solidariedade que o filme mostra. O herói avança passo a passo na solidão: a pessoa mais próxima dele, a única que tem algum carinho eficaz por ele, é a jovem empregada da proprietária, mas sua gentileza e boa vontade não podem prevalecer diante de suas próprias preocupações de futura mãe solteira. Do lado dessa única amizade, só há também motivo de desespero.

Já estou caindo, porém, nos conceitos críticos tradicionais a propósito de um filme cuja originalidade quero provar. Se, tomando certa distância da história, podemos ainda distinguir ali uma geografia dramática, uma evolução geral dos personagens, uma determinada convergência dos acontecimentos, isso só acontece *a posteriori*. Mas a unidade da narrativa do filme não é o episódio, o acontecimento, a surpresa, o caráter dos protagonistas, ela é a sucessão dos instantes concretos da vida, sendo que não se pode dizer que um é mais importante que o outro: já que a igualdade ontológica deles destrói, em seu próprio princípio, a categoria dramática. Uma sequência prodigiosa, que permanecerá como um dos ápices do cinema, ilustra perfeitamente essa concepção da narrativa, e logo, da *mise-en-scène*: é o despertar da empregada que a câmera se limita a olhar em suas mínimas ocupações matinais: rodando, ainda sonolenta, na cozinha, jogando água nas formigas que invadem a pia, moendo o café... O cinema torna-se aqui o contrário dessa "arte da elipse" à qual facilmente gostamos de acreditar que ele está fadado.

A elipse é um processo de narrativa lógica e portanto abstrata; supõe análise e escolha, organiza os fatos conforme o sentido dramático ao qual eles devem se submeter. De Sica e Zavattini procuram, ao contrário, dividir o acontecimento em acontecimentos menores e estes em acontecimentos menores ainda, até o limite de nossa sensibilidade pela duração. Assim, a unidade-acontecimento num filme clássico seria o "despertar da empregada": dois ou três planos breves seriam suficientes para significá-lo. A essa unidade de narrativa, De Sica substitui uma sequência de acontecimentos menores: o despertar, a travessia do corredor, a inundação das formigas etc. Observemos, porém, mais um deles. Vemos o fato de moer café se dividir, por sua vez, numa série de momentos autônomos, como o fechar da porta com a ponta do pé esticado. Quando a câmera segue, aproximando-se dela, o movimento da perna, serão as apalpadelas dos dedos dos pés na madeira que se tornarão finalmente o objeto da imagem.

Será que já disse aqui que o sonho de Zavattini é fazer um filme contínuo com noventa minutos da vida de um homem a quem nada aconteceria? Para ele é isso o "neorrealismo". Duas ou três sequências de *Umberto D* fazem mais que deixar entrever o que poderia ser esse filme: elas já são alguns de seus fragmentos realizados. Não nos enganemos, porém, sobre o sentido e o alcance que tem aqui a noção de realismo. Trata-se, sem dúvida, para De Sica e Zavattini, de fazer do cinema a assíntota da realidade. Mas para que, em última instância, a própria vida se transforme em espetáculo, para que, nesse puro espelho, seja finalmente vista como poesia. Tal como em si mesma, enfim, o cinema a transforma.

CABÍRIA, OU A VIAGEM AOS CONFINS DO NEORREALISMO

Não sei, no momento em que escrevo este artigo, qual será a acolhida reservada ao último filme de Fellini.[1] Desejo que seja à altura de meu entusiasmo, mas não posso ignorar que ele poderá encontrar duas categorias de espectadores reticentes. A primeira estaria entre o segmento popular do público, entre aqueles que simplesmente ficariam decepcionados com a história, com a mistura de algo insólito com uma aparente ingenuidade quase melodramática. A prostituta de grande coração só lhes parecerá aceitável como tempero de série *noir*. A outra pertenceria à "elite", felliniana um pouco a contragosto. Obrigada a admirar *A estrada da vida* [*La strada*, 1954] e mais ainda *A trapaça* [*Il bidone*, 1955], por causa de sua austeridade e de seu lado de filme maldito; estou esperando que ela acuse *Noites de Cabíria* [*Le notti di Cabiria*, 1957] de ser um filme bem-feito demais, em que quase nada é deixado ao acaso, um filme esperto e hábil. Deixemos de lado a primeira objeção, que não traz sérias consequências senão do ponto de vista das bilheterias. A segunda merece ser refutada com mais minúcia.

É verdade que a menor surpresa sentida em *Noites de Cabíria* não é que, pela primeira vez, Fellini soube amarrar um roteiro com as mãos de mestre, uma ação sem falhas, sem lenga-lenga e sem lacunas, na qual ele não poderia fazer os terríveis cortes e as retificações de montagem às quais foram sub-

1 Texto publicado originalmente em *Cahiers du Cinéma*, n.76, nov. 1957, pp. 2-7.

metidos *A estrada da vida* e *A trapaça.*[2] É claro que *Abismo de um sonho* [*Lo sceicco bianco*, 1952] e até mesmo *Os boas-vidas* [*I vitelloni*, 1953] não foram construídos de modo desastroso, sobretudo, porque neles a temática especificamente felliniana se expressava no âmbito de roteiros relativamente tradicionais. Com *A estrada da vida*, as últimas muletas são abandonadas, a história já não é determinada pelos temas e pelos personagens, ela não tem mais nada a ver com o que se chama de uma trama, talvez nem a palavra "ação" lhe possa ser aplicada! É o que acontece também com *A trapaça*.

Não que Fellini tenha desejado retornar aos álibis dramáticos de seus primeiros filmes, muito pelo contrário. *Noites de Cabíria* situa-se para além de *A trapaça*, mas as contradições entre o que chamarei de a temática vertical do autor e as exigências "horizontais" do relato estão, dessa vez, perfeitamente resolvidas. É no interior do sistema felliniano, e só nele, que as soluções foram encontradas. Isso não impede que nos enganemos e tomemos essa deslumbrante perfeição por uma facilidade, quando não por uma traição. Eu não negaria, aliás, que, nesse ponto ao menos, Fellini tenha usado um pouco de trapaça consigo mesmo: não cria ele um efeito de surpresa com o personagem de François Périer, cuja inclusão me parece, aliás, um erro? Ora, é evidente que qualquer efeito de "suspense", ou apenas qualquer efeito "dramático" é essencialmente heterogêneo ao sistema felliniano, no qual o tempo não poderia servir de suporte abstrato e dinâmico, de panorama *a priori* para a estrutura da narrativa. Em *A estrada da vida*, como em *A trapaça*, o tempo existe somente como meio amorfo dos aci-

2 Os fatos, infelizmente, me desmentem: a versão original projetada em Paris apresenta pelo menos um longo corte em relação à de Cannes, justamente o do "visitante de São Vicente de Paula" evocado mais adiante. Mas vimos como Fellini se deixou facilmente convencer – se é que foi responsável por esse corte – da "inutilidade" de sequências no mais das vezes notáveis.

dentes que modificam, sem necessidade externa, o destino dos heróis. Os acontecimentos não "ocorrem", mas caem ali, ou surgem dali, vale dizer, sempre segundo uma gravidade vertical e de modo algum para obedecer às leis de uma causalidade horizontal. Quanto aos personagens, eles só existem e mudam com referência a uma pura duração interior, que sequer qualificarei de bergsoniana, na medida em que a dos "Dados imediatos da consciência" está impregnada de psicologismo. Evitemos, é o que pretendo fazer, os termos vagos do vocabulário espiritualista. Não vamos dizer que a transformação dos heróis se efetua em suas almas. Mas é preciso ao menos que seja naquela profundeza do ser onde a consciência só envia raras raízes. Não a do inconsciente ou do subconsciente, mas, antes, lá onde se desenvolve o que Jean-Paul Sartre chama "o projeto fundamental", no âmbito da ontologia. Por isso o personagem felliniano não evolui: ele amadurece ou, em última análise, se metamorfoseia (daí a metáfora das asas do anjo, sobre a qual logo mais voltarei a falar).

UM FALSO MELODRAMA

Limitemo-nos, por enquanto, à feitura do roteiro. Abandono e, portanto, repudio a mudança brusca de Oscar, trapaceiro retardado, em *Noites de Cabíria*. Fellini, aliás, deve ter percebido seu pecado, pois, para consumá-lo até o fim, não hesitou em fazer François Périer usar óculos escuros, quando ele vai virar "mau". E daí?! É uma concessão mínima, e é fácil perdoá-la, já que Fellini dessa vez está preocupado em evitar os perigos extremos a que a decupagem sinuosa e por demais liberal de *A trapaça* o tinha conduzido.

Ainda mais que ela é a única e que, para todo o resto, Fellini soube dar a seu filme a tensão e o rigor de uma tragédia, sem recorrer a categorias alheias a seu universo. Cabíria, a prostitutazinha de alma simples, cheia de esperanças, não é um personagem do repertório melodramático, pois as motivações de seu desejo de "sair daquilo" nada têm a ver com as ideias da moral ou da sociologia burguesa, pelo menos enquanto tais. Ela não despreza de modo algum sua profissão. E se existissem cafetões de coração puro capazes de compreender as pessoas e de encarnar, nem tanto o amor, mas a confiança na vida, ela provavelmente não veria nenhuma incompatibilidade entre suas esperanças e suas atividades noturnas. Ela não deve uma de suas maiores alegrias, seguida de uma decepção ainda maior, ao encontro casual com uma famosa estrela de cinema que, por bebedeira e dor de cotovelo, vai levá-la a seu suntuoso apartamento? Algo que faria suas amigas morrerem de inveja. Mas a aventura acaba de modo lamentável, e é, no fundo, porque na prática a profissão de prostituta só traz decepções que ela deseja, mais ou menos conscientemente, sair dela graças ao amor impossível de um rapaz honesto que não lhe peça nada. Se aparentemente chegamos, portanto, a uma típica conclusão do melodrama burguês, isso acontece, em todo caso, por caminhos bem diferentes.

Noites de Cabíria, como *A estrada da vida*, *A trapaça* (e, no fundo, como *Os boas-vidas*), é a história de uma ascese, de um despojamento e, deem a isso o sentido que quiserem, de uma salvação. A beleza e o rigor de sua construção procedem, dessa vez, da perfeita economia dos episódios. Cada um deles, como disse acima, existe por e para si mesmo, como um acontecimento singular e pitoresco, mas agora eles participam de uma ordem que, retrospectivamente, sempre se revela como absolutamente necessária. Da espera à esperança, tocando o fundo da traição, do escárnio e da miséria, Cabíria segue um caminho cujas paradas a preparam para a etapa seguinte. Pensando bem, até mesmo o encontro com o benfeitor dos mendigos, cuja intrusão me parece à primeira vista um admirável achado felliniano, revela-se necessário para fazer Cabíria mais adiante cair na armadilha da confiança: pois, se tais homens existem, todos os milagres são possíveis e, com ela, não ficaremos desconfiados com o aparecimento de Périer.

Não quero repetir mais uma vez tudo o que já foi escrito sobre a mensagem felliniana. Aliás, ela é sensivelmente a mesma desde *Os boas-vidas*, sem que essa repetição seja, naturalmente, o sinal de uma esterilidade. Muito pelo contrário, a variedade é a marca dos "diretores", a unidade de inspiração designa os verdadeiros "autores". Talvez eu possa, porém, à luz dessa nova obra-prima, tentar elucidar um pouco mais a essência do estilo de Fellini.

UM REALISMO DAS APARÊNCIAS

Em primeiro lugar, é absurdo e derrisório pretender excluí-lo do neorrealismo. Efetivamente, só poderíamos proferir tal condenação em nome de critérios puramente ideológicos. É verdade que embora o realismo felliniano seja social em seu ponto de partida, ele não o é em seu objeto, que é sempre tão individual quanto em Tchekhov ou Dostoiévski. O realismo, mais uma vez, não se define pelos fins, mas pelos meios, e o neorrealismo, por uma determinada relação dos meios com os fins. O que De Sica tem em comum com Rossellini e Fellini não é obviamente a significação profunda de seus filmes – mesmo se acontece de essas significações mais ou menos coincidirem –, mas a primazia dada, tanto em uns quanto nos outros, à representação da realidade sobre as estruturas dramáticas. Mais precisamente, o cinema italiano substituiu um "realismo" que procede a um só tempo do naturalismo romanesco, pelo conteúdo, e do teatro, pelas estruturas, por um realismo, digamos, para encurtar, "fenomenológico", onde a realidade não é corrigida em função da psicologia e das exigências do drama. A relação entre o sentido e a aparência foi, de certo modo, invertida: esta sempre nos é proposta como uma descoberta singular, uma revelação quase documentária que conserva seu peso de pitoresco e de detalhes. A arte do diretor reside, pois, em seu talento para fazer surgir o sentido desse acontecimento, pelo menos aquele que ele lhe atribui, sem com isso acabar com as ambiguidades. O neorrealismo assim definido não é, portanto, de modo algum propriedade de uma determinada ideologia, ou mesmo de um determinado ideal, tampouco exclui algum outro, exatamente como a realidade não exclui o que quer que seja.

Tenho tendência a pensar que Fellini é o diretor que vai mais longe, hoje, na estética do neorrealismo, tão longe que a atravessa e se encontra do outro lado.

Consideremos, antes de tudo, a que ponto a *mise-en-scène* felliniana está livre de qualquer sequela psicológica. Seus personagens nunca se definem por seu "caráter", mas exclusivamente por sua aparência. Evito deliberadamente o termo "comportamento", que se tornou restrito demais, pois a maneira de agir dos personagens é apenas um elemento de nosso conhecimento. Nós os apreendemos através de muitos outros signos, não somente, é óbvio, através do rosto, do andar, de tudo o que faz do corpo a crosta do ser, mais ainda, porém, talvez pelos indícios mais exteriores, na fronteira do indivíduo e do mundo, como o cabelo, o bigode, a roupa, os óculos (único acessório que Fellini chega a usar e abusar até ele se tornar um truque). Depois, indo mais além ainda, é o cenário que tem um papel, não certamente em um sentido expressionista, mas ao estabelecer acordos e desacordos entre o meio e o personagem. Penso especialmente nas extraordinárias relações de Cabíria com o panorama inusitado onde Nazzari a levou: cabaré e apartamento luxuoso...

DO OUTRO LADO DAS COISAS

É aqui, porém, que tocamos a fronteira do realismo e que, indo ainda mais longe, Fellini nos leva para o outro lado. Tudo se passa, com efeito, como se, tendo chegado a esse grau de interesse pelas aparências, percebêssemos agora os personagens, não mais entre os objetos, mas por transparência, através deles. Quero dizer que, insensivelmente, o mundo passou da significação à analogia, e depois da analogia à identificação com o sobrenatural. Lamento tal palavra equívoca que o leitor pode substituir, a gosto, por poesia, surrealismo, magia ou qualquer outro termo que expresse a concordância secreta das coisas com um duplo invisível de que são, por assim dizer, apenas o esboço.

Um exemplo, entre outros, desse processo de "sobrenaturalização", está na metáfora do anjo. Desde seus primeiros filmes, Fellini é obcecado pela angelização de seus personagens, um pouco como se o estado angelical fosse, no universo felliniano, a referência última, a medida do ser. Podemos seguir seu curso explícito ao menos a partir de *Os boas-vidas*: para o Carnaval, Sordi se fantasia de anjo da guarda; um pouco mais tarde, como que por acaso, é uma estátua de anjo de madeira esculpida que Fabrizzi furta. Essas alusões, porém, são diretas e concretas. Mais sutil, e ainda mais interessante por ser provavelmente inconsciente, é a imagem em que vemos o frade que desceu da árvore onde trabalhava, carregando nas costas um comprido feixe de galhos. Esse gesto não era nada além de uma alegre notação realista, talvez até mesmo para Fellini, até vermos, no final de *A trapaça*, Augusto agonizando na beira da estrada: ele percebe, na luz enevoada do amanhecer, um cortejo de crianças e camponeses, carregando nas costas feixes de galhos: são anjos que passam! Será preciso lembrar também, no mesmo filme, a maneira como Picasso desce uma rua fazendo asinhas com sua capa de chuva. É também o mesmo Richard Basehart que aparece a Gelsomina como uma criatura sem peso, brilhando sobre seu fio aéreo na luz dos projetores.

A simbologia felliniana é inesgotável e é bem provável que a obra inteira poderia ser estudada unicamente desse ponto de vista.[3] Seria apenas importante situá-la na lógica neorrealista, pois podemos ver que tais associações de objetos e personagens, através dos quais o universo de Fellini se constitui, só tiram seu valor e preço do realismo, ou, melhor dizendo, talvez, do objetivismo da notação. Não é de modo algum para parecer um anjo que o frade carrega daquele modo o feixe, mas bastaria ver a asa nos galhos para o velho frade se metamorfosear em um. Podemos dizer que Fellini não contradiz o realismo, tampouco o neorrealismo, mas, antes, que ele o realiza superando-o, numa reorganização poética do mundo.

REVOLUÇÃO DA NARRATIVA

Fellini renova igualmente no plano da narrativa. Desse ponto de vista, o neorrealismo é também, sem dúvida, uma revolução da forma orientada para o fundo. A primazia do acontecimento sobre o enredo levou, por exemplo, De Sica e Zavattini a substituir este último por uma microação, feita de uma atenção, indefinidamente dividida, pela complexidade do acontecimento mais banal. Ao mesmo tempo, toda hierarquia, de procedência psicológica, dramática ou ideológica, entre os acontecimentos era condenada. Não que o diretor deva naturalmente renunciar a escolher o que ele decide nos mostrar, e sim porque tal escolha já não se dá mais com referência a uma organização dramática *a priori*. A sequência importante pode também ser, dentro dessa nova perspectiva, uma longa sequência "que não serve para nada", de acordo com os critérios do roteiro tradicional.[4]

No entanto, mesmo em *Umberto D*, que talvez represente a experimentação extrema dessa nova dramaturgia, a evolução

3 Cf. o artigo de Dominique Aubier, *Cahiers du Cinéma*, t. IX, n. 49, jul. 1955, pp. 3-9.

4 É o caso da sequência cortada.

do filme segue um fio invisível. Fellini parece ter concluído a revolução neorrealista, inovando o roteiro sem qualquer encadeamento dramático, fundado exclusivamente sobre a descrição fenomenológica dos personagens. Em Fellini, são as cenas de ligação lógica, as peripécias "importantes", as grandes articulações dramáticas do roteiro que servem de *raccords*, e são as longas sequências descritivas, aparentemente sem incidência sobre o desenrolar da "ação", que constituem as cenas de fato importantes e reveladoras. São, em *Os boas-vidas*, as perambulações noturnas, os passeios bobos na praia; em *A estrada da vida*, a visita ao convento; em *A trapaça*, a noitada no cabaré ou o réveillon. É quando *não agem* que os personagens fellinianos mais se revelam, com sua *agitação*, ao espectador.

Se há, contudo, nos filmes de Fellini, tensões e paroxismos que não deixam nada a desejar ao drama e à tragédia, é porque os acontecimentos criam ali, na falta da causalidade dramática tradicional, fenômenos de analogia e eco. O herói felliniano não chega à crise final, que o destrói e salva, pelo encadeamento progressivo do drama, mas porque as circunstâncias pelas quais ele é surpreendido acumulam-se nele, como a energia das vibrações num corpo em ressonância. Ele não evolui, mas se converte, tombando, finalmente, como icebergs, cujo centro de flutuação se deslocou invisivelmente.

OLHOS NOS OLHOS

Gostaria, para concluir, e concentrar numa observação a inquietante perfeição de *Noites de Cabíria*, de analisar a última imagem do filme, que me parece no conjunto a mais audaciosa e mais forte de Fellini. Cabíria, despojada de tudo, de seu dinheiro, de seu amor, de sua fé, encontra-se, exausta, num caminho sem esperança. Surge um grupo de rapazes e moças que cantam e dançam enquanto caminham, e Cabíria, do fundo de seu vazio, remonta lentamente para a vida; começa de novo a sorrir e logo a dançar. Percebemos o que esse final poderia ter de artificial e de simbólico se, pulverizando as objeções de verossimilhança, Fellini não soubesse, graças a uma ideia de *mise-en-scène* absolutamente genial, fazer com que seu filme passasse para um plano superior, identificando-nos de repente com sua heroína. Muitas vezes se mencionou Chaplin ao se falar de *A estrada da vida*, mas nunca fiquei muito convencido com a comparação, difícil de engolir, entre Gelsomina e Carlitos. A primeira imagem, não é apenas digna de Chaplin, mas equivalente a seus achados mais belos, é a última de *Noites de Cabíria*, quando Giulietta Masina se volta para a câmera e seu olhar encontra o nosso. Só Chaplin, acredito, na história do cinema, soube fazer uso sistemático desse gesto que todas as gramáticas do cinema condenam. E, sem dúvida, ele seria inoportuno se Cabíria, pregando os olhos nos nossos, se dirigisse a nós como uma mensageira da verdade. Mas o suprassumo desse traço de *mise-en-scène*, e o que me faz falar de genialidade, é que o olhar de Cabíria passa várias vezes pela objetiva da câmera sem nunca parar. As luzes da sala são acesas sobre essa ambiguidade maravilhosa. Cabíria é, sem dúvida, a heroína das aventuras que viveu diante de nós, em algum lugar atrás da tela, mas é também, agora, aquela que nos convida com o olhar a segui-la na estrada que toma. Convite pudico, discreto, bastante incerto para que possamos fingir acreditar que ela se dirigia para outro lugar; bastante certo e direto também para nos arrancar de nossa posição de espectadores.

DEFESA DE ROSSELLINI

Carta a Aristarco, redator-chefe de Cinema Nuovo[1]

Meu caro Aristarco,

Há muito tempo quero escrever este artigo e recuo meses a fio diante da importância do problema e de suas múltiplas implicações. Tenho também consciência de meu despreparo teórico em relação à seriedade e à perseverança com as quais a crítica italiana de esquerda estuda e aprofunda o neorrealismo. Embora eu tenha aclamado o neorrealismo italiano desde que ele chegou à França, e nunca deixado, desde então, de acreditar nele, de lhe dedicar o melhor de minha atenção de crítico, não posso pretender opor à sua uma teoria coerente e situar o fenômeno neorrealista na história da cultura italiana de modo tão completo como você o faz. Acrescente a isso o fato de sempre haver algum risco de ridículo em parecer querer dar lição aos italianos sobre seu próprio cinema e você terá as principais razões que me fizeram tardar em responder mais cedo à sua proposta de discutir, no seio de *Cinema Nuovo*, as posições críticas de sua equipe e as suas próprias sobre algumas obras recentes.

Gostaria ainda de lhe lembrar, antes de entrar no vivo do debate, que as divergências internacionais são frequentes, até mesmo entre críticos de uma mesma geração, que, aliás, tudo parece aproximar. Tivemos a experiência disso, por exemplo, nos *Cahiers du Cinéma*, com a equipe de *Sight and Sound*, e confesso, sem pudor, que foi em parte a grande estima que Lindsay Anderson tinha por *Amores de apache* [*Casque d'or*, 1952], de

1 Texto publicado originalmente em *Cinema Nuovo*, n. 63, 25/08/1955 (A presente tradução foi feita a partir de sua versão francesa. [N.T.]).

Jacques Becker, filme que foi um fracasso na França, que me levou a reconsiderar minha própria opinião e a descobrir no filme virtudes secretas que haviam me escapado. É verdade que a opinião estrangeira às vezes também se engana por desconhecimento do contexto da produção. Por exemplo, o sucesso fora da França de alguns filmes de Duvivier ou de Pagnol está fundado evidentemente sobre um mal-entendido. Admiram neles uma determinada interpretação da França que parece, no exterior, maravilhosamente exemplar, e confundem esse exotismo com o valor puramente cinematográfico do filme. Reconheço que tais divergências não são de modo algum fecundas e presumo que o sucesso no exterior de certos filmes italianos que vocês têm razão de desprezar se deve ao mesmo mal-entendido. Não creio, entretanto, que, no essencial, seja o caso dos filmes que nos opõem, tampouco do neorrealismo em geral. Antes de tudo, você reconheceria que a crítica francesa não estava errada quando, no início, se entusiasmou mais do que a crítica italiana com os filmes que são hoje a glória incontestável de ambos os lados dos Alpes. No que me diz respeito, orgulho-me de ser um dos raros críticos franceses que sempre identificaram o renascimento do cinema italiano com o "neorrealismo", mesmo na época em que era de bom-tom proclamar que essa expressão não significava nada, e continuo ainda hoje pensando que essa palavra ainda é a mais apropriada para designar o que há de melhor e de mais fecundo na escola italiana.

Mas é também por isso que me inquieto com a maneira pela qual você o defende. Será que me atreverei a lhe dizer, caro Aristarco, que a severidade de *Cinema Nuovo* em relação a certas tendências consideradas por vocês como involuções no neorrealismo me faz recear que vocês estejam cerceando, sem o saber, a matéria mais viva e mais rica de seu cinema? Embora minha admiração pelo cinema italiano seja bastante eclética, concordo com algumas críticas bem severas feitas por vocês. Que o sucesso, na França, de *Pão, amor e ciúme* [*Pane, amore e gelosia*, de Luigi Comencini, 1954] os irrite, eu posso compreender, a reação de vocês é parecida com a minha em relação ao sucesso dos filmes de Duvivier sobre Paris. Em contrapartida, quando os vejo criar caso com o cabelo desgrenhado de Gelsomina ou tratar como abaixo da crítica o último filme de Rossellini, sou forçado a achar que, sob pretexto de integridade teórica, vocês contribuem para esterilizar certos ramos mais vivos e mais promissores do que insisto em chamar de neorrealismo.

Vocês me falam de sua surpresa diante do sucesso relativo de *Viagem à Itália* [*Viaggio in Italia*, de Roberto Rossellini, 1954] em Paris, e principalmente diante do entusiasmo quase unânime da crítica francesa. Quanto ao *A estrada da vida*, você conhece bem seu sucesso. Esses dois filmes vêm relançar oportunamente, não apenas no interesse do público, mas também na estima dos intelectuais, o cinema italiano que já vinha perdendo velocidade há um ou dois anos. O caso dos dois filmes é, por diversas razões, diferente. Penso, no entanto, que, longe de terem sido sentidos aqui como uma ruptura com o neorrealismo, e menos ainda como uma involução, eles nos deram a sensação de invenção criativa, mas continuando na linha direta da genialidade da escola italiana. Vou tentar explicar por quê.

Antes, porém, confesso que me repugna a ideia de um neorrealismo definido exclusivamente em relação a um único de seus aspectos presentes e que limita *a priori* as virtualidades de suas evoluções futuras. Talvez seja porque eu tenha uma cabeça muito teórica. Mas acredito, antes, que seja por minha preocupação em deixar à arte sua liberdade natural. Nos períodos de esterilidade, a teoria é fecunda para analisar as causas da seca e organizar as condições do renascimento, mas quando se tem a sorte de assistir à admirável floração do cinema italiano há dez anos, não seria mais perigoso do que vantajoso lançar exclusões teóricas? Não que não se deva ser severo; ao contrário, a exigência e o rigor crítico me parecem muito necessários, porém, mais do que querer impor quadros estéticos *a priori* aos criadores, eles deveriam denunciar os compromissos comerciais, a demagogia e a queda de nível das ambições. Em minha opinião, um diretor cujo ideal estético está próximo das concepções de vocês, mas que só admite, no princípio de seu trabalho, introduzir 10% ou 20% delas nos roteiros comerciais que ele pode filmar, tem menos mérito do que aquele que, mal ou bem, faz filmes que estão conformes a seu ideal, mesmo se sua concepção do neorrealismo seja diferente da de vocês. Ora, em relação ao primeiro, vocês se contentam com a objetividade de registrar a parte que escapa ao compromisso, concedendo-lhe apenas duas estrelas em suas críticas, enquanto repelem o segundo para seu inferno estético, não lhe cabendo recurso.

Rossellini seria sem dúvida menos culpado, para vocês, se tivesse filmado o equivalente de *Quando a mulher erra* [*Stazione Termini*, de Vittorio De Sica, 1953] ou de *Passado que condena* [*La spiaggia*, de Alberto Lattuada, 1954], em vez de *Joana d'Arc de Rossellini* [*Giovanna d'Arco al rogo*, de Roberto Rossellini, 1954] ou *O medo* [*Non credo più all'amore* (*La paura*), de Roberto Rossellini, 1954]. Não é meu propósito defender o autor de *Europa 51* [de Roberto Rossellini, 1952], em detrimento de Lattuada ou de De Sica; a política do compromisso pode ser defendida até certo ponto; não vou tentar determinar isso aqui, mas me parece que a independência de Rossellini dá à sua obra, o que quer que se pense por outro lado, uma integridade de estilo, uma unidade moral raras no cinema, e nos levam a estimá-lo, antes mesmo de admirá-lo.

Mas não é no terreno metodológico que espero defendê-lo. Minha defesa terá por objeto o próprio fundo dos debates. Será que Rossellini foi realmente e ainda é neorrealista? Parece-me que vocês admitem que ele tenha sido. Como contestar, com efeito, o papel desempenhado por *Roma, cidade aberta* e *Paisà*, na instauração e no desenvolvimento do neorrealismo? Mas vocês falam de sua "involução", já sensível em *Alemanha, ano zero*, decisiva, a partir de *Stromboli* [1950] e de *Francisco, arauto de Deus* [*Francesco, giullare di Dio*, 1950]; catastrófica com *Europa 51* e *Viagem à Itália*. Ora, de que acusam essencialmente esse itinerário estético? De abandonar de modo cada vez mais aparente a preocupação com o realismo social, com a crônica da atualidade em prol, é verdade, de uma mensagem moral cada vez mais sensível, mensagem moral que podemos, conforme o grau de malevolência, solidarizar com uma das duas grandes tendências políticas italianas. Não quero de modo algum que o debate caia para esse terreno por demais contingente. Mesmo se Rossellini fosse simpático aos democratas cristãos (e, que eu saiba, não há nenhuma prova pública ou privada disso), isso não seria suficiente para excluí-lo *a priori* como artista de qualquer possibilidade neorrealista. Deixemos isso de lado. É verdade, no entanto, que se tem o direito de recusar o postulado moral ou espiritual, cada vez mais claro em sua obra, mas essa recusa não implicaria a recusa da estética na qual se realiza a mensagem, a não ser que os filmes de Rossellini fossem filmes de tese, ou seja, que se reduzissem a dar uma forma dramática a ideias *a priori*. Ora, não há diretor italiano cujas intenções possam ser menos dissociadas da forma, e é justamente a partir daí que eu gostaria de caracterizar seu neorrealismo.

Se a palavra tem algum sentido, quaisquer que sejam as divergências que possam surgir sobre minha interpretação a partir de um determinado acordo mínimo, me parece que o neorrealismo se opõe, em princípio, essencialmente, não apenas aos sistemas dramáticos tradicionais, mas também aos diversos aspectos conhecidos do realismo – tanto em literatura quanto no cinema – pela afirmação de certa globalidade do real. Tomo emprestado essa definição, que me parece justa e cômoda, de Amedée Ayfre.[2] O neorrealismo é uma descrição global da realidade feita por uma consciência global. Entendo com isso que o neorrealismo se opõe às estéticas realistas que o precederam,

2 *Cahiers du Cinéma*, n. 17, out. 1952.

e notadamente ao naturalismo e ao verismo, na medida em que seu realismo não recai tanto sobre a escolha dos temas, e sim sobre a tomada de consciência. Se quiserem, o que é realidade em *Paisà* é a Resistência italiana, mas o que é neorrealista é a *mise-en-scène* de Rossellini, sua apresentação a um só tempo elíptica e sintética dos acontecimentos. Ainda em outros termos, o neorrealismo se recusa, por definição, à análise (política, moral, psicológica, lógica, social ou tudo o que quiserem) dos personagens e da ação deles. Ele considera a realidade como um bloco, não, é claro, incompreensível, mas indissociável. Por isso o neorrealismo é, sobretudo, quando não necessariamente, antiespetacular (embora a espetacularidade lhe seja efetivamente alheia), ao menos radicalmente antiteatral, na medida em que a interpretação do ator teatral supõe uma análise psicológica dos sentimentos e um expressionismo físico, símbolo de toda uma série de categorias morais.

O que não significa, muito pelo contrário, que o neorrealismo se reduza a não sei que documentarismo objetivo. Rossellini gosta de dizer que no princípio de sua concepção da *mise-en-scène* reside o amor não apenas por seus personagens, mas pelo real enquanto tal, e é justamente esse amor que lhe proíbe separar o que a realidade uniu: o personagem e seu cenário. O neorrealismo não define, portanto, uma recusa de tomar posição em relação ao mundo, tampouco de julgá-lo, mas supõe, com efeito, uma atitude mental; é sempre a realidade vista através do artista, refratada por sua consciência, mas por toda a sua consciência, e não por sua razão, sua paixão ou crenças, e recomposta a partir dos elementos dissociados. Gostaria de dizer que o artista realista tradicional (Zola, por exemplo) analisa a realidade e então refaz uma síntese conforme sua concepção moral do mundo, enquanto a consciência do diretor neorrealista a filtra. Sem dúvida sua consciência, como qualquer consciência, não deixa passar todo o real, mas sua escolha não é nem lógica, nem psicológica: é ontológica, no sentido em que a imagem da realidade que nos restituem permanece global, da mesma maneira, se quiserem uma metáfora, que uma fotografia em preto e branco não é a imagem da realidade decomposta e recomposta "sem a cor", mas uma verdadeira marca do real, uma espécie de modelagem luminosa onde a cor não aparece. Há identidade ontológica entre o objeto e sua fotografia. Eu me farei melhor compreender com um exemplo, que tomarei precisamente de *Viagem à Itália*. O público fica facilmente decepcionado com o filme porque Nápoles só aparece ali de maneira incompleta e fragmentária. Essa realidade não é, com efeito, senão a milésima parte do que se poderia mostrar, mas o pouco que vemos, – algumas estátuas em um museu, mulheres grávidas, uma escavação em Pompeia, um fragmento da procissão de São Januário –, possui, contudo, esse caráter global que me parece essencial. É Nápoles "filtrada" pela consciência da heroína, e, se a paisagem é pobre e limitada, é porque essa consciência de burguesa medíocre é ela mesma de uma rara pobreza espiritual. A Nápoles do filme, entretanto, não é falsa (o que, em compensação, a Nápoles de um documentário de três horas poderia ser), é uma paisagem mental a um só tempo objetiva como uma pura fotografia e subjetiva como uma pura consciência. Compreendemos que a atitude de Rossellini para com seus personagens e seu meio geográfico e social é, em segundo grau, a atitude de sua heroína diante de Nápoles, com a diferença de que a consciência dele é a de um artista cultíssimo e, na minha opinião, com rara vitalidade espiritual.

Desculpe-me se falo por metáforas, é que não sou filósofo e não posso me fazer entender mais diretamente. Tentarei, portanto, fazer mais uma comparação. Direi das formas de arte clássica e do realismo tradicional que eles constroem as obras como se constroem casas, com tijolos ou pedras de cantaria. Não se trata de contestar nem a utilidade das casas, nem sua eventual beleza, nem a perfeita apropriação dos tijolos para tal emprego, mas há de se convir que a realidade do tijolo está

O amor, de Roberto Rossellini.

bem menos em sua composição do que em sua forma e resistência. Não passaria pela cabeça de ninguém defini-lo como um pedaço de argila, pouco importa sua originalidade mineral, mas o que conta é a comodidade de seu volume. O tijolo é um elemento da casa. Isso está inscrito em sua própria aparência. Podemos ter o mesmo raciocínio, por exemplo, com as pedras que compõem uma ponte. Elas se encaixam perfeitamente para formar o arco. Mas blocos de rocha dispersos num vau são e continuam sendo rochas, sua realidade de pedras não é afetada, porque, saltando de pedra em pedra, sirvo-me delas para atravessar o rio. Se pude usá-las provisoriamente, foi porque soube dar ao acaso de sua disposição meu complemento de invenção, acrescentar ali o movimento que, sem modificar a natureza e aparência delas, deu-lhes provisoriamente um sentido e uma utilidade.

Do mesmo modo, o filme neorrealista tem um sentido, mas *a posteriori*, à medida que permite à nossa consciência passar de um fato a outro, de um fragmento de realidade ao seguinte, enquanto na composição artística clássica o sentido é dado *a priori*: a casa já está no tijolo.

Se minha análise é exata, decorre daí que o termo neorrealista nunca deveria ser empregado como substantivo, a não ser para designar o conjunto de diretores neorrealistas. O neorrealismo não existe em si, há apenas diretores neorrealistas, sejam eles materialistas, cristãos, comunistas ou o que se quiser. Visconti é neorrealista em *A terra treme*, que clama à revolta social, e Rossellini é neorrealista em *Francisco, o arauto de Deus*, que ilustra uma realidade puramente espiritual. Só recusaria o epíteto à pessoa que separasse, para me convencer, o que a realidade uniu.

Afirmo, pois, que *Viagem à Itália* é neorrealista e bem mais que *O ouro de Nápoles* [*L'oro di Napoli*, de Vittorio De Sica, 1954], por exemplo, que admiro muito, mas que procede de um realismo psicológico e sutilmente teatral, apesar de todas as notações realistas que procuram nos induzir em erro. Diria mais: de todos os diretores, Rossellini é quem me parece ter levado mais longe a estética do neorrealismo. Disse que não havia neorrealismo puro. A atitude neorrealista é um ideal do qual se pode se aproximar mais ou menos. Em todos os filmes ditos neorrealistas, há ainda resíduos do realismo tradicional espetacular, dramático ou psicológico. Poderíamos analisá-los da seguinte maneira: a realidade documental mais alguma outra coisa, sendo essa outra coisa, conforme o caso, a beleza plástica das imagens, o sentimento social, a poesia, o cômico etc. Desse modo, seria inútil procurar dissociar em Rossellini o acontecimento do efeito desejado. Não há nada nele de literário ou de poético, tampouco nada, se quisermos, de "belo" no sentido caricato da palavra: ele só encena fatos. Seus personagens estão como que obcecados pelo demônio da mobilidade, os irmãozinhos de Francisco de Assis não têm outra maneira de render glória a Deus senão com corridas a pé. E a alucinante marcha para a morte do garoto de *Alemanha, ano zero*! É que o gesto, a mudança, o movimento físico constituem para Rossellini a própria essência da realidade humana. É, também, atravessar cenários, sendo que cada um deles atravessa ainda mais, de passagem, o personagem. O universo rosselliniano é um universo de atos puros, insignificantes em si mesmos, mas que preparam, como que à revelia de Deus, a revelação subitamente deslumbrante de seu sentido. É o que ocorre com o milagre da *Viagem à Itália*, invisível para os dois heróis, quase invisível até mesmo para a câmera, e aliás ambíguo (pois Rossellini não pretende que seja um milagre, mas apenas o conjunto de gritos e empurrões que é assim chamado), mas cujo choque contra a consciência dos personagens provoca inesperadamente a precipitação de seu amor. Parece-me que ninguém conseguiu encenar acontecimentos com uma estrutura estética mais dura, mais íntegra, com uma transparência mais perfeita do que o autor de *Europa 51*, estrutura que não permite discernir nada além do próprio acontecimento. Assim como um corpo pode se apresentar em estado amorfo ou cristalizado. A arte de Rossellini consiste em saber dar aos fatos a um só tempo sua estrutura mais densa e mais elegante; não a mais graciosa, porém a mais aguda, a mais direta ou a mais decisiva. Com ele, o neorrealismo encontra naturalmente o estilo e os recursos da abstração. Respeitar o real não é, com efeito, acumular as aparências, é, ao contrário, despojá-lo de tudo o que não é essencial, e chegar à totalidade dentro da simplicidade. A arte de Rossellini é como que linear e melódica. É verdade que vários de seus filmes fazem pensar num esboço, o traço indica mais do que pinta. Mas será preciso considerar essa segurança do traço como pobreza ou preguiça? Seria o mesmo que criticar Matisse. Talvez Rossellini seja, com efeito, mais desenhista do que pintor, mais contista do que romancista, porém a hierarquia não está nos gêneros, mas apenas nos artistas.

Não espero, caro Aristarco, tê-lo convencido. Aliás, quase não podemos convencer com argumentos. Muitas vezes o que conta mesmo é a convicção que colocamos neles. Eu já ficaria feliz se a minha, na qual você encontrará o eco da admiração de algumas outras críticas de amigos meus, pudesse, ao menos, abalar a sua.

EUROPA 51

O ano, que começou com uma obra-prima incompreendida (*Umberto D*), termina com outra obra-prima maldita, *Europa 51*, de Roberto Rossellini.[1] Como haviam criticado De Sica por ter feito um melodrama social, acusam agora Rossellini de entregar-se a uma ideologia política confusa e, nesse caso, reacionária. Mais uma vez se equivocaram quanto ao essencial e julgaram o tema sem levar em conta o estilo que lhe confere seu sentido e dignidade estética. Uma moça, rica e frívola, perde seu filho único, que se suicida, numa noite em que ela, preocupada demais com mundaneidades, mandou-o ir se deitar sem lhe dar atenção. O choque moral é tão violento que mergulha a pobre moça numa crise de consciência cuja solução ela procura, a princípio, na ação social, seguindo os conselhos de seu primo intelectual comunista. Mas pouco a pouco ela tem a sensação de que isso não passa de um plano intermediário que ela deve ultrapassar em direção a uma mística bem pessoal da caridade, para além das categorias da política e mesmo da moral social ou religiosa. Assim, ela é levada a cuidar de uma prostituta até sua morte, e depois a ajudar a fuga de um jovem criminoso. Esta última iniciativa provoca um escândalo e seu próprio marido, que cada vez a compreende menos, prefere vê-la internada numa "casa de saúde" com a cumplicidade

1 Texto escrito em 1953.

de toda a família assustada com sua demência. Tivesse ela se inscrito no Partido Comunista ou entrado no convento e a sociedade burguesa não teria se importado tanto: a Europa 51 é o mundo dos partidos e de todo tipo de organizações sociais. Desse ponto de vista, é verdade que o roteiro de Rossellini não está livre de ingenuidades, e até mesmo de incoerências, e, em todo caso, de pretensão. Percebemos, em particular, o que o autor tomou emprestado da biografia de Simone Weil, sem encontrar, aliás, sua solidez de pensamento. Tais reservas, porém, não ficam de pé diante da totalidade do filme, que é preciso compreender e julgar a partir de sua *mise-en-scène*. De que valeria, reduzido a seu resumo lógico, *O idiota*, de Dostoiévski? Como Rossellini é um verdadeiro diretor, a forma do filme não é o embelezamento do roteiro, mas sua própria matéria. O autor de *Alemanha, ano zero* é pessoal e profundamente obcecado pelo escândalo da morte de crianças e mais ainda pelo suicídio delas. É em torno dessa autêntica experiência espiritual que o filme ganha corpo; o tema da santidade laica, tema eminentemente moderno, destaca-se naturalmente daí; sua organização mais ou menos hábil pelo roteiro importa pouco; o que conta é que cada sequência é uma espécie de meditação, de canto cinematográfico, por intermédio da *mise-en-scène*, sobre os temas principais. Não se trata de demonstrar, mas de mostrar. E como resistir à comovente presença espiritual de Ingrid Bergman e, para além da intérprete, ficar insensível à tensão de uma *mise-en-scène* em que o universo parece se organizar segundo as mesmas linhas de força espirituais, até desenhá-las de modo tão legível quanto a limalha de ferro sobre o campo magnético do ímã? Raramente a presença do espiritual nos seres e no mundo foi expressa com uma evidência tão deslumbrante.

É verdade que o neorrealismo de um Rossellini parece aqui bem diferente, se não contraditório, do de Vittorio De Sica. Parece-nos, no entanto, judicioso aproximá-los como os dois polos de uma mesma escola estética. Lá onde De Sica examina a realidade com uma curiosidade cada vez mais terna, Rossellini, ao contrário, parece despojar cada vez mais, estilizar com um rigor doloroso, mas implacável, em suma, encontrar o classicismo da expressão dramática através da interpretação e da escolha. Se atentarmos, porém, um pouco mais, notaremos que esse classicismo procede da mesma revolução neorrealista. Tanto para Rossellini quanto para De Sica, trata-se de repudiar as categorias da interpretação e da expressão dramática para obrigar a realidade a mostrar seu sentido a partir unicamente de suas aparências. Rossellini não faz seus atores *interpretar*, não os faz expressar este ou aquele sentimento, mas os obriga apenas a ficar de uma determinada maneira diante da câmera. Nesse tipo de *mise-en-scène*, o lugar respectivo dos personagens, a maneira de andar, de se deslocar no cenário, seus gestos têm muito mais importância do que os sentimentos que se desenham sobre seus rostos, ou mesmo do que o que eles dizem. Aliás, que "sentimentos" Ingrid Bergman poderia expressar? Seu drama vai muito além de qualquer nomenclatura psicológica. Seu rosto é apenas o vestígio de determinada qualidade de sofrimento.

Europa 51 é a evidência que essa *mise-en-scène* requer uma estilização tão evoluída quanto se queira. Um filme desses é o contrário do realismo "feito ao vivo": o equivalente de uma escritura austera e estrita despojada por vezes até a ascese. Nesse ponto, o neorrealismo encontra a abstração clássica e sua generalidade. Daí o aparente paradoxo: a boa versão do filme não é a versão italiana dublada, mas a versão inglesa, na qual foi conservado o máximo de vozes originais. No limite desse realismo, a exatidão da realidade social exterior torna-se novamente indiferente. As crianças das ruas de Roma podem falar inglês sem que tal inverossimilhança nos incomode. A realidade, por intermédio do estilo, reata com as convenções da arte.

DE SICA E ROSSELLINI

Se Zavattini-De Sica e Rossellini encarnam o melhor e o mais puro neorrealismo, como descrição total do real, é verdade também que representam seus polos opostos, oposição que se acentuou a cada ano.[1] Eu a reduzirei a dois aspectos essenciais: o primeiro diz respeito ao fundo e o segundo ao estilo.

PARA ZAVATTINI-DE SICA A REALIDADE HUMANA É UM FATO SOCIAL

Por temperamento, e talvez por convicção, Zavattini-De Sica consideram, a princípio e essencialmente, a realidade humana como um fato social. Não que não se interessem pelo indivíduo; muito pelo contrário, *Ladrões de bicicleta* ou *Umberto D* defendem, evidentemente, a pessoa e sua felicidade individual, mas as condições dessa felicidade se reduzem, na verdade, a uma série de "prerrequisitos": o desemprego e todas as suas incidências, o Estado e suas hipocrisias econômicas. Há em Zavattini, por um lado, o homem e sua natureza, e, por outro, todos os complexos dos condicionamentos sociais de onde surgem o sofrimento e o drama. Estou simplificando ao extremo, mas não falseando o sentido geral da inspiração zavattiniana. Antes de tudo, o neorrealismo é para ele um realismo das relações do indivíduo com a sociedade. Daí, provavelmente, a simpatia e preferência da crítica "de esquerda".

PARA ROSSELLINI, UM PROBLEMA MORAL

Por mais que os temas tratados em *Paisà* ou *Alemanha, ano zero* fossem a preocupação última de Rossellini, penso que sua verdadeira natureza não era de ordem social, mas moral. Para o autor

1 Texto publicado originalmente em *Radio-Cinéma-Télévision*, set. 1955.

de *Stromboli*, *O amor*, *Europa 51*, o herói do filme deve resolver por conta própria um problema moral essencial, encontrar a resposta à questão que dará ao mundo seu sentido ético. Não que, reciprocamente à *démarche* zavattiniana, Rossellini ignore a realidade social! Como em De Sica, a pintura do contexto histórico irradia-se em torno do indivíduo, Rossellini nos relata, fiel e objetivamente, o choque do acontecimento moral na camada social que ele acaba de atacar: dele partem ondas e seu eco sobre os obstáculos do entorno refletem, com frequência, sua origem. É bem possível que a angústia moral do herói ou da heroína seja alimentada por algo de natureza eminentemente social, por mais que, em *Europa 51*, a família burguesa seja impermeável à inquietação, que o padre acredite que os problemas espirituais devam se cristalizar em sociologia religiosa e que o militante comunista só acredite na eficácia revolucionária. Mas, evidentemente, não é porque a santidade do sr. Vincent se empenhou em reduzir as injustiças de sua época que ela era de natureza social. O neorrealismo rosselliniano pode também realizar temas provenientes, exteriormente, da temática tradicional do romance de análise individualista – é o caso de *Viagem à Itália*. Mas ele o faz segundo leis estéticas opostas, quer se trate de temas aparentemente sociais, quer aparentemente psicológicos.

Se nos basearmos na definição do neorrealismo dada pelo abade A. Ayfre,[2] ela convém tanto aos filmes de Zavattini-De Sica quanto aos de Rossellini, na medida em que tanto os primeiros quanto o segundo se propõem a nos apresentar uma imagem global do homem, não o isolam de seu contexto geo-

2 "Todos os elementos (da realidade) objetivos, subjetivos, sociais etc. nunca são (no neorrealismo) analisados como tais; eles são considerados em um bloco de acontecimentos com toda a sua efervescência inextricável: bloco tanto de duração quanto de volume que não nos poupa nem de um segundo, nem de um gesto... Há, sobretudo, essa maneira de ir na contramão do analisado, de pôr fim a uma descrição fechada do homem e do mundo...", *Cahiers du Cinéma*, n.17, out. 1952.

gráfico, histórico e social, recusam também, como abstrata, a organização "dramática" do relato. Na medida em que ainda se pode falar de drama, este já não reside em uma "ação" que poderia ser destacada dos acontecimentos como um esqueleto, ele é imanente ao próprio acontecimento, conteúdo a cada instante, em cada um desses incidentes, indissociável do tecido da vida.

ZAVATTINI ANALISA, ROSSELLINI FAZ SÍNTESES

Mas, se essa constatação geral se aplica tanto ao ideal zavattiniano, realizado, por exemplo, por De Sica na sequência do despertar da empregadinha de *Umberto D*, quanto a qualquer episódio de *Francisco, arauto de Deus* ou de *Viagem à Itália*, é preciso agora marcar com um sinal contrário esse denominador comum. Sem dúvida poderíamos caracterizar de outro modo a diferença de estilo entre Rossellini e De Sica, mas me parece que tocamos no princípio de sua oposição ao dizer que a *mise-en-scène* de De Sica está fundada sobre a análise e a de Rossellini, na síntese.

Em um texto para *Radio-Cinéma-Télévision* sobre uma longa entrevista que Zavattini me concedeu, escrevi que sua ambição era, de certo modo, ser o Proust do presente do indicativo. Permitam-me retomar a comparação: para Zavattini, através de De Sica, trata-se de observar o próximo cada vez mais de perto, de discernir as realidades particulares que constituem seus comportamentos mais banais, e também realidades ainda menores, como se usássemos um microscópio cada vez mais potente que revelasse, aos poucos, um universo de consciência lá onde habitualmente só vemos um velho senhor que arruma seu quarto ou uma moça que mói café.

Rossellini, ao contrário, olharia seus personagens pelo lado grande do binóculo. Falo aqui de distâncias figuradas e puramente morais, no sentido de que temos a impressão de assistir de longe, impotentes para intervir, a acontecimentos dos quais não discernimos todas as causas e cuja abundância latente se estilhaça, repentinamente, em acidentes dilacerantes e, ao mesmo tempo, inevitáveis e imprevisíveis. Assim, o suicídio da criança no início de *Europa 51* ou o desenlace de *Viagem à Itália* "provocado" por um "milagre" invisível aos heróis e do qual a própria câmera não vê quase nada.

A BONDADE E O AMOR

Será que poderíamos dizer, para concluir, que o neorrealismo em Rossellini e em De Sica é uma tomada de consciência total de nossa encarnação, mas que ela leva Zavattini a subdividir cada vez mais a realidade, e Rossellini, ao contrário, a evidenciar as forças que soldam a realidade a si mesma e comprimem por todos os lados a dramática liberdade do homem?

De outro ponto de vista, eu diria que a abordagem progressiva do herói zavattiniano, sua descrição de certo modo microscópica correspondem a uma vontade de simpatia ativa, que eu chamaria de *bondade*; já a distância rosselliniana – pela tensão que ele cria entre nós e seu herói, pela renúncia à participação psicológica que essa distância implica – nos impõe uma relação de *amor*, mas de um amor não sentimental e que podemos chamar de metafísico.

SEDUÇÃO DA CARNE

A ação se passa em Veneza, em 1866, na época do Risorgimento, durante a ocupação austríaca.[1] A representação de uma ópera de Verdi no teatro La Fenice é ocasião para uma manifestação patriótica durante a qual o marquês Ussoni, um dos organiza-

1 Texto publicado originalmente em *France-Observateur*, fev. 1956.

dores da Resistência, provoca um jovem oficial austríaco, Franz Mahler. Ele é preso na saída. Para salvá-lo, sua prima, a condessa Livia Serpieri, procura conhecer o belo tenente, que se aproveita sem muita dificuldade da situação para testar sobre a imprudente condessa seus dons de sedutor hábil e cínico. Ele se torna seu amante. Os limites desse resumo não permitem analisar as relações ao mesmo tempo sutis e elementares que unirão, para o mal, esse jovem fraco, mas lúcido, a essa mulher esplêndida, porém mais velha, que lhe sacrificará toda a honra, todo o pudor e finalmente trairá a causa de seus amigos da Resistência, de quem havia sido a musa.

Conforme uma lógica aliás impecável, Luchino Visconti desenvolveu sua ação em dois planos: o histórico e o individual. As relações amorosas dos dois heróis se dão e evoluem segundo um irreversível processo psicológico descendente, enquanto todos os valores tônicos e progressivos (em um sentido tanto moral quanto político) pertencem a seu contexto histórico. Mas esse maniqueísmo político-moral não é resultado de um artifício de narrativa ou de *mise-en-scène*; ele está em germe nas informações iniciais. Os acontecimentos se restringem a fazê-los amadurecer.

Há certamente os "malvados" (o conde Serpieri, por exemplo, "colaborador" típico), mas os heróis são apenas pessoas condenadas e Franz Mahler, no fundo de sua ignomínia refinada e lúcida, sabe muito bem disso. O marquês Ussoni, entretanto, mostra que, *a priori*, a história não rejeita ninguém. Ele se inspira, ao contrário, no que há de melhor em sua tradição familiar, um suplemento de eficácia e de coragem, e, se o amor não tivesse cegado Livia, ela teria continuado, talvez, a trabalhar pelo triunfo da história. Mas, com os olhos vendados, ela só pode descer, na contracorrente, a ladeira de sua classe até o fundo do abismo, onde terá apenas o mortal consolo de arrastar consigo seu amante.

Sedução da carne

Em filigrana, através desse mau resumo, pode-se ler, de uma só vez, uma transposição no tempo da resistência à ocupação ao longo da última guerra (transposição detalhadíssima, notadamente quanto às relações da "Resistência" clandestina e do Exército nacional oficial) e a análise marxista de uma situação romanesca. Desses dois pontos de vista, *Sedução da carne* [*Senso*, 1954] mereceria, com certeza, uma discussão muito mais aprofundada do que eu poderia fazer. No entanto, preciso ao menos salientar o interesse dessa perspectiva ideológica, na medida em que ela nunca é sentida como uma sujeição imposta *a priori* do exterior à lógica estética da narrativa, mas, ao contrário, como uma dimensão suplementar revelada pelo desenvolvimento da verdade romanesca.

Não acredito, aliás, que haja aí algo totalmente novo. Desse ponto de vista, *Sedução da carne* se aproxima, sem dúvida, simplesmente da estética romanesca de Flaubert e de modo especial afirmada pelo naturalismo, ou seja, de uma literatura ao mesmo tempo descritiva e crítica. Apenas, e por motivos contingentes, os exemplos válidos de inspiração marxista são tão raros em Visconti que não poderíamos ficar insensíveis a este.

Vamos tentar, de preferência, caracterizar o estilo adotado aqui por Visconti. Antes de tudo, não acredito, como alguns comentadores do próprio diretor poderiam dar a entender, que *Sedução da carne* seja essencialmente diferente de *Obsessão* [*Ossessione*, 1943] ou de *A terra treme*. Reconheço, ao contrário, as mesmas preocupações essenciais. De *A terra treme*, notadamente, eu diria que Visconti "teatralizava" ali uma matéria duplamente realista; no sentido normal da palavra, já que se trata de um verdadeiro vilarejo e da vida autêntica de seus autênticos moradores, e também em sua acepção restrita e "miserabilista".

Nada menos "belo", menos nobre, menos espetacular do que essa pobre sociedade de pescadores. Naturalmente não entendo o epíteto teatral em um sentido pejorativo, muito pelo contrário, já que tento qualificar a nobreza e a extraordinária dignidade que a *mise-en-scène* de Visconti fazia aparecer nessa realidade. Esses pescadores não estavam esfarrapados, estavam bem-vestidos, como príncipes de uma tragédia. Não que o diretor procurasse falsear ou apenas interpretar o comportamento deles, e sim porque revelava sua dignidade imanente.

De *Sedução da carne* eu diria, ao contrário, que ele revela o realismo do teatro. Não só porque Visconti nos propõe seu tema desde o início com aquela ópera cuja ação, ultrapassando o palco, se transporta, de certo modo, para a sala, mas porque a distância histórica e todas as suas consequências, sobretudo nos meios aristocráticos e militares, são sentidas, antes, por seu aspecto pitoresco decorativo e espetacular. É o que se passa nos "filmes de época" e, *a fortiori*, em cores. Mas, a partir daí, Visconti se empenha, com uma minúcia cuja primeira qualidade é naturalmente de se fazer esquecer, em impor a esse cenário luxuoso, harmonioso e quase pictural, o rigor do documentário.

Darei apenas um exemplo entre centenas de outros. Alguns instantes antes da batalha, os soldados italianos, escondidos atrás dos fardos de feno, se desmascaram e se alinham para o ataque. Levam para o oficial a bandeira, mas não desenrolada e sim nova em sua capa, de onde é preciso retirá-la previamente antes de desenrolá-la. Detalhe pouco visível em um imenso plano de conjunto onde todos os elementos são tratados com o mesmo rigor.

Imaginemos uma cena análoga, em Julien Duvivier ou Christian-Jaque: a bandeira teria sido utilizada como símbolo dramático ou como elemento de *mise-en-scène*. Em Visconti, o que conta, a princípio, é que a bandeira seja nova (como o Exército italiano), mas, sobretudo, sua maneira de insistir não deve nada ao enquadramento, ela só é marcada, se possível, por um acréscimo de realismo. Visconti declara ter querido fazer passar o "melodrama" (entendam: a ópera) para a vida. Se foi esse seu propósito, ele conseguiu perfeitamente. *A terra treme* tinha a harmonia e a nobreza da ópera; *Sedução da carne* tem a densidade e o peso da realidade. É possível que o filme de Visconti satisfaça à outra dialética. Isso contaria pouco se ele não satisfizesse, em primeiro lugar, àquela.

A PROFUNDA ORIGINALIDADE DOS *VITELLONI*

Sem dúvida, poucos filmes na história do cinema penetraram em sua época e exerceram sua influência de modo tão sutil.[1] Os de Chaplin exerceram influência através do personagem milagrosamente universal de Carlitos. Outros, como *A ópera dos três vinténs*, devem, em parte, sua audiência e as marcas que deixaram em uma geração à união particularmente feliz da música e do cinema. Em *Os boas-vidas* [*I Vitelloni*], ao contrário, nada parecia poder marcar a memória do espectador: não havia sequer atores famosos, como em *A estrada da vida*, um personagem poeticamente original e insólito em torno do qual o filme se ordena, e quase não havia história. No entanto, o termo *vitelloni* tornou-se um nome comum: hoje ele designa um tipo humano internacional e, sobretudo, todos os anos, muitos dos melhores filmes nos lembram o filme de Fellini (ainda recentemente, *Despedida de solteiro* [*The Bachelor Party*, de Delbert Mann, 1957])...

Revi, recentemente, *Os boas-vidas* e, antes de tudo, fui vivamente tocado pelo fato de o filme, apesar de alguns pontos fra-

1 Texto publicado originalmente em *Radio-Cinéma-Télévision*, out. 1957.

cos, não apenas não ter envelhecido como ter até mesmo amadurecido com a distância, como se a mensagem que trazia consigo não tivesse podido revelar na época a plenitude de sua riqueza e precisássemos de tempo para medir sua importância. É verdade que três outros filmes de Fellini vieram precisar, aprofundar e nuançar isso. Mas acredito que tudo já estava contido em *Os boas-vidas* e apresentado com uma genialidade magistral.

Muita coisa já foi escrita sobre essa mensagem e sobre sua significação moral e espiritual; por isso, gostaria de salientar mais quais foram suas repercussões, não precisamente na forma (nunca a distinção entre a forma e o fundo foi mais artificial), mas na própria concepção do espetáculo cinematográfico.

A profunda originalidade de *Os boas-vidas* não parece residir, desse ponto de vista, na negação das normas habituais da narrativa na tela. Na quase totalidade dos filmes, nosso interesse é, na verdade, solicitado não apenas pela trama, pela ação, mas também pelo caráter dos personagens e pelas relações desse caráter com o encadeamento dos acontecimentos.

É verdade que o neorrealismo já havia mudado alguma coisa conseguindo nos ligar a acontecimentos ínfimos e aparentemente sem alcance dramático (*Ladrões de bicicleta*, *Umberto D*). Mas, de certo modo, a ação ainda era extremamente dividida e o personagem, dotado de um caráter criado ou determinado por seu meio social, *evoluía* para um desenlace.

Em Fellini é diferente. Esses heróis não "evoluem". Eles amadurecem. Frequentemente, o que os vemos fazer na tela não apenas não tem valor dramático nem alcance lógico no encadeamento da narrativa, como não passa, na maioria das vezes, de uma agitação inútil, o contrário de um ato: vagar estúpido ao longo das praias, deambulações absurdas, piadas irrisórias... No entanto, é através desses gestos, dessas atividades, de certo modo marginais, precisamente suprimidas na maioria dos filmes, que os personagens se revelam para nós em sua essência mais íntima.

Os boas-vidas, de Federico Fellini.

Não que eles nos revelem o que convencionalmente se chama de uma "psicologia". O herói felliniano não é um "caráter", é uma maneira de ser, um modo de viver, por isso o diretor pode defini-lo inteiramente por seu comportamento: sua maneira de andar, de se vestir, seu corte de cabelo, seu bigode, seus óculos escuros. Entretanto esse cinema antipsicológico vai mais longe e é mais profundo do que a psicologia, chega até a alma deles.

Por isso o cinema da alma é também o mais exclusivamente atento às aparências, aquele onde o olhar tem mais importância. Fellini tornou definitivamente irrisória uma determinada tradição analítica e dramática do cinema, substituindo a ela uma pura fenomenologia do ser na qual os gestos mais banais do homem podem ser o sinal de seu destino e de sua salvação.

APÊNDICE

BAZIN NO BRASIL

ISMAIL XAVIER

No período pós-Segunda Guerra Mundial, o debate dos críticos de cinema no Brasil, tal como em outros países, teve como núcleo central o impacto do neorrealismo.[1] O diálogo com os filmes, com os textos de Zavattini e com a crítica italiana marcou a atmosfera cultural e estética de onde emergiu a geração que mais tarde irá liderar o movimento do cinema novo, a partir de 1959-60. No entanto, para a formação desta liderança do cinema moderno brasileiro, foi igualmente decisiva a leitura que críticos e jovens cineastas fizeram dos *Cahiers du Cinéma*, da posição crítica dos "jovens turcos" e sua condução da "política dos autores".

Os jovens brasileiros tinham uma consciência difusa do quanto Truffaut, Godard, Rivette e Rohmer deviam a André Bazin, o padrinho que nem sempre concordava com os seus discípulos irreverentes, mas que tinha estabelecido as coordenadas de uma reflexão sobre a *mise-en-scène* que balizou a discussão sobre os estilos do cinema moderno em oposição ao clássico, algo fundamental para a *nouvelle vague* e para o cinema novo. Digo "consciência difusa" porque o pensamento de Bazin, embora encontre os mais variados ecos na crítica brasileira desde 1950, só ganha um contorno mais definido para os brasileiros a partir da publicação dos seus livros póstumos – os quatro volumes de *Qu'est-ce que le cinéma?* – iniciada em 1959.

1 Texto publicado originalmente no livro *Opening Bazin: Postwar Theory and Its Afterlife*, organizado por Dudley Andrew e Hervé Joubert-Laurencin. Oxford/New York: Oxford University Press, 2011, pp. 308-15.

A percepção clara do ponto de inflexão que ele representava na teoria do cinema se deu no Brasil nos anos 1960 quando se discutiu o seu questionamento dos critérios estéticos que antes privilegiavam a montagem como o específico fílmico. E quando se pôde analisar melhor o que estava implicado em sua original concepção do realismo, com a percepção de como sua reflexão sobre o significado do plano-sequência e da profundidade de campo projetava a análise do estilo num plano estético-ontológico.

Em resumo, podemos dizer que o diálogo da crítica e dos cineastas brasileiros com André Bazin viveu dois momentos distintos: antes e depois dessa reunião de uma parte de seus textos naqueles livros. Comentarei a seguir essa diferença. Ela tem múltiplos desdobramentos, não explorados aqui, e se conecta com o desafio trazido pela renovação de estilo que engendrou o cinema moderno, este cinema de que Bazin foi o primeiro foco privilegiado de elucidação crítica. Suas noções nucleares e seu legado teórico de grande alcance tiveram de esperar os anos 1960 para circular com desenvoltura no debate brasileiro, mas isso não impediu que ele já fosse nos anos 1950 mencionado por alguns críticos brasileiros como a maior figura inspiradora.[2]

BAZIN E A CRÍTICA BRASILEIRA NOS ANOS 1950: O CASO DA *REVISTA DE CINEMA*

Ao longo dos anos 1950, o debate crítico no Brasil evidencia um consenso quanto à necessidade de uma revisão crítica da

2 Influentes críticos como Almeida Salles, Moniz Vianna, Paulo Gastal e Walter da Silveira, tinham Bazin como uma referência em seu diálogo com a crítica europeia. Um nítido testemunho é de Walter da Silveira que o citava em seus artigos desde 1953 e foi enfático ao afirmar sua dívida para com ele. Ver *Walter da Silveira, o eterno e o efêmero*. José Umberto Dias (org.). Salvador: Oiti Editora, 2006.

teoria clássica. Os novos rumos do cinema já não podiam ser observados como a confirmação do legado teórico marcado pela teoria da montagem formulada em conexão com o pensamento das vanguardas dos anos 1920.[3] As novas tendências do pós-guerra eram vistas como sinal de que a questão do realismo era o novo eixo da discussão estética. Ao lado da atenção ao neorrealismo italiano e a Orson Welles, comum entre os críticos, há o uso da expressão "arte impura" que vale como um eco de Bazin na discussão dos filmes de Laurence Olivier e mesmo de *Macbeth* de Welles. Mas era o diálogo com a crítica italiana que predominava no debate sobre a especificidade do cinema e a crise da teoria da montagem de Eisenstein e Pudóvkin (Vertov não era citado). Este foi um tópico de reflexão muito presente nos anos 1950, notadamente no foco maior de teoria no Brasil, a *Revista de Cinema*, de Belo Horizonte, que tinha alcance nacional, com colaboradores de diferentes regiões.[4]

Na discussão feita pelos críticos dessa revista, não há uma opção radical em defesa de um tipo de cinema ou de montagem; vale um preceito geral de que o valor de um filme está em conexão direta com a sua exploração dos recursos próprios ao cinema. A questão central são as formas do realismo, e não o debate que opõe o cinema narrativo e o experimental. Não por acaso, da tradição soviética, Pudóvkin é a maior referência, valendo nesta escolha a mediação de Umberto Barbaro. O que se pede é o equilíbrio, não as formas mais radicais, os ditos

3 No Brasil, a conexão entre cinema e vanguardas havia sido débil, mas a reflexão sobre o específico fílmico marca o pensamento dos membros do Chaplin-Club (1928-31), cuja influência se estendeu até os anos 1940, na defesa da pureza do cinema mudo contra os *talkies*. Ver Ismail Xavier, *Sétima arte: Um culto moderno*. São Paulo: Perspectiva, 1978.

4 Alex Viany, Ely Azeredo, Salvyano Cavalcanti de Paiva, Almeida Salles, Rudá de Andrade e Paulo Emílio Sales Gomes, entre outros, escreveram na revista.

"exageros" da montagem rápida (considerada formalista). As preocupações formais dos críticos (ritmo, duração dos planos, a nova concepção do trabalho do ator, os traços documentais) se instalam no mesmo terreno em que operam as noções de Bazin, mas sem a incorporação do seu vocabulário. Entretanto, é sintomático que Cyro Siqueira, o principal teórico da revista, faça o elogio da sequência de *Umberto D* (a da empregada na cozinha ao amanhecer) destacada justamente por Bazin.

No geral, a discussão entre as alas da revista – marcada pelas oposições típicas ao cineclubismo da época no Brasil, na divisão entre católicos e marxistas – não se desdobra numa discussão radical da forma. Não é em torno de figuras de linguagem específicas (plano-sequência, profundidade de campo) que se faz o debate. Siqueira é quem mais se concentra no plano formal, mas sua tônica é desconfiar da excessiva valorização de qualquer figura de estilo. Vale, para ele, o princípio da funcionalidade (economia) da forma ajustada à mensagem, com privilégio para o neorrealismo que ganha o elogio do crítico a partir deste princípio e da categoria da simplicidade.

A ala esquerda da revista, liderada por Fritz Teixeira de Salles, se apoia nos marxistas italianos, Barbaro e Aristarco, em sua defesa do realismo. Siqueira está mais afinado com a crítica francesa de base fenomenológica. O ponto de vista de Siqueira encontra seus aliados em 1957 quando novos colaboradores da revista definem uma presença mais incisiva dos *Cahiers* e mostram mais afinidade com a *politique des auteurs*. Mauricio Gomes Leite, Flávio Pinto Vieira e Haroldo Pereira citam não apenas Bazin, mas também Merleau-Ponty, Sartre, Amédée Ayfre.[5] A revisão da teoria da montagem se especifica melhor como um debate sobre figuras de estilo: comenta-se a recusa do campo/contracampo e da decupagem clássica, com menções a William Wyler e Antonioni. Tornam-se

5 Ver *Revista de cinema*, n. 25, 1957.

aí mais visíveis algumas pinceladas de Bazin na condução dos argumentos. No entanto, como observei, são os anos 1960 que trarão as alterações de maior relevo, como veremos no novo comentário que Siqueira fará à teoria de Bazin, já em outra fase da revista.

PAULO EMÍLIO SALES GOMES

Em 1957 foi publicado, na França, o livro de Paulo Emílio Sales Gomes sobre Jean Vigo, escrito entre 1949 e 1952, quando o autor estava em Paris, em estreito contato com Henri Langlois, na Cinemateca Francesa, e tinha encontros mais rarefeitos com Bazin. Este publica uma resenha do livro, ressaltando sua importância como primeiro trabalho exaustivo sobre Vigo, na qual elogia a paixão de Sales Gomes pela objetividade e pela minúcia documental na lida com a biografia, e sua sensibilidade para a "poesia dos fatos" na análise dos filmes.[6] Nesta observação, fica expresso um ponto de afinidade entre o crítico francês e o autor do livro, pois este se identificava mais com os momentos da obra de Vigo ajustados a um realismo poético do que com as passagens em que via traços formais da vanguarda.

Quando, em 1954, Paulo Emílio voltou ao Brasil, colaborou com a organização do Festival de Cinema de São Paulo para o qual Bazin foi convidado. A viagem do crítico ao Brasil gerou dois textos: o do próprio ano de 1954 em que fez a crônica do festival[7] e aquele em que relatou a epopeia do transporte do papagaio que levou como suvenir do país tropical. Este último, notável como traço biográfico e como expressão do tempera-

6 André Bazin, "Présence de Jean Vigo". *France-Observateur*, n. 380, 22/08/1957.

7 Id., "Un Festival de la culture cinématographique". *Cahiers du Cinéma*, n. 34, abr. 1954, pp. 23-29.

mento do crítico, foi publicado em 1959, no número especial dos *Cahiers* na ocasião da morte de Bazin, o mesmo número no qual Sales Gomes publicou um depoimento sobre o homenageado.[8]

Em 1955, Paulo Emílio inclui um artigo de Bazin no catálogo da Mostra de Filmes sobre Arte, incluída no programa da III Bienal de Arte de São Paulo: "O cinema e a pintura" (escrito em 1949), talvez o primeiro texto de Bazin publicado no Brasil (foi muito escassa a tradução de seus textos até os anos 1980).[9] Para o livro-catálogo publicado pela Cinemateca Brasileira, *História do cinema francês 1895-1959*, em conexão com V Bienal de Arte de São Paulo (1959), Paulo Emílio escreveu uma nota introdutória com o título "Ideologias cinematográficas francesas", em que evoca o percurso da crítica, de Louis Delluc a André Bazin. Nesta nota, ele ressalta o papel da Cinemateca, a pesquisa histórica de Sadoul e a obra crítica de Bazin, esta responsável pelo que chama "arejamento da crítica", um marco de superação daquela demanda pela pureza do cinema vinda da tradição clássica. Ele comenta a emergência da "ambiguidade" como categoria ontológica em nossas relações vividas no espaço-tempo, categoria que sustenta uma estética que é do cinema, mas tem a virtude de dialogar com formulações da crítica literária e das artes, oferecendo uma nova forma de inscrever o cinema no espaço da cultura.

Em 1959, Paulo Emílio escreve dois artigos-epitáfios em homenagem a Bazin. O primeiro traça com toda a empatia o esboço biográfico de um homem extraordinário.[10] O segundo

8 Id., "La Difficulté d'être Coco". *Cahiers du Cinéma*, n. 91, jan. 1959, pp. 52-57.

9 A *Revista de Cinema*, por exemplo, não traduziu Bazin nos anos 1950, embora tenha publicado textos de Zavattini, Grierson, Robert Warshaw, entre outros. Pudóvkin, Balázs, Barbaro, Marcel Martin e Georges Sadoul foram traduzidos nos anos 1960.

10 Paulo Emílio Sales Gomes, "Descoberta de André Bazin". *O Estado de S. Paulo*, 21/03/59; ver a coletânea *Paulo Emilio: Crítica no Suplemento Literário*, v. 2. Rio de Janeiro: Paz e Terra, 1982, pp. 30-34.

oferece uma introdução a André Bazin crítico de cinema, onde expressa sua convicção de que o crítico francês e Eisenstein são as duas maiores inteligências da teoria do cinema, com vantagem para o francês porque excelente escritor. E faz breve comentário sobre a invenção conceitual de Bazin, em particular sua análise das implicações histórico-estéticas de procedimentos como a profundidade de campo; acima de tudo, ressalta sua forma de abertura para o que existe, no mundo e nas obras, e sua forma de entender "método" no sentido etimológico de *procura*.[11]

O CINEMA NOVO, A CRÍTICA DOS ANOS 1960 E BAZIN

No diálogo dos "cinemanovistas" com a *nouvelle vague* e o novo cinema italiano (Pasolini, Rosi, Bertolucci), ganha espaço a citação de Bazin e suas noções. Em depoimento, Gustavo Dahl ressalta que foi a leitura dos primeiros volumes de *Qu'est-ce que le cinéma?* que revelou a dimensão e a profundidade da teoria que ajudou os jovens a pensar os seus projetos e suas diferenças diante do cinema clássico.[12] No debate crítico no momento de emergência do cinema novo, têm participação decisiva Jean-Claude Bernardet, José Carlos Avellar, Miguel Pereira, David Neves, José Lino Grunewald e Maurício Gomes Leite. O diálogo com a crítica internacional se ajusta de modo mais definido às necessidades do debate nacional em torno dos rumos do cinema.

Há uma variação na postura e nos estilos do cinema novo. Dos jovens cineastas, é David Neves quem destaca Bazin como

11 Id., "O crítico André Bazin". *O Estado de S. Paulo*, 04/04/59; *Paulo Emilio: Crítica no Suplemento Literário*, v. 2, op. cit., pp. 35-39.

12 Depoimento dado ao autor em 2010. Em 1959, Gustavo, então crítico iniciante, escreve "Da *nouvelle vague*". *O Estado de S. Paulo*, 19/09/59, artigo em que se explicita a sua leitura de Bazin.

figura inspiradora,[13] em contraste, por exemplo, com Leon Hirszman, mais ligado ao pensamento de Eisenstein. Glauber Rocha é leitor dos *Cahiers* e desenvolverá uma reflexão sobre o plano-sequência, traço marcante do seu estilo, mas ele mantém uma relação tensa com o crítico, aliás, desde as aulas de Walter da Silveira (o crítico leitor de Bazin) em um cineclube da Bahia. São centrais para ele os exemplos de Godard e Buñuel, ou a inspiração de Brecht e de Eisenstein na composição da *mise-en-scène* de seus filmes.[14] Os filmes de Paulo Cesar Saraceni compõem outro circuito de produtivo diálogo com o cinema moderno que inclui cineastas como Robert Bresson e Federico Fellini e o crítico Bazin. No livro *Cinema novo, cinema moderno*, organizado por Flávio Moreira da Costa, a coleção de artigos compõe um perfil de referências para pensar o novo cinema; Gustavo Dahl, Norma Bahia Pontes e o crítico Paulo Perdigão recorrem a noções de Bazin ao expor as questões da nova estética.[15]

Ao lado dos textos que se conectam de forma direta à defesa do cinema novo, podemos citar comentários à obra de Bazin da parte de críticos não engajados nessa defesa de forma mais direta. Tomo como exemplo Cyro Siqueira e Enéas de Souza. Na *Revista de Cinema*, na fase dos anos 1960, Cyro Siqueira, embora sempre bastante afinado com a fenomenologia de Bazin, faz a crítica, em nome de sua concepção da funcio-

13 Ver David Neves, "A técnica de Orson Welles". *O Metropolitano*, 22/03/59, e "Max Ophuls: Cinco filmes". *O Metropolitano*, 25/10/59, artigos incluídos na coletânea de textos de David Neves organizada por Carlos Augusto Calil, *Telégrafo visual: Crítica amável de cinema*. São Paulo: Editora 34, 2004.

14 "Respeito e discordância" são as palavras de Glauber que resumem sua relação com Bazin até 1968-69, quando então ele se tornou mais cáustico com o crítico.

15 Ver Flávio Moreira da Costa (org.), *Cinema moderno, cinema novo*. Rio de Janeiro: José Álvaro Editor, 1966.

nalidade da forma, à expressão "montagem proibida" como um risco de enrijecimento simétrico ao da teoria da montagem; em seu artigo, discute a política dos autores "jovens turcos" e sua relação com as teorias de Bazin.[16] Enéas de Souza, notável crítico de Porto Alegre, refere-se à sua leitura de Bazin e, em 1966, publica o artigo "Pensamento crítico de André Bazin".[17] De forma sucinta, ele comenta as concepções do crítico: o cinema como forma de lutar contra o tempo e a morte; a ontologia da imagem fotográfica; as relações entre cinema e teatro. Souza problematiza as implicações dramáticas da profundidade de campo e busca formulações próprias a partir do campo aberto por Bazin. E cita Michel Mourlet ao endossar o elogio deste a Bazin como o homem que se movimentou no plano da essência do cinema, mais do que das hierarquias estéticas; enfim, o crítico que explicou as estruturas: um convite a ler, compreender e avançar.

A EMERGÊNCIA DA PESQUISA ACADÊMICA

A passagem dos anos 1960 para os 1970 define um momento da crítica pontuado pela radicalização de posturas antirrealistas e a de ataque ao ilusionismo da imagem cinematográfica. Este deslocamento das ideias-força que conduzem o debate sobre os estilos é simultâneo, no Brasil, a uma radicalização promovida pela nova geração de cineastas que, partir de 1969, assumiu uma postura mais agressiva de ruptura com os códigos narrativos, retornando ao espírito das vanguardas históricas. "Desconstrução" se torna uma palavra-chave, nem sempre envolvendo todos os aspectos da Teoria do Dispositivo,

16 Ver Cyro Siqueira "Cinema, estética do consumo". *Revista de Cinema* 4 (nova série), set.-out. 1964.

17 Ver Enéas de Souza, *Trajetórias do cinema moderno e outros textos*. Porto Alegre: Secretaria Municipal de Cultura, 2007, pp. 241-49.

de Jean-Louis Baudry, que marcou uma presença crescente entre os pesquisadores em distintos países ao longo dos anos 1970, período em que houve a implantação de programas de pós-graduação na área de comunicação, incluindo os estudos cinematográficos.

O novo espaço vem definir a consolidação da pesquisa acadêmica. Esta nem sempre se conecta ao debate de momento entre os cineastas e a crítica, mas inclui, na variedade de suas inquietações, focos de profícua atenção ao presente que a cerca. No Brasil, os estudos universitários, num primeiro momento, definem seus debates dentro da tradição da semiologia (especialmente de Christian Metz), cujas bases linguísticas na análise da imagem-signo e seus códigos implicavam uma crítica ao legado de André Bazin, crítica que foi radicalizada pela Teoria do Dispositivo.[18] No entanto, permaneceu em pauta o debate sobre os pressupostos fenomenológicos que a semiologia de Metz partilha com o contexto que marca o pensamento de Bazin, quando Metz enfrenta a questão do estatuto de índice e de ícone próprio à imagem cinematográfica. Tal como nesta conjuntura, também em outros momentos o legado de Bazin se insere vivamente no debate, mesmo quando ocupa a condição de alvo maior da crítica. Não surpreende que a tradução de seus textos tenha se avolumado a partir dos anos 1980.[19]

De modo geral, historiadores e críticos têm partilhado um senso reiterado do lugar de Bazin como referência indispen-

18 Ver Ismail Xavier, *O discurso cinematográfico: A opacidade e a transparência* [1977], 3ª ed. Rio de Janeiro: Paz e Terra, 2005.

19 Cito aqui algumas publicações: "Mort tous les après midi", "Ontologie de l'image photographique" e "En Marge de l'érotisme au cinema" incluídos em Ismail Xavier (org.), *A experiência do cinema* (São Paulo: Graal, 1983). Livros de Bazin: *O cinema – Ensaios* (São Paulo: Brasiliense, 1991), tradução de *Qu'est-ce que le cinéma?* (Paris: Éditions du Cerf, 1975); *O cinema da crueldade* (São Paulo: Martins Fontes, 1989), *Charlie Chaplin* (Rio de Janeiro: Jorge Zahar, 2004), *Orson Welles* (Rio de Janeiro: Jorge Zahar, 2006).

sável. Ele analisou a questão dos procedimentos escolhidos pelos cineastas, avaliou diferentes estilos e seu significado nos variados contextos de produção, e situou seu pensamento no plano das propriedades de base do cinema, no ponto de encontro entre técnica e estética. Expôs suas ideias em ensaios cujo ponto de partida é a análise de segmentos de filmes observados em detalhe, neste campo em que se define a diferença entre estilos cinematográficos, diferença que ele conseguiu explorar em suas implicações como muito poucos o fizeram. Elo obrigatório numa história dos estilos e figura inspiradora no plano do método, Bazin suscita o comentário reiterado dos pesquisadores brasileiros.

Ao observar as tendências teóricas das últimas décadas, incluindo o influente continente teórico-filosófico aberto pelos livros de Gilles Deleuze, vemos o diálogo com Bazin colocado em nova chave, na reflexão sobre os critérios formais do realismo e sobre o tempo n o cinema, sendo retomadas algumas formulações antes questionadas pela semiologia francesa e pela teoria cognitivista norte-americana. No período mais recente, o retorno da questão do realismo, a partir de novos rumos do cinema contemporâneo, constituiu um tópico de pesquisa que recolocou questões trabalhadas por Bazin no percurso dos pesquisadores.[20]

No Brasil, não há hoje um grupo de estudos concentrado numa exegese da produção e do legado de Bazin como um todo, grupo que, apoiado em pesquisas originais, tenha seus resultados postos em debate. E claro que não se trata de apontar discípulos em sentido estrito. Entretanto, é destacada sua

20 Para uma reflexão sobre este retorno do realismo, formou-se o grupo internacional de pesquisa "Recoveries of the Real" (em diálogo com o livro *O retorno do real*, de Hal Foster, trad. bras. de Célia Euvaldo. São Paulo: Ubu Editora, 2017), com pesquisadores da Inglaterra, da Argentina, dos Estados Unidos e do Brasil, este representado por Maurício Lissovsky e Denilson Lopes na coordenação.

presença no campo, numa variedade de linhas de pesquisa e grupos de estudo com distintos temas: cinema e outras artes (pintura, teatro), a questão da voz *over* e da adaptação literária, estudos que focalizam a noção de *mise-en-scène* em diálogo com trabalhos recentes de Jacques Aumont, estudos sobre a questão do filme-ensaio, noção que Bazin assumiu em sua resenha, de 1957, ao filme *Carta da Sibéria* [*Lettre de Sibérie*, 1957], de Chris Marker.

Esses são exemplos que se pode apontar examinando os livros, as revistas e as comunicações em congressos e, em especial, o Encontro Anual da Socine. Nesse quadro, vale destacar o campo específico dos estudos do documentário. Em diálogo com nova bibliografia internacional, pesquisas específicas e novas taxonomias, os estudos no Brasil mantêm Bazin como referência na análise das relações entre imagem e real, câmera e personagem, enquadramento e espaço aberto, imagem em movimento e duração, bem como na análise da dialética de performance e autenticidade nas entrevistas.[21] E o mesmo acontece no caso de uma discussão mais sistemática da própria natureza do documentário que envolve uma revisão dos conceitos referidos à gênese e às propriedades da imagem cinematográfica.[22]

21 Consuelo Lins, Cláudia Mesquita, Henri Gervaiseau, Elinaldo Teixeira, Marcius Freire, Cezar Migliorin, César Guimarães, Carlos Alberto Mattos, Mateus Araújo, André Brasil, Ruben Caixeta de Queiroz e Ilana Feldman, entre outros, têm desenvolvido pesquisas sobre o documentário e tratado de temas que, não raro, envolvem o debate com posições de André Bazin.

22 O livro de Fernão Ramos, *Mas, afinal... o que é mesmo o documentário?*. São Paulo: Senac, 2008, desenvolve específico diálogo com Bazin num capítulo que analisa textos menos conhecidos no Brasil, pois não foram incluídos em antologias como a série *O que é o cinema?*. Silvio Da-Rin discute os textos de Bazin em sua abordagem histórica dos estilos do documentário em *O espelho partido: Tradição e transformação do documentário*. Rio de Janeiro: Azougue Editorial, 2004.

Para completar esta breve exposição, devo mencionar um traço significativo da reflexão sobre cinema no Brasil que, sem dúvida, guarda uma relação com Bazin, sugerindo ora uma inspiração, ora uma simples convergência. Ao lado da pesquisa nos arquivos de cinema e das reflexões correlatas que compõem uma historiografia diversificada em seus temas, a produção crítico-teórica traz a primeiro plano o ensaio como forma. Em conversa, Jean-Claude Bernardet observou o quanto predomina no Brasil um pensamento que privilegia a exploração de tópicos específicos, e não a composição de uma obra sistemática de teoria geral do cinema.

Na elaboração conceitual, persiste, portanto, um movimento afinado com o perfil da intervenção de Bazin, esse extraordinário ensaísta que nos legou o espírito que tão bem descreveu Paulo Emílio, em 1959, no texto "O crítico André Bazin", já citado acima.

> O que, porém, causa maior admiração é observar como esse homem dotado de excepcional capacidade para as grandes e rigorosas construções teóricas se desarmava voluntariamente diante dos filmes, evitava escrupulosamente impor às obras qualquer sistema preestabelecido e concedia-lhes lealmente todas as oportunidades de revelação... Cada crítica de Bazin é uma aventura e o que há de comum a todas é a paixão em compreender e explicar.

ÍNDICE ONOMÁSTICO

ÍNDICE DE FILMES

CRÉDITOS DAS IMAGENS
capa: cenas de *Cidadão Kane* (1941) de Orson Welles.
p. 108 F.G.M.; p. 121 Ronald; p. 140 Pathé; p. 142 Rank; p. 154 Raoul Ploquin; p. 163 U.G.C.; p. 182 Gaumont Eagle Lion; p. 199 Corona; p. 222 Marcel Pagnol; p. 239 Filmsonor; p. 266 Universal Film; p. 284 Warner Bros. Todas as imagens pertencem ao livro original publicado pela Éditions du Cerf em 1985.

Coordenação editorial **Livia Lima**
Preparação **Cacilda Guerra**
Revisão **Rafaela Biff Cera, Ana Cecília Água de Mello e Gabrielly Silva**
Design **Elaine Ramos**
Assistente de design **Livia Takemura**
Produção gráfica **Marina Ambrasas**

A editora agradece a Hugo Sérgio Franco por permitir o uso de suas traduções dos textos "Ontologia da imagem fotográfica" e "À margem de *L'Érotisme au cinéma*", publicados originalmente na coletânea *A experiência do cinema*, organizada por Ismail Xavier (Rio de Janeiro: Graal/Embrafilme, 1983).

Nesta edição respeitou-se o novo Acordo Ortográfico da Língua Portuguesa.

Cet ouvrage a bénéficié du soutien des Programmes d'áide à la Publication de l'Institut français.

4ª reimpressão, 2024.

Dados Internacionais de Catalogação na Publicação [CIP]:
Bazin, André [1918-1958] O que é o cinema?: André Bazin. Título original: *Qu'est-ce que le cinéma?* / Tradução: Eloisa Araújo Ribeiro / Apresentação e apêndice: Ismail Xavier. São Paulo: Ubu Editora, 2018. 448 pp., 27 ils. ISBN 978 85 92886 61 5
1. Ensaios 2. Crítica e interpretação I. Ribeiro, Eloisa Araújo II. Xavier, Ismail III. Título.
791.3 CDD 791.43
Índices para catálogo sistemático: 1. Ensaios: Cinema 791.43

fontes **Sectra e Trade Gothic**
papel **Pólen bold 70 g/m²**
impressão **Margraf**

UBU EDITORA
Largo do Arouche 161 sobreloja 2
01219 011 São Paulo SP
ubueditora.com.br
professor@ubueditora.com.br
/ubueditora